Claude Samuel

Clara S.
Les secrets d'une passion

克拉拉·舒曼情史

（法）克洛德·萨缪埃尔 著　顾晓燕 译

作家出版社

书中有克拉拉写的文字，它们均来自于她的日记和可惜未能全部保存下来的大量信件。

　　书中有作者揣摩克拉拉心灵而想象的文字。原始文字以楷体表示，以方便读者在亦真亦幻之间斟酌品味。

　　其他人的言语在书中则用引号标记。

目　录

前　言

9月，一个奇怪的月份。一种难以名状的欢乐夹杂着忧伤侵入着我的思绪——愿上天保佑我！我的罗伯特！看到他就如初见一般——我的心本该没有忧愁；可我还在为音乐会烦恼，真是很矛盾！

数天的阴雨之后，太阳终于在萨克森的田野上升了起来。她说，这是九月。充满无限希冀的九月，圣米歇尔的九月，预示着新生的九月。9月15日，克拉拉在魏玛市政厅举办了音乐会。她说，这是她最后一次以克拉拉·维克的名义举办音乐会，她感到很难过。音乐会的节目单上有贝多芬、肖邦、李斯特、亨塞尔特、塔尔贝格①……总之，都是现代音乐——这还算不上成功。

7日，周一，他们早早地出发了，沿着小路来到莱比锡。四天后，在婚礼前一天，即polterabend②，罗伯特送给未婚妻一件奢华的礼物：在红色天鹅绒覆盖下的一本有二十六首浪漫曲的小册子，这是一件特殊的"首饰"。这二十六首歌曲出自不同的作曲家，有男声也有女声，一如夹杂着元音和辅音的字母表，也只有罗伯特的未婚妻才能体会出这二十六首歌曲中蕴涵的历经十年的希望与辛酸。书名为《浪漫曲》，写得形如爱神草花环

---

① Sigismund Thalberg（1812～1871）：瑞士出生的奥地利钢琴家，作曲家。
② 德语：新婚前夕的闹婚之夜。

一般，寓意深刻。一向精打细算的罗伯特在1840年9月8日的账本中，在雪茄烟和波尔图葡萄酒的中间记录道：装订费3.18塔勒①。

她说："婚礼前一天，我的罗伯特送给了我一份美妙的订婚礼物。我打开时，一股神圣的感情涌上心头。"她读懂了罗伯特的题词，那首只为她轻轻吟诵的诗：

"Du meine Seele，du meine Herz"②……
"你是我的灵魂，你是我的心，
你是我的欢乐，你是我的痛，
你是我生存的宇宙，
你是我漂泊的苍穹，
噢，你是埋葬我痛苦的坟墓，
你是平静，你是祥和，
你是上苍对我的眷顾。"

在其后的《未婚妻之歌》中，罗伯特又写道：

"不要去想，将来会发生什么；
不要去想，我们将如何结束。
结束？这份爱生生世世，将永不结束。"

欢乐，充溢内心的欢乐却着上了忧伤的色彩。当那些争吵在内心烙下伤痕之后，我们除此以外还能想象出其他的心情吗？

---

① 塔勒：日耳曼帝国的大银币名。
② 德语，意为"你是我的灵魂，你是我的心"。

欢乐被父亲维克的阴影笼罩着：他谩骂的威胁，阴毒的诅咒。

"愿上帝保佑我的罗伯特长命百岁。每当我想起有一天我会失去他时，我的精神便濒于崩溃。愿上帝怜悯我，避开这场我无力面对的灾难吧。"

于是，在9月12日那个阳光灿烂的早晨，在舍讷费尔德小教堂里的那一刻改变了他们的一生。威尔登翰神父主持了这场简单的婚礼。克拉拉说，他们心心相印。参加婚礼的只有两个人：一个是和维克离异多年的玛丽安娜·巴吉尔，她为了寻找分别的女儿特地来到柏林；还有一位便是罗伯特忠诚的朋友恩斯特·阿道夫·贝克尔，他与罗伯特志趣相投，同样为音乐矢志不渝，在不久前罗伯特还将他的《夜曲》（op.23）题词献给了恩斯特。还有一些亲朋好友在教堂门口张望，仪式一结束他们便把新人围住。这些人中有：克拉拉的闺中密友艾米丽·李斯特和她的妹妹艾丽丝；见证《大卫同盟舞曲》①伟大时刻的恩斯特·费尔南德·文塞尔；从莱比锡赶来的邻居艾米尔·路透·莫利兹医生；为新人提供宝贵的法律意见的赫尔曼法官；最后还有新娘的姨妈艾米丽·卡尔。克拉拉说，当晚他们在卡尔家聚会，跳了一会儿舞。这一天算不上狂欢，但是她在每个人的脸上看到了内心深处的幸福。

是的，克拉拉在日记中记录了一切。这本日记从第二天起变成了"婚姻日志"：我把这一天记录在这本书里。这是我生命中最美丽、最重要的一天，任何事情都无法打扰它。愿上天赐予我力量，做一名好妻子。我深信上帝，永远。

就这样，她一再说到"相信"——相信爱，相信彼此的情深意笃。无尽的信任便意味着无尽的抗争。这场胜利是以和父

① R. 舒曼作品，钢琴套曲。op.6。作于1837年，同年出版。

亲对簿公堂为代价换来的。在 9 月 12 日的明媚阳光中，克拉拉怎能不想起缺席的父亲，那个不顾一切将自己所有的雄心、天赋、努力和生命交付给天才爱女，却被女儿背叛的父亲；而罗伯特又怎会不念起那位曾对自己口不择言、百般羞辱的恩师、那位被自己诉诸法律、遭受惩罚的老人，而如今自己却成了他的女婿。

明天，克拉拉和罗伯特·舒曼将开始他们共同生活的第一天，并即将迎来克拉拉——"维也纳教区皇家御用钢琴师"——的二十一岁生日。

第一章　维克，特殊的青年时代

"弗里兹，"她说，"你要明白，世道不好，你父亲生意惨淡。在托尔高①，你要学会照顾自己。"

被叫做"弗里兹"的正是弗雷德里希·维克，他听着母亲的叮咛。小维克十五岁了，可家人还在替他操心：他孱弱、敏感，一阵风就能让他哆嗦一阵。他在莱比锡的圣－托马斯音乐学校只待了六个星期，医生就建议他回家休养。弗里兹的家在离莱比锡十五古里②的小村佩茨施。

莱比锡的圣－托马斯学校里弥漫着对让－塞巴斯蒂安·巴赫的回忆，而弗里兹便出生于这位学校圣诗班指挥巴赫先生诞生后的一百年。音乐赋予了他梦想，他是家中唯一一个对婚礼或其他重大场合中的低音协奏有感觉的人。从此，他与音乐结下了不解之缘，但如果不是后来他的掌上明珠辉煌的音乐生涯，他的一切痕迹很可能早就在这个世界上消失得无影无踪了。如果不是因为女儿克拉拉和学生罗伯特的一段生死恋情，如果不是作为父亲的他独断专行、不解风情，"维克"这个姓氏便不可能因"舒曼"的盛名而穿越数个世纪，流传至今！

在托尔高，弗里兹必须自己照顾自己。困苦生活令后人掬泪同情，马塞尔·布利翁写道："他仅靠母亲寄去的面包和黄油

①　托尔高：德国东部莱比锡专区城市，易北河岸港口。
②　一古里，约四公里。

过活。"舒曼书信研究专家埃娃·维斯维勒更明确地指出他在周六还会喝一碗热汤。过节时维克就到朋友舒尔茨律师家吃饭："那时我很虚弱，病恹恹的，去别人家里吃饭能让我增加点体力。他们做了我爱吃的菜：烤羊肉配四季豆和豌豆。"这就是舒曼称作"拜金先生"的男人回忆中的三年穷困时光。

那么音乐呢？一副哑嗓子断了他进入学院合唱队的前程，但是他常会不时遇到一位管风琴手或是一位四处流浪的小提琴手，他边听边学。一位名叫乔安·彼得·米尔希迈尔的钢琴师在他转行之前给他上了六堂（免费）课，此人是巴伐利亚的宫廷乐师，曾发明过一种三键乐器，据说能发出二百五十种音色，还写过《强弱钢琴练习法》。

1803 年，维克在托尔高的日子结束了，他会选择什么职业呢？音乐，也许吧。然而家人面对这种古怪的想法纷纷摇头，他们替他做了主，把他送到了威登堡大学学神学！弗雷德里希·维克让人放心，家人从小对他灌输的宗教思想在他传统的价值观中发挥了作用。他饱含着深沉而真挚的悲悯情怀，老师们一致认为如果他在音乐上少花点时间的话，完全可以成为一个出色的传教士。所谓的音乐，便是他每天在一架晃晃悠悠的老钢琴上练习。在德累斯顿，他做了第一次——也是最后一次——布道。如果他取得了本堂神甫的职位，音乐界便少了一位杰出的教师。显然，他没能当上。

维克为了生计成了一名家庭教师。九年里，他辗转于各家，受到了人们的尊敬：他是一个天生的家庭教师。在萨尔斯哈河边的奎特福城堡里，他受雇于克里斯蒂安·阿道夫·冯·塞肯多夫男爵，他教画画、拉丁文、德语、法语、舞蹈、祷告……以及礼仪举止。只是没有音乐。教音乐的是莱比锡格万豪斯管弦乐团的一位小提琴手，他会唱歌、会弹琴、会谱曲，人称

"音乐天才"。这位天才在皈依基督教之前的名字叫阿纳斯塔休斯·巴吉尔，后来改名为阿道夫·巴吉尔。维克节俭、耿直、孤僻；而阿道夫有着南方人的热情，贪玩却魅力十足。音乐拉近了两个人的距离，巴吉尔向维克传授了一些音乐知识。年轻的弗雷德里希会不时倾囊购买些海顿、莫扎特、贝多芬或史博①的曲谱在钢琴上刻苦视奏。巴吉尔还跟他讲起过一位名叫罗杰尔的音乐教师因发明了某种类似于训练琴师用的刑具的"钢琴手位器"而发了财，后来，当维克在莱比锡当上音乐教师之后便用起了这一教具。

然而，在奎特福的生活是艰辛的，家庭教师的待遇与仆人无异。男爵曾是名轻骑兵军官，性情暴戾，嚣张跋扈，毫无仁慈之心。他在田间骑马时常常惊扰路上的无辜行人。这一天，正巧被两位家庭教师不幸撞上，男爵对两人拳打脚踢，恶语相向。报警把男爵抓起来显然是不得体的，且于事无补，所以维克唯有一走了之。

维克在其他东家做家庭教师时的经历自然没有这般惊心动魄，但是他的健康总成问题，病痛缠身，直到后来他去莱比锡找了位顺势疗法的医生。史料上找不到当时的诊疗细节，但却指出了维克在三十岁后时来运转。

抓住机遇是一门微妙的学问，而维克便精于此道。他偶然间遇到了威登堡大学的旧友同窗施特罗贝尔（不知此人是否就是后来作为克拉拉的教父在"公证人"一栏中签字的施特罗贝尔先生）。找到他便意味着三重好处：身为警局监察的施特罗贝尔借给了维克一（大）笔钱供其做点儿钢琴买卖。其次是维克借此与莱比锡圣－托马斯学校的昔日同窗、同为神学系学生的

---

① 史博（Louis Spohr）：德国小提琴家、作曲家、指挥家。——原注

乔安·弗雷德里希·洛希里兹结成了好友，此人颇有名望，时任德国最负盛名的《大众音乐报》的主编，大名被收录于现今最具权威的百科全书之中。他与贝多芬相识，并欣赏其豪气，贝多芬临终之时曾委托他为自己写传记，但这份"厚爱"却被洛希里兹婉言相拒。此外，他还与歌德和韦伯（此人还见过莫扎特！）交好。洛希里兹将弗雷德里希·维克新作的八首浪漫曲寄给了《魔弹射手》①的作者韦伯，这些作品曾在《大众音乐报》上刊登过。韦伯仔细看过后，回信给这位年轻的作曲家（维克长韦伯一岁）说："您的音律转换过度张扬，丝毫无法突现出基调的情感。从某种意义上说，旋律是一种神圣的东西，只有在增强表现力度和价值的时候才有意义，且不能做作。"韦伯考虑到外界对他的评论后，补充道："新形式应该诞生于诗。在我的旋律中，我总是竭力带着真诚和精确发挥出我的诗情，从而创造出新的曲调。"

但是这种劝说无关痛痒。在二十岁之前都没有听过一场音乐会的维克终于欣赏到了真正的杰作：他着迷于莫扎特和贝多芬（在 1836 年，他曾和贝多芬度过了难忘的三个小时，有《谈话录》为证）。在听过海顿的《创世纪》②之后，维克明白了他的浪漫曲、华尔兹和波兰舞曲都已经过时。此时，拥有三万五千人口的莱比锡依然在拿破仑的革命浪潮中风雨飘摇，而维克却即将在这里建立起他的总部："弗雷德里希·维克钢琴工厂"——位于九市广场 48 号百合花酒店，这是一座建于 1695 年的老房子，如今已难寻踪迹。

"大百合"首先是一家商店，出售的钢琴中不乏高档货，那

---

① 歌剧《魔弹射手》是韦伯于 1812 年完成的代表作。
② 海顿历经三年时间（1796～1798）所作的清唱剧。

是维克与著名的钢琴制造商孔拉德·格拉夫（克拉拉和罗伯特结婚时的钢琴就出自他家）和安德里阿斯·施坦因谈成生意后从维也纳运来的。顾客还可以买到一切钢琴附件，从罗杰尔的无声键盘"钢琴手位器"到颤音练习器应有尽有，这里是钢琴的天下。另外，店里还有印刷版的乐谱，瓦格纳①正是从"大百合"商店（赊账）租了罗杰尔的《通奏低音数字记谱法》。"大百合"还招收学生，包括住宿生，开设钢琴课。正如 1815 年 4 月 19 日的《大众音乐报》所言，维克很快成了"莱比锡的名师"。其实出名的还有他的坏脾气，但由于他施教有方，故上门拜师者络绎不绝。

维克有自己的一套授课方式：要求严格自然不在话下，但他更注重的是学生的道德和体能素质，根据学生的求学动机和用功程度因材施教。他说他的教育原则是：向有天赋的孩子传授所有他能明白并且感兴趣的知识，帮助他成才，但绝不揠苗助长。"所有的努力都是为了使孩子成为一个正直的人，因为这是人类崇高的目标。"谨以此言赠予今天和明日的教育者们。

维克读过让－雅克·卢梭的理论，并作过思考。他自己也有一些怪癖：比如认为一个年轻的音乐家应该多做些户外锻炼；而钢琴家则应该练练唱功。三十年后，弗雷德里希·维克出版了一部颇具争议的教学论著《钢琴与声乐》，专门论述歌唱和弹琴之间的关系。

另外，维克在了解罗杰尔的成名理论之前就已经受其影响了。贝尔哈特·罗杰尔于 1777 年出生于卡塞尔，早年定居英国，后来在阿贝尔科恩侯爵的爱尔兰军乐队里当笛手，并很快

---

① 瓦格纳（1813～1883）：十九世纪德国著名作曲家、文学家和指挥家，欧洲后期浪漫乐派的重要代表人物之一。

升任领队，再后来他在韦斯特波特（West pot）做管风琴手，在契肯尼任军乐队指挥，后又在都柏林的皇家希伯尼安剧院担任指挥。他在都柏林的拉罗尔·萨克威尔街开了一家音乐培训所，主营特色项目有钢琴课和"速成法"教学。1814 年，他申请了"手位器"的专利（手位器"chiroplaste"在希腊语中意为"手的训练"）。列曼在他著名的字典①中将它描述为一种"防止手腕下垂，帮助手指垂直触键"的工具。这是一种由细杆和皮套组成的装置，可能并无什么生理学的原理，巴黎的音乐博物馆目前留有存样。但无论如何，手位器为发明者带来了财富。有诽谤者将罗杰尔比作江湖术士，但维克独具慧眼地在钢琴厂旁边开了一所罗杰尔学院。

在学院的学生中，他发现了一位褐发黑眼的年轻姑娘，姑娘的父亲乔治·克里斯蒂安·哥特赫尔德·特罗姆利茨在德国和捷克边境的普劳恩市当合唱队指挥，姑娘的祖父曾是位著名的笛子手。姑娘名叫玛丽安娜，十八岁。毫无疑问她对老师也颇有好感。原本人们认为德行俱佳的维克是不可能突破世俗禁忌爱上学生的，可事实是他用了什么高明的手段获取了姑娘的芳心呢？让我们身临其境地回顾那一天的场景吧：1816 年 5 月的某一天晚上，师生俩坐在钢琴前。音阶、琶音……突然，老师凑近学生，一把搂住了她的脖子。"老师，我尊敬的老师，他都干了些什么？"她心想，"我该怎么回应他？"但我们可以知道维克此举并非一时冲动，几天后，他就向姑娘求婚了，并且欣喜地听到了姑娘一声羞赧的回答。婚礼在 6 月 23 日举行。故事的后来再也没有这般精彩了，等待他们的是八年之后的痛苦离别。家庭主妇和钢琴店的营业员，这便是摆在这位美丽的女钢

---

① 见书后的参考书目。——原注

琴家面前的人生，利用天赋在音乐界开拓一番事业是绝无可能了。

——为什么呢？她百思不得其解地问道。

——因为别人会以为我养不起你。

灰心后的玛丽安娜为工作忙得筋疲力尽，而且已经生下了小阿黛拉伊德。她去了趟普劳恩，把女儿托付给双亲，但孩子在几个月后便夭折了。玛丽安娜又怀孕了。维克焦虑地期待着一个女孩的诞生，因为维克老师认为，女孩子比较听话。这次真的是个女儿。1819 年 9 月 13 日，她诞生在"大百合"的宅子里，取名为克拉拉·约瑟芬。

是的，维克需要的是听话的妻子、听话的学生和听话的女儿。安德烈·鲍库雷契里耶夫将他描述为"天才兼独裁"的教育家，顽固不化的老学究，像"霍夫曼①笔下精神错乱的人物一般残忍，试图用小提琴锁住孩子的灵魂，以此赋予乐器天籁般的音质"（马赛尔·布利翁语）。他执著、有远见，但他又独断专行，虽然出发点总是好的。后来，八十岁的维克在给外孙菲利克斯的一封信中自认为一生扮演了崇高的角色："在我最穷困潦倒的时候，我向上帝许愿，只要让我不再为生计担忧，我愿意将我的一生奉献给人类的教育事业，并优先培养家境贫苦的好学生。"只不过他的方式有点特殊：严厉至近于粗暴，授业时常常无端恼怒。

舒曼曾记录过日常生活中的一件小事。那次受训的是比克拉拉小两岁的阿尔文："拉罗②先生真是个坏蛋；阿尔文拉错了琴，他就喊：'浑蛋！浑蛋！你就是这么回报你父亲的！'他把

---

① 霍夫曼（1776～1822）：德国后期浪漫主义文学家。
② 即弗雷德里希·维克，舒曼给他起的外号。——原注

阿尔文摔倒在地上，扯他的头发。他自己也浑身颤抖，打了个跟跄，他站都站不稳，就坐了下来缓了缓劲，他又把孩子推倒在地，阿尔文向他哀求把小提琴还给他——他要拉小提琴，他要拉小提琴——这一切超出了我的语言表达能力……最可怕的是，此时小兹丽娅①微笑着坐到钢琴前弹奏了一支韦伯的奏鸣曲。我是和一群'人'在一起吗?"（见罗伯特1831年8月12日的日记）那时，克拉拉十二岁，被专制的父亲严加管束，惊世之恋尚未开始。

---

① 即克拉拉。——原注

第二章 "我的童年并不幸福"

　　世间的男男女女们每天充实着日记是不是因为害怕记忆会流失呢？浪漫主义盛行的世纪是书写和私密的世纪，是对灵魂进行自恋式探索的百年；日记里有动人心魄的爱恨情仇，也有日复一日喋喋不休的流水账。写日记或是为了剖析自己，亦或为了留于后人：记录下人生的所有轨迹，其功绩便不会被后人遗忘。该领域的佼佼者便是我们的埃克多·柏辽兹，瓦格纳也写了很多日记。弗雷德里希·维克希望更胜一筹：这个对自己天赋深信不疑的男人，这个从 1819 年 9 月起就决定了女儿非凡音乐人生的男人，这个欲以无数文稿、纪要、书信将自己光辉形象留于后世的男人于是开始亲自书写爱女的日记。

　　第一行：克拉拉写道，我的日记是由家父从 1827 年 5 月 7 日开始动笔的——那年克拉拉七岁——然后由克拉拉·约瑟芬·维克续写。四十七卷的回忆，从父亲手写的第一卷开始，一直到七十年后主人辞世为终结。父女俩共同承担任务，维克检查着每一行的文字，在边角处批阅。在 1840 年的舍讷费尔德教堂婚礼之后，日记自然由克拉拉和罗伯特四手联弹般续写。维克将之前的所有日记统统没收，直到十九年后他原谅女儿之时，日记才得以物归原主。克拉拉的一生本可以原原本本地展示给世人，可惜舒曼的后代（罪人似乎是舒曼的长女玛丽娅）将原件送给贝多尔特·利兹曼供其撰写长篇传记之用，随后便处理了五十多年（1844～1896）的日记手写稿。这里面又会藏着多少家庭秘密呢?

弗雷德里希·维克开卷写道:我于1819年9月13日出生在莱比锡九市广场的"大百合"宅子里。我的父母在1818年复活节那天开始定居在这里,我的名字叫克拉拉·约瑟芬。说明:克拉拉的教父是公证人施特罗贝尔(是否就是上文提过的警局监察?),教母中一个是瑞歇尔太太,还有克拉拉的太婆"普劳恩的圣托里尼·特罗姆利茨太太"。日记随后补充:"我的父亲开了一家音乐图书馆,可外借图书,另外还刚开了家小钢琴店,我母亲每天还要练一两个小时的钢琴,所以我经常由女仆(乔安娜·施特罗贝尔)照顾。"

父亲用克拉拉的口吻在日记中写道:我到四五岁时才开口说话。女仆乔安娜沉默寡言,但这是否就是唯一原因呢?维克怀疑女儿的听力出了问题,但鉴于克拉拉对舞曲旋律的专注,可以排除这种可能性。那么是否真如安娜·布尔东所引用的南希·瑞克医生的理论:"选择性缄默症"———一个一直自闭到八岁的女孩?而在这期间,多少音乐融入了她的生活;在此期间,她经历了人生的第一次苦难:父母的离异。

后来,她向罗伯特倾诉:我的童年并不幸福。你弥补了我那些年所受的痛苦。那时的我孤独一人……连那个沉默寡言的女仆也被调走了。克拉拉又说道:父亲很疼我,我也爱他。但是一个女孩子所渴望的母爱,我从未享受过,所以我从来没有彻彻底底地快乐过。

父母的突然离异,双方各有责任。事实上,与专制独裁者相伴需要极大的献身精神。在和弗雷德里希·维克共同生活的八年里,玛丽安娜共生了五个孩子。这位年轻的母亲除却家庭琐事之外也偶尔得到过几次展露才华的机会,她在钢琴演奏和歌唱方面都颇有造诣。结婚后的第六个月,她在格万豪斯音乐厅演唱了莫扎特的《安魂曲》；几周之后，同样在这座著名的音乐厅里，她担纲了贝多芬《C 大调弥撒曲》的独唱。在钢琴前，在德国最挑剔的听众前，她勇于尝试当时走红的作曲家里斯、杜塞克和费尔德①的作品，她也弹莫扎特的作品。虽然妻子是维克第一个在格万豪斯舞台上演出的门生，但毫无疑问的是，他在听妻子表演的时候没有一丝的自豪感。

"我是钢琴师，我是歌唱家。"她自言自语。

"是啊，可是在我去维也纳买新钢琴期间，你得掌管店铺，招呼顾客。你得把家收拾得井井有条，照顾好孩子们。"

温柔美丽的玛丽安娜尽管受过妇德的教育，但她耳朵根子软，容易听信别人的劝说，包括一些挑拨，比如说维克一家的朋友、英俊的阿道夫·巴吉尔。我们无法知道维克夫妇的小儿子维克多应该姓维克还是巴吉尔——由于当时缺乏科学的鉴定手段，这一说法仅是猜测而已。但 1824 年 5 月 12 日，玛丽安娜在维克多出生三个月后便离家出走——并非与情人私奔，而是传统地回了普劳恩的娘家。身为唱诗班指挥的父亲断然反对，这是他的底线。但他同时也表示这是女婿咎由自取……

玛丽安娜出走前作了临时安排：阿尔文（到 8 月 27 日即满三岁）和古斯塔夫（1 月 31 日时满一岁）留在莱比锡，她带走了克拉拉和维克多。

想想吧，维克竟然放弃了维克多！但在克拉拉的问题上，他寸步不让，因为她是一颗注定要在国际琴坛上辉煌的璀璨新星。维克列出了诸多条件：最迟在克拉拉五周岁生日之时将她送还父亲，而此时离最后期限仅剩四个月零五天的时间了。维克不仅寸步不让，而且拒绝玛丽安娜亲自将克拉拉带回莱比锡。

---

① 乔·费尔德（1782～1837）：19 世纪初的爱尔兰作曲家。

特罗姆利茨家必须将克拉拉带到阿尔滕堡交给女仆乔安娜，然后由乔安娜带她回莱比锡。玛丽安娜曾哀求过，但得不到一丝通融："我以上帝的名义起誓，你可以带走克拉拉。我想尽一切办法希望你能让步，尽管这让我撕心裂肺般地痛苦。克拉拉可以归你，但我决不会放弃一个母亲的权利。"

1825 年 1 月 25 日双方正式离婚。同月，玛丽安娜嫁给了巴吉尔。之后他们去了柏林，巴吉尔在那里也开了家罗杰尔学院，他于 1841 年去世。在赴柏林之前，巴吉尔和玛丽安娜在莱比锡的郊区生活了一年。维克尊重孩子母亲的"探视权"，但也加上了一些强制性建议："女士，我送过来的是我生命中最珍贵的东西。"（1825 年 11 月 7 日信）"不许说起任何让她疑心的话"……"不能给她吃太多的蛋糕"……"对她的举止要比在普劳恩时更严加管教"……"她弹钢琴不能弹得过快"！

克拉拉已经会弹钢琴了。据说，这个娇小而健康的小女孩遗传了她母亲的一双杏眼。她渐渐从"选择性缄默"的阴影中走了出来。回到莱比锡后，维克便督促她每日的钢琴练习，但一天决不会超过三个小时（由父亲辅导一小时，练习两小时），这便是维克面对"摧残儿童"的指责声的回应。我的父亲，克拉拉在两年后的日记中写道，不会拼命逼我练琴，但他会有意识地发掘我的乐感。在这一点上，父亲和他的老朋友、维也纳的施坦因观点不一样。维克曾写信给施坦因："克拉拉能像一个艺术家一样演奏高难度的作品，且音色圆润。但是我不愿用大量的练习扼杀她的音乐灵感。很多乐坛大师，尤其是钢琴家都曾经如此做过。他们亲手毁了自己的乐感和理解力，只满足于可怜巴巴的机械运动。"

克拉拉像所有的初学者一样从音阶开始练起，但一天只安排一刻钟。进度写在了日记里——父女俩的交流日志。日记证实了没有高强度的练习重荷，但也见证了一个女孩没有布娃娃、没有小伙伴、没有宠物的童年。七岁时，她左右手并用，开始八音度演奏，而且可以即兴演奏，为所有的音转调。弗雷德里希·维克在琴键上方放上车尔尼的《奏鸣曲》和《托卡塔》[①]（op.92）——这是优等生的最爱，克拉默的练习曲，费尔德的《E大调波兰舞曲》，此外克拉拉在协奏曲领域也有了初次的尝试——哈斯林格的《四重奏伴奏的四手联弹协奏曲》。

那么，小克拉拉还上学吗？时间很短。我们可以算出，从1825年1月开始，克拉拉在附近一家由马尔巴赫小姐开设的学校里待了半年，后来又在诺亚克学院学了一年。其他时间她都在家里学习阅读、写作、英语和法语。多年以后，维克在《钢琴与声乐》一书中为那些可怜的孩子们鸣不平："他们每天在学校的长凳上出九个小时的汗，这糟蹋了他们的身体和幸福的童年。"父亲要求克拉拉在练琴之余必须参加体育锻炼和长距离散步，这使她幸免了病痛之苦。多少年以来，病魔曾摧毁过百万勤奋苦读的儿童的生命。

六岁时，克拉拉在格万豪斯音乐厅第一次见识了音乐会（是贝多芬的一首交响乐，我兴奋不已。但我们不知道是哪一首）。不久之后，她将重返名满欧洲的格万豪斯音乐厅，那时站在舞台上的将是她。在此之前，她完善琴技，训练记忆力，练习莫扎特的作品，学习鉴赏钢琴——我亲爱的父亲，1827年9月14日她在给母亲的信中写道：在维也纳给我定了一架施坦因的钢琴，一架漂亮的三角钢琴，因为我弹琴弹得好，因为我能在伴奏下唱好史博的浪漫曲，还因为我弹的协奏曲没有犯一丁点儿错。最重要的是她开始唱歌了（她最爱的曲子是韦伯的

---

① 托卡塔（Toccata）：又称"触技曲"，它是一种富有自由即兴性的键盘乐曲。

《他每天的面包》），父亲一再强调"钢琴要会唱歌"，在他的督促下，克拉拉向合唱团团长、著名教授威廉米娜·施罗德－德弗里安特学习声乐。所谓全面发展，即从教育的第一天起不放过任何一个环节。她在普林茨处学小提琴，在克里斯蒂安·特奥多·维因里希处学和声，此人是圣－托马斯学校的合唱团指挥，舒曼和瓦格纳都是他的弟子，瓦格纳曾将《b_B大调奏鸣曲》题献给他。克拉拉还向剧院音乐总监海因里希·多恩学习谱曲技法，后来在德累斯顿，她又师从宫廷音乐指挥卡尔·格特列布·莱希格尔。她的父亲结交了众多的名师；至于钢琴，当然由维克自己负责，他雄心勃勃，志在必得。

"我认为女儿克拉拉将会成为一位钢琴名家，她的击键和触键都已经达到很高的水平。她诠释音乐的感觉很好，听觉灵敏，具有真正的音乐天赋，而且记忆力强。她的钢琴音质几近完美，一方面是因为选择了最上乘的乐器，另一方面，请容我说明，也是亏得她父亲教导有方。"

克拉拉八岁了。父亲虽然没有揠苗助长，但他的雄心中起伏着虚荣的波澜。父亲开始在家中低调地举办一些音乐聚会，到场的有年轻的作曲家海因里希·玛希纳尔（此人后来写了十三部歌剧，如今这些歌剧已湮没在音乐殿堂的某个角落里）、编辑弗雷德里希·霍夫迈斯特和海因里希·普劳普斯特、恩斯特·奥古斯特·卡若斯医生和著名的《大众音乐报》的编辑哥特弗雷德·芬克，此外还有路经莱比锡的一些音乐人。总之，克拉拉在家中演奏莫扎特的作品。1827年的某天晚上，即她八岁生日的前四天，父亲送了她一条漂亮极了的裙子。裙子不知花了多少钱，但最重要的是，音乐为她和母亲架起了桥梁，9月14日她在第一封亲手写的信中说：我弹了你曾经弹过的莫扎特的《b_E大调协奏曲》；一切都很顺利，我没有中断，只是节奏上出了点问题，因为我要弹三遍半音音阶。我什么都不怕，就是大家的鼓掌弄得我有点不好意思。她就会习惯的。

五个月后，家中有大事：克拉拉和维克四手联弹了舒伯特四首刚出炉的波兰舞曲。还有一件更大的事便是当年的3月31日在恩斯特·奥古斯特·卡若斯医生家中的晚会。恩斯特医生刚辞去科尔迪兹医院院长一职，进入莱比锡医学院任教。如果不是因为科尔迪兹靠近舒曼的故乡茨维考，如果不是因为舒曼年少时曾将恩斯特之妻阿格内丝奉为灵感女神，一往情深，将之称为"我的浪漫曲歌手"，我们可能对这一段细节一无所知。卡若斯医生在几年后负责照顾一直住在莱比锡的柏辽兹，后者题词感激："致克拉若斯（Clarus）医生"。

——是卡若斯，您在我的名字里多加了一个字母"l"！

而精通拉丁文的柏辽兹在回忆录中写道："Patienbus Carus sed Clarus inter doctos"（意为"亲善病患，医者楷模"）[1]

也许，赴莱比锡主攻法学的舒曼参加过卡若斯家中的晚会。也许，他早就见过这位九岁的钢琴奇才。她弹了胡梅尔的《三重奏》（op.96）。我比给我伴奏的先生们犯的错还少。耳边是克拉拉的琴声，可罗伯特的眼里只有阿格内丝。我们年轻的主角只被眼角的余光掠过。"我最早关于你的记忆，"舒曼之后说道，"是在1828年的夏天：你画了一些字母，试图把它们拼起来。"那年的8月28日，舒曼写信告诉母亲他听过了克拉拉的演奏，说她是"莱比锡最好的钢琴家"。

一段家庭小插曲：维克再婚了。他选了一位牧师的女儿，她不是音乐家，不漂亮，但聪明勤劳，谦恭虔诚，是个理想的伴侣。这场婚姻持续了四十五年。维克写信通知朋友施坦因：

---

[1] 题词巧妙地将卡若斯（Carus）的名字和柏辽兹错写的克拉若斯（Clarus）镶嵌于一处。

"我已于7月3日和我亲爱的克莱芒蒂娜·费希纳结婚了，我们第二天便去了德累斯顿，昨天才回来。尽管婚事突然，但我此次来信希望能得到你的祝福。如果我没料错的话，我和我的孩子们以及我的家都将从此告别忧愁。"

德累斯顿的小憩（在此期间，克拉拉在盲人学院里弹琴）之后，弗雷德里希·维克、妻子克莱芒蒂娜（昵称"小蒂娜"）和孩子们搬了家。家里人口越来越多，他们住到了理查街和格里玛依巷交界的一所街角的房子里。

秋季，美丽的莱比锡城。克拉拉吹灭了生日蛋糕上的九根蜡烛，开始准备正式进入音乐圈。第一场在格万豪斯的音乐会肯定比初出茅庐时的小舞会盛大得多，但那时，李斯特尚未发展出独奏音乐会，音乐会中间通常由各种节目来过场，演员必须暂时谢幕。10月20日，克拉拉在艾米丽·莱肖尔特的伴奏下，面对台下的莱比锡名流，演奏了卡尔克布雷纳的《变奏曲》（op. 94）。伴奏者艾米丽·莱肖尔特也是父亲维克的门生，早在两年前就在格万豪斯音乐厅成名。克拉拉一点都不怯场：似乎神童们从来不会注意到临渊履步的危险。我们的小艺术家很满意（一切顺利。我没有弹错音，观众报以热烈的掌声）。当时的评论亦是如此："我们有幸欣赏到了九岁的钢琴家克拉拉·维克的精湛琴艺，她与艾米丽·莱肖尔特小姐合作演奏了卡尔克布雷纳根据歌剧《摩西》中的一首进行曲而创作的《四手联弹变奏曲》。克拉拉的父亲为业界名师，以其丰富的琴技知识和献身艺术事业的热情而著称。在父亲的指导下，克拉拉·维克将成为一代钢琴名家，我们对此寄予厚望。"

当时的报纸尚未被花边新闻纠缠，故没有报道这位小钢琴家险些不能入场的轶事。事实上，格万豪斯音乐厅通常配备豪华马车上门接送艺术家，克拉拉在等车时听到有人喊"克拉拉小姐的马车到了，"她和仆人们下了楼，钻进一辆破旧的公共马车，车里坐满了花枝招展的姑娘们。克拉拉很惊讶，而公共马车几乎每三分钟就会停下来接一批新乘客。更奇怪的是，马车走错了方向。这不是去格万豪斯的路。克拉拉对她的邻座嘟哝道。

"格万豪斯？真笨！我们去奥利特里茨希（Eutrizsch）参加舞会。"

两行泪珠顿时从克拉拉漂亮的脸蛋上流了下来，直到马车停下。庆幸的是，格万豪斯的马车跟在后面不远处。人们把维克家门房的女儿克拉拉错当成克拉拉小姐，而那个本来一心去舞会的小女孩可能此时也正哭得不可开交。进了格万豪斯音乐厅之后，克拉拉还在发抖，她扑到父亲怀里。父亲递给她一包糖，准备了安慰的话："我忘了告诉你，小克拉拉，第一次开音乐会的时候大家总会弄错地址。"刘易斯·卡洛尔也是如此……

第三章 神童时代

"我们对待孩子就应该像上帝对待我们。当他让我们沉浸于幻想中的时候，我们才是最快乐的。"[①]

这世上曾经有一个莫扎特，浅薄而迷信的社会将难以解释的神童奉作上天的馈赠。人们不敢把举世无双的天才作为众人学习的榜样……然而，二三十年过去了，童年、洁白无瑕，本该是"纯洁"的同义词，一如克拉拉的白丝裙，却被音乐异化，仿若执掌着神力。人们理直气壮地将天真操纵于股掌……雷奥波尔特·莫扎特因急功近利滥用天才而被打入地狱。弗雷德里希·维克永远在炼狱中受难。一些奇才瞬间闪过，归于沉寂，另一些则依旧照耀着音乐的历史。在人物的长廊里，有两个人的命运与克拉拉纠缠一生。

菲利克斯·门德尔松出身豪门，师从歌德的音乐顾问卡尔·弗雷德里希·策尔特。早在这位名师为菲利克斯和他的姐姐法妮授课之前，菲利克斯就已经举行了首场音乐会；他那年九岁，为柏林的几个音乐迷弹奏了奥地利人约瑟夫·伍尔弗的一段三重奏，后来他受邀赴魏玛为几位达官贵人献艺，几年之后这个机会就轮到了克拉拉。门德尔松此行是在 1821 年 10 月底，策尔特带着亲生女儿多丽丝和菲利克斯一同"朝圣"，法妮没能同行（据后人说，她处在其弟光芒的笼罩下，才华不得施

---

① 歌德《少年维特之烦恼》，第一部。——原注

展）。11 月 6 日，门德尔松在家书中写道："大家听着，都听好了！今天是星期二。歌德在周日到了，魏玛阳光灿烂……我为歌德弹了两个多小时的《巴赫赋格曲》，我还即兴创作。"不知这位《少年维特之烦恼》的作者是否还记得，在二十年前的斯特拉斯堡，他曾与菲利克斯的父亲亚伯拉罕·门德尔松相识。

小菲利克斯征服了这位诗坛翘楚。11 月 10 日的信中："每天晚餐后，歌德就会打开钢琴说：'我今天还没听你弹过琴，给我来点声音吧……'"次年，歌德（对策尔特?）祖露："这是个珍宝，是个奇才。请尽快把他送回来，让我的灵魂在他的琴声中舒展。"

魏玛，依然是魏玛，它是众多音乐家人生的交汇处：之后，李斯特在盛年时名噪魏玛。小弗兰兹①是音乐神童的典型，他的听众不是歌德，而是 1819 年当时维也纳音乐泰斗之一的车尔尼。"他的天赋让我震惊。他视奏了我给他的几段曲子，他完全是用直觉在弹奏，因此，更确切地说，天赋就足以让他成为钢琴家。"赞誉如斯。李斯特时年九岁。1822 年 12 月 1 日，他在维也纳举办了第一场音乐会。《汇报》评论家出席了音乐会："一位少年艺术家从天而降，激起我们的无限敬意。"人们总是以天为证。

确实，年轻的李斯特没有遇到歌德，而且根据传闻，他甚至错过了与贝多芬的相遇。贝多芬的好友辛德勒曾请贝多芬给李斯特一个机会，做一次即兴创作，但被贝多芬拒绝了。辛德勒在《回忆录》中悔言自己当时没有坚持："真可惜，这孩子落到了车尔尼手上。"巴黎凯旋：阿兰·沃克尔在其著作中记录了

---

① 即李斯特。

《朝圣之年》的作者①从 1823 年 12 月到 1824 年 3 月共计举办了三十八场公开音乐会。《白旗》的评论家欢欣鼓舞："事实上，从昨晚开始，我相信了轮回转世。我深信莫扎特的灵魂和天才都附在了年轻的李斯特身上：他就是莫扎特。"莫扎特，一个不可逾越的坐标。

可是天才儿童们还互不相识，他们开始交朋友。门德尔松是克拉拉的好友，最亲密无间的朋友，难得的伙伴。他们经常在钢琴前肩并肩地坐着，弹上一首巴赫的曲子。在 1835 年 8 月门德尔松定居莱比锡之后，他共开了二十一场音乐会，而克拉拉便是他音乐会上的独唱歌手。惺惺相惜之情拉近了他们的距离，在罗伯特和克拉拉与维克长期抗争的过程中，门德尔松也为他们出谋划策。当克拉拉得知好友英年早逝的消息时，她心如刀绞：我们痛心不已，因为他对我们而言不仅是一位艺术家，更是一个人，一个好朋友。无数的回忆浮现在脑海，我不由得叹息：为什么天意如此？在才华尽情绽放的青春盛年，却要他过早地陨落！事实上，门德尔松之死是在法妮去世后的六个月，他时年三十八岁。

可以为某些人伤心流泪，也可以对另一些人红颜怒目，这就是克拉拉。的确，弗兰兹·李斯特同克拉拉和罗伯特之间有深厚的友谊，但他们之间逐渐产生了隔阂，甚至有了 1854 年 5 月 25 日那段莫名其妙的评价：今天我收到李斯特的一封信，言辞亲切，附了一首奏鸣曲送给罗伯特，还有其他一些曲子。可它们都太可怕了，勃拉姆斯都给我弹了一遍，我很难受。那里面全是些杂音，乱七八糟，毫无章法，根本找不到一丝组曲的和谐感。这些曲子是李斯特对罗伯特《C 大调幻想曲》的回赠，

---

① 即李斯特。

可罗伯特永远看不到了，早在几个月前他就住进了埃登尼希医院。面对被奉为世纪巅峰之作的李斯特《b小调奏鸣曲》，克拉拉的评价却是：总而言之，我得回信答谢吧。但这首曲子真是糟透了！克拉拉的评价通常辛辣尖刻，毫不考虑其公允性。

历史只记住了标志那个时代的三个神童的名字：克拉拉、弗兰兹和菲利克斯。其他同样声名远扬的神童们只能站在历史大道的两边，他们中有人是克拉拉的对手，比如法裔德籍的安娜·贝尔维尔，其父编订了两百部作品（已被后人遗忘），曾主管慕尼黑歌剧院，因此安娜的超常天赋自有家传。车尔尼视她为得意门生，哈罗德·舍恩堡认为她才华横溢，足以得到贝多芬的赏识。安娜十一岁在维也纳崭露头角，成名于慕尼黑、巴黎，后一路胜利直至俄国。那么，这位奇才后来怎样了呢？她在肖邦面前凭记忆就莫扎特的一个主旋律演奏了一首变奏曲，肖邦就此评论道："她的琴技高雅，异常灵巧。"李斯特和父亲亚当一同听了安娜的演奏，亚当·李斯特见证道："她不是在弹钢琴，而是在用不得体的熟练动作和击键力虐待钢琴。"在安娜与小提琴家詹姆斯－安东尼奥·乌利成婚后，柏辽兹简言道："去年德国、俄国和英国的大部分报纸对这位年轻钢琴家的溢美之词，她当之无愧。"

人们经常把安娜和克拉拉这两位女神童相提并论。1833年5月22日，舒曼写信给母亲："贝尔维尔和克拉拉的才华比起其他的男钢琴师有过之而无不及。"在此之前几个月，舒曼撰写了一篇名为《忆克拉拉·维克在莱比锡的最新音乐会》的文章（署名R. W，显然不是理查德·瓦格纳，因为他当时尚未步入乐坛）。舒曼在文中更明确地表明："贝尔维尔在技术上更胜一筹，但克拉拉更富激情，贝尔维尔的琴声美妙，但止于耳，而克拉拉的琴声却可直入心扉。安娜是一位诗人，而克拉拉就是诗本身。"

这一美妙的比喻常被评论界稍加改动并加以引用。贝多尔特·利兹曼在读过有关克拉拉的一切资料并翻阅过哥达（Gotha）市的报纸后，引用道："克拉拉在琴技上可以和著名女钢琴师贝尔维尔和布拉赫特卡相媲美，甚或更胜一筹——因为她能够优雅而从容地弹奏最具难度的作品，而又不失清丽风格。她的演绎能力至今仍是传奇——同时她又以其精致迷人而常常与众不同的曲作品为我们带来惊喜。此外，克拉拉·维克也绝不是一株'温室花朵'，她不是揠苗助长的产物，她涌动的才华缘于她非凡的天赋。"安娜·贝尔维尔也留下了大量的音乐作品，但后人没有过多在意，哈罗德·舍恩堡说她共有一百八十首作品。克拉拉曾在1839在巴黎与贝尔维尔相遇，据说她把贝尔维尔称为：世上最恶心的女人……但也许这只是人们揣摩她的心思杜撰的话而已。

布拉赫特卡名叫雷奥伯勒蒂娜，比贝尔维尔小三岁，1811年11月15日出生于维也纳附近的贡斯特拉姆（Guntramsdorf），死于布洛涅，终年七十五岁。她师从莫舍勒斯和卡尔克布雷纳，八岁时开了第一场音乐会，"技惊四座，更为难得的是这朵早春之花竟最后长成了艺术硕果"（菲迪斯）。整个欧洲——即法国、德国、荷兰和英国——为之欢呼。肖邦觉得她很"漂亮，"但同时认为她"触键时很恐怖"。和所有的同行一样，布拉赫特卡后来也转作谱曲（在这一点上，克拉拉有所不同，钢琴贯穿了她的整个音乐生涯），她写了很多钢琴曲谱，还创作了歌剧《强盗和歌手》，1830年上演于维也纳。

还有一些男男女女，当然只有极少数的女孩，虽然他们的名字被收录于各种手册中，但他们只是犹如流星稍纵即逝。他们中有：1813年出生于曼彻斯特的英国少年乔治·阿斯普尔，十九岁时死于结核病。菲迪斯说他"年仅八岁时即以高超完美的琴技赢得了同胞的赞赏"。菲迪斯还说"尽管他的小手够不到太多的琴键，但他在弹奏胡梅尔、莫舍勒斯和卡尔克布雷纳最难的作品时丝毫没有放慢速度，他令听众大饱耳福。"乔治还是个天才作曲家，其父保留了他所作的曲谱，出版为《乔治·阿斯普尔的强弱钢琴遗作》。

除此以外，波兰的神童们也在摩拳擦掌：约瑟夫·沃拉迪斯洛·科罗古勒斯基和安东尼·莱斯契维茨。1830年春，肖邦曾听过他们的演出，那时正值波兰盛会，吸引了大批的艺坛新星（贝尔维尔和桑塔格①）。肖邦在1830年4月10日给密友缇托斯的信中写道："小莱斯奇威茨弹得非常好，但大部分时间手肘还是搁在钢琴上。就我所见，他胜过科若古尔夫斯基。"但那次在华沙还出现了坐收渔利的德国少年西吉斯蒙德－弗雷德里希·沃尔里策，肖邦评价他："这个小孩弹得非常好。他是个犹太人，所以思想活跃……他来见过我。他还是个十六岁的孩子。听他的演出时，你会赞赏他的琴艺，尽管相对于目前他的头衔，他还有许多不足之处。"是的，年仅十六岁的小弗雷德里希已经是"普鲁士御用琴师"。年轻的肖邦还评论道："他胜过贝尔维尔十倍"……可是这些光环下的乐坛新秀、同行对手们却最终没能节节高升。

我们还应该加上卡米尔·莫科的名字吧？她比李斯特早出生六个月，九岁时便崭露头角，后在巴黎师从莫舍勒斯，十四岁时在布鲁塞尔皇家剧院担任卡尔克布雷纳《第一协奏曲》的独唱，从肖邦手中得到了三首夜曲（op. 9）的馈赠。事实上，她的荣耀部分缘于柏辽兹对她的痴恋（"莫科小姐将地狱的火焰和魔鬼置于我身"），以及她与作曲家、钢琴家兼钢琴制造商的

---

① Sontag Henriette（1806～1954）：德国花腔女高音歌唱家。

卡米尔·普莱耶尔的婚姻。三年后，两人离异，但卡米尔保留了普莱耶尔的姓氏。1848年菲迪斯在布鲁塞尔皇家音乐学院为普莱耶尔太太上了一节钢琴课。在此十五年前，卡米尔惊人的美貌打动了李斯特和费尔迪南·席勒的心。李斯特事后说道："这世上有一些高超的琴师为自己拓展了其他的人生道路，或从事熟悉的行业获得了成功，但只有一个人全身心地投入艺术，那就是普莱耶尔太太。"

舒曼本人也仰慕普莱耶尔太太的美貌和琴艺，而且他懂得如何激起克拉拉的妒忌，而克拉拉的确上了当。当时她正在汉堡演出，并正忙于和父亲维克的官司，因此当情敌出现时，她便头脑发热，疑心重重：感谢你，我亲爱的罗伯特，感谢你今天的信，它从天而降安慰了我。昨天晚上，克让兹和阿维在三个钟头里一直对我说任何事情一旦和普莱耶尔太太一比，就都微不足道了。我痛苦极了，你知道，亲爱的罗伯特，我认识所有的艺术大师，你知道我对塔尔贝格和李斯特的敬意（是的，是的，她改变对李斯特的看法了……）；这种崇敬之情无以复加。你不觉得让我在几个小时里一直听这种话，实在是太无礼了吗？不难理解，这个克让兹（奥古斯特·海因里希·克让兹，音乐编辑）、阿维（特奥多·阿维－拉勒芒，音乐教师），另外还有一个加蒂（奥古斯特·加蒂，汉堡《音乐人对话》的编辑），这三个人是"超级卡米尔迷"，其中第一个人在听过克拉拉的演奏后，上前赞美的竟是……她的耳环。我差点扇他一巴掌！也许任何时代都少不了浅薄之人。罗伯特对此回信道："人们很快就会忘记平庸，但不会忘记像你这样的艺术家。我们忘记过帕格尼尼、桑塔格或帕斯塔吗？你也同样永远会被人记起。"当三天之后，克拉拉再次登台演奏肖邦的协奏曲时，她已信心十足。

第四章　茨维考的年轻人

　　克拉拉和罗伯特的人生轨迹不可分割。然而，在卡若斯医生家的客厅里，当罗伯特第一眼见到已经在莱比锡声名鹊起的维克小姐时，他才刚刚走过中产阶级衣食无忧的童年、各种艺术在内心悸动的少年和冲动而痛苦的青年时代。

　　1810年6月8日，舒曼出生在萨克森的茨维考城，他是六个孩子中最小的一个。小舒曼置身于一个书的世界中，父亲弗雷德里希·奥古斯特·格特罗布（下文简称奥古斯特）是个颇有魅力的人物：兴趣广泛的学者、编辑、翻译家（主攻拜伦和沃尔特·司各特①的作品）和散文家，梦想写出一部百科全书，后来与小儿子罗伯特合作，出版过《世界各国历代名人长廊》一书。奥古斯特要娶到外科医生的女儿必须有点"家产，"他有家书店，书架上摆满了哥特文学史诗和中世纪的故事，其中还有一些自己的作品。二十二岁时他与乔安娜结婚，正如马塞尔·布利翁所言，乔安娜必须"带着惊讶和忧伤忍受丈夫的文学狂热，为小儿子从父亲处遗传的书痴而忧心忡忡。"小舒曼的故事包含双重的矛盾：在父亲的好学和母亲的谨慎之间徘徊，在音乐和文学中抉择（在文学上，舒曼喜爱上文所提的拜伦、司各特以及莎士比亚和歌德，小舒曼能背出几乎整部《浮士德》，同学们给他取了个绰号，叫"浮士德"或梅菲斯特（Me-

---

① 沃尔特·司各特（1771~1832）：英国著名诗人和小说家。

phisto)①；除此以外他还热爱年轻的德国浪漫主义作家让 - 鲍尔·里希特②）。

音乐在舒曼一家的生活中处于何种地位呢？无足轻重。这当然是相对于当时德国人对音乐的尊崇、仰慕和练习而言的。乔安娜也弹弹羽管钢琴，写写小诗。直到罗伯特和克拉拉的小女儿欧仁妮的《回忆录》出版之时，我们才知道她的祖父母确实都喜欢音乐，她的祖母会唱歌，身为作家和书商的祖父教儿子们弹过莫扎特的曲子，罗伯特的两个哥哥爱德华和朱利尤斯也许已经达到了一定的钢琴水平，这由后来他们寄出的《托卡塔曲》（op. 7）可以证明，这"决非易事"。

慈祥的奥古斯特在得知十四岁的儿子"没有游手好闲、荒废学业，丝毫不曾放松钢琴练习"时十分高兴。十二岁时，父亲曾送给他一架漂亮的维也纳施特莱舍尔（Streicher）钢琴。罗伯特有一颗渴望远行的心，他想去德累斯顿。"我不反对这个计划，亲爱的孩子。你要是不想去卡尔斯巴德度假，就和朱利尤斯·卡尔一起去吧。你自己做主。"这是一个再开明不过的家长。

但灾难来势汹汹，且祸不单行：二十九岁的姐姐艾米丽因"神经衰弱，"即今天我们所说的抑郁症而自杀；几个月后，父亲去世。乔安娜成了一家之主，从此她把罗伯特唤作"Lichter Punkt"（她的"光源"）。罗伯特还是个十六岁的孩子，内心充斥着矛盾的情感，盘旋着激情、怀疑和痛苦，又隐隐地有些许叛逆。"我记得，"半个世纪之后，罗伯特的同窗好友埃米尔·福莱希西克在回忆录中写道，"他从很小开始就疯狂地钟爱那些投身于创作的才子们。癫狂的罗德·拜伦早就成为他心中的理

---

① 《浮士德》中魔鬼的名字。
② 让 - 鲍尔·里希特（1763～1825）：德国现实主义小说家，善于描写环境和心理。——原注

想：愤世而自残的生命在他看来却有着无限的伟大。他心目中真正的艺术家形象有点像贝多芬，脸部线条因蓬乱的头发而愈显深沉。"

舒曼习惯于严肃的自省："我自己也不清楚内心深处的我究竟是怎样的。我认为我富有想象力，这一点无可辩驳，但我不是一个深沉的思想家，也许我的思路已经被开启，但我无法用逻辑来整理它们。至于我是否是诗人，也许我还称不上，这一点就留待后人评说吧。"

罗伯特曾在茨维考的文科中学上了八年学。毕业时，老师们的评价是他学习极其刻苦，课程学习中进步很大，遥遥领先于其他同学，尤其是论文，还有他在家中自己写的诗歌；他曾出色地将许多希腊文和拉丁文文章翻译成母语，他把很多课余时间花在了阅读上；最后，其他的品质也为他赢得了众人的好评：为人正派、与人为善……总之，这是个模范生。那么，乔安娜为什么会忧心忡忡呢？在她看来，罗伯特应该进大学，应该学法律，但儿子犹豫不决，在他年轻时一本未完成的小说（《六月夜七月天》）里，他写道："年少时常会有不知所求的时候，莫名的怀旧和泪水令他黯然，心不知所往。当我们懵懂地询问星辰的时候，灵魂在某种无声而圣洁的东西中企盼幸福的到来。"这里充满了对文学典故的颂扬（首先是让－鲍尔，刚在诺瓦利斯的拜罗伊特的小房子里去世……）。我们听到了乔安娜的自言自语："就像他父亲……"我们年轻的主人公的思索是自恋式的，他将认识的主体和客体融于一身，而成为两重性的载体："他的脾气令他忧郁……他的艺术感令他更善于感觉而不是观察……他更像是以情感人而不是靠努力……他的聪明更具抽象而非具体……精通诗歌和音乐却不是一个音乐天才。他对这两种艺术都很熟悉；让－鲍尔对他影响深远……他的爱情纯洁而神圣。他知道自己有女人缘……世界在他眼里不是一个享乐的花园，而是天性的圣殿。"她说出了实话！这天性是什么呢？坚持，还有忧郁和感性。是的，他必须超越这种矛盾：有女人缘却向往纯洁的爱情。他与克拉拉的相逢被铭刻在星辰之上。的确，他有天赋，却不曾幼年成名。

于是，罗伯特站在了路口：是音乐、是诗还是大学。音乐，是他很早开始就听和练习的领域。八岁时和母亲去卡尔斯巴德度假时，他遇到了著名的莫舍勒斯，次年他听了两遍大师的演奏。多年以后，他对莫舍勒斯说："三十年前，那时您还不认识我，我决定保留您的音乐会节目单以作珍藏。"当父亲在莱比锡带他去见识了《魔笛》之后，他又崇拜起了莫扎特。正是在这期间，他在日记中以电报式简洁的风格倾诉心声，内容既有爱情冲动，又有日常学习。他用短短不到二十行的文字勾画出他的青少年时代：

> "我对音乐最早的记忆：
>
> 每天数小时的即兴创作。
>
> 音乐课之外愉悦的学习环境。
>
> 热爱自由，热爱自然界。爱好旅行。
>
> 莫名地喜欢看远景。
>
> 可能写写诗句。
>
> 德语。阅读。德国经典。
>
> 论文。
>
> 即兴创作的兴奋。
>
> 在我言论中燃烧的热情：
>
> 找不到可行的方向。
>
> 长时间不弹琴以后，对音乐和钢琴有一种病态的渴望。
>
> 崇拜让－鲍尔。

尤其从让－鲍尔的角度理解音乐：

它是孤独时对心灵善意的抚慰。

莫扎特、海顿、贝多芬。

音乐听得不够，尤其缺乏理论和技术。

莫扎特的歌剧。

意大利音乐（在我看来）毫无情趣可言。"

　　毫无迹象可以表明舒曼志在钢琴，或是决意写出时代巅峰之作——最早的浪漫曲或1830年的四手联弹波兰舞曲都算不上杰作，更不要说十二岁时为《圣经诗150首》的配乐，但是《阿贝格变奏曲》（他正式的1号作品）却已经表露了他给别人起外号的嗜好：阿贝格（abegg）既指上行音符 A – B – E – G，但同时也指代了该作品的受赠人、一位虚构中的令茨维考全城的中产阶级倾倒的宝林娜·冯·阿贝格伯爵夫人。年轻的舒曼继续着他的别名计划：三年后他在《新音乐杂志》中和朋友朱利尤斯·科诺尔以及路德维希·顺克联手对付弗雷德里希·维克，他署名为欧瑟比欧斯（Eusebius）或弗洛雷斯坦（Florestan）——前者意为"静，"后者为"动"。还有更好的方法分裂这一对矛盾体吗？维克被舒曼称为拉罗（Raro）师傅[1]，顺克被他叫做乔纳森（Jonathan）；而第一个加入"大卫军团"（大卫在攻克腓力斯人后的战友们）的门德尔松在他笔下成了菲利克斯·梅利迪斯（Felix Meritiis）。最后，对他讲述塞纳河边故事的施蒂芬·赫勒被他称作"巴黎信友、神秘的让基里特"。在舒曼生命中出现过的两个女人爱斯特雷拉和丽维娅，前者曾与舒曼有过一段短暂的婚约，本名为埃纳斯蒂娜·冯·弗里肯，后者是舒曼的红颜知己，真名叫海丽因特·弗瓦特。我们别漏了还有一

----

[1]　取克拉拉（Clara）的后两个字母以及罗伯特（Robert）的开头两个字母集合而成"Raro"。

个谜一般的克里斯黛尔，此人查无姓氏，她的外号是"莎丽塔，"在日记中有时以"Chr."简称。舒曼也给克拉拉起了好几个名字：希雅拉（Chiara）、希拉莉娜（Chirarina）、贝达（Beda）或茨利娅（Zilia）。

在19世纪20年代末，克拉拉只有十一岁，他们的故事还需等待数年。但舒曼告诉我们，那些年轻的姑娘们无法抗拒他的魅力，相继从他的情场上经过。一串长长的名字为一段轰轰烈烈的爱情拉开序幕。罗伯特告诉埃米尔·福莱希西克，从1827年起，他对"迷人"的南妮·佩茨"准备好燃起爱火激情，但这些火焰却转变成了纯洁的友谊，炙热而圣洁，犹如对圣母玛丽亚的尊敬……"不难理解，舒曼那时刚满十七岁，但圣母玛丽亚的形象在他心中不会就此磨灭：罗伯特之后对小克拉拉的思念就如"对圣坛画像的膜拜"。

南妮之后是丽迪——罗伯特对福莱希西克描述丽迪·汉佩尔的肖像：在似锦的繁花中，在远处云雾缭绕的蓝色山脉前，"玫瑰绽放的春天释放出夕阳般摄人心魄的光芒"。当她温柔地拉起他的手时，如果罗伯特"没有想起她对让－鲍尔的评价"，那么他也许会神魂颠倒。但梦破碎了，他说。让－鲍尔再一次在他心中被神化。

毫无疑问，这些美丽的姑娘们曾打动过罗伯特的心。他对她们有过好感，而对"我难忘的罗莎丽"则可能更多了一份纯洁。他此后对克拉拉祖露："我们同岁；她只是我的一个姐妹——但这与爱情无关。她照顾我，总是为我着想，鼓励我，对我寄予厚望。她的面孔最能让我的心绪平和。那是1833年的夏天。"那年的10月，难忘的罗莎丽死于疟疾。没有人来安慰这个脆弱的受伤男子。正是在此时，他放弃了钢琴练习，而克拉拉尚未走进他的生命。舒曼在忧伤中消沉，五年后他向克拉拉描述10

月 17 日至 18 日的那个不祥之夜："那时，我想到了上天对一个人最可怕的惩罚——让他失去理智。"

罗伯特是在从拜罗伊特到纽伦堡（拜访让－鲍尔遗孀）的途中遇到克拉拉·冯·库勒的，他们在奥格斯堡相识。这个克拉拉的父亲是一位著名的化学家，是罗伯特父亲奥古斯特·舒曼的朋友。此次拜访在计划之中，但不期的激情却在罗伯特与克拉拉的未婚夫相识后骤然冷却。她有一位难得的未婚夫，为情敌写了一封推荐信寄给诗人海因里希·海涅。十一年后，舒曼致信给他的克拉拉："我爱了她两个星期，就像十七岁的时候那么青涩；她也爱我如兄长。如今她已去世，葬在了布拉格。"

然而罗伯特对阿格内丝·卡若斯的爱却截然不同，它更深沉、更持久，因艺术而丰富，刻骨铭心。在卡若斯从医的茨维考，罗伯特遇见了阿格内丝。卡若斯医生被提名为莱比锡医学院院长后，他和妻子照顾艺术家，并坚持举办音乐沙龙（舒曼正是在那时与克拉拉初次相见）。罗伯特对阿格内丝的印象极为深刻："她神圣的形象在我的灵魂中闪光，永远那么圣洁。她的出现在我的心中唤醒了新的旋律，就像大理石的雕像沐浴在曙光中歌唱，当她远去时，我的音乐便戛然而止，我的歌声亦同时死亡。"她爱让－鲍尔，她唱着舒伯特。我们是否可以认同菲利普·安德烈的观点将舒曼的这段爱情视为一种"恋母情结"，或同意布里吉特·弗朗索瓦－萨培的观点，将之视为"对妙龄少女和不可企及的少妇的爱慕之心"呢？五十年以后，克罗德·德彪西遇到了玛丽娅·范斯尼尔，"唯一一个激起我音乐情感共鸣（但仅限于此）的缪斯女神"。舒曼的第一首浪漫曲是为阿格内丝而作的；而德彪西的处女作则是为亨利·范斯尼尔夫人而写。阿格内丝，淑女佳人，抚慰人心，却不幸红颜薄命，于 1839 年去世。那时舒曼的整个感情世界已被克拉拉占据，舒曼回忆起这位曾经的爱人和这段疯狂的爱恋。"那是我的让－鲍尔时期。之后当我遇见她时，我往日的激情便奇怪地复苏了。她是我心目中理想的女性化身。"九年前，他在日记中写道："阿格内丝，晚安，你，绝世的、绝世的、绝世的、绝世的、绝世的、神圣的、神圣的阿格内丝；你，神圣的医生太太。"在11月5日他兴奋地继续写道："晚安，阿格内丝，丽迪、阿格内丝、爱玛、艾米丽、南妮、南妮，现在，快睡觉!"

舒曼对1834年通过路德维希·顺克认识的钢琴家海丽因特·弗瓦特便少了许多激情，他称她为"我的A小调精灵"。她也是有夫之妇，她关心这位年轻朋友的感情生活。当舒曼在克拉拉（一段时间内给予他慰藉的）和埃纳斯蒂娜之间摇摆时，他把海丽因特视作红颜知己。许多书信证明了这段友情，舒曼曾以《钢琴奏鸣曲》（op. 22）相赠，感谢她耐心的聆听。但她没有机会出现在日记中，仅仅在他记录顺克患病和银行问题时才一笔带过"弗瓦特"。海丽因特和阿格内丝于同一年去世，年仅三十岁。

所有这些爱情都是柏拉图式的，或者我们姑且如此认为吧，但研究者毫不怀疑那些妙龄少女和青春少妇在他的生命中相继经过，更多的是同时出现。舒曼第一次性体验的对象是否是克里斯黛尔呢？而她是否留给了他最深刻的印记——梅毒呢？如果不是因为克里斯黛尔经常地出现在1831年5月12日至1832年7月13日的日记中，并在其后几年更加频繁出现的话，我们对她将一无所知。没有长句，舒曼的日记不是留于后人看的。5月12日的开始："下午，Chr. 脸色苍白——揭露——复仇女神只能铸错。"之后："Chr. 一分钟"……"十点，回家——Chr. 站在阳台上——月光——忍住痛苦"……"晚上，Chr. 带着礼物和我的谢意——再一次"……"16日，莎丽塔又来了一次"……"莎丽塔"……"莎丽塔也在那里，站在椅子后面"……"莎丽塔在我的新房间里，她深情款款，似乎对我很依恋"……几个月后："莎丽塔今天来了"……还有1836年……10月8日："当晚，拜访莎丽塔"。总之，这段长久的关系却不是强烈的爱情。

罗伯特对埃纳斯蒂娜的爱情更加强烈，有婚约为证，也许这时用"爱情"一词仍言过其实，但短暂和懵懂构成了这段爱情的特点。1834年4月11日，埃纳斯蒂娜住在维克家，一开始仅仅是罗伯特的同学而已。她和克拉拉一样（比后者年长三岁）都是钢琴家，但在独唱方面欠缺天赋。罗伯特是否是受她贵族头衔的诱惑呢？埃纳斯蒂娜的父亲是伊格纳茨·费尔迪南·弗莱歇尔·冯·弗里肯男爵，一个上尉！舒曼在日记中的说法比较令人信服："1835年……埃纳斯蒂娜的坦白"，随后"与埃纳斯蒂娜分手"。坦白？事实上，这个年轻姑娘数月以来隐瞒了自己的身份：她是男爵的私生女，后被男爵收养。或是因为世俗的成见，抑或是因为迟来的坦白，诚如布里吉特·弗朗索瓦-萨培所言，舒曼困惑、伤心，他失去了一个合法"岳父"，私底下还为未婚妻窘迫的资产而发愁。弗雷德里希·维克的年轻弟子①后来的辩解也合情合理，这也记录了他的情感旅程：他对克拉拉已经暗生情愫，而此时她和父亲去了德累斯顿。罗伯特焦虑难安，他去看了大夫。大夫微笑说道："医学对你毫无用处；去找个女人吧，她能治好你。"1838年2月11日舒曼在给克拉拉的信中说："我那时感到松了口气，我想这很清楚。你的心里还没有我，你刚刚处于从孩子到少女的变化过程中。这时埃纳斯蒂娜来了——世间能找到的最好的女子——我想，就是她了。"

---

① 即舒曼。

曾接受过舒曼《快板》（op.8）馈赠的埃纳斯蒂娜同意了分手，也许她当时很痛苦，但依然言行谨慎，所有人都敬重她的善良和高贵。舒曼的日记里最终有一句干巴巴的话："1835年圣诞之夜——1836年新年第一天……与埃纳斯蒂娜彻底分手。"可怜的女孩在三年之后嫁给了威廉·冯·塞德维茨伯爵，以期疗伤，但幸福的时间并不长。

克拉拉从德累斯顿回来，他说：你在中午到达，你长大了，不一样了——你不再是个可以和我嬉笑打闹的孩子。我在你的眼中看见了隐藏的深情。那时，克拉拉十六岁。伟大的爱情故事、狂热和长久的痛苦开始了。

舒曼在弗雷德里希·维克家住了五年多。事实上，舒曼第一次到莱比锡时是在1828年3月底，"心灰意冷"的他进了大学，在卡若斯家遇到了"拉罗"师傅和他的女儿，从8月起，他开始上钢琴课。他悄悄告诉朋友罗森："我一堂课也没有去上过，我就按照自己的兴趣和方式学习，我的意思是，我弹弹琴，写写信，写一点有让-鲍尔风格的东西。不知为什么，我逃避悲惨的社会，深居简出，为这个自私世界的渺小和悲苦而痛心。哎，如果世上没有人，这个世界将会怎样？一片巨大的坟场——死者无梦的长眠——自然界没有鲜花，也没有春天，只有一盏无光的魔灯；可是，这个世界有了人又怎样呢？一片可怕的坟场，满是贪婪的梦魇……"尽管在维克的指导下学习钢琴，尽管对格万豪斯的音乐会兴致浓厚，莱比锡的"气候"显然不适合这位年轻的法学系学生，他很快就逃到了西部：他途经法兰克福，在那里他看到"成千的少女站在路两边，沿街是春天里繁花似锦的花园，迷人的美因河①在她波光粼粼的脖子上戴上了

---

① 莱茵河右岸重要支流。

轻舟和小艇。"他穿过科勃伦斯（Coblence），顺莱茵河而下来到美因茨（Mayence），并于1829年5月21日最终到达海德堡，"这是一座高贵而知性的城市，有着安静和杰出的学生们。"最初的惊讶并非源于大学。"庄严的莱茵河老人出现了。当我睁开眼睛，他就在我的面前，犹如一位古老的日耳曼神，祥和、深沉、骄傲；他就在那里，周围是一片鲜花的美丽城邦，还有他的高峰、山谷和天堂。"这就是幸福：两位在大学执教的名师尤斯图斯·蒂博特和卡尔·密特迈尔几乎激起了他对法学的兴趣。这里的学生们也练习音乐，舒曼被当地一些名人请到家中一展琴艺。他有些飘飘然："你很难想象，"他在写给哥哥朱利尤斯的信中写道，"我在海德堡是多么受欢迎啊，毫不自夸地说，我在那里受人尊敬，我被大家叫做'大众明星'。我在音乐会上演奏了莫舍勒斯的《亚历山大变奏曲》，它为我开启了成名之路。喝彩声不绝于耳……"

1830年具有决定性意义。4月11日，复活节的星期天，他在法兰克福听到了帕格尼尼的音乐，激动不已，于是放弃法学而改投音乐的决定又向前跨出了重大的一步。在最终离开海德堡之前，在回到心仪的维克老师身边之前，他必须安定母亲焦虑的心，唤起老师的热情。五封信展现了他完成这一重大任务的步骤。首先，舒曼在7月30日写于凌晨五点的信以情感人："早安，妈妈！在这个时辰，我该如何向您描述我的幸福啊！咖啡机里，浓香的咖啡煮沸了，发出噼啪声，天空是那么纯洁，镀着金色的彩霞，让人不禁想要拥抱——清新舒适的晨曦初露。"接着该入正题了。舒曼沉思良久，也许他的嘴里正叼着一根雪茄，也许桌边还放着一杯啤酒，他终于写道："直到今天，我二十年的生命只是一场诗和散文的较量，换言之，音乐和法律的斗争……但是，对于一个无财无势、且对法律场上的诡辩意兴索然的平民，在萨克斯的希望究竟又在何处？我现在站在了人生的十字路口，有一个问题困扰着我：我该何去何从？如果我在天赋的引导下走向艺术，我想这是明路。但我带着爱意轻声对你说，请你别生气，我怕你出于母亲的善意，担心我飘摇不定的前程，担心我的生计而阻挡我的去路。"以下便是他的计划："我相信在一位良师的指导下，我耐心学习六年便可以和任何一位钢琴家相媲美，因为钢琴艺术无非就是一门纯机械和灵巧性的活儿，而我又正好还有想象力"……舒曼总结道："如果我决定从事音乐，我就必须离开此地，回到莱比锡。我完全相信维克，他认识我，可以对我的能力作出评价。"舒曼太太被说服了吗？我们的法学系学生的最后一个论据起到了关键的作用：亲爱的母亲可以去咨询弗雷德里希·维克，了解老师对儿子的评价。

一周之后，乔安娜写信至莱比锡："我冒昧写信给您，事关我的爱子……我满心不安，颤抖地向您征求意见……我无法告诉您，我一想到罗伯特的前程时是多么沮丧和伤心：他有一笔钱，完全可以好好地念完书，谋个职位，过上舒适的生活，现在他突然改变了生活道路……您的评价决定了一个母亲的安心和一个儿子的幸福，这个孩子缺乏经验，胡思乱想一心想出人头地。"

在回信中（言简意赅，效果胜过四页纸），维克表明观点："我敢保证，以令郎的天赋和品性，三年之后必将跻身当代最伟大的钢琴家行列，比莫舍勒斯更富才气和人气，比胡梅尔的琴艺更精湛。这样的成功经历正发生在十一岁的小女身上，我已经开始让她登台演出。"但是"罗伯特若认为钢琴只是机械技巧那就错了。从他这种狭隘的观点，我可以推断他在海德堡没有听过哪个稍有头脑的钢琴师的演出……"但"我以前给他授课时，他都要痛苦反抗，经过无休止的矛盾和冷战之后，我才能说服他——我们的理智都不知道哪里去了——他要练成高雅的琴技，除了丰富的想象力之外，还必须具备精确、平衡、节奏感和纯洁；我徒劳无功，到了下一堂课，我就会发现我的说教全是浪费唇舌。就您看来，您心爱的罗伯特有什么转变吗？简言之，他是否变得更坚强、更冷静、更具阳刚之气，更像个男子汉了呢？"

尽管恩师保留意见，尽管母亲最后的哀求（8月12日："想想在你父亲去世以后的日子吧，你会明白你是为自己而活的。你今后会变成什么样子呢？……想想你的老妈吧……"），罗伯特主意已定，他向莱比锡的恩师表现出无限的忠诚："我很谦恭，我有一千个理由变得如此，相信我。但我的勇气、耐心、自信和恭顺并未缺少。我将自己交付给您，完完全全听您的话。请拉住我的手，带我走。我将随您到任何地方，不敢睁开眼睛，因为我怕光芒会令我头晕目眩。"维克同意六个月的试用期，在此期间罗伯特必须有所证明。那年漫长夏季的书信往来到了最后一封，舒曼在8月22日对母亲说："我亲爱的妈妈，相信我，我感激您深情的母爱，您的疑虑促使我更加深刻地反省我的过往，帮助我作出决定，"如果六个月的观察期结束后，"维克作出了有利的评价，成名成家的道路将向我敞开；否则，如果这六个月没什么成果，一切还为时未晚。我会回去补一年课，然后参加考试。"话虽如此，可他根本没有想到退路。

10月20日，舒曼把债款还了之后便离开了海德堡。因爱好旅行，他取道荷兰，最后回到维克家。然而，他依然感伤："有几天，我在众人的脸上看到了抑郁的愁云。"

第五章　"您女儿喜欢弹琴吗？"

1828 年 10 月 20 日，克拉拉出道之时未曾大红大紫，但莱比锡的格万豪斯音乐厅为她增色不少。墙壁翻新过后的格万豪斯在 1781 年 11 月 25 日迎来了乔安·亚当·希勒（作曲家、教育家兼乐团团长）指挥的第一场音乐会。格万豪斯是一个传奇之地，历代的雕刻会让我们错以为这是议会重地而非音乐大厅。莫扎特曾在此演奏了他的两首协奏曲。莱比锡的常客们因为这个音乐厅而得以欣赏到最新的巨作：贝多芬的第一、第三和第五交响曲、海顿的《创世纪》和《四季》。1829 年 2 月，人们期待着小提琴名家——尼可罗·帕格尼尼。十四个月之后，他将征服舒曼，并可能决定了他的艺术生涯。弗雷德里希·维克在小小的欧洲范围内消息灵通，他那时就预见到了这一盛事。但格万豪斯虽有盛名，却无力支付音乐名家的出场费。"我们满含思念的泪水，伤心地看着帕格尼尼远去。要听他的演出，必须去柏林。"弗雷德里希将启程赴柏林："我从未听过有歌手能让我如此感动，只有帕格尼尼的柔板……"乐迷们大饱耳福：3 月 4 日至 5 月 13 日期间，帕格尼尼在普鲁士的都城上演了十二场音乐会。10 月，帕格尼尼携其子阿席勒于魏玛拜访了歌德（后来歌德告诉策尔特，他就像站在一根火焰和雨云的柱子前）。之后帕格尼尼回到了莱比锡，这并非因为他放弃了天价出场费，而是因为格万豪斯听众们的集资。维克对帕格尼尼佩服得五体投地，从此他像意大利人那样卷舌发出"r"的音，模仿天才帕格尼尼的发型，家人说通过模仿，他的眼神中有了偶像的光芒。而克拉拉，她在1829年9月30日的日记中写道：帕格尼尼来了，我将听到最伟大的艺术家的音乐。

帕格尼尼在10月5日举办了四场音乐会中的首场音乐会。在前一天，他热情地接待了克拉拉和她的父亲。克拉拉还在一架被学生淘汰了的琴键发黑的钢琴上为他演奏《b_E大调波兰舞曲》——她的一号作品。尽管带些沙龙气，但是这样的作品出自一个孩童之手足以令人惊叹。帕格尼尼对我的父亲说我具备艺术家的禀赋，因为我有艺术家的敏感。帕格尼尼同意这位年轻的同行观看他的每场排练，有两次她还在音乐会中被请到了前台。后来她再次为帕格尼尼弹琴，但这次维克特意租了一架新钢琴，他和女儿一起联弹了朋友克拉根的一首圆舞曲，该作品基于帕格尼尼的作品主题而作，当时尚未完成；其后，他们又弹了亨顿的《四手联弹伊丽莎白圆舞曲》。帕格尼尼对我大加赞赏，但他同时告诉我弹琴时身体不能这么晃动，我应该避免过度晃动。最后，帕格尼尼在临别时送了件礼物给她，他在贵宾簿上留下了他的《谐谑曲》中的四小节和反旋律的和声，"致杰出的克拉拉·维克小姐"①。据贝多尔特·利兹曼所说，他们送了阿席勒一串葡萄。四岁的阿席勒，唤名"阿席利诺"，是尼可罗·帕格尼尼和身患癔症的著名女歌唱家安东尼娅·比昂琪的儿子。

克拉拉还遇到过另一位伟人，此人不是别人，正是冯·歌德议员阁下。帕格尼尼的赞誉声过去的两年后，1931年10月1日中午在魏玛，时年八十二岁高龄的杰出诗人歌德在四个月之后即将在他第二部《浮士德》的手写稿最后一页上写上"终"

---

① 原文为意大利语。

字。他接见了这一对父女，"我们发现他正在看书，仆人直接带我们进去了，因为我们在前一天预约过。他很热情地接待了我们，他叫克拉拉坐在沙发上，就坐在他身边。随后，他的儿媳也到了，带着她的两个孩子，一个十岁，另一个十二岁，看上去很机灵。后来，他们请克拉拉弹琴，由于钢琴凳太低了，歌德亲自从候见厅拿了个垫子来，在钢琴凳上放好。克拉拉弹了赫尔兹的《紫罗兰》。这时，其他访客也来了，她还在弹赫尔兹的第 20 号作品《华美变奏曲》。歌德对作品和克拉拉的琴技作了中肯的评价，他认为曲作品表现出法国式的愉快和妙趣，他表扬克拉拉抓住了作品的精髓，很具表现力。"10 月 9 日，克拉拉再一次被接见，这次她弹的是亨顿的作品，歌德表示："六个男孩子加起来也不及这个小姑娘。"翌日，他送给克拉拉一个他的半身铜像，并在上面题字："友情留念，1831 年 10 月 9 日。伟大的艺术家克拉拉·维克惠存。魏玛。J. W. 歌德。"歌德在一封写给策尔特的信中肯定："我昨天见识了一个惊人的现象：一位父亲把他弹钢琴的女儿介绍给我，他们正准备去巴黎。小女孩为我弹奏了巴黎的一些最新的作品。我发现这种新风格需要极强的演奏功底，要求弹奏清晰。她弹得干净利落，我很佩服。你肯定知道这类事情，你能给我解释一下吗？"

舒曼在维克家已经待了一年了，正如克拉拉在她的波兰舞曲开头写的题词："赠给从圣米歇尔日便留在我家学音乐的舒曼先生"。这时，舒曼不过是众多学生中的一个而已，克拉拉调皮的目光只是在他身上瞬间掠过。我们的克拉拉在这段声名鹊起的起步阶段忙得不可开交。她总处在父亲流露着控制欲的愤怒的目光中。《大众音乐报》对克拉拉在格万豪斯的演出予以肯定，并将她赞为"我们最美的希望之一。"然而仅仅在报纸刚刚合上的一个星期之后，克拉拉就倾诉：父亲一直要我改改习惯，但都是无用功。他今天又在说我懒、不动脑筋、没规矩、脾气犟、不听话，学好的曲子弹得太难听。我把亨顿的 26 号新变奏曲弹得糟糕透了，甚至连第一部分都没有重复，父亲当着我的面把乐谱撕得粉碎；从今天开始他不会在我身上再花一个小时了，我只能练练音阶，弹弹克拉默的练习曲和车尔尼的颤音了。（克拉拉 1828 年 10 月 29 日的日记）。她九岁的生日刚过去一个月……可怜的克拉拉！但是，父女俩很快就在 11 月 5 日复课了。我保证我会进步的。这期间克拉拉弹奏过莱斯（Ries）的练习曲、莫舍勒斯的《四手联弹圆舞曲》、亨顿的《变奏曲》、车尔尼的《颤音大圆舞曲》和费尔德的《第二协奏曲》。有人问"拉罗"师傅：为什么克拉拉不练习胡梅尔、卡尔克布雷纳或贝多芬的作品呢？"当然练习，只不过是在家里"，巴赫的作品也是留在家里弹的。后来，1831 年春末，她开始练习肖邦的作品：肖邦的 2 号《变奏曲》，我练习了八天，这是我见过和弹过的最难的作品，精彩、难得一见，但是没什么名气，大部分钢琴家和学者认为它无法理解，无法弹奏。我会在下一场音乐会上当众演奏它，在这里，在柏林或是其他地方——克拉拉的日记，她的语气，但也许是维克的手笔。维克即便无法理解 2 号作品——《改编自莫扎特〈亲爱的，请把手伸给我〉b_B 大调变奏曲》的内容，但至少聪明如他，完全可以感受到这位不知名的波兰音乐家的才气。事实上，维克有十足的把握，他就这个刚发现的变奏曲写了一篇很长的文章寄给菲迪斯，请他发表在《音乐杂志》上，却被退稿了，但在次年刊登在了美因茨的《世界音乐杂志》上。退稿最主要的原因出在作曲家本人身上，尽管文章对他大加褒奖，但肖邦在写给友人蒂托斯·瓦尔斯托维斯基的信中（1931 年 12 月 12 日）写道："你想想，几天前我从卡塞尔收到了一份长达十页的分析稿，出自一位德国乐迷之手。

在大段的开场白之后，他对变奏曲一小节一小节地分析，解释说这首变奏曲不同于其他的变奏曲，而是展现了某种'幻境'。他说他在第二首变奏曲里看到了唐璜和勒伯雷洛①在奔跑。在第三首变奏曲里，唐璜抱住了采琳娜②，左手侧的马塞托③怒气冲冲。最后，他还说在快板的第五小节 b_D 大调时唐璜亲了采琳娜一口。"总之，音乐变成了程序，多么可怕的事啊！

相比之下，舒曼更加谨慎。显然，在秋季的几个月里，父亲维克和年轻的罗伯特曾一起讨论过变奏曲，但只有舒曼的《先生们，脱帽致敬吧，这里有个天才》历经时间的考验，成为慧眼识英才的评论典范。别忘了舒曼那时候特别喜欢给克拉拉讲故事，他把"脱帽致敬"的故事讲得有声有色，加入了他的保留人物："那天，欧瑟比欧斯④悄悄地走进房间。你知道，每次他想寻人开心的时候，就会在他那苍白的脸蛋上露出讥讽的微笑。当时我正和弗洛雷斯坦在弹钢琴。你知道弗洛雷斯坦，一旦音乐界新出什么杰作的时候，他就是极少数能预感到的音乐家之一。这一天，他将喜出望外。欧瑟比欧斯一边喊着：'先生们，脱帽致敬吧，这里有个天才！'一边把一份乐谱放在我们面前，还不许我们看标题。弗洛雷斯坦说：'好了，弹吧。'欧瑟比欧斯就在钢琴前坐下，我们倚在窗口静听。弗洛雷斯坦露出了欣喜的微笑，充满敬意，他说若是贝多芬和弗兰兹·舒伯特都曾是钢琴家的话，这肯定出自他们之手，但当他看到标题：《〈亲爱的，请把手伸给我〉——弗雷德里克·肖邦改编的钢琴曲》（op. 2），我们惊呼：'2 号作品。'我们惊讶极了，满脸通

---

① 唐璜的随从。
② 《唐璜》中美丽的农妇，被唐璜欺骗。
③ 采琳娜的未婚夫。
④ 见上文，"欧瑟比欧斯"和"弗洛雷斯坦"都是舒曼为自己起的外号。

红。在一片赞扬声中，有人说：'是啊，不过这情有可原。我从来没听过肖邦这个名字，他是怎样一个人呢？不管怎样，他就是个天才。'"舒曼的故事充满了霍夫曼式的想象力。该文于12月7日发表在莱比锡的《日耳曼音乐杂志》上。仅仅几天之前，舒曼《大卫同盟曲》时代的朋友、钢琴家朱利尤斯·科诺尔在格万豪斯音乐厅首次演出了肖邦的变奏曲。

他们的身上洋溢着青春：肖邦与舒曼的生日仅相差三个月，都是二十岁。克拉拉十二岁！已经有媒体开始对她采访，但总有盛气凌人的维克教授挡在前边。比如在三年后略微艰难的汉堡之行中，面对"十七个老问题"，维克是这样回答的：

"令爱是从何时开始弹琴的？"

"说实话，没有'开始'一说！要准确回答这个问题，说来话长。"

"令爱的真实年龄是多少？"

"在她1835年汉诺威的肖像上写得很清楚。"

"令爱练琴时会弄疼手指吗？"

"您忘了您说的是克拉拉呀。"

"您是否对她要求过严？"

"克拉拉的性格会给您最好的答案。"

之后又问：

"您膝下是否还有其他孩子也成了音乐家呢？"

"他们都很有才华，但还没有好好培养。"

"为什么？"

"因为我分身乏术，精力不够。"

"真可惜。"

"诚如您所说。"

"克拉拉每天练习几个小时？"

"她晚上不练琴，白天练习的时间也很短。"

第十七个问题：

"令爱喜欢弹钢琴吗？"

"到此为止吧！"

19 世纪 30 年代末，克拉拉开始扩展知识面。维克仍然负责钢琴课——有谁比他更胜任呢？但一个出色的音乐家还必须会拉小提琴，于是小提琴手普林茨负责教授拉弓技术；上文提到的莱比锡圣 - 托马斯学校的名师克里斯蒂安·特奥多·维因里希负责理论课，尤其是和声基础。最后，日常的英语、法语以及声乐课都交给了著名歌唱家乔安·阿洛伊斯·密克希负责，据上文屡次提及的菲迪斯所说，此人"为了从男中音变成男高音差点毁了自个儿的嗓子，甚至差点丢了性命"。

作曲由谁来教呢？这是克拉拉在创作最初的四首波兰舞曲和 2 号作品《华尔兹式随想曲》时经常涉猎的领域，舒曼曾认为后者弹起来"像轻骑兵"。作曲当然必须有人教，他们是：（"古板学究派"的）卡尔·莱希格尔，他是韦伯在德累斯顿的继任者；年轻的海因里希·多恩，此人的对位法很快就让舒曼大倒胃口（"我和多恩根本就合不来：他是不是想说服我也认为所有音乐的本质就是赋格曲呢？"虽然如此，两人还是保持了长久的书信往来……）。就是这位多恩先生很快投入到反华格纳的风潮中去，在 1854 年排演了一出关于"尼伯龙根"的歌剧！从 1832 年 6 月 20 日起，多恩，还是这位多恩先生每周为克拉拉上两次对位法课。在课余时间，他们去了歌剧院，在事先读过乐谱之后他们欣赏了《魔笛》《菲德里奥》《奥伯龙》和史博的《浮士德》；他们还去剧院，看莱辛、歌德、席勒等的作品。

在学习和公演的频繁穿梭中，弗雷德里希·维克从未迷失过工作的目标，为了拿到进军维也纳和柏林的"通行证"，他带着克拉拉奔赴德累斯顿，在那里从 1830 年 3 月 6 日一直待到 4 月 7 日。此行出乎意料地成功，留守家中的克莱芒蒂娜会定期收到维克的信，幸亏如此，我们才可得知父女俩的境况："我们受到了超乎寻常的款待。人们不知道该更崇拜谁：孩子还是老师。我担心这些荣誉和崇拜会对克拉拉造成负面的影响。一旦我发现什么征兆，我会立即离开，让她回到本来的位置。因为我为她的单纯而骄傲，不屑于以她的单纯换取这个世界的任何荣耀。"荣耀？事实上，父女俩能够入宫全仗卡若斯医生的引荐。卡若斯时任萨克森国王的御医，我们知道他的娇妻以其优美的嗓音令舒曼意乱神迷。此时，克莱芒蒂娜刚刚生下小克莱芒斯，维克在写给她的信中说："你在莱比锡小园子里养的两只'猴子'在这里引起了多大的反响啊，我该如何向你描述呢……'它们'成了德累斯顿宫里宫外的议论焦点……他们是那么喜欢小克拉拉，争相拥抱她！"没有人敢相信刚刚会以《波尔蒂契的哑女》主题即兴创作的小姑娘竟然还会作曲。维克在 3 月 26 日下午三点钟记录的礼物已达十六件之多。艾因希德尔伯爵夫人从手指上摘下戒指送给他们；一位名叫冯·韦伯的先生送了一枚胸针……克拉拉尽管有些惧怕，但她依然还是那个"单纯、自然、胆怯但又高贵而敏感"的孩子。我们常说，伟大的艺术家总是谦虚的："昨天，我们在许多人面前弹琴，尽管那架钢琴非常难弹，克拉拉还是把赫尔兹的变奏曲弹得完美无瑕。曲终时，掌声四起。她平静而严肃地站起身来，她说：'你们鼓掌了，可我知道我弹得很差。'说着，便哭了起来。"

留在德累斯顿好不好呢？这种想法只是一闪而过，维克只是因爱女的成功而有些飘飘然，但他已经想到了"远征"西部，直至巴黎——欧洲的钢琴之都、功成名就之处。1830 年夏的巴黎正因查理十世的死亡而动荡不安，甚至整个欧洲都在瑟瑟发抖。波兰的暴动、德累斯顿的风波……动乱波及莱比锡。克拉拉原定9月初在格万豪斯的第一场个人专场音乐会被推迟至11月8日。不同于1828年10月时的草草登场，这一次是名副其实的专场音乐会。节目单富于时代气息，克拉拉邀请了几位音乐家上台客串。为了演奏车尔尼的《四钢琴四重奏》（op.230），她还得到了包括海因里希·多恩在内的几位莱比锡名人的相助。女歌手海丽因特·格拉伯受邀演唱克拉拉的浪漫曲，歌词似乎出自德国诗人克里斯多夫·奥古斯特·铁治的诗《梦》，曲谱现今已失传。此外，更有意味的是节目单里还列上了父女合奏的《钢琴和管风琴浪漫曲》。克拉拉在弹奏过卡尔克布雷纳和赫尔兹的曲子之后，以自己原创的一首《特殊主题变奏曲》谢幕。《大众音乐报》赞誉克拉拉的才艺："无论是她的琴技还是作曲都令众人倾倒，为之掌声雷动。"一切顺利，维克很欣慰。父亲和观众都满意我的演出。但我上台致意时没表现好，除了第一次，我做得太仓促了。

克拉拉从音乐会赚来的三十塔勒中拿出二十塔勒报答父亲的辛劳。克拉拉很遗憾没能再多给点，但是我请全家在蛋糕园饭店大吃了一顿……

两个月之后，他们再次奔赴德累斯顿拓展战绩。克拉拉在波兰皇宫和皇家乐队一同演奏，之后又在剧院为达官显贵演出，再后又回到波兰皇宫，总之行程匆忙。整个上流社会都在倾听克拉拉的音乐，但是已有流言四起：小克拉拉不止十一岁，而是十六岁，她不会读书写字，每天都被逼着练十二个小时的琴。飞短流长令维克难堪，克拉拉留在家里勤学苦练，另有一些麻烦也令计划推迟——克拉拉得了麻疹，而柏林又在流行霍乱——父女俩人在半年之后的1831年9月25日重新开始巡演。可以想见，他们为了到达目的地巴黎必然经受了艰难困苦：晨曦微露便要启程，早早地把行李搬上车，泥泞的小路，漫漫的征程，驿站换马，风吹雨打，在简陋的乡间旅馆里，我们的小琴师自然没有练琴的场所，再加上一个精打细算的父亲，克拉拉受的苦自不待言。但途经的城市十分重要，它们是克拉拉倾倒众生的舞台。

在第一站魏玛，父女二人受到冷遇。冯·斯皮吉尔元帅从未听说过维克一家，于是拒绝克拉拉在剧院演出。维克心灰意冷，不敢求助于宫廷唱诗班的指挥、著名的胡梅尔的引荐。

"你瞧，小克拉拉，这座所谓的文化之城上空笼罩着极端的自私、狭隘和狂妄，自以为是，自高自大。你想得到吗，这里没人知道最新的钢琴作品？"

但是，阴霾转瞬即逝，在他们抵达后的第五天，冯·歌德阁下接见了克拉拉和她的父亲。随后，维克打通关系，谒见了当时的要人、贝多芬的乐迷、议员施密特先生。他听了克拉拉演奏的贝多芬的乐曲和肖邦的《变奏曲》：萨克森的城池倾倒了！魏玛市长拿出市政厅供这位小钢琴家使用，更风光的是，父女俩得以进宫见驾。否极泰来只是在转瞬之间。那段时间，父女俩的日程被排满了，一直排到三个季度之后。克拉拉弹琴的时候，公爵就坐在她的身旁。克拉拉还会即兴作曲，技惊四座。10月7日，市政厅里五百位听众见证了克拉拉的成功，而此前几乎无人能在这座自私、狂妄的城市里得此殊荣，胡梅尔也未曾有过。

然而，魏玛的辉煌之行被一些闲言碎语搅和了。议员施密特的夫人公开批评维克的教育方法，而维克对此回应道："我投身教育已经二十五年了，并实践着自己的理论。我关照小女的教育已有七年。如本人觉得有必要听取意见，我会在适当的时候征求——但到目前为止，尚不需要。"那位太太闻听此言，大动肝火，遂劝说丈夫不要动用人脉关系为父女俩引荐。"我们在她的盛怒中离开，她扣下了所有的推荐信，而我手里却留着写有帕格尼尼和歌德褒奖之词的纪念册，真是上帝助我啊。这是上帝的意志。"10月12日，"大众宠儿"克拉拉"挥泪道别"，为人们签字留言。

随后的征程——爱尔福特、哥达、阿恩施塔特、卡塞尔、法兰克福、达姆施塔特——在这些地方，总有些出人意料的事情。其中，爱尔福特的经历令父女俩不堪回首：那里倒是有家音乐店，却没有一架可以出售或出租的钢琴。无论是女儿后来在一场私人音乐会上使用的乐器还是台下的听众，维克都觉得可恶至极。在爱尔福特的唯一收获便是与门兴教授的相遇。此人在音乐上只能算是业余水平，但却人脉极广，他对克拉拉的天赋佩服得五体投地："我相信克拉拉是所有女性钢琴家中的佼佼者，且遥遥领先于她们。"门兴认为去卡塞尔一趟应该会对她大有帮助。维克也很高兴能够到时见到"老友史博"，他提前向史博通知了卡塞尔一行，他明言道："可以说，我一直用费尔德学派的理论原则来教育克拉拉，在我看来，维也纳学派在很大程度上是以费尔德的理论为基础的，再配以轻佻浮躁的法国风格。"

但在去卡塞尔之前，他们要路过哥达。在那里，贵妇们品茗消遣，而克拉拉的琴声却混杂在茶器玑瑢中。父女俩随即离去，按预定计划到了爱森纳赫，当地的音乐界权威请克拉拉不要演奏皮克西斯的《协奏曲》，原来这首克拉拉刚列进节目单的曲子在不久前已被当地的一位音乐家演奏过……"如果他们认为听我女儿的演奏没什么意思，不愿意比较，她可以演奏费尔德或莫舍勒斯的协奏曲，在爱森纳赫还没有人听过呢。她还可以演奏肖邦伟大的《华美幻想曲》……"但父女俩无暇计较，又立即上路奔赴新的成功，阿恩施塔特已为她准备好了一场音乐会，当时亲王、魏玛大公爵和哥达的一位乐评人都到场了。正如上文所言，这位乐评人认为克拉拉已胜过贝尔维尔和布拉赫特卡……最终，11 月 3 日克拉拉和父亲到达了卡塞尔，他们立即前往史博家。史博在听过肖邦 2 号作品《变奏曲》之后——抑或是 1830 年的《谐谑曲》？——认为作品结尾部分有些突兀……"不过没关系，就这里有两小节多余。"随后，克拉拉连贯地将肖邦的《变奏曲》弹奏了一遍，史博这位著名的作曲家以及他的太太和女儿都为之称奇。得益于史博的相助，所有的大门都为他们敞开，首先就是宫廷。二十年前，威斯特伐利亚国王吉约姆·波拿巴特可能就是在这座城堡中接见名流。克拉拉的音乐会之后宫廷设宴相庆，此后又举行了舞会，我们的小克拉拉一直熬夜到了凌晨两点。维克满心欢喜，但依然小心翼翼："宫中的这场音乐会于我们而言是莫大的荣耀。天知道竟会有这等好事。但是希望上帝保佑，别对克拉拉有什么影响！"亲王给了克拉拉一个信封，装着十五杜克塔，在剧院的第一场音乐会上他又给了八个杜克塔，这场音乐会令宫廷重新为之沸腾。但克拉拉的第二场音乐会由于动乱的缘故被取消了，整个欧洲局势不稳。为了给这辉煌的六周画上句号，克拉拉最后参加了市政厅的一个晚会。在出发前，维克将一封署名路德维希·史博的珍贵的推荐信收进了包中："应年轻的艺术家克拉拉·维克及其父亲所求，我有幸以此数行文字表达我对克拉拉超凡天赋的肯定。尽管当今世上，与之同龄的孩童琴技纯熟已非罕有，但如她这般，能在琴键光与影的选择中用深度的诠释、精确的重音、完美的清澄配合熟练的琴技，只此一人……她的艺术力已超出其他一般的神童。"后来，克拉拉将她的 7 号作品《协奏曲》赠予了"卡塞尔宫廷乐队指挥路易·史博先生"。

维克父女在法兰克福有点受冷遇。歌德的故乡并没有对他们敞开怀抱。虽有卡尔·古赫的举荐，但当地的音乐界仍拒人于千里之外。这位卡尔·古赫曾得到过瓦格纳、柏辽兹和菲尔迪南德·莱斯（贝多芬作品的演奏家和传记作者，著有大量曲作品）的赞誉。维克气得发抖："办一场音乐会怎么这么难！如果下一个城市的人也这么冷漠，这就算最后一场音乐会了。这座城市被某种可悲的思想控制着，我们的周围都是嫉妒的小人。像这样子，搞音乐还不如打谷子。"最后的考验来自 1 月 25日，音乐会临开场前竟然找不到可以演唱克拉拉作品《梦》的女歌手。离开法兰克福的时候，维克毫不留恋："感谢上帝，总算结束了！这些人是那么讨厌、冷酷、无情，不可能激起他们的热情。而克拉拉，我敢说她比任何时候都弹得好。"法兰克福，一个"神秘之都"，歌德曾如此说道。

此前几天正值新年，莱比锡的朋友们正思念远在他乡的故人，舒曼也不例外，他写信给老师："请先接受我对克拉拉的祝福，祝贺她的成功……您想象得出吗，我们是多么想念你们啊！"就在这信封中，他还夹了一封信特地给克拉拉，从此开启了俩人漫长的鸿雁传书的岁月："亲爱的克拉拉，昨天当我在《教导报》上看到：'《赫尔兹变奏曲》等，演奏者克拉拉·维克小姐'时，我不禁露出一丝微笑。啊，请原谅我，敬爱的小姐，可能他们用了其他更好的措辞吧，可我知之甚少……谁说我们不能称呼帕格尼尼'先生'甚或歌德'先生'呢？我知道您很聪明，您肯定能明白我，一个脾气古怪、好出字谜的老朋友。亲爱的克拉拉，我经常想起您，这不是出于兄妹之情，也不是朋友之谊，而是一个朝圣者对遥远圣坛的崇拜。在您不在的日子里，我去了趟阿拉伯半岛，去寻找您爱听的故事，有六个关于死灵①的新故事、一百零一个字谜、八个有趣的谜语，还有一些关于盗贼和幽灵的恐怖故事——嘿嘿！好吓人哦！"舒曼还讲了一些家事：阿尔文、古斯塔夫、克莱芒斯（他被舒曼称为"最奇怪的小男孩"，是克拉拉于次年夭折的同父异母的弟弟）以及表兄普冯特，他们和罗伯特一起思念着克拉拉。他还说："您确实在作曲吗？是关于什么的？我在梦里常听到乐声——是您作的吧……今天我们过得非常愉快。法兰克福的傻瓜蛋们怎么样？肖邦《春天变奏曲》中多余的三行 f 调怎么样了？纸不够了——千言万语总有尽头，但对您，克拉拉·维克小姐，我对你的友谊永无止尽，您最狂热的崇拜者。"这是一个小伙子写给一个姑娘的信，用深情的口吻向对方恭维。据我们所掌握的资料，克拉拉·维克小姐直到十一个月之后才回信。

维克父女继续上路。达姆施塔特的盛情款待将法兰克福的阴霾一扫而空，他们于 1 月 3 日抵达大公国的首府。次日，和克拉拉合作的乐队错误百出，维克叹息道，爱女也对此无能为力，但 5 日的音乐会却大获成功。巴黎就在眼前，他们在美因茨稍作停留，让克拉拉作作曲、学学法语消磨时间。经过梅兹之后，他们又在可怕的法国"驿车"上度过了最难熬的四天四夜。维克不能抽烟，父女俩终于在 2 月 15 日到达巴黎。当务之急便是与人交流。维克遗憾地发现："我们说的法语帮不上一点忙。"维克用法语写道："一个可怜的德国人在巴黎一个词儿也听不懂。"

---

① Doppelganger，意为二人同行，只隐藏在每个内心另一个看不见的自我。

第六章　巴黎，无功而返

"比起莱茵河来，巴黎更靠近恒河。巴黎人更熟悉梵文和汉语，而不是德语，随便哪个德语词的发音在他们看来都是稀奇古怪的。一条无法逾越的鸿沟将法国和德国分隔，将德国人的严谨和法国人的浮夸截然分开。"

这便是维克父女苦涩的结论，比俄国杰出的皇家参议院威廉·冯·朗兹（以分类贝多芬作品的三种风格而名传后世）的评论还早了二十多年。巴黎之行是诱惑的探险，它构成了克拉拉艺术生涯起步阶段的重要一程，但那里风险多多，首先便是她不得不接受以默默无闻的身份进入这座欧洲的艺术之都、钢琴家云集的领地。口袋里的几封推荐信此时也显得有些寒酸，甚至连定居于巴黎的爱德华·费希纳（弗雷德里希·维克的小舅子）的接待工作也见效甚微。这位爱德华·费希纳后来雕刻了一幅克拉拉的肖像——温柔而忧伤的微笑、深邃的大眼睛，纤纤的细腰、乖巧的发髻上系着蓬松的蝴蝶结。费希纳负责维克父女在巴黎的后勤工作：他在贝尔吉尔街的贝尔吉尔旅馆预定了房间，离音乐学院仅几步之遥，临近众多艺术家聚居的昂坦街区。他还打通关节，希望公众能接受他的侄女，他向瓦伦汀夫人和德国银行家奥古斯特·雷奥通报了克拉拉一行。这位奥古斯特·雷奥先生后来曾帮助过肖邦，而奥古斯特的妻子举办了当时流行的沙龙。但没有人真心期待克拉拉的到来，确实，人们对神童之类的故事都已麻木了，更别提什么著名教授弗雷德里希·维克了。

"我们从莱比锡来。"他们解释道。

"莱比锡在哪里?"

"是的,"维克叹道,"一切都跟我们想象的不一样:睡觉、吃喝,所有我需要的都躲得我远远的,除了我带来的五十根雪茄;可是法国人在咖啡馆或晚会上都不抽烟,因为烟味道会熏坏贵妇人的裙子,这是罪不可恕的。另外,这儿冰结得可真够厉害的!"可怕的冬天,此外某种传染病正在法国境内肆虐。我们的艺术家没有碰上好年头。但他们在巴黎还是待了两个半月。

根据1831年的人口普查,当时的巴黎有78.5万居民,其中5%到10%是外国人,主要来自于德国、比利时、意大利和波兰,其中有相当一部分是政治移民,当然还有音乐家和钢琴家。巴黎深受"七月革命"的影响,政治仍然是茶余饭后或戏剧舞台的主题,其内容多样,雅俗共赏。我们的莱比锡人面对国家政治和风流韵事这两块领地一无所知。"我在这里看到的所有戏剧,"门德尔松记道,"没有哪一出里面不出现男欢女爱的场景,或是对某部长的不敬之辞。法国人没有比这更在行的……"朗兹所说的"轻浮"在此前和此后都有其他人如此评价道。

那么,轻浮又是如何与音乐搭上边的呢?这里,回响着华彩经过句和琶音,流行着钢琴家炫目的指法;那里,意大利戏剧醉人的歌声在法瓦音乐厅里回响,一周三次,持续半年,演出名家的作品:贝利尼、奇马洛萨、罗西尼、多尼采蒂、马里布朗、帕斯塔,有乔万尼·卢比尼和阿道夫·努里这样的大腕登台。此外,春季还有三个月的德国歌剧——《魔笛》《费德里奥》和《奥伯龙》。对面的——戏剧院和文塔杜瓦厅歌剧,据门德尔松所说,"比任何一家德国戏院都糟糕。"此言不假。对面还有歌剧院,即所谓的"皇家学院",于1821年落成于佩勒蒂埃大街上，自从对音乐丝毫不感兴趣的路易·菲利普切断了所有的民间资助，仅靠每年外租几个包间之后，这家歌剧院就由著名的路易·维荣经营，此人极为能干，他信奉"冒险之下，危机与财富共存"。歌剧院上演众多音乐家，如奥贝（经常）、阿雷维、埃罗尔德，有时还有韦伯和罗西尼的作品。但自从1831年11月21日，梅尔贝尔的《罗伯特和魔鬼》（肖邦眼中"新流派的代表作"）盛大登场之后，上述音乐人的作品都骤然失色。阿道夫·努里在该剧中担当主唱。弗雷德里希·维克后来慨叹：梅尔贝尔大红大紫，难以结交。然而几周之后，梅尔贝尔就有所表示，信中所言甚有恭维之嫌：

"如您所愿，鄙人有幸向您及令爱、天才少女克拉拉呈上《罗伯特和魔鬼》的两张包厢票。

请留意票面虽写三人，但此票可供两人入场。

愿阁下不致因拙作失望。您忠诚的朋友，G. 梅尔贝尔。"

整个巴黎都是钢琴家的天下，他们通常都爱听歌剧。在这里有十八位钢琴制造商、一百二十位乐器商人，最好的钢琴出自卡黛街9号的普莱耶尔（Pleyel）商铺或是梅尔街13号的埃拉尔（Erard）商铺。各种特训班百花齐放，而音乐学院的钢琴课更是一座难求。钢琴名家是那个时代的英雄，他们中有：肖邦，尽管"名家"这一称号令他厌恶（他曾抱怨那些蠢驴和魔鬼阻碍了真正天才的发展）；李斯特，美名传颂于世；亨策，据说他可以从早到晚授课，休息时间不超过五个小时；皮克西斯，在维也纳、巴黎和伦敦如鱼得水；弗雷德里希·卡尔克布雷纳，出生于德国，在1824年入法国籍，是海报上曝光率极高的作曲家、受人尊崇的音乐教育家，他刚开设了《钢琴高级班》，学生八人，男女比例协调，他以音阶跨度快、琴技轻快高雅而闻名，指落声起，音如水晶。难道卡尔克布雷纳拔得头筹了吗？肖邦说:"他是唯一一个我不配为他解拖鞋带的人。因此,这个巨人可以藐视像我、亨策和车尔尼之类的音乐人。"……在他人眼中自私清高的卡尔克布雷纳在1831年秋向刚抵达巴黎的肖邦慷慨地建议可以给他上课,但需"历时三年",这是条件,但这个提议被背井离乡的波兰人不假思索地拒绝了——"父权主义"需要有限度。还有一个更类似趣闻的故事,另一位旅居巴黎的德国同胞、一向文笔犀利的海涅在描述卡尔克布雷纳时写道:"他嘴角露出的微笑散发着某种味道,但某一天,当我们在巴黎博物馆大厅里拆开某具埃及法老的木乃伊时,我们便闻到了它。"

维克父女一到巴黎便应该去拜访卡尔克布雷纳。他们很幸运:卡尔克布雷纳在家中接待了他们,还听了克拉拉的演奏。维克在给爱妻克莱芒蒂娜的信中如是说道:"我们听了卡尔克布雷纳的演奏:他是最伟大的音乐家。他完全符合我心目中偶像的标准。克拉拉在长尾钢琴上弹了几首她原创的乐曲,她手指都几乎够不全琴键,卡尔克布雷纳惊叹道:'最最了不起的天才啊!'

他拥抱了克拉拉。你想想吧,一个英俊而虚荣的男子,他的妻子是一个标准的法国人,年轻、富足,坐在壁炉边,摇着一把时髦的扇子,这在法国很流行,她说:'真可惜,她的演奏才华会在德国被埋没。'

我说:'不会被埋没的,因为我不会放手让别人来调教她。'

卡尔克布雷纳说:'对不起,亲爱的先生,可是在德国,所有人的弹琴技巧都是一个模子里出来的,霍普的维也纳式或是胡梅尔的螃蟹法;车尔尼、契比尼、皮克西斯、赫勒都是如此,总之,所有从德国来的音乐家无一例外。'

我说:'那就请您把我当作第一个例外吧,因为我是这种琴法的最大反对者,我很清楚费尔德的弹琴技法,并以此教授小

女和弟子们。'

我们的谈话持续了很长时间；慢慢地，他就发现谁是对的了。"

维克父女没有见过那个时代其他的英雄们，因为无人将他们引荐到文学圈中，那时的文学巨匠有雨果（我们还清楚地记得他的历史剧《欧那尼》）、维尼、缪塞、拉马丁、巴尔扎克、大仲马、戈蒂耶、圣伯夫、乔治·桑和奈瓦尔（在此五年前翻译过歌德的《浮士德》）——英才辈出的一代人啊！司汤达此时在意大利。柏辽兹也在意大利，他在结束了和美丽而善变的卡米尔之间的传奇爱恋之后，在梅迪斯别墅中休养。然而十四个月前，《幻想交响曲》的第一部横空出世，惊艳巴黎，依然绕梁不绝于耳，因此李斯特很快就将该部作品改编成著名的钢琴曲，此事值得一提，因为它促使舒曼开始着手对柏辽兹的作品进行分析。

2月26日，在维克父女到达巴黎的第十一天，他们到了普莱耶尔家。在那里，肖邦当着李斯特、门德尔松和"挤在三个小房间里的三四百人"的面，弹奏了他的《e小调协奏曲》、几首《小夜曲》、《玛祖卡舞曲》、他的2号作品变奏曲以及当时的保留曲目卡尔克布雷纳的《6架钢琴的大型绚丽波兰舞曲》，卡尔克布雷纳本人也在其中。维克在日记中就肖邦的协奏曲写道："完全是费尔德的路线。要是我不知道作者的名字，我会以为是舒曼写的；这种曲子不适合在大场合里演奏，因为里面带着很多的新元素、难点和花里胡哨的东西，目前还不是很流行。"那克拉拉是怎么想呢？当时的她面对着这些年轻而桀骜的"当红明星们"有些不知所措，她把眼睛睁得圆圆的，她和这些少年尚未结交。3月14日，在去听门德尔松的《八重奏》时，她在大厅里看到了门德尔松、肖邦、李斯特和赫勒正在跳山羊；他们中最大的二十三岁，最小的才二十岁。还有一次，但当时克拉拉未在场，我们的四大才俊正坐在意大利大道上的一家咖啡馆的露台上，他们正巧遇上一向高傲的卡尔克布雷纳。这些捣蛋鬼将卡尔克布雷纳团团围住，大声地嘲笑他。后来据阿兰·沃克尔的转述，赫勒（钢琴家和作曲家，被海涅誉为"小贝多芬"）在此后写道："Jugend hat keine Tugend"——意为"年少无知勿追究！"还有一次，仍然是在1832年底1833年初，赫勒、李斯特和肖邦弹奏了巴赫的《钢琴三重奏协奏曲》的快板。李斯特、皮克西斯、赫勒和其他几个艺术家等六人在米兰为《魔笛》的首演也弹奏了这首曲子。演出的成功毋庸置疑。但据肖邦1932年4月15日的信中说，某场演出规模宏大得可怕：音乐学院音乐会协会下属的乐队齐声演奏了贝多芬的一首四重奏，据肖邦细数共有五十把小提琴。"法国人自以为仰慕贝多芬甚于一切。"此为"拉罗"老师——维克语。

对于维克父女而言，巴黎的人文气候有点特殊，一言以蔽之便是肤浅。最可怕的要数社交应酬，要想在巴黎出人头地，各种社交应酬必不可少。为此克拉拉必须熬夜参加晚上十点到午夜的晚会，她一身白色舞裙，泡泡袖，胸衣将腰身勒得紧紧的，平坦的胸部也被束得玲珑有致。维克呢？他在给克莱芒蒂娜的信中写道："在这种晚会上，你可能会认不出我来，费希纳预先把我打扮得西装革履，戴着一副奶白色的手套，围着白色的围巾，手里总是拿着顶帽子，半像德国人，半像法国人，一脸的无奈，可还要时刻竖起耳朵，生怕错过什么机会。你将认不出你的弗雷德里希，因为你从未见过这么媚俗的奴相。别忘了我的高帮皮鞋、蓝色燕尾服、天鹅绒的领子和镀金的纽扣，还有那紧身的黑色西裤。我像极了卢森堡公园里的一株年轻的橡树。"

光鲜的衣着自是必不可少，然而在维克眼里，巴黎人的卫生状况却是差强人意："一块小毛巾会用上一个礼拜，一杯水就够早上洗个澡了，这里倒是挺适合克拉拉的……"维克的结论："你们该来看看这里的人过的是什么日子。"——他用法语写道："绝无虚言！"

得益于卡尔克布雷纳的帮助，克拉拉有时可以在这类名流聚集的晚会上一展琴技。晚会美不胜收，有时却很滑稽，比如3月2日在旺达莫尔公主（亲王夫人）家中的那一次，维克回忆道："那个地方，真是独一无二！演奏客厅里装饰着一层层厚重的过时织物。隔壁的几间房间简直就像商店，摆满了大号的古董花瓶、茶杯、雕塑、鸟类标本……音乐厅里满眼望去尽是王公、大使和部长。晚会以克拉拉的钢琴演奏拉开序幕。那是架旧式的英国钢琴，咯吱作响，每个琴键都在松动颤抖，但克拉拉弹得很好，卡尔克布雷纳当场连声喝彩，满场皆是如潮的掌声。"接下去登场的有一位意大利女歌唱家（"'渐慢'的调子没完没了"），之后是由卡尔克布雷纳伴奏的一段歌剧二重唱，再后来是一位身着西班牙乐手的吉他演奏，他身着民族服装，躺在并排的两张椅子上，身边围了一群姑娘，乐声令维克陶醉。可是"我认为让克拉拉在晚会终了时再弹奏一曲是毫无必要的，因为客人都在纷纷离场。"聪明的维克洞察世事："在这种情况下，最好还是控制住自己的虚荣心，避免太过张扬，但意大利人和西班牙人都不明白这一点。"

然而，这些最终都没有给克拉拉带来崭露头角的机会。她曾错失良机：她的名人朋友帕格尼尼本可以为她带来一次珍贵的机会。这位当红明星当时正在巴黎，受到了人们前所未有的欢迎（除了少数几位女歌手曾受此殊荣以外）。在莱比锡与克拉拉会面后的第十八个月，帕格尼尼在1831年2月到达巴黎，他受邀在巴黎最负盛名的场所登台献艺：并非在经典的"音乐学院音乐厅"（该厅被列入保护单位，阿贝内克曾在此地向巴黎人展示了贝多芬交响曲的魅力），而是在歌剧院。3月9日晚上，1811个座位座无虚席。在嘉宾席中有梅尔贝尔、凯鲁比尼、阿雷维，还有雨果、海涅、维尼、缪塞和乔治·桑。维荣先生刚刚接手歌剧院便打响了头炮：他与帕格尼尼签下每周两场音乐会的合同，即周三和周日。所以在3月9日至4月24日之间帕格尼尼共组织了十一场音乐会，其中有一场"慈善音乐会，"有李斯特出席，还有一次在意大利剧院的加场演出。这再一次证明了帕格尼尼的激情一把抓住了巴黎人的音乐神经；当然这里还部分缘于某种诽谤性质的神秘流言：据说帕格尼尼小提琴上的第四根弦之所以能传出天籁之声，是因为他亲手杀死了情妇，并用她的肠子做成琴弦。在伦敦同样大获全胜之后，帕格尼尼于次年回到巴黎，又在歌剧院组织了七场音乐会！然而那时严格意义上的个人独奏音乐会尚未流行，音乐会的节目单上往往罗列了大大小小各式各样的节目，常会邀请一些嘉宾登台献艺。所以从一开始，帕格尼尼就请了一些歌手在歌剧院的舞台上一展歌喉，其中最有名的如拉瓦瑟尔、努里以及刚在《罗伯特和魔鬼》一剧中一举成名的朱丽·多鲁斯。当帕格尼尼再次遇到克拉拉的时候，他便邀请她参加之后的某场音乐会。但生命中总会有时运不济的时候：帕格尼尼病了，音乐会不得不被取消……

在1832年初的几个月里，命运对克拉拉毫无恻隐之心。一场源起于孟加拉的霍乱入侵巴黎。2月19日，即在维克父女到达巴黎的第四天，巴黎发现了第一例疫情，但人们尽量对此造成的损失避而不谈；然而到了3月28日，霍乱大规模爆发，《论战报》声称："所有患者都是下层民众，且一般认为此病无传染性。受感染的主要是制鞋匠和生产羊毛被的工人，他们住在西岱岛和圣母院附近的肮脏狭窄的弄堂里。"可能是为了驱邪，"封斋中期的那天，阳光明媚，天气舒爽，"海涅记录道，"巴黎人在大街上尽情跳舞，人们戴着的面具上还刻画着病患的神情，以此表达对病魔的嘲笑和对恐惧的揶揄。"尽管如此，从2月19日至10月1日，共有18500人因此丧生，其中还包括政府首脑卡西米尔·佩里埃。霍乱波及区域之广令上层人士谈虎色变，纷纷逃至乡间，因此他们的损失并不严重，但这对我们的克拉拉而言却是沉重的打击：音乐厅里空空如也，唯一一次在公共音乐会上露面的机会也擦身而过。本来音乐会都已准备好，将在市政厅的圣-让音乐厅举行，音乐教育协会和音乐俱乐部经常在那里演出，还有些音乐家也曾在此举办过几场"慈善音乐会"。维克已经着手做一些现今被称为"广告"的事情：向巴黎音乐界的知名人物寄发一封信（用法语书写）："年轻的德国钢琴家、十二岁的克拉拉·维克小姐有幸邀请尊驾出席其音乐会，时间：1832年4月9日晚8时；地点：市政厅圣-让音乐厅。随信附赠数张音乐会入场券，每张价值六法郎。敬请赠予亲朋好友。未予处置或无意屈尊前往者，烦请于4月7日前将其寄回。"

　　门票卖得并不好，为防止音乐会被取消，克拉拉不得不转移到弗兰兹-大卫·克里斯多夫·施多佩尔开的学校里，在其中一间专供艺术家使用的小厅里举办音乐会。这位施多佩尔曾经尝试将罗杰尔的教学法介绍到巴黎，他刚刚出版了克拉拉的2号作品《华尔兹式随想曲》，并在两周前为克拉拉举办过一次音乐晚会，那次虽然没有大人物出席，但让克拉拉上了《宪法报》。4月7日，音乐会在昂坦大街布朗峰街的学院里如期举行。听众寥寥，但威廉米娜·施罗德-德弗里安特在动荡中依然答应作为嘉宾歌手演出（此人不久前和马里布朗在《唐璜》和《奥赛罗》中联袂演出，并大获成功）。克拉拉顾及到巴黎听众的喜好，于是脱谱弹琴并第一次在公众场合即兴演奏……这一次她相当成功，但仍是徒劳，既不能为维克父亲带来什么收益，也无助于她在巴黎确立名声。

四天之后，维克忍无可忍，收拾行囊，抱着克拉拉坐上了驿车，前往梅兹，然后奔赴萨尔布鲁肯（在那里由于霍乱肆虐，父女俩被迫隔离数天）、法兰克福（在那里又不得不暂停行程，克拉拉病倒了，但并不严重……）、哈瑙和弗尔达。5月1日11时30分，父女俩终于回到了莱比锡。维克在日记中记道："一刻钟之后，克拉拉就在厨房里洗餐刀了。"

第七章 青涩之恋

准确说来，正是在舒曼诞生的 1810 年，时任班贝格剧院音乐主管的 E. T. A. 霍夫曼的生命中闯进了一个人：学生朱丽娅·马克。当时的朱丽娅只有十三岁，而霍夫曼则年长她二十岁。爱情一旦产生，势不可当，但《魔鬼迷魂汤》的作者①从未向朱丽娅表白过，直至她嫁作他人妇，霍夫曼则远赴柏林。霍夫曼的一生为朱丽娅写过六首二重奏，都是在她曾唱过的意大利文本的基础上创作而成。在日记中他引用克莱斯特的新作《小卡特琳娜·冯·海尔布罗恩》，拆乱了字母，用 "Ktlch" 或 "Ktch" 称呼朱丽娅。霍夫曼从莫扎特的《唐璜》中获得了灵感，将朱丽娅融进小说，而其中的 "唐璜" 明显带有自传性质：唐娜·安娜——"圣洁的女人，灵魂纯洁得令魔鬼也望而却步"——便是天使般的朱丽娅；沃大维奥这位 "彬彬有礼、衣冠楚楚的小个子男人" 只能当个可怜的丈夫；至于霍夫曼自己则成了故事的男主角："强壮健硕的身体，释放着迷人的光芒，落到年轻女子的胸前，唤起生命的神圣感。" 与此相符的是："他内心深沉而感性，聪慧而敏锐。" 唐娜·安娜和唐璜显然代表了朱丽娅和霍夫曼，"两个热情的生命，天生一对。" 马塞尔·施耐德就此说道："她之于他是缘于某种莫名的同情，一往情深；他之于她是出于一股原始的爱欲，情难自禁……"

---

① 即霍夫曼，他于 1814~1815 年间创作《魔鬼迷魂汤》。

舒曼常爱把霍夫曼写进作品中去，最明显的例子便是《克莱斯勒偶记》。若非从时代对年轻女子的评价标准和人类亘古的情欲梦想角度看，将朱丽娅和克拉拉相提并论显然是不恰当的。另一个常被舒曼写进作品的人物就是让－鲍尔，他曾说过："梦将我们带回童年。"

诺瓦里斯温柔的未婚妻苏菲曾以其优雅、气韵和美貌让诗人路德维希·迪克怦然心动，这位人间仙子的身上散放着某种动人而庄严的气息。苏菲，即苏菲·冯·库恩，十三岁时与年长她十岁的诺瓦里斯订婚，两年后却香消玉殒。"整个世界都随她而去了"，诺瓦里斯伤心欲绝。然而就在第二年，诺瓦里斯爱上了一位名叫朱丽·冯·卡蓬特的姑娘，他对朋友弗雷德里希·施莱格尔曾有谶言："我希望早些临近快乐的终点。"不久，他便在施莱格尔的怀中，听着弟弟的钢琴声离开了人世。

梦想的童年、幻化的童年、诗和音乐神秘地交织在一起，这便是德国浪漫主义的特点。我们别忘了"歌德"这个名字。贝蒂娜·布瑞塔诺（克拉拉说她在音乐方面的评价都是错误的），她出版了《歌德和一个孩子的通信录》，显然当时的贝蒂娜已经过了少女阶段，诗人歌德无法再获取童年的梦境了。

十三岁时的克拉拉"就像个孩子似的跑啊，跳啊，玩啊"。舒曼在给母亲的信中写道："（她）冷不丁会说些感性的话。看着她心智慢慢成熟真是件令人开心的事。"

早在一年前，当克拉拉第一次巴黎之行回来时，舒曼就发现她大变样了："她长大了，更漂亮、更健康、更自信了。她说德语的时候带着些法语的口音，这很快就在莱比锡流行起来。"

舒曼发现他的小伙伴游戏、故事、玩笑和音乐样样在行。克拉拉看到了舒曼刚刚发表的第二部作品《蝴蝶》，这是她第三首喜欢的曲子，"可见她年轻的品位"。罗伯特在那年五月的日记里如此清晰、如此简要地叙述了他们频繁的交往，克拉拉几乎每天都出现在他的日记中：5月4日："克拉拉，孩子般地天真。我和克拉拉手挽着手，很晚才回家。"5月7日："我、克拉拉、普冯特和孩子们去了动物园。那只豹的姿态多么优雅、多么自然，动作多么敏捷。看！克拉拉，傻乎乎的，还有点害怕呢。"5月9日："我们练习了《间奏曲》。我把它赠给克拉拉。"——然而，捷克作曲家卡里沃达才是这部作品最后受赠人。5月10日："克拉拉！她真漂亮，我很喜欢她，她一本正经地说道理。"5月11日："克拉拉。"5月12日："克拉拉。"5月13日："克拉拉想把她的《随想曲》送给我。"——但这些曲子却送给了（可能之前已经送出去了?）"巴黎 F. 施多佩尔先生的音乐学院的学生们。"5月16日："克拉拉庄重地演奏了费尔德的《协奏曲》；并在文泽尔面前演奏了《蝴蝶》，但她节奏不定，难以理解。她后来又弹了一遍。哎！今天我的感冒真厉害。"5月18日："克拉拉发愁了。"5月21日："克拉拉虚弱、发冷。"5月22日："克拉拉想为罗莎丽弹一曲《蝴蝶》。"5月23日："克拉拉和《蝴蝶》，她还没有完全掌握这首曲子。"5月24日："克拉拉为我弹了巴赫的《第2赋格曲》，她的演奏清晰明了，富于变化。"还是这一天，5月24日，周四："克拉拉不知道鸭子和鹅的区别。我们笑得一塌糊涂——我真喜欢罗莎丽！"罗莎丽这个名字将在今后的日子里继续出现。5月27日："我从没听过克拉拉的琴弹得像今天这么好——她成竹在胸，一切都棒极了。甚至连《蝴蝶》，她弹得都比前天好。"5月28日：维克家的音乐晚会。舒曼又要嘲笑维克的"江湖骗术"了。"克拉拉没有周六晚上弹得好，她身心俱疲……克拉拉很亲切友好，可是普冯特是个傻瓜加包打听。至于维克，真是狡猾！我给了那个荷兰女人一个甜蜜而温柔的吻。"——"荷兰女人"我们在后文还将再次看到。

六月份延续了这种频繁的交往。6月1日："老爹（克拉拉责备舒曼经常对维克用这样的称呼，维克当时仅四十来岁）像个老爷似的发号施令，但同时又像个娇宠而听话的孩子。"6月4日："克拉拉，发脾气闷闷不乐。中肯而有理的批评可能会给她带来好心情，激起她的虚荣心，并转化为骄傲感，这对一个艺术家来说极其重要。"6月9日："这一友善的关心让我很感动。"舒曼此言是因为克拉拉在他二十四岁生日送给了他一对（巴黎产的）袖口。6月14日："克拉拉很亲切。"6月22日："今天晚上我要去德累斯顿。维克和我一起去。克拉拉留在这里……再见了，亲爱的日记！能够再见到你吗？耐心点！再见了，再见了。"

和柏辽兹相反，舒曼不讲述他的生活，而只做些许注释，没有评论。所以在1832年的春天，我们可以整理出他的情史：克里斯黛尔（"莎丽塔"）是第一个情人，5月9日："（她）已经九天没有来了"……罗莎丽是他深爱的表妹，出现在5月18日、19日和21日的日记里（"在饭桌上坐在我身旁"），以及22日："早上，莎丽塔和罗莎丽来了。真尴尬。天哪。"这一点我们都明白。罗莎丽四天后离开了莱比锡，十八个月之后香消玉陨。至于莎丽塔，她从我们的视野中消失了一段时间。但后来还有阿格内丝、卡若斯医生的太太，她毫无征兆地出现在罗伯特的生活中，成为他的梦中情人。那天晚上，罗伯特回家时，发现这对夫妇等在他家门口，于是惊鸿一瞥。阿格内丝是冷静的——她说她会守口如瓶。是啊，真尴尬。最后，还有那个"荷兰女人"：一位卖蜂蜡糕的营业员，长着希腊人的五官。她在日记中偶尔被婉转地提及："思念荷兰小姐"。舒曼突然发现自己爱上了蜂蜡糕。天真的爱。可能他对克拉拉的感情更为天真，但却更为持久。之后，很久以后，我们将读到《罗伯特·舒曼的人生画卷》一书中"因为我们知道，（罗伯特和克拉拉之间）某种特殊的情感正是在1836年的春天开始的"，据克拉拉的女儿欧仁妮的讲述，克拉拉在空白处曾记道："早在1833年"。克拉拉写给罗伯特的第一封信是在1832年12月17日去茨维考探亲时写的；那时她还默默无闻，但执著进取——她刚刚得过猩红热，不得不放弃原定在格万豪斯音乐厅举办的音乐会（但养病期间她却学会了女红！）。她急不可耐："快来吧，我亲爱的舒曼先生，别怕传染，到新年的时候，一切都会好的。我将在1月8日在格万豪斯演出。"——克拉拉从巴黎一回来就开始频繁地练习。她对她的"大朋友"解释道：与茨维考的单调生活不同的是，在莱比锡每天都有无数的事情发生，她不告诉他细节，那是因为她想激起他的好奇心（是的，我很了解你！），好让他快些回来。她还有一招激将法："听着，瓦格纳先生超过我们了；我们弹过他的交响曲，像极了贝多芬的作品。"这算不算是挑战呢？此前一个月，在一段短期巡演（阿尔滕堡和施内贝格）期间，克拉拉在茨维考的格万豪斯音乐厅演出过，一曲亨策的《华丽变奏曲》引起了听众极大的反响；在这场音乐会的节目单上还列进了舒曼未发表的交响曲，但可惜，舒曼的乡人却对这首曲子无动于衷。那年的11月18日值得一提：克拉拉和罗伯特的名字第一次被排进了同一场音乐会里。舒曼明确写道："我第一次看到茨维考的激情被点燃了，一切都是因为克拉拉。"数小时之后，克拉拉陪着舒曼的母亲站在窗口，罗伯特从街上走过，向她们打招呼。突然，舒曼太太转身对克拉拉喃喃地说："总有一天，您会嫁给我的罗伯特。"

1833年，维克写道："碌碌无为的一年，毫无业绩。"然而2月5日，不幸却降临在维克一家身上：克拉拉同父异母的弟弟、三岁的克莱芒斯突然夭折。克拉拉离家去了德累斯顿小住一段时间散散心，并开始了工作：钢琴练习，每天跟父亲上一堂声乐课（他偏爱的永远是韦伯的作品），学音乐理论和作曲——夏天的时候，她就写了一首《b小调圆舞曲》，并写出了7号《协奏曲》的初稿。

　　然而这一年对舒曼而言却是痛苦的。几个月以来，他的手指由于练琴不当受了伤，右手的食指和/或中指动不了了。他寻访过许多医生和一些江湖郎中，却徒劳无功。很快，他就意识到自己必须放弃钢琴独奏家的梦想。认清现状并非一朝一夕之事，但向命运臣服同样并非易事。1834年3月，他写信给母亲："别为我的手指操心了。没有了它的帮助，我照样可以作曲，做个远游的乐人，那是再幸福不过的事了……另外，这也不妨碍我即兴作曲。"但四年之后，他对克拉拉坦言："我常常慨叹命运，质问苍天：'主啊，为什么要这样对我？'……在我心中酝酿了那么多音乐，随时准备喷涌而出，可我不能带着笨拙的手指在琴键上弹出结结巴巴的旋律。这真可怕，我难受极了。可是，我的右手难道不是正在你的身上吗？"

　　1838年，舒曼对心上人吐露着重重心事，感慨命运，迫不及待而又坚定不移地追逐自己的音乐梦，他将克拉拉和自己作为音乐家的命运紧紧地绑在了一起；在此前五年，痛苦的他自嘲地对克拉拉倾诉："亲爱的克拉拉，我想知道你是否还活着，过得如何。此次来信，没有大事。我希望你还记得我，因为我每天都在消沉，形如干瘪的李子。医生不许我这般心情低落，其实那都是因为你，因为我想念你，但是今天，我合上了伤口，当医生阻止我写信时，我不去理睬他，我威胁说如果他不让我做我自己想做的事，我就旧病复发，传染给他。他便怏怏地走开了。"信的后文更加暧昧，但明显地表露出舒曼想将克拉拉带进自己生活的意愿："我想对你说的并不在此，而是其他的事情。事实上，我想求你一件事。既然目前我俩见面的希望微乎其微，也想不出有什么可能性，那就让我提一个美好的建议吧——明早十一点整，我将弹起肖邦《变奏曲》中的快板，那时我就会想起你，想的只有你，所以我的要求便是，请你也在同一时间做同一件事。我们的灵魂将相遇。圣-托马斯音乐学校的上空会露出一丝曙光，让我们不见不散。今晚若是月圆，我希望满月如镜子一般照出我的信。我等待你的回音。"克拉拉当天便回复了：她向他抱怨恼人的发烧，她听说他不能再喝巴伐利亚的啤酒，而他断难遵从医嘱。你问我是否还活着，这个你应该清楚，因为我这么频繁地向你寄去问候。至于我过得如何，你应该想象得出。信末：你要是再不来看我，我怎么能过得好。明早十一点，我将在圣-托马斯的上空飞翔。

这一时期有一封未注明日期的信，收信人："克拉拉·维克小姐"——如帕格尼尼的口吻——舒曼写道："非常想你，辗转难安……"

1833年，诸事未定。我们的克拉拉小姐到9月便满十四岁了。8月，克拉拉还在和罗伯特通信，她趁付梓前将3号作品《浪漫曲》寄给舒曼看，并希望题献给他。她写道：快来看我。舒曼回复："对于不愿逢迎拍马的人来说，写献辞是件痛苦的事，写回函同样如此。要是对其他人，我会说：'尊驾可否想过，敝人何德何能受此殊荣？'可是我希望我俩的名字能同时出现在作品的扉页上，这将标志着我们思想和观点的相互融合。可怜的我还能奢望更多吗？"

在罗伯特的生命中，出现过罗莎丽，邂逅过阿格内丝，怀念过莎丽塔（更多的是怜惜她身体上的痛苦）和美丽的荷兰女人，但克拉拉的身影总在其中若隐若现。今后还将有困扰、厌烦和恐惧——惧怕霍乱、惧怕疯癫、自杀未遂，直至10月17日那个可怕的深夜——此时的克拉拉对日后的命运显然一无所知。

1833年：有几场音乐会值得一提。7月9日和13日，在格万豪斯音乐厅的节目单上出现的名字：皮克西斯、肖邦、亨策、胡梅尔、柏辽兹和莫舍勒斯。几天后，克拉拉相继在开姆尼茨和卡尔斯巴德演出。正是在开姆尼茨时，"老爹"从克拉拉手中接过了舒曼所作的浪漫曲主题的5号作品《即兴曲》：舒曼认为在维克老师生日时送上新作品比较有意义。9月30日，克拉拉回到格万豪斯，她演奏了莫舍勒斯的《g小调协奏曲》，几天后莫舍勒斯就到达了莱比锡；但那一天，观众反应平平。作为一个经验老到的优秀经纪人，维克察觉到其中的问题。他向音乐厅提出不满，而当时的格万豪斯正处于我们今日所说的"经济危机"之中，他们试图将克拉拉的出场费减半。"拜金"先生直言：在克拉拉最后三场演出中大厅座无虚席，所以亏损的责任不在克拉拉。假如演出有重大意义，克拉拉可以分文不取，但既然谈定了出场费，就不能讨价还价。

"整个一天，我要是不对您或克拉拉说说话，这一天就算虚度了。"舒曼在写给维克的信中如是说。但当父女俩都不在莱比锡时，他又该找谁聊天，与谁交心呢？又该爱上谁呢？我们知道，舒曼曾解释过为什么在一年半的时间里，他曾对年轻的埃纳斯蒂娜情有独钟，甚至将其视为未婚妻：他忧郁消沉，无心工作，愁云惨雾，精神恍惚；他昏了头，不知所谓。而克拉拉，"你那时远离我，照顾不到我……"医生建议他找个老婆。维克父女在1834年其实去了德累斯顿，连续待了几个礼拜。埃纳斯蒂娜正是在普劳恩遇到了克拉拉，她听取了克拉拉的建议，决定在"拉罗"老师的指导下提高琴艺，于是她在莱比锡住下了。

舒曼日记中第一次提到埃纳斯蒂娜："4月中旬，埃纳斯蒂娜。"（按日记时间，她应是 4 月 21 日到达莱比锡）。再次提到："8 月，我和埃纳斯蒂娜。"还有："和埃纳斯蒂娜的关系——9月 6 日在茨维考与她告别——之前拜访了她的父亲。"只言片语而已，无迹可循。可以说，这段（可能是柏拉图式的）交往的唯一结果便是使舒曼经历了无心吃醋的游戏，学会压抑情感的冲动，远远地寄托相思：它成全了克拉拉和舒曼命中注定的相恋，为表白的那一刻做好了铺垫。然而，一直要到十八个月之后，罗伯特才第一次吻了克拉拉。这一吻，令她意乱情迷。

维克带着克拉拉离开莱比锡到了德累斯顿，这一待就是数周。他难道已经想到将女儿和月月相见的罗伯特分开？——克拉拉没了耐心。6 月，她向远在异地的"兄长"寄去了生日祝福：愿你莫做错事，愿你少饮巴伐利亚啤酒，愿你在众人离去之时不再呆坐在椅子上，愿你不再颠倒昼夜，愿你告诉女友们你的思念，愿你努力作曲，愿你不负读者所愿多写日记，愿你决定来德累斯顿……舒曼先生，您对朋友如此冷淡，一封信也不写，难道不太过分了吗？信什么时候才能到啊！哎，失望透顶……我没法原谅你。

一个月之后，舒曼写了一封长长的信。信里是他们一贯的玩笑风格，舒曼在信的开头就写了注意事项：先读信末。这一行列出了正文的二十一个关键词。

"我真想和你一同谈笑，嚼嚼舌根——如果能心想事成，我希望给你寄出一大袋信，可这还不够——因为我深深地思念着你，我坐在钢琴前，以九度音程为信，寄给远在德累斯顿的你……你的信已让我欣喜不已，而你细腻的心思更让我感动，你写信为我祝福的'这一天'当然可以是任何一天，可是你的'这一天'每年只有一次……你肯定记得，去年的这一天，我们遇上了暴雨，从卢森堡公园的巧克力店跑回来。而今年的这一天却过得平淡无奇……"舒曼针对克拉拉的批评，依然以玩笑的口吻写道："但愿弗洛雷斯坦少与人作对；但愿欧瑟比欧斯少喝点巴伐利亚啤酒，但愿我不是我。"此外，他还对《#d小调连祷文》的两个小节提出了些建议。

几天后，克拉拉和罗伯特重逢，克拉拉临时回了趟莱比锡参加同父异母的妹妹塞西丽的洗礼。婴儿的教父是舒曼，而教母则是……埃纳斯蒂娜。11月，维克察觉女儿愁眉不展，似有心事。为了让女儿散散心，维克带上年轻的作曲家卡尔·邦克开始了新的旅行，去马格德堡、舍讷贝克、哈尔伯施塔特、布伦瑞克（四场大型音乐会）。两个年轻人能日久生情吗？尽管克拉拉明显地郁郁寡欢，但巡演不可能就此中断，在父亲的战略中，心情是忽略不计的。然而1835年初汉堡音乐会之后，维克着实为女儿担心了：她变得很奇怪，不大愿意安心练琴，烦躁易怒。可能此时她得知了舒曼和埃纳斯蒂娜订婚的消息，她甚至写信告诉母亲说她爱上了刚在布伦瑞克认识的年轻的大提琴手奥古斯特·特奥多·穆勒。她要躲开不幸的命运！因为罗伯特永远是她心口的伤。当父女一行人回到莱比锡时，她的伤更深了。四天后她见到了舒曼：我清楚地记得我们从汉堡回来后的第二天下午，你回到房间，心不在焉地和我打了声招呼，当时奥古斯特和我们在一起，我哭着对他说："哎，我爱他胜过任何人。可他甚至都不看我一眼。"那段时间就像煎熬，你视我如路人。连你和我说话的时候，也只是开开玩笑而已。舒曼的目光也定格在那一场重逢："我记得再次见到你的那一刻。那天中午，你让我觉得你长大了，很奇怪——你不再是那个可以和我游戏逗乐的孩子了——你的话那么理智，我在你的眼里看到了爱情的光芒——你知道这一切。"他承认："你是我最初的爱恋，埃纳斯蒂娜的出现只为成全我们的爱情。"

但 1835 年春，罗伯特左右为难，一边是对自己一往情深、毫无保留的未婚妻，一边是心上人。克拉拉的爱情和性意识同时苏醒。舒曼和克拉拉又开始了每日的约会。当他们暂时分开时（7 月底克拉拉在哈勒演出；8 月舒曼回到茨维考），他们愈发地意识到对彼此的牵挂。舒曼决定和埃纳斯蒂娜分手，他在日记中简短地写道："与埃纳斯蒂娜分手"，但这次未彻底。在日记上往下看，当新年的钟声敲过十二下之后："与埃纳斯蒂娜彻底分手。"在此期间的 9 月 13 日，他们一起庆祝了克拉拉的十六岁生日：克拉拉在写给女友艾米丽·李斯特的信中粗略地提到了这一天。他们六点半起床准备；几个小时后，礼物送到了家，她尤其喜爱英国作家 E. 乔治·布尔维的全集（其中《庞贝的晚年》刚刚出版，这是舒曼挑选的礼物）以及一块奢华的金表，是大卫同盟的伙伴们莫利兹·路透医生、威廉·乌雷克斯、路易·拉克曼、恩斯特·文泽尔、恩斯特·普冯特和舒曼一起凑份子买的。随后所有人来到了：克拉拉、舒曼、大卫同盟的几个好友和前不久被任命为格万豪斯音乐厅主管的菲利克斯·门德尔松。一个杂志撰稿人当众读了他的诗。克拉拉和所有的艺术家一样从容地登台发言：你想想我多勇敢——我们喝了香槟酒，我举杯敬酒。所有人都呆住了，我开始讲话："先生们，请允许我向你们致以诚挚的谢意，感谢你们精美的礼物。"我看上去肯定很傻。后来我们开始吃饭，还来了点儿音乐。现在让我们想想：克拉拉和门德尔松共同演奏了后者的《两架钢琴随想曲》，克拉拉还演奏了巴赫的《赋格曲》，她还应门德尔松的要求，演奏了她的《#f 小调奏鸣曲》，最后门德尔松还学肖邦和李斯特的风格作即兴演奏。门德尔松时年二十六岁，在众人中年纪最大，他是这场晚会的主角，已经在城中担任要职。这群年轻人最爱跳舞，他们跳了半个晚上。然后，我们出去散散步。这就是我难忘的十六岁生日。哎，艾米丽，你当时要是在场就好了。

两个半月之后，舒曼以其一贯的精简风格在日记中将他情感生活中具有决定性意义的一年杂乱地概括如下：

"9月13日克拉拉生日

见识柏辽兹的交响曲——10月份完成第二首《g小调奏鸣曲》

肖邦——克拉拉的眼睛和爱情——秋天，到邦克父母家拜访——邦克和他的阿姨

和门德尔松经常在一起

11月份的吻"

这一吻发生在维克家。晚会结束后，舒曼准备回家，克拉拉陪他出门，为他照亮楼梯。她注视着他，突然发现俩人的嘴唇在靠近。当你第一次吻我时，我觉得自己就快晕倒了；我眼前一黑，连灯都拿不住了。三年后，舒曼在写给克拉拉的信中也回忆起这温情一刻，但他似乎弄错了时间。克拉拉那时在莱比锡，而他已经回到了茨维考。"现在，请你想我片刻吧。而我对你的思念比周六晚上更加强烈，那是黄昏六七点之间。我感觉你现在离我很近——到了明天，离我那晚在茨维考与你亲吻已经足足三年了。我永远忘不了这些相吻的瞬间，你那晚是那么迷人。在之后的音乐会上，你甚至都不敢看我。克拉拉，你一袭蓝色的裙子。一切宛如在眼前。"我们暂且不过度强调这定情一吻的重要性，但可以确定的是在莱比锡的初吻之后的几天里，他们在茨维考还曾亲吻过……

但日记里没有详述肖邦（仅仅提及而已）从卡尔斯巴德探望过父母后在归途中曾在莱比锡待了一天。他听了克拉拉弹奏舒曼的《#f小调奏鸣曲》，之后肖邦弹了自己的一首小夜曲。

"琴声低弱，多处失误"，他病弱体虚，非得要撑起身子才能弹出强音。这是舒曼和肖邦的初识。在 10 月 20 日的《新音乐杂志》中有记载："肖邦也在。弗洛雷斯坦朝他奔去，我见他们手挽着手，高兴得像要飞起来似的。"

还有一件在日记中没有提及的事，初吻的几天前，格万豪斯的老听众们欣赏了克拉拉的钢琴协奏曲。那场音乐会上还有门德尔松杰出的《随想曲》（他曾说克拉拉对这首作品的演奏棒极了）和压轴曲目巴赫的《三架钢琴协奏曲》，该曲由克拉拉、门德尔松和路易·拉克曼联袂演出。舒曼负责音乐会的报道，该文刊登在《新音乐杂志》的连载专栏中，题为《一位克拉拉乐迷的来信》。

总之，这一年年末甚是辉煌，幸福的曙光依稀微露。然而生活不可能永远一帆风顺，历时长久的磨难即将开始。他们心中的忐忑一直挥之不去。再说到埃纳斯蒂娜，三年之后舒曼说："我觉得好多了，我不能再隐瞒了。我确实有负于她，但如果我真的和她结为夫妻，那么将是更大的不幸。我对你的爱，对你的依恋迟早有一天会觉醒，到那时将演化成何等的惨剧啊！我们三个人都将陷入无尽的痛苦之中。所以命运决定她将是最后的受害者，但我难辞其咎。克拉拉，请尽我们的微薄之力，请原谅我的不情之请：别忘了她，她的到来正是为了我们能走到一起。"

第八章　父女

克拉拉刚离开剧院，脑子里还回想着《柯拉维果》[①]最后的对白："真想再吻一下我的未婚妻……"她推开房门，拿起帕格尼尼最新的乐谱，那是罗伯特半月前为她寄到德累斯顿的。突然，她听到一声怒吼。歌德的声音在神游中被惊退。

"小克拉拉！你知道我为什么发脾气吗……"

克拉拉放下乐谱，刚想转身。

"小克拉拉！我在对你说话。你听好了，我要对你说的事非常重要。你背叛了我，你们都背叛了我。我离开德累斯顿几天，可不是为了游山玩水，这点你很清楚，过日子不容易，我还得出去卖钢琴。我原以为我们的朋友会遵守信约，照顾好你。可我回来时却发现他们全都和你串通一气。是的，你们什么都瞒不了我。我发现了，你可怜的情人趁我不在的时候偷偷来到德累斯顿。我大吃一惊，原以为你们是为我饯行：可怜他母亲刚刚过世，他决定顺道先来一趟德累斯顿，晚一天回茨维考给母亲奔丧，其实这一切都不是偶然的！我早就开始怀疑了，你可能已经猜到了我们为什么要离开莱比锡到德累斯顿了吧？我万万没想到你们存着这种心思，而罪魁祸首竟然是我的学生，通风报信的人是你。"

克拉拉没有转头。

"小克拉拉！你能原原本本把这件事给我交代清楚吗？我希

---

① 歌德创作的浪漫戏剧。

望你不要骗我。他来过了，而莱希格尔一家竟然视若无睹，还有你的朋友苏菲，自打我们到这儿，她就把你带坏了；她还替你去剧院，好让你有时间私会那个流氓！这些天晚上你们都干了什么？你也得给我说个明白。我以为自己很了解你，从你出世以来，我把自己生命里的每一分钟都花在了你身上，可我今天却发现你学会了欺骗我。是的，我说得没错，欺骗、背叛！回答我！"

克拉拉喃喃自语，似乎还未从梦中醒来：

"我爱他……"

"小克拉拉！我听见你说你爱他，或许是你自以为你爱他。可你活着不是为了干这种蠢事的。你母亲离开我时也说爱上了一个人，结果你也看见了。你的生活跟这种半吊子感情毫无关系，那种东西会像云烟一样过眼即逝。你的生命是我创造的，是我早在你出生之前就为它做好了规划，我为它操碎了心。你的一生就是接受作为一个艺术家的命运，因为造物主给了你一切必需的天赋。你是何等的幸运，你的父亲是一个全世界公认的名师，你完全可以依靠他。你背叛我的时候，你就是背叛了音乐，背叛了你的事业，背叛了你的成功，背叛了你的听众。你这样子能有什么下场？坦白地告诉我，你有什么打算？"

克拉拉看着父亲，她鼓足勇气，一字一顿坚定地说：

"我和罗伯特，我们相爱。"

"休想！你听好了，休想！我绝不允许你做这种傻事！我有权，更有义务阻止这种事。你是个聪明人，你动动脑子想想，你喜欢高贵和脱俗的行为，你德行兼备，你克服重重困难，敢于和妒忌我们的庸人们作抗争。所有这些，都要归功于我，因为我历经世事，知道如何保护你。今天我说这些话也是为了你好：你现在不能结婚，到你可以谈婚论嫁的那一天，我会帮你作出选择。至于舒曼，他绝对配不上你。"

"我一直就知道罗伯特将是我的丈夫。而且我也深信你对他的看法将会与我一致。"

"我比任何人都了解舒曼，我怎么可能同意你的选择？既然你要我做解释，那我就首先告诉你舒曼是个懦夫。这一点从我写信给他母亲的时候就知道了，我那时说必须首先让她儿子成为一个男子汉。然而五年过去了，他没有一点长进。他吹牛皮说些男孩子的事儿，借机勾引你，可是一旦面对日常的生计问题，他就没了主心骨。他的那些心思全用在拈花惹草上面，他所有的朋友都能说出一大串姑娘们的名字。你当然想睁一只眼闭一只眼，但如果你毫不在乎自己的将来，我自然可以对此只字不提。你听说过一个叫克里斯黛尔的姑娘吗？你还记得那个荷兰女人吗？她用蜂蜡糕勾了他的魂。你是不是也惊讶于他注视阿格内丝·卡若斯时的目光？我就不对你一一列举这些陈年旧事了。如果你还不相信的话，我还想和你说说埃纳斯蒂娜。他和埃纳斯蒂娜有婚约在身，却在此期间和你套近乎；他对高雅、温柔、天真的埃纳斯蒂娜信誓旦旦，可一旦要牺牲未婚妻时，他一秒钟都没有犹豫过。相信我，无论他对你许下过什么诺言，你终究会落得同样下场的。小克拉拉，你必须得考虑清楚，否则总有一天，你会怪我当初没有提醒过你。你不作声，你不承认这些证据。好，我还要告诉你，舒曼是个懒汉，是个穷鬼，是个无底洞，他的愚蠢会彻底毁了他自个儿的事业。我告诉你，他不喝点啤酒、波尔图红酒或香槟，不抽点雪茄烟，他就连一天也活不下去。这也算个活法？难道你愿意长期忍受他这种臭脾气，忍受这种穷日子？不消几年，你的艺术生涯将会彻底毁灭。是的，当然我们还剩下一颗爱情的心。可如果就因为选择这颗心，我的女儿便要被放逐在拮据不堪的小市民生活中，深居简出，那么我要这颗心还有什么用处呢？"

"我的心给了一个了不起的男人，一个最优秀的音乐家。是他让我认识了真正的天才：巴赫、贝多芬、舒伯特，而你却一直要我学习车尔尼，永远是车尔尼，还有赫尔兹和克莱蒙蒂的练习曲。他热爱肖邦的音乐，他被门德尔松和李斯特所崇拜。我知道有一天听众会认识到他的天赋。他不能再弹钢琴了，就由我将他介绍给听众。就连你也对我说过，有一天罗伯特将成为'第二个贝多芬'和'德国的肖邦'"。

"可是你，你是我培养出的第一个女钢琴家，你名扬德意志，甚至在充满挑战的柏林也毫不逊色。现在，在德累斯顿，我必须战胜所有的困难：蹩脚的钢琴、挑剔的听众、糟糕的乐队，还要对警察卑躬屈膝。在德累斯顿，为了你的每场音乐会，我的请帖都可以湮没整个城市。我为你的教育花了整整十年时间，我把每一天都花在你的功课和你的名声上。请别对我的草木皆兵这么吃惊，因为一切都可能毁于一旦。"

"你知道我很感激你。我每天都在想如何用我的生命报答你为我做出的一切。我不是很听话，我的功课也总是差强人意，可是我总是按照你的意愿安排我的钢琴师生涯。现在的问题不是音乐，问题是我作为女人的生活。我十六岁了。两年前，你写信时告诉我：'现在该是你独立的时候了——我认为这很重要。'在信末你还写道：'我将永远是你的顾问和你的朋友，只望助你一臂之力。'我的顾问、我的朋友、我的父亲，你肯定不希望看到我痛苦。对你赋予我的独立，我已经作出了最好的选择，罗伯特将是我的终身伴侣。"

克拉拉听不到弗雷德里希·维克的回答、咒骂和威胁，她只知道她不可能再与罗伯特约会了，所有的通信往来都被禁止了。父亲甩门而出，怒骂道："他要是再来看你，我就把他宰了！"克拉拉打开钢琴，又平静地弹起了帕格尼尼的作品。

第九章　华尔兹和随想曲

这一段时间，克拉拉在作曲。

这首先是时代的要求。所有的钢琴家都必须能够即兴创作，也极少有人拒绝将自己灵感付诸笔墨。为了闻达于世，他们必须遵从所有的规则，这一条也不例外。克拉拉在父亲的要求下也开始作曲。在克拉拉正式成为钢琴家之前，她似乎就已经"为她寡言少语的老奶妈"写过一首华尔兹。其手稿当然已经遗失。克拉拉当年八岁。同样丢失的还有她的第一首四重唱浪漫曲《天鹅来了》（在唱诗班领唱维因里希的建议下两年后所作）。另外，她早期的四首浪漫曲已被世人遗忘，其名称如下：《梦》（劳赫小姐在法兰克福唱过此曲）、《古国》和《旅人》（根据约斯提努斯·科纳尔的一首诗而作，写于1831年12月13日的日记中），最后还有《在幽暗的山谷中》（维克在1834年10月的一封信中证实手稿遗失）。如今，她只剩下一首名为《大书》的钢琴华尔兹，并有歌词，刊登在莱比锡的一部作品集中。乔安·彼德·吕瑟尔用诗描绘了这首曲子中年轻恋人的激情："深情相视，面颊绯红，欲望在呼吸中颤动……"一个十四岁的姑娘竟如此大胆。最后迷人的王子喃喃自语："亲爱的姑娘，请让我拥抱你，正如未婚夫拥抱他的娇妻。"难道克拉拉已经想到了她的罗伯特？

克拉拉之后也写过一些其他的浪漫曲，但只在她结婚的1840年，这正是舒曼浪漫曲的丰收期。这时，年轻的克拉拉只写一些钢琴曲:《b_E 大调波兰舞曲》(可能收录在她的 1 号作品中)和一些变奏曲,其中一些以蒂罗尔①曲调为基础,另一些是自创主题,还有变奏曲《致阿莱克西》,舒曼在日记中提到它:"毫无价值",对音乐爱好者来说太虚弱又太丰富。这些已无处可寻的作品还包括一首《C 大调谐谑曲》(该曲在日后的 14 号作品中有所反映)和《钢琴协奏曲》(克拉拉在 1835 年 9 月 1 日的信中告诉舒曼"业已誊清")。克拉拉的 3 号作品《浪漫曲》完成于 1831 年,并当即在巴黎发表,两年后又在莱比锡发表,这是克拉拉赠给罗伯特的第一部作品。该曲的主题明显地出现在舒曼的 5 号作品《克拉拉·维克浪漫曲主题的即兴曲》(1833 年)之中。您在我音乐小段基础上写成的作品意境高远,弥补了诸多不足……二十年后,该主题又回响在克拉拉的《罗伯特·舒曼主题变奏曲》(op. 20)的结尾。更具意味的是,克拉拉早年的主题竟然日后又穿插在勃拉姆斯的 9 号作品《舒曼主题变奏曲》中。舒曼在后来修改了乐谱,改了名字("主题"变成了"浪漫曲"),删去了受题献者的名字——弗雷德里希·维克!我们可能信不过维克的言辞,但克拉拉确实对上述部分作品作出过确认。然而,早在舒曼 1830 年 9 月的日记某一页已经出现了该主题的草稿。这不是音乐史上的谜团,只是恋人的心有灵犀。

同样的巧合还出现在克拉拉 5 号作品《标题音乐》的第四首中,其中的两个动机被舒曼引用在他的《$^{\#}$f 小调奏鸣曲》的第一乐章中。该曲以"弗洛雷斯坦和欧瑟比欧斯"的名义赠给了克拉拉。后来,舒曼向克拉拉回忆道:"你的主题(在奏鸣曲中)无处不在,是我对你发自内心的呼唤。"克拉拉和舒曼的音

---

① 存在于奥地利西部的音乐曲调。

乐之约同样出现在《大卫同盟曲》之中，舒曼引用了"克拉拉·维克的动机，"插入6号《晚会音乐作品》的第二首玛祖卡中。克拉拉同一时期的《钢琴协奏曲》是"第一首用管弦乐队（或四重奏）伴奏单架强弱钢琴的A小调钢琴协奏曲（op. 7）"。克拉拉请舒曼为该曲进行管弦乐队配乐，我们极易发现第二乐章中的大提琴部分不仅出现在舒曼的《协奏曲》的间奏曲中，还再现在勃拉姆斯《第二钢琴协奏曲》中。当时，引用是一种音乐创作手法，但为情而引用则较为少见，且作者常常试图遮掩。

除了上述"偶合"外，其他一些迹象也反映了舒曼乐曲和克拉拉早期作品之间难割难舍的关系。《蝴蝶》（同时期作品）也以其近似的旋律和和弦穿插在克拉拉的部分《随想曲》中。还有比《晚会音乐作品》的小托卡塔更具舒曼风格吗？克拉拉那一时期的作品深受众多名家的影响：赫尔兹、卡尔克布雷纳、费尔德、胡梅尔，尤其是韦伯和舒伯特，早在克拉拉十一岁时写下的2号作品《华尔兹式随想曲》中就有多处类似风格的重复。《晚会音乐作品·夜曲》的灵感源自肖邦一节婉转的乐段，却幽幽地散出门德尔松的清香。该曲得到挑剔的查尔斯·罗森的好评："出自一位十六岁少女之手，令人钦佩。"在这些偶然风格相似的作品中，从克拉拉最早的玛祖卡、华尔兹、波兰舞曲到沙龙音乐，所有的一切都充满了生机、活力和高贵，毫无颓废。说到活力，便要数5号《标题乐曲》的第一首："狂暴快板"，它令史博倾倒，令肖邦叹服。这首名为《魔党》的快板出人意料，却预示着新浪漫主义的复兴。年仅十五岁的克拉拉早已冒险触及音乐的魔坛！1838年，她深受维也纳宫廷的垂青。

但一片赞誉声中总夹着杂音，柏林一家名为《鸢尾》的刊物乐评人就克拉拉的四首波兰舞曲说道："不好不坏，就像市面上大量的平庸之作"，"和弦有点勉强，经常出现不和谐"，再好的学生有拿作业出来发表的必要吗？幸亏维克坚信自己选择的正确性，否则看到这最后一句话定然信心受挫：这是我们这个时代的无情法则，艺术须向商业折腰，才华屈居虚荣之后。在大众叹服克拉拉的天赋的同时，总有些人依然持质疑态度。维克在女儿的耳边以何种语气说了什么？今天的评论家们已不会再去探究。至于克拉拉，她所希望的是人们能喜欢她的协奏曲，特别是三个乐章的终曲，她对此花了很大的精力。这段终曲最初是用于独奏的快板，第一页上的评语是舒曼的字迹："克拉拉的协奏曲，我的配乐。"历史没有告诉我们舒曼是否参与了其他两个乐章的配乐。但莱比锡人议论纷纷：用一种传统的手法和"肖邦式"的节奏，一个女人挤到乐坛上来干什么呢？这话伤害了克拉拉，她无心工作。四年后她在日记中写道：我曾以为我有创作的天赋，但我现在清醒了；一个女人别指望能作曲——从来没有女人成功过。我存过这种心思吗？太痴心妄想了。只有我父亲曾经试图引领我走上这条路，但我很快止步了。是该轮到罗伯特创作了，只有这样才能让我感到幸福。

第十章　黑暗的背后

德累斯顿的最后一场音乐会在一间"听众爆满的音乐厅"中举行。克拉拉演奏了肖邦的作品和门德尔松的《无歌词浪漫曲》。门德尔松当众吻了她三下以示感谢。乔安·彼德·吕瑟尔告诉舒曼"听众疯狂地鼓掌。老爹的钱箱装满了钱。克拉拉谢幕。"

但钱箱是永远也装不满的，老爹很生气："我们在这里演出，来的人全都有请帖。平衡收支、选择作品和奉迎警员成了当务之急，艺术倒在其次了。"巡演在继续，他们碰到了诸多麻烦：破烂的钢琴、蹩脚的乐队和无知的听众。而克拉拉在和父亲大吵一架之后似乎也失去了动力。老爹说："克拉拉泄了气，好像放弃了她钢琴家的前途。"是否需要带克拉拉去巴登-巴登待几天散散心呢？维克想过，但还是作罢了。他们在布雷斯劳（Breslau）待了五周，举办了一些音乐会，很受听众欢迎。之后他们回到了莱比锡。克拉拉重新开始工作：重复经典——莫扎特、贝多芬、巴赫。她还练习一些时下出名的作曲家如赫尔兹、皮克西斯、塔尔贝格和亨塞尔特的作品，此外还有肖邦的《f 小调协奏曲》以及一些练习曲、夜曲和玛祖卡，门德尔松的《随想曲》（op. 22）、李斯特的改编曲和舒曼的作品，其中有《#f 小调奏鸣曲》（6 月寄给克拉拉）、《托卡塔》和《狂欢曲》（op. 9）。维克每天都检查女儿的日记，但我们可以从字里行间发现，他不反对女儿弹奏舒曼的作品，只要它们不出现在音乐会的节目单上就行。维克对舒曼既爱又恨。他说，听众尚未达到理解这些作品的水平。克拉拉很快也接受了这种看法。

以9月24日的耶拿音乐会的节目单为例：皮克西斯的《协奏曲》（op. 100）的第二和第三乐章，巴赫的《#C大调赋格曲》，贝多芬《热情奏鸣曲》的终曲，肖邦的一首夜曲和一首练习曲，赫尔兹的《华丽变奏曲》等。当时，演奏他人作品的片断并不构成侵权。

五个月后，父女二人开始远行。此次的目的地是德国北部。他们相继到达柏林、汉堡和不来梅。在柏林的六周是以全家团聚开始的：维克陪着克拉拉去了她的生母家："喏，太太，我把您的女儿带来了。"这句话出现在克拉拉的日记中，是父亲的字迹。作决定的永远是父亲，他对女儿的一切独立权横加干涉。至于克拉拉，她开始了解过去的一些事情。玛丽安娜·特罗姆利茨，维克的前妻，如今已是玛丽安娜·巴吉尔，如今她生活拮据，无暇替人授课，但从此她成了克拉拉的贴心人。

在柏林，除了音乐会和约会之外，西格菲尔德·威廉·德恩对克拉拉的指导也值得一提。此人被誉为"了不起的对位法大师"，担任皇家图书馆音乐部主管、编辑，研究巴赫和拉絮斯的专家，五年前曾与格林卡合作，并在几年后将安东·鲁宾斯坦收归门下。"十二堂课之后，她吐痰吐出的都是赋格曲！"言词虽粗鄙，但维克的骄傲之情溢于言表。克拉拉还结识了不少人，她必须拜访整个柏林音乐界。她与贝蒂娜·布瑞塔诺的初识不欢而散，这种排斥是相互的。克拉拉说：这个女人是我见过的最难以忍受的音乐家。而贝蒂娜反诘道："她坐到钢琴前，连乐谱都不看一眼，自以为是！"贝蒂娜与歌德的情事在文学史上留下了一笔，风华绝代的贝蒂娜想在柏林呼风唤雨，但其他人又何尝不想呢？所以克拉拉的柏林之行没有时间喘息。还有同行的嫉妒、评论界的尖刻（"节目单平淡无奇，音乐厅只坐了一半人"，莱尔斯塔布如是写道。此人素以言语恶毒著称，且曾与斯蓬蒂尼舌战不休）。另外，日常的柴米油盐也令人伤神：食品价格昂贵，他们便派女仆南妮穿过城区买来小面包，躲在房间里吃。在克拉拉的每场音乐会之前，维克必须派发大量的邀请函，而自掏腰包来听音乐会的人却拿不到好位子。父女俩与乐师的关系也很紧张，另外邮费昂贵，但维克仍然坚持将战胜嫉妒、粉碎阴谋的战果告知克莱芒蒂娜。最后的困难便是警察局强制要求每场音乐会之前须当着审查组的面演出五遍。

2月24日，克拉拉在歌剧院组织了第一次音乐会。第二天，维克写道："胜利了，胜利了！克拉拉昨晚引起了轰动……我们粉碎了所有的阴谋诡计，听众作出了他们的判断——他们作出了判断！连帕格尼尼都未受到过如此的欢迎。"是的，演出大获成功，要知道克拉拉连演八场音乐会。她同样受到了宫廷的青睐：时任普鲁士皇家音乐总监的斯蓬蒂尼将克拉拉新近完成的《贝利尼变奏曲》（《贝利尼〈海盗〉卡伐蒂那变奏曲》op. 8）视为"近年来最出色、最漂亮的作品"。维克兴奋地说全城都在谈论克拉拉，其他的艺术家只能绝望地撞墙。更确切地说，"柏林对我们、对我们的生意而言，都是一座金矿。"细想一下，"拜金"先生从来没有忘记过他的钢琴买卖。我们无意丑化维克，但从他寄给克莱芒蒂娜的信中，我们可以发现维克对女儿的心事重重只字未提，除了她的健康状况，因为克拉拉因忧郁差点错过一场音乐会，这将引起维克的财政危机，对此维克绝不会掉以轻心。总之，维克带克拉拉走上巡演之路决非是为了游山玩水，最后一场音乐会后的早晨，维克语带讥讽地记道"王后"赖在床上一直到……早上六点半！

之后，他们继续巡演：克拉拉在汉堡组织了三场音乐会，在不来梅待了十天。父女俩人筋疲力尽，折道去了汉诺威和不伦瑞克，于5月3日回到莱比锡。邦克先生和母亲（即克莱芒蒂娜）到卢茨申纳（Lützschena）接我们。克拉拉在维克和克莱芒蒂娜的陪同下再次来到德累斯顿，但很快又回到了莱比锡——这次出行仅仅是为了散散心！克拉拉放松了身心。在塞赫少校的城堡里，朋友们把克拉拉团团围住，他们赏乐奏乐，和克莱根一家开开玩笑，聊聊天——谈论舒曼。至此克拉拉已有一年半未见到舒曼了。十八个月前，舒曼离开德累斯顿时，没想到与克拉拉的幽会竟会东窗事发，没想到克拉拉在回信中"背叛"了他，更没想到他们的通信都被阻截了。舒曼离开德累斯顿后，在等待茨维考的邮车中度日如年，他又一次按捺不住激情写信说："你就像近在咫尺，我亲爱的克拉拉，近得让我以为能触摸到你……你明艳的容颜在黑暗的背后闪光，支撑着我坚持到底。"他安慰心上人说："我可以告诉你，我对我们的未来更加充满信心……也许当我求你父亲为我们祝福时，他不会把手缩回去的……我相信我们的天赋。我们的结合是命运的安排。我早就知道这一点，但我以为若在那时告诉你，你是不会明白的。"他担心克拉拉仍在犹豫："我只想你知道，我对你的爱已经无法用言语表达。"信末附言："多给我写信，每天都写。"唉！唉！

舒曼向表妹特雷莎吐露："克拉拉在布雷斯劳……但愿上帝成全我们的心愿。"为了打断痛苦的沉默，他毫不犹豫大胆地给布雷斯劳的卡勒特教授（杂志日后的定期撰稿人）写了一封信："今天我寄给您的不是等待视奏的乐谱。我就开门见山地说吧：克拉拉在恋爱，也被爱着……请允许我暂时不告诉您对方的名字……他们很幸福，相识相见，情话绵绵，瞒着她父亲私定终身。据我推算，我已基本肯定她现在就在布雷斯劳。维克一定会拜访您，请您听克拉拉的演奏。我最最迫切地恳请您告诉我克拉拉的近况、她的感情、她的生活，一切您直接或间接知道的事情……维克可能会当着您的面中伤我……请您别相信他，您会慢慢了解这个人的，他是个正人君子，可是太固执己见……请您尽快给我回信，因为有一个人的心和生命都维系在这封信上，那个人就是我……"这一冒昧的策略最终没有奏效。舒曼和克拉拉长期失去了联系，哪怕同在莱比锡，偶然相遇也只能装作互不相识。父权不是儿戏：舒曼将《奏鸣曲》的乐谱赠给克拉拉，维克却禁止女儿回信确认，他还阻截了俩人所有往来的书信。他们无可奈何。但是克拉拉的心会因此而动摇吗？让我们读着她的日记作一下揣测吧：（克拉拉对舒曼）你在杂志中极少提到我，我说起你时经常怒气冲冲，才能解气。我甚至想让自己相信已经把你忘记了。可是不行，我忘不了你。

杂志是问题的一个焦点。维克反复强调舒曼对女儿的热情完全是为了在《新音乐杂志》里彰显自己作曲家的天赋。舒曼刊登《协奏曲》（op. 7）时请另一位编辑就该作品写一篇评论——可想而知，克拉拉看到卡尔·费尔迪南·贝克尔的文章时有多尴尬（怎么能评论"一个女人的作品"呢?）。但下一期杂志上发表了一篇由舒曼亲笔撰写并署名的文章，高度赞扬了一首《钢琴协奏曲》，曲作者是斯特达尔·贝内特——二十岁的英国作曲家、钢琴家，刚到莱比锡与门德尔松合作——"一个绝对迷人的小伙子"。这令克拉拉愈加吃惊。舒曼与贝内特交好，并于1837年以《交响练习曲》题词相赠。但舒曼给贝克尔的信向我们透露了真相："今日寄来克拉拉的《协奏曲》。该曲值得在报纸上重点推荐。烦劳您为之写一篇评论。您可能已经知道我与其父关系紧张，由我执笔可能会引起诸多不便。"也许，当时舒曼还以为自己处事得当呢。

此外，卡尔·邦克也是不和的因素。他曾经是舒曼的杂志撰稿人，维克曾带他参加过巡演，本意可能是让他陪克拉拉散散心，当然不得有过分举动。事实上，两个年轻人虽然有些日久生情，但始终未越雷池半步。不过，这足以让舒曼醋意大发，他在杂志上写了一篇辛辣小文，以人物"科纳普"暗讽卡尔的意图不言自明。而克拉拉则将自己和文中一位名叫盎部罗西娅的女钢琴家对号入座……鸡毛蒜皮的小事在恋人之间引发了一场大火！总之，克拉拉大发脾气。但她的怒气很快转移了对象，因为她得知邦克曾在前一年春天试图挑拨她与舒曼之间的关系：他利用了我的友情。我从柏林为他寄去了那么真诚友爱的信，可他就这么回报我吗？他的卑鄙让我震惊。他想骗我、中伤我。确实，我说起你时总是装作漫不经心的样子，可我的眼眶里渗满了泪水，他竟然还在挖苦讽刺，他怎么如此轻视你？

之后某一天，邦克消失了，出乎所有人的意料。对此克拉拉在日记中仅有一句话：邦克走了——心情愉悦。但后来，邦克又回来了。

维克试图扭转近况。8月2日，他托人捎口信告诉克拉拉说他将在十一天后在莱比锡为她组织一场音乐会。此时的克拉拉还在马克森的塞赫少校的城堡中度假。父亲当然没有征求她的意见就作出了这项决定（无论我愿意与否，我都得去！）。于是8月13日，距克拉拉上一次在莱比锡公演已相隔两年，她再次登上了布鲁日音乐厅的舞台。友人恩斯特·阿道夫·贝克尔特地从弗赖堡赶来，预定了位置。这次，她的罗伯特也坐在听众中间。她弹了《贝利尼〈海盗〉卡伐蒂那变奏曲》和三首《交响练习曲》。你相信吗？我弹这些曲子的时候恨不能把整个儿灵魂掏给你看。我不能偷偷的，我必须当着台下的听众让你知道。你相信吗？我的心跳得有多厉害。音乐会之后，我难受得要死，好像与世隔绝。我们一起走着，可我不看树、不看花，也不看草地，我只想看你——可是我却看不到你。

经历长时间的分离，他们的爱情有如蜡烛，起初似有摇曳，但最终猛烈地燃烧起来。在这次音乐会开始前的几个小时里，舒曼用他最美的字迹在信封上写道："漫长的沉默、痛苦、希望和绝望之后，往日的爱还在吗？你还愿意读这些话吗？如果爱已消逝，请别拆开信封，把它原封不动退给我。"信封终究是被拆开了，信纸久久地散发出阵阵花香。是舒曼的笔迹。克拉拉浑身颤抖。这一次舒曼没有称呼"你"，因为"你"代表了德累斯顿的深情幽会。"您的忠贞和坚强还一如既往吗？我对您的誓言始终不曾动摇，但再坚定的心若遇上心上人的冷漠也会发慌，而您便是我在世上最爱的人。我曾经千百次地想过一切可能都已经结束，但一切又告诉我：'只要我们愿意想、愿意做，那么万事可成。'只要回信时给我写一个'是'。如果在您生日的那天（9月13日），您愿意把我的一封信给您父亲看，他也许就会对我生出好感，再加上您的坚持，他也许就不会拒绝我……别对任何人说起这封信，否则一切都完了。另外，请别忘记这个'是'字，有了它我才可以安心地规划将来……"

克拉拉对此的感言——发自内心，毫无掩饰：啊，我的上帝啊，当贝克尔为我带来第一封信的时候，我百感交集！字字句句，平淡而严肃，可就是那么美妙、那么正式，它让我欣喜若狂，然而同时，当我看到你说，如果我已经在两年里变了心，就把信原封不动退回去，我便像受了致命伤一样。你对我太狠了，你在怀疑我对你的爱。可我从来没有怀疑过你，哪怕似乎证据确凿。不，不，我从来没有停止过对你的爱……

"证据"，是有人蓄意挑拨吗？因为尽管克拉拉肯定从未对心上人有过半点猜忌，但她对对方的定力没有十足把握。四个月后，她收到舒曼的信，信中提起"最黑暗的时期"，那时他没有一丁点儿她的消息，他想要努力把她忘记。舒曼承认："当时，我们形同陌路，我气馁了……我想象着从报纸上看到你订婚的消息……我想爱上其他的女人，治疗创伤，我几乎已经被她迷住了。"一个女人？不大可能是莎丽塔，因为日记中只一笔带过她和舒曼发生过性关系的事，有性无爱。较有可能的是安娜·罗伯娜·莱德洛——和克拉拉同岁（十八岁）的女钢琴家。她是英国约克郡人，赫尔兹的学生，随父母去了哥尼斯堡，当时就在莱比锡，并于1837年在格万豪斯办过音乐会。舒曼欣赏她在钢琴方面的才华。克拉拉有些吃醋——这位可怜的莱德洛小姐，她迷上你了吗？莱德洛很快被聘为"汉诺威王后的钢琴师"。而让克拉拉更为忧心的是，舒曼将《幻想曲》（op. 12）题献给了莱德洛。事实上，舒曼清楚自己仰慕的是谁：当然是克拉拉，虽然以前还有过埃纳斯蒂娜，以及最近的贝内特，还有知己路德维希·顺克（1833年与舒曼相识，三年后死于结核病），此外还有瓦尔德·冯·歌德——诗人歌德的孙子，二十岁时在莱比锡与舒曼相识，并成为舒曼《大卫同盟曲》的受题献人。1837年6月的日记中提到舒曼在贝内特和"魏玛的小歌德"的陪伴下去了茨维考。在诗人歌德的家中，气氛似乎有些沉闷。

舒曼和同性恋——这是个禁忌话题。10月克拉拉给舒曼写了一封信（寄出日期不明，10月11日收悉），她到底要说些什么呢？我再说一遍，如果你不能完全控制自己的情欲，那么我永远不可能属于你。我宁愿放弃与你结为夫妻的幸福。你知道我的誓言，我圣洁的誓言，任何东西都不可能让我动摇；生也好，死也罢，我将永远属于你。我的勇气支撑着我承受一切……我只为你活着，我愿意把一切都奉献给你，可你也应该一样啊，你得拿出行动。如果你还不能决断，那说明你对我的爱不会有多深……想想吧，我放弃的是我的音乐和全世界的赞美——这还不够吗？你还想要我怎样？我经常让父亲生气，可只要我想到我所做的都是为了一颗高贵的心，我便释然了。所以，罗伯特，我求求你，别再干这种事情。如果你觉得我的话有些严厉，请原谅我——我很着急，没有时间斟酌字句。你了解我，你知道我的心意。

立即回到前文，克拉拉回复了8月13日的信。这便是您想要的"是"，一个简简单单的字，但却如此重要。我的这颗心盛满了爱，无法用言语表达。我难道不是在用我的整个灵魂说出这个字吗？我念着它，心里在对你默念"永远永远"。至于舒曼的建议，克拉拉觉得太冒险，她很了解父亲的倔脾气——但恋爱中的人永远无视存在的危险。如果9月13日的事情搞砸了，上帝也许是想让我在十八岁生日那天伤心吧？不，这太残酷了。

确实残酷。舒曼决定写一封长信给他的老师。这是一封用词谦恭、言语感人、带着些许恳求语气的信："十八个月里，您对我进行了考验，我怎么会埋怨您呢？我深深地伤害了您，而您也让我付出了代价。"这是一封对克拉拉大加褒奖的信："您非常了解这个举世无双的生命，您是一位幸福的父亲。"这是一封请求期待已久的祝福的信："您要是知道我的忠诚，知道我在做一个男人该做的事，也许您就会祝福我们的爱情。有了您的同意我们才能得到幸福……我满怀信心，我把我的未来放在你的手中。鉴于我的性格、才华和现状，请您给我一个完整的答复，最好能答应和我们当面谈谈。"舒曼在信封里还给克莱芒蒂娜留了言——"爱情会削弱我们的判断力，但又能怎样呢？"——他还有几行写给克拉拉的话，但自然被父亲扣留了下来。两年后，克拉拉回忆道：你无法想象我十八岁的生日是怎么度过的。父亲不仅不愿意给我看你的信，甚至还不肯把你写我的话给我看……我无法告诉你我当时的感受，我一整天都以泪洗面，我知道你还在信里给我写了几行字，可我不得不在生日那天忍受父亲的独裁。这是我所有生日中最痛苦的一天！

克拉拉还在哭。维克假意问她为什么流泪，克拉拉说出了心事，维克于是说："我本来不想把这些信给你看。但看到你这样子，你就看看吧。"舒曼获准与维克见面，但这次的交谈将是一个灾难。9月18日，一个伤心欲绝的男人的来信："与您父亲的会面太可怕了。他冷酷无礼、颠倒黑白、混淆是非——这是打击人的新方式，他在人的心口插上一把刀……现在该怎么办，亲爱的克拉拉？我不知如何是好，真的不知道，我失去了理智。要想用情打动您的父亲简直是妄想。那我还能做些什么，还能做些什么……归根到底，他眼中的头等大事就是给你物色个金龟婿。您要提防了：可能突然在您身边会出现一个年轻富有的银行家或其他诸如此类的人。您父亲自以为您什么都察觉不到，可以把您完全掌控……我相信您，噢！我完完全全地相信您，这是我的精神支柱，可您必须变得坚强，比您想象的还要坚强。他甚至对我说：'没有什么可以动摇（我）。'您还得往坏处想。如果诡计不奏效，他还会使用强权。您得有最坏的打算。您要是能给我捎个信就好了。您得告诉我该做些什么。他对我说如果没有第三者在场，我们不能私下见面……我们可以在你们巡演的时候通信……我一直把您父亲看作是一位通情达理的高贵的人，我想不出任何他这么做的理由。除了担心您太年轻，过早结婚会断送您的艺术生涯之外，他实在没有更好的理由了。所有都是借口，相信我，他在您身上最看重的是金钱和名誉，他最在乎的是您举办的音乐会和他组织的巡演……我今天很脆弱，我顶撞了您的父亲，请您不要生气。我还清醒，我始终只有一个目标……现在，您得好好想想我们该干些什么。我会像个孩子似的跟随在您的左右。我们还能说说话吗？我是不是该再去求求您父亲，让我们在您出发之前再见上一面？如果他提出必须有第三者在场，我决定和您说法语……我们必须尽快行动。我觉得你们可能八天之后就走了……我被打击得不轻。"

舒曼料到两人会因为几天之后的巡演再一次分别。克拉拉和她父亲又将踏上前往维也纳的征程。魂不守舍的舒曼在9月18日下午又写了一封信给克拉拉，字句中流露出他的忧虑："我觉得没有输，可也没有争到什么。"遗憾："我的信不合时宜，本该再等八到十周。我们必须小心谨慎地暗地里行动，这很重要。"克拉拉不是早已这么说过吗？舒曼在信中回顾了痛苦的往事："他还对我提起您和邦克的关系。我无法相信您动过一丁点儿嫁给他的念头，可您父亲说'他们的恋爱受到了一些奸诈小人的影响'，我不想再说这种事了。"舒曼威胁"独裁者"："如果他把我们逼上绝路，一年半到两年后还是不肯接受我们，我们就去争取应得的权利。父亲只有在证明当事人有精神疾病或家境困窘的前提下才有权阻止子女婚姻。到那时，他要是再以举办音乐会或组织巡演为借口就行不通了。政府会成全我们的。"舒曼最后的请求，听着有些奇怪："我们不能在您家里说说话吗？有没有其他地方？好好想想，那可能更安全。您父亲没有逼我起誓说不能偷偷地去看您或不给您写信！"克拉拉依然坚决果断，她安慰这个慌了神的男人：您怀疑我吗？我原谅你，我是个弱女子。弱女子？是的，可是我的灵魂很坚强，我有一颗百折不挠的心，这足以为您驱散所有的疑虑。至于再次约会，克拉拉虽然期待，但是不敢奢想。您想想，要是被我父亲知道了，那一切都完了。我怎么受得了这种后果。

然而，他们最后还是约在10月3日偷偷见面。近在眼前的幸福使舒曼又开始对克拉拉以你相称："三个小时之后，我就能见到你了。我已经迫不及待了。这是最后一次——也可能是永别。我尊敬你，有如我对你的爱。你举止高雅，风华绝代。"

绵绵的情话或更亲密的举动再一次让他们难分难舍。10 月 4 日的日记："昨晚与克拉拉甜蜜的约会。老爹去了哈勒。绝妙的礼物。"当天，克拉拉写下：啊！昨晚的时间过得真快。我有那么多话要对你说。行期将至，在可怕的分别之前，两人书信的热度有增无减——谢谢您，亲爱的南妮！

10 月 3 日（幽会之前）："别承认我们曾偷偷约会过、说过话。让南妮以她的灵魂发誓保密。在巡演期间，偶尔给我写信，但每封信里要多写些细节……给她看看肖像，你可以说是你以前在德累斯顿收到的或是你的生日礼物。总之随便你。我应该在你们巡演期间给你和你父亲写信吗……和邦克保持距离：他会把事情搞砸的……很可能我们将有一段时间失去联系，因为你父亲把信都阻截了，甚至有人会在你面前对我恶语中伤，告诉你我已经把你忘记了等等。别信这种事。世人居心叵测，但是我们向往贴近纯洁……"

10 月 4 日，克拉拉：我再一次不忍心告诉你，我无法偷偷给你写信了：父亲在每座城市里都检查邮件，他让南妮发誓一旦发现我们私下里通信，就立即向他告发。我一旦发现有机会就一定会抓住的，可是现在我无法向你保证什么。如果你想写的话，就写给我和我父亲，但要以朋友的身份。想到我们之间的关系，"朋友"这个词是多么冰冷啊。我屈服了——向最坏的打算……

10 月 7 日，舒曼："今天我又一次满脑子只想你和你狠心的父亲。我责备自己不知足，你把一切都给了我，毕竟有一位高贵坚贞的姑娘垂青于我——可让我痛苦的是我无权看你。我们在最美好的青春岁月中却不得不天各一方，这让我备受折磨。"

10月9日，舒曼："我永远也不会忘记当我们在门口相遇时你的一声'晚上好'，还有你的目光。我在想：这个克拉拉是你的，是你的，可你却无法走近她，拉住她的手……有谁能知道我当时的感受呢……相信我，我病了，真的病了。"

10月11日，舒曼："你了解我，你能接受人们的优点和缺点。我以为你爱我，可是一句卑鄙无聊的谎言就让你说了'失望'和'放弃'的字眼，我无言以对。就在前一天你还信誓旦旦地向我许诺，愿意为我付出……我无法思考，无法再写下去。可是昨天当你在我怀中哭喊的时候，克拉拉，你让我同时看到了天堂和地狱。我是如此爱你——你呢？别离开我，你是我唯一的爱侣。"

这个卑鄙无聊的谎言究竟指的是什么呢？我们只能揣测这个天大的过错就是——同性恋。果真如此吗？在1837年10月，恋人互生猜忌，但彼此的爱恋却愈发强烈了。

克拉拉：如果你还愿意和我说话，今晚六点半到七点半之间有一个机会，老地方瑞谢尔花园——我想和你好好谈谈。我真的不知道为什么这个星期天特别难过，可是我就是真切地感觉到了！我见过你，和你说过话，在你的声音中有某种极度伤感的东西，你看上去很忧愁——哦，让我们说上几句话吧……

还是克拉拉：出发之前我还有几句话要说。我们定在周日或周一出发，但父亲不让我说——嘘！父亲瞒着我给贝克尔写信大发脾气，这让我大吃一惊……母亲说过你是个骗子之类的话。骗子？啊，上帝啊，难道你的克拉拉还不了解她的罗伯特吗？还是直接写信给父亲吧，别通过母亲转交。如果你去拜访她，无论如何别相信她。我很遗憾这么说，但相信我，我经常发现她说话不靠谱……如果你写信给我父亲，并等了很久才有回复，别吃惊，因为他又在发脾气……

半年后，舒曼写下数行字："我必须痛苦地忍受我们长达两年的分别，我还可以再忍两年。偶尔偷偷捎个只言片语还要担惊受怕，根本就没有意义，是的，没有意义，我想要的是每年、每天都和你在一起，直到永远。我不再是传说中的月亮骑士，我要你做我的妻子，这是我最纯洁、最真诚的愿望。我将与你共度此生。"

10月8日，克拉拉还在格万豪斯演出，一贯冷漠的莱比锡人突然表现出极大的热情。克拉拉受邀弹了两遍亨塞尔特《变奏曲》终曲。

父女二人于10月15日再次上路，奔赴布拉格、布达佩斯和维也纳，直到七个月之后才重返莱比锡。克拉拉和舒曼，相思何其苦！

第十一章　维也纳

"一位巫师厌倦了尘世和人生，将毕生修炼的魔法统统关进一个钻石匣子里，并将钥匙掷入大海，随后死去。可怜的人们千方百计寻找钥匙，却都徒劳无功；任何工具都无法开启坚硬无比的锁。于是魔法与他的主人一同沉睡……

弗兰兹·格利尔帕策（1791~1872）是个剧作家和财务官，因遭奥地利审查机关的打压而寄情诗歌和美酒。

……一个山里姑娘来海边玩耍，看见人们焦急而徒劳地寻找。和所有的小女孩一样，她爱幻想，无忧无虑。她将雪白的手指伸进海浪中，却触到了一件奇怪的物体，她一把抓住，并把它从海水中捞出……啊，难以置信！她的手里正拿着魔法钥匙！……

1838年1月7日，八百人前来欣赏克拉拉在维也纳的第二场音乐会（"无法想象的嘈杂"）。她演奏了《热情奏鸣曲》。一千多盾被维克收入囊中。两天后，《维也纳美术和文学报》刊登了格利尔帕策的这首诗——《克拉拉和贝多芬》。

……她高兴地蹦了起来，她的心怦怦直跳，按捺不住的激情瞬间迸发；匣子为她释放出夺目的光彩，锁弹开了……精灵们升到空中，又徐徐落下降落在他们优雅而纯洁的主人面前。女孩用雪白的手欢快地指挥着精灵们，他们无拘无束。"

舒曼说："格利尔帕策的作品是对你最好的赞美诗。"

维克知道，在"攻克"德国北部之后，征服维也纳已不在话下，但他连做梦也没有想到会有如此巨大的成功。一位十八岁的姑娘，默默无闻，在秋末来到维也纳，而在初春之时却已经摘得了"教廷皇家钢琴师"的头衔。维也纳的商人们除了"李斯特鼻烟壶"和"帕格尼尼帽"之外又开始出售一种名为"维克姑娘"的蛋糕，据说这种点心轻如无物。克拉拉：这是不是有点可笑？克拉拉一向谦虚：我知道自己弹得不错，可是无论如何也想不通怎么会产生这么大的轰动。

其实早在巡演的前一站布拉格，人们就已经拜倒在她的脚下。六百名听众倾听了她弹奏亨塞尔特的《行板和快板》和《多尼采蒂〈春药〉船歌变奏曲》、捷克的托马塞克的《狂想曲》、肖邦的一首夜曲和一首练习曲以及克拉拉自己的《贝利尼〈海盗〉卡伐蒂那变奏曲》。第一次在音乐学院的音乐厅中演出，克拉拉就应听众强烈的要求出来做了十三次谢幕。我们的女主人公有些手足无措（我当时不知道该怎么办，我一次又一次从后台出来，真诚地向听众致意，特别尴尬）。第二天，就有一位仰慕者盯住克拉拉不放，苦苦追求。八天后的第二场音乐会尽管没有显贵出席（这是克拉拉的要求），听众们还是报以雷鸣般的掌声。诗人莫利兹·格特列布·萨菲尔——让－鲍尔的接班人——为她赋诗一首；乔安·海因里希·施拉姆为她画了一幅肖像：面颊更为修长，嘴部愈加明显，目光优雅，还有那根永远系在发髻上的丝带——很像，克拉拉说。去维也纳之前的最后一场音乐会后，克拉拉说：每首曲子之后我都得谢幕四次（这不符合常规）。大厅里全是人，我什么也记不得了。

在维也纳，维克父女按惯例先从社交活动入手。克拉拉在乐都特（Redoute）音乐厅里弹奏了一曲贝多芬的《第七交响曲》，"门德尔松应该来这里，"维克在日记中坦言："我的上帝，他们真的需要一位优秀的音乐家——维也纳人有着超强的音乐素质。"十八个月之后，舒曼肯定地说："维也纳的音乐家们在等待着他们的救世主弥赛亚，他们将为他加冕，授予权杖……"维克父女受邀来到佩莱拉男爵夫人的宅邸——维也纳的音乐中心。维克写道："道路为我们敞开，我们像中了魔法似的，丝毫没有感到恐惧。"此外，他们还参加了朋友费希霍夫（舒曼在维也纳的杂志撰稿人）家中的室内音乐会。克拉拉弹奏了舒伯特的《b_E大调三重奏》，她还应听众之请，弹了两遍巴赫的《赋格曲》。舆论对克拉拉有着善意的评论，比如评论家薄乌尔勒告诉读者："我们习惯将这位谦虚的女艺术家与李斯特和肖邦相提并论，现在维也纳该来判断一下，她是否有实力能与塔尔贝格一较高下呢？"塔尔贝格是当时的名家，三个月前李斯特曾在巴黎向他挑战。维克大呼："几乎所有人都将她排到塔尔贝格之前……她集塔尔贝格和亨塞尔特于一身，她弹奏的塔尔贝格的作品比作曲家本人弹得还要好。"几天后，他又说："（她）完胜塔尔贝格。克拉拉是维也纳的宠儿，所有人都迷恋她。"12月14日"音乐协会"举办的音乐会是克拉拉在维也纳为期八周的六场音乐会中的第一场，当然这还未算上在市立剧院中的数次亮相以及若干场慈善晚会（比如为大学里的寡妇筹款）。第二天，克拉拉在给罗伯特的信中回忆道：昨天是我期待已久的日子——成败在此一举。我简直无法向你描述演出的成功。十二次谢幕！第二场音乐会，格利尔帕策听后灵感大发，写下上述小诗，维克得意洋洋地在日记中写道："克拉拉已经在维也纳掀起了一股钢琴演奏的新潮流。连弹两遍巴赫的《赋格曲》，这在维也纳是头一次！"

确实，在19世纪中期，维也纳和巴黎一样都对钢琴艺术大力推崇，由此诞生了一批钢琴名家，人们各自为心爱的偶像唇枪舌剑，最后由上流社会评判高下。《新音乐杂志》上曾刊登过一篇文章，描述了当时这种痴迷的程度和人们的欣赏水平，这种社会风气为克拉拉的一举成名创造了良好的条件。

"李斯特是热情洋溢的宣言，塔尔贝格则是细腻的思索，克拉拉·维克是自然的生机，亨塞尔特是正宗德国式的抒情……琴技的精湛程度：1）塔尔贝格，2）克拉拉·维克，3）亨塞尔特，4）李斯特。即兴创作：李斯特、克拉拉。感情和激情：李斯特、亨塞尔特、克拉拉、塔尔贝格。内在艺术性：李斯特、克拉拉。天才：李斯特。富裕程度：塔尔贝格。易受周围影响：亨塞尔特（?）。前无古人的独创性：李斯特。音乐内在性：克拉拉。视奏能力：李斯特、塔尔贝格、克拉拉。多才多艺：克拉拉、李斯特、塔尔贝格、亨塞尔特。音乐鉴赏力：李斯特、塔尔贝格。触键美感：塔尔贝格、亨塞尔特、克拉拉、李斯特。胆大：李斯特、克拉拉。自私：李斯特、亨塞尔特。对他人优点的肯定：塔尔贝格和克拉拉。对有别于自身风格的作品特点进行诠释的能力：无。节奏观察力：无。理想艺术家的写照：塔尔贝格和克拉拉。正确性：1）身体方面：塔尔贝格、克拉拉和亨塞尔特。2）谱曲方面：李斯特、塔尔贝格、克拉拉。演奏时不扮鬼脸：塔尔贝格和克拉拉。

李斯特，法国浪漫主义的代表人；

塔尔贝格，意大利迷情的代表人；

亨塞尔特和克拉拉，德国情感的诠释者。

克拉拉再一次将心里话告诉舒曼：人们为我的音乐疯狂，有时候我自己都不明白到底为了什么——我肯定弹得不赖才得到这样的荣誉，只是比塔尔贝格还差一点。

这次荣誉来自官方，自然让老爹满心欢喜。部长克罗夫拉特伯爵先生亲自通知他：克拉拉被提名为"皇家钢琴师"。维克说："部长向我保证克拉拉获得的这个头衔绝对前无古人，也很可能后无来者。因为她是外国人，新教徒，而且实在太年轻了。"皇帝批复："好吧，如果克拉拉高兴，并且真想要的话，我就破一次例吧。"1838 年，音乐协会只入选了七位艺术家：帕斯塔、帕格尼尼、塔尔贝格，作曲家、小提琴手约瑟夫·麦策德、大提琴手约瑟夫·梅尔克、女歌唱家珍妮·路策尔和年龄最小的克拉拉。但获得此项殊荣的明星们拿不到一点津贴。维克甚至还得自掏腰包付邮票钱（"我从未这么高兴的掏出四弗洛林……"）但是名声带来的财富效应很快让吝啬的父亲喜上眉梢：在维也纳有免费居住的住所，在国外还可以得到奥地利大使馆的资助。

再美的画卷也总有阴影存在。有位记者断言克拉拉不会弹贝多芬的曲子。此时距贝多芬去世仅仅十一年，维也纳人一般不拿这位音乐大师开玩笑。克拉拉说谎言的始作俑者是一个叫霍尔兹的人，以前给贝多芬擦皮鞋的。在第四场音乐会上，为克拉拉打抱不平的乐迷们以更加热烈的掌声向她致意。克拉拉弹奏了李斯特和塔尔贝格的作品（为了让那些认为我弹不了塔尔贝格曲子的人闭上嘴）。十三次谢幕，连塔尔贝格本人也不曾有过。你可以想象当时的掌声，震耳欲聋……信的后文有些出人意料：你可能无法理解听众的热情，因为毕竟你对作为艺术家的我知之甚少，可别以为我会因此生你的气，相反，我很开心，因为你爱我，不是因为我的音乐天赋，而是正如你有一次在小纸片上写的："我爱你，不是因为你是一位伟大的艺术家，不是，我爱你，是因为你的好……"

克拉拉为维也纳的听众带来了谁的作品呢？贝多芬（但仅仅是《热情奏鸣曲》）、巴赫（似乎总是《赋格曲》）、肖邦、亨塞尔特（克拉拉慨叹尽管他在维也纳已居住三年，却依然默默无名）、门德尔松（更是无人知晓，在音乐店里他的《无歌词浪漫曲》无人问津。评论认为他的《夏夜午后之梦》的前奏曲中蕴含过多的哲学，过于追求原创性……）、皮克西斯、李斯特（她弹奏了几次《帕契尼卡伐蒂那套曲》，有一次还是为皇后演出）、塔尔贝格（只为了挑战的乐趣）以及她自己的《贝利尼变奏曲》，这首刚在柏林完成的作品在布拉格立即受到了听众的喜爱。乐曲用美妙的装饰音临空旋舞，一下子让排斥"门德尔松哲学"的维也纳人眼前为之一亮。此外还有圆舞曲《维也纳的回忆》，以此感谢拥护她的追随者们。她重新演绎了奥地利国歌《上帝保佑弗兰兹皇帝》表示谢意。最后还有《协奏曲》（op. 7），小小地报复了莱比锡的他（即舒曼），因为此前他不痛不痒的评价让她很伤心，她强调：今天我的第二场音乐会又一次取得巨大成功。在我所有演奏的曲目中，只有我的协奏曲最受欢迎。你要问我是不是自己决定要弹它的——当然了！我演奏它是因为所有人都喜欢它，因为它给听过和没有听过它的人带来了快乐。至于我是否对它满意，那是另外一回事。你以为我会糊涂到看不出它的缺点吗……你真该来听听这里雷鸣般的掌声！再没有比看到听众对演出满意时更美妙的感受了。对此，舒曼没有回复，克拉拉有时也会弹奏罗伯特的作品——《交响练习曲》。那是在第五场音乐会上，听众只有三十来个人，格利尔帕策也在其中。当时在每一城市里，人们都不敢同时提起维克和舒曼的名字。她还怎么能保护心上人呢？克拉拉不无伤感地写道：费希霍夫是你唯一的朋友——其他人都是你的敌人。只要一提起你的名字，其他人就会怒不可遏。为什么？因为多勒和塔尔贝格——这两个可怜的人！最可气的是有人会问："舒曼是谁？他住在哪里？他弹钢琴吗？他作曲吗？他的作品怎么样？"我真想用你的话来回答他们：这个男人你们管不着。他是个天才，你们无法理解，语言也无法形容他。

在维也纳的生活继续着，但对我们的女主人公来说，成功仅仅是生活的一部分。12月21日，她在信中向舒曼感叹：当你晚上十点做客波普家或是回到家中时，可怜的我还不得不参加社交活动，为人们演奏，讨一些恭维话或一杯热水，然后在十一点到午夜十二点之间回到家里，筋疲力尽，我喝了一口水，躺在床上，我想："一个艺术家和一个叫花子有什么差别呢？可是艺术是上天神奇的馈赠，还有什么比将情感转化为声音更美好的事呢？"

克拉拉在维也纳的最后一场音乐会定于3月18日，这是她特地为孤儿孀妇举办的慈善晚会。维克摩拳擦掌：从此经费就不用愁了。他写信告诉一直留守家中的克莱芒蒂娜，他们马上就可以住进一间大一点的公寓，克拉拉将会有一间属于自己的房间（她以前没有吗？）。孩子们的房间里会铺上地毯。他指的孩子们即再婚后生下的两个女儿，至于古斯塔夫和阿尔文两个"坏小子，"维克从来就不多加过问，他们无权得到父亲的庇护。阿尔文（当时十六岁）后来成为小提琴手，之后供职于圣彼得堡的意大利歌剧院乐队；而阿尔文（十五岁）被父亲送到托马斯·切克①那里学做钢琴。

精疲力竭的克拉拉依然光彩照人。整个维也纳还在为她带来的幸福而雀跃着。下一步该怎么走？这是摆在面前的问题。有了名人的推荐和良好的人脉关系，克拉拉（或她父亲）渐渐进入专业经纪人的角色：手指放到琴键上之前少不了的是卑躬屈膝和逢迎贿赂，那就按规矩办吧……

维克盘算或许可以继续巡演到慕尼黑，他们也可以在那里施展抱负，之前可以折道去匈牙利，避开应酬，让克拉拉休整

---

① 著名钢琴制造商。

几天，可是怎么好意思两次拒绝布拉提斯拉瓦（Bratislava）剧院的邀请呢？但当李斯特出现在维也纳时，维克父女最终决定出发了。

李斯特此行是临时决定。他此前在威尼斯。当他在弗洛丽安（Florian）咖啡馆悠闲地呷一口他的特浓咖啡时，突然看到德国报纸上关于祖国匈牙利遭遇洪灾的报道。一别故土十五年，他毫不犹豫地来到维也纳组织赈灾音乐会，竭力帮助他的同胞们。李斯特的后人也从他身上遗传了这种慷慨精神。4月11日，他写信给留在威尼斯的玛丽娅·达古尔："我的到来在维也纳引起了轰动！"从4月18日到5月25日，他共演出八场，筹集赈灾款达二点四万盾之巨。因受冷落而愁苦的玛丽娅意识到旅途并不像李斯特夸张的那样烦闷，他决然离去时也没有表现出多少痛苦——玛丽娅病倒了，未能如期与李斯特重聚。而在这一边，李斯特有一大批乐迷需要安慰。早在第一场音乐会之前，李斯特的才华就已经展露，名列车尔尼、伟大的音乐编辑哈斯林格和克拉拉等十五位音乐名人之前。

4月12日克拉拉的日记：我们听了李斯特的演出，他绝对是罕见的天才，举世无双。他既亲切，又能用音乐让我们惊恐。他在钢琴前的样子无法用言语形容，极具个性。他在钢琴前收敛了锋芒。他的激情不受限制。他将旋律撕碎，经常伤害我们眼中的美。他过多地使用踏板，这样一来，除了行家之外，外行人更加难以理解他的作品了。他的精神很深奥，可以说，艺术就是他的生命。

无巧不成书，维克父女和李斯特同住在一家名为"在法兰克福城"的旅馆。他们每天都碰面，像朋友似的交流音乐——"我们尽量在晚餐后交流音乐。"——李斯特一到维也纳就当着克拉拉的面视奏了舒曼的《幻想曲》，并将他的六首《帕格尼尼长练习曲》题词献给克拉拉，表达对她的欣赏。他在数封信中写道："我还有幸认识一位年轻而有趣的钢琴家克拉拉·维克小姐。她在去年冬天取得了骄人的成绩，并当之无愧。她的才华令我倾倒，在她身上有一种真正的天赋，一种深层的真实情感，并一直蓬勃向上。"另外："她很单纯，有教养，一点也不……（原文如此）她成熟、高贵，全身心地扑在艺术上。我的演奏让她大吃一惊。此外，她的作品真的很出色，尤其是出自一位女性之手更是难得。在创作性和真实情感方面比塔尔贝格以往和现在所有的幻想曲都胜出百倍……"说到塔尔贝格，李斯特在信中告诉玛丽娅："重大新闻，塔尔贝格昨天晚上到了。这个东哥特怪人的到来让我很高兴。"

确实，克拉拉为新朋友李斯特的气势所折服。她在日记中提到李斯特在弹奏韦伯的《协奏曲》震断了孔拉德·格拉夫钢琴的三根弦。第二天，她和他一起弹了一首加洛普舞曲——要是他能控制好自己的力量和感情，还有谁能比得上他呢？4月18日，她听了李斯特的第一场音乐会，并在日记上记录了他在塔尔贝格的英式钢琴上弹奏韦伯的《协奏曲》，并在孔拉德·格拉夫钢琴上弹奏《清教徒幻想曲》，在第二架格拉夫钢琴上弹奏《魔鬼华尔兹》和一首练习曲——三架钢琴都被他弹坏了——但非常精彩——震耳欲聋的掌声——潇洒亲切的艺术家——充满新意，出人意料——这就是李斯特。当晚，克拉拉为李斯特弹奏了舒曼的《狂欢曲》和自己的《帕契尼卡伐蒂那幻想曲》。据史料记载，李斯特还为克拉拉伴奏，动作幅度之大似乎牵动了全身的每块肌肉。

托马斯·贝尔哈特认为，音乐天赋将使人癫狂，并可能会导致自杀——代名家格伦·古尔德，最终也猝然而亡。这种推测当然毫无根据。但在去格拉茨的路上，克拉拉异常谦恭和真诚地表示自从听到并看到李斯特的力量之后，她觉得自己还是个学生。更为令人担心的是她承认：我改变了想法，因为我想到以后自己只像个门外汉似的在弹钢琴，看来我只能教教课，再也没有喜爱我的听众了。她最终对罗伯特说：我只属于你，你就是我的听众。庆幸的是，她没有这么做，因为正如我们所知，李斯特很快如星辰般骤然黯淡。在信中克拉拉高兴地将李斯特对《狂欢曲》的评价转述给舒曼："天才，这是我见过的最伟大的作品之一。"

克拉拉提及此事，目的是否想证明给他看她的爱从未减弱？是否是为了安慰心上人那颗脆弱的心呢？分离无论对克拉拉还是对舒曼来说都是残忍的。克拉拉被卷在成功的漩涡中，苦于无法和心爱之人共享；而罗伯特则日日在等候情书的焦虑中苦苦煎熬，夜不能寐，反复思量维克禁令的对策，怀疑今天，担忧未来。一段多么离奇的书信佳话啊！一方是成了名的姑娘，惮于自私的父爱只得在私下里写情书，但爱情在独裁的父权面前从未退缩；另一方是二十七岁的音乐家，一份知名音乐杂志的老板，曾写下无数的钢琴作品！然而他们无可奈何，不能公开来往。令人感动的是南妮，她不顾老头的威胁跑出去为小姐领邮局的自取信件。在那些信封上，舒曼都谨慎地请朋友们写上他们的名字——莫利兹·路透医生、恩斯特·阿道夫·贝克尔——或是暗号：BCDE或乱糟糟先生……舒曼对勇敢的南妮还是心存猜忌，他让克拉拉把丑话说在前面："爱神会用可怕的方式惩罚那些与恋人们作对的人，将利箭射向他们的心口。"

他们每天都通信，但会集中好几天的信一起寄出。维克发话："要是让我知道克拉拉和罗伯特私底下写信……"他在暗处侦察。困境中的克拉拉只能抓住半夜的几分钟时间写信。但维克不许她锁上卧室房门，她必须穿过走廊才能为羽毛笔蘸上墨水。一旦听到脚步声临近，她就立即慌慌张张地把"罪证"塞到抽屉里。父亲来了，上帝啊，我得离开你了。梦呓一般的字句，和舒曼的信笺一样，一页一页令人费解，他们的后人直到不久前才找到了所有的往来书信。

老爹、克拉拉和南妮于 10 月 15 日离开了莱比锡。20 日，舒曼在日记中写道："克拉拉，为什么不给我写信？"第二天："我无法相信你竟然可以沉默那么久。"30 日："还是没有信。"11 月 1 日："依然没有信。"2 日："思念 C（克拉拉），心情沉重。"3 日克拉拉有了回复：为什么你会沉默？我快三个星期没有你的消息了——我真难受。父亲瞒着我给你写了信，你为什么没有回信？你看了这封信是怎么想的？你会回信给他吗？舒曼一收到这封信，便立即采取攻势："我无法想象你竟然忍耐了这么长时间的等待之后还默不作声……这些天以来我受了多大的苦啊——别提了。昨天我收到了你的信，我好像从不幸的牢笼里挣脱了出来。信虽然短，却是属于我的，是我的无价之宝。"是的，他的确收到过一封维克的信。信的第一句话就伤害了他："你是个完美的男人，可是比你更完美的男人有的是。"后文愈加咄咄逼人："爱情？与我何干。"还有："无论如何，我宁愿不认女儿也绝不愿意看到像你们这样的一对艺术家可怜巴巴地住在一间破屋子里，足不出户。"临末，维克还着重威胁道："要是我不得已匆匆把女儿许给别人，罪魁祸首就是你。"——舒曼终于发现："对这种人，我有什么办法呢？"

日记同样见证了这一年的年末。克拉拉和舒曼已经等得不耐烦了。11 月 9 日："借酒浇愁，但想起克拉拉便是满心地欢喜。"11 日周六："对克拉拉的思念是一种梦幻般的难以名状的感情。"17 日周五："梦中高兴地与克拉拉重逢。克拉拉——克拉拉。"26 日周六："盼信。"尽管是私人日记，但舒曼依然惜字如金，心绪偶尔见诸笔墨，如同在笔记本上漫不经心地涂鸦。他为什么在这样的文本中还要掩饰自己的弱点和哀愁呢？11月29日周三，舒曼终于敞开心扉："在康纳维茨（Connewitz）和小歌德散步——我终究无药可救了。"第二天晚上："痛苦的生活，我该拿自己怎么办！"他想到克拉拉的话，他继续写道："你对我说过'罗伯特，我再一次恳求你，别再干这种事了。'可我又干了。"其中的一些话看上去即便说不上万念俱灰，也已是意气全无，经历了那么多的痛苦之后，他还能活下去吗？12月22日："今晚，我喝了很多酒，可怜啊，可悲啊！"圣诞前夜："独自一人，茶饭不思，听着午夜的钟声敲过十二下，我想着克拉拉。可我不能用心去祈祷——为什么？难道我是个大罪人吗？"

这段时间里，他一再向克拉拉强调他的爱，克拉拉在他心里有如天大。"你的信让我有着说不出的高兴。你对我说的话是圣洁的，它来自一颗纯洁的心灵……我们一出生，我们的守护天使便安排了我们的姻缘，竭尽全力让我们幸福美满。""你是我的，你不高兴吗？最好冲破现在的束缚，你将成为最幸福的妻子。如果是我的爱让你幸福，是我的爱盛满了你的心，如果这一切都令你满足，包括我的缺点和坏习惯，如果你不埋怨我的窘迫，无法给你珍珠钻石作为礼物，如果不嫌弃我微薄的礼物，那么我忠诚的克拉拉，就让我们永不变心。""古代的骑士尚可以为心上人赴汤蹈火、杀死巨龙，可我们呢，为了配得上那些夫人们，我们必须一分钱一分钱地省吃俭用，少抽烟……时代变了，可是爱人的心没有变啊。"最后1月3日："克拉拉·舒曼，听起来真不错——总有一天，它会出现在你的信里！"

克拉拉完全沉浸在爱情里——否则，她怎会背叛生命中的第一个男人呢？她当然知道她意味着父亲的过去、现在和将来。早在布拉格，她从退出公众的视线一直到第二天早上的这段时间里都在偷偷地推敲着美妙的词句。11 月 12 日：你的心，给了我一种难以言表的喜悦。当南妮把信递给我时，我的整个心都在兴奋地怦怦跳动……你真是个贪得无厌的家伙。一开始，你说每八周一封信，后来又改成 4 周一封信，现在你三周就给我写信了，可你还在抱怨。我觉得你像是在提前让我感受到丈夫的威严……你为什么说没希望了？是不是我的信让你产生了这种感觉？噢，罗伯特，这真让我难过。我活着就是因为有一个希望，它启迪着我做一切应做之事，你怎么能说出这种话——不，是写出……当你叫我"我的孩子"时，这称呼很温柔，可如果你真的把我看成孩子的话，我坚决反对，我会说是你错了。几天以后，她再次提起：我说这话你别生气，有时候你的行为就像个孩子。克拉拉只是说说而已。

　　戒指的故事又说明了什么呢？这件事一直困扰着舒曼。这枚戒指是舒曼在克拉拉巡演之前送给她的。他将其视作永远相爱的信物和一种象征某种夫权的盟誓。克拉拉却提起舒曼此前曾送给埃纳斯蒂娜戒指的事，她反问他不是也反悔了吗？戒指只是一种表面纽带，更重要的是没有戒指依然能不离不弃。四天后，舒曼梦见自己在一潭深水边散步。他把戒指丢入水中，随即自己也跳了下去。十七年后，当他企图自杀时，也是把戒指丢进了莱茵河。戒指在他眼里是"生命的纽带"。有一天，他向克拉拉坦白了一个深埋心底的秘密，他告诉她自己生命中的阴影，有一种曾发作过的"深度的精神痛苦"。"你会了解的，你将开启我行为和怪脾气的秘密。"几周后，舒曼开始创作《童年情境》，"一个大孩子献给小孩子们的礼物。"他对费希霍夫写道。诗人的话。

透过情人之间的争吵我们能看到些什么呢？争风吃醋也能酿成战火。我知道你身边有很多漂亮的姑娘，可能有些比我更漂亮，比我更贤惠。舒曼回复说："莱德洛小姐一周前从波兹南（Poznan）给我写信。我觉得她像是爱上我了。她离开时还送了我一圈鬈发。这件事你也知道。你别真的吃醋，不过要是稍稍有些醋意，我倒是很喜欢的。"

一天，舒曼问："你真的让邦克吻你了吗？"克拉拉辩解道：难道就因为我经常向你证明爱意，你就认为我也会对别人轻言许诺吗？你还不了解我，你应该学会更加深入地了解我，你就会明白我从来都不曾吻过邦克。克拉拉的吻永远只留给罗伯特。我对邦克的爱是一种朋友之爱，而对你的爱正如你爱我的爱一般深沉。是的，在维也纳，她曾受邀参加过三次晚会，可她极少跳舞，只有一次她接受了别人的邀舞，而对方还是一位老先生。很奇怪，我对年轻人不感兴趣，他们太乏味，总之就是很蠢，除了我的罗伯特。至于阿尔弗雷德·冯·逊堡－哈登斯坦亲王，只能算一个"真正的、秘密的顾问和使节"。难道就没有一个年轻人壮着胆子往南妮手里塞过一点小钱，意图进入克拉拉的房间待上一两个小时吗？这位亲王，讨厌、烦人，对克拉拉死缠烂打，甚至乞吻，说是为了友谊。克拉拉回答他说，朋友之间不会接吻，他却还不甘心。身为外交官的他请克拉拉到他在哈登斯坦的城堡里消夏。维克当然欣然同意……亲王自诩为克拉拉的密友，用"亲王手表"交换了克拉拉的手表（舒曼和大卫同盟伙伴在她十六岁时送的礼物，现在戴着稍许有些嫌紧）。舒曼后来得知了此事。两年后亲王去世，他还试图想把这件珍贵的物品换回来……

维克老爹不断在音乐上与舒曼激起冲突，此事值得一提。舒曼虽曾是维克的学生，也是他的未来女婿，但他首先是一家音乐杂志的主编和撰稿人，在音乐界有一定威望。克拉拉向舒曼转达了父亲的怨言：你为什么总是避免在报纸中说起我呢？……你写了我在格万豪斯的第一场音乐会，为什么就不能提提第二场呢？这让我父亲很生气。他觉得我跟你在一起不会有什么幸福，他说："如果舒曼这时候都不为克拉拉做些什么，那还能指望他在结婚以后的表现好到哪里去呢？"舒曼慌了神，赶忙辩解道："你想想一个版面有多重要，人们想随时了解像里宾斯基、维尔当和塔尔贝格等那些最伟大的艺术家从一个城市辗转到另一个城市的情况。歌唱家也会抱怨。你说我避开不谈一切和你有关的事情，那太冤枉我了，你没有说实话。"克拉拉有些发窘：你想写一篇关于我的文章？噢，求你别写了，这会让你很勉强，费时又费力，对我也没有多大用处。他们终于和解了！克拉拉透露了争吵的背后隐藏着父亲的意志：如果仅依我的意见，你不需要写任何关于我的文章——我爱你不会因为这种事情——可你不明白，你只要不时地写一些关于我的小消息，父亲就会很开心。请想想父亲为我所做的一切：他置其他子女和生意于不顾，毫无怨言，只为了一件事情——得到他人的承认……你既然爱我，那就请你原谅他的虚荣。

关键问题是维克究竟持什么态度，他会有一天同意女儿的婚事吗？以什么条件？他一直在想策略。至少根据克拉拉所听到的，维克终于摆出了条件：要他同意婚事，除非两个年轻人离开莱比锡。克拉拉正好求之不得，离开莱比锡投身维也纳，可是她很难说服她的罗伯特。在那儿，环境优美，生活很舒适，而且相对这种大都市来说花销也不算贵。我在维也纳比在莱比锡受到了更多的尊敬。她还向舒曼解释，莱比锡不适合你这样的天才居住。

事情便这么敲定了，他们开始计算收支。克拉拉每年冬天办一场音乐会，赚一千塔勒；再给人上上课，每年多赚一千塔勒。至于舒曼，他若把杂志迁到维也纳也能赚一千塔勒。支出方面，舒曼详细地一一列出，包括手套、雪茄和干果等，给衣着方面也留出了宽裕的预算，还包括一些首饰。此外，他们租一间公寓，带桌椅和炉灶，窗台种着花。如果南妮不能和他们同来还需请个佣人。最后还要买架钢琴，但克拉拉认为钢琴应该在结婚时由父亲送。天真的克拉拉！

舒曼同意了："你难道不知道吗？我最初也是最强烈的愿望就是在这座艺术如花般绽放的城市里生活，像贝多芬和舒伯特那样，艺术家可以将美从异乡带来，在这里扎根。"然而，他又怎能不留恋莱比锡呢？"从灵魂到心灵，我都是一个萨克森人，你也是。你将离开你的父亲和兄弟。"……该不该去伦敦？舒曼考虑过去伦敦，但克拉拉不同意：别丢下我一个人去伦敦，至少现在别去。你想想，我要是知道你在海上漂泊会有多害怕。英国，在那时依然是个遥远的岛屿。

一周又一周过去了，克拉拉和舒曼依然通过秘密通信在他们的脑海中描绘出美好的未来。但一切都是徒劳，维克根本没有让步的意思。"你父亲把我们的爱看作是青春期症状，就像发疹子一样。"……克拉拉强调父亲确实在她的日记中写下了这个有条件的许诺，她依然那么维护父亲。但当舒曼亲自写信向维克求证的时候，他却得不到一丁点儿的回音，维克只是写道："我永远不会在莱比锡同意他们的婚事。舒曼尽可以动脑筋，出点子，发脾气或是做白日梦。我可以肯定克拉拉绝不能默默无闻过着苦日子。"有一天，克拉拉还在幻想：父亲爱我甚于一切，我是他的孩子。如果他看到我只有和你在一起时才能感到幸福，他一定不会拒绝我的请求的。第二天，南妮向她转述了老爹的话："如果克拉拉嫁给了舒曼，我临死都不会认她这个女儿。"未来是不该被诅咒的，可是……

　　最终，舒曼没有去伦敦。维克放弃了原定的下一站慕尼黑巡演。维也纳数周的荣耀之后（克拉拉刚刚得知自己被提名为"音乐联谊会"的成员），父女俩又准备上路了。临行前，克拉拉不忘最后一次祭拜贝多芬和舒伯特的墓地，并最后拜访了高贵的听众皇后陛下——她热情的接见令我受宠若惊。4月20日，他们又出发赴格拉茨。28日克拉拉在那儿办了一场音乐会，返程时他们再次匆匆路过维也纳，听了塔尔贝格的演出，并受到塔尔贝格的热情接待。维克不希望错过莱比锡国际博览会的开幕，所以父女俩很快回到家。最后一封给罗伯特的信：我将在周一晚上跨进莱比锡的城门，我的心跳个不停，真是百感交集……别为我的冷漠而吃惊，我会很尴尬，尤其当着我父母的面……如果我们单独相遇，我们会用"你"相称吗？你别笑……请对我父亲客气点，你要记住这是为了我们好。控制住你的骄傲。

　　舒曼和克拉拉已经有七个月未曾相见，直到5月22日。（日记：18日："克拉拉回来了——我睡不着、吃不下、无心工作——情况不妙。"）5月15日，克拉拉回到莱比锡，在日记中写道：一切照旧。一切又重新开始。

第十二章　咫尺天涯

　　一连数月，克拉拉都在勇敢承受着来自父亲和情人的双重困扰。之后她又要开始新的巡演，迎接新的风险、疲劳和压力。她要第二次远赴巴黎，但这一次没有父亲的相助。七个月前，当她从维也纳载誉而归时，她便再次陷入了企盼重逢的焦虑之中。自从回家以后，我便开心不起来了，但我没有失去承受一切的勇气。当别人问我是否见过你时，眼泪便要夺眶而出——你离我如此之近，可我却见不到你。舒曼于两天后："第一次见到克拉拉——是真的吗——我还活着？"他们遥遥相望。幸亏一些高明的小计策（感谢贝克尔先生！），他们依然在老爹的眼皮子底下私下通信。他们彼此守望。昨天，我努力了一整天，想要见到你——可你不在——我真是等不及了。如果我没有看错，我看见你去菲尔舍家了。可是你没有注意到我，我又高兴又难过，我差点追上去叫住你——可我都快晕过去了，这总可以原谅吧……我怕得发抖，生怕有人过来。再见了。他们想出了一些对策：九点整的时候到我房间的窗台下等着。如果我用白手绢给你发信号，你就慢慢地朝老市场走去。我会跟着你，和你一起走，因为我要去外婆家接我母亲。但要是我没有发信号，那就说明她没去。你可以九点之前过来……

　　罗伯特忍无可忍，与其绞尽脑汁会上一面，还不如继续让他们分隔两地，好歹也可以诅咒这段距离。所以，1838 年 5 月 15 日，维克父女回到莱比锡之后，舒曼和克拉拉先后认为还是离得远些更好，毕竟两年之后他们将永不分离。克拉拉于 7 月初去了德累斯顿，而后在塞赫少校在马克森的宅邸小住了几日。毕竟那儿有她的朋友，哪怕她不能向他们倾诉心事——这不是她的风格——至少她知道在这里可以得到理解。若不是路易·拉克曼的出现，这段时间本应是轻松自在的休假。路易·拉克曼是个二十二岁的年轻小伙子，在维克的鼓动下找到克拉拉，但他未能乘虚而入，与克拉拉更进一步。从他执著的目光和不时紧张地双手相互摩擦的动作来看，他似乎已经爱上了克拉拉。*怎么才能让他明白我并不爱他呢？该如何对他说我不会给他任何希望呢？*几天后，克拉拉收到了一份包裹，里面装着舒曼的乐谱。克拉拉写道：*罗伯特，这些作品中有那么多的创新，你的才华总能让我惊喜。*

8月8日，克拉拉回到莱比锡。上帝眷顾了他们一回：第二天罗伯特和克拉拉就在可爱的表妹特雷莎家重逢了。"多幸福啊。"舒曼写道，"这么多年以来，我们还没有独自相处过这么长时间，而且绝对安全。"四天后，维克家举办音乐晚会，克拉拉弹了巴赫的《前奏曲和赋格》、舒曼的《幻想曲》的三个片断、肖邦的《a小调练习曲》（op. 25 n011）、李斯特对舒伯特《问候我》浪漫曲的改编曲（克拉拉似乎以前唱过），以及她新近在马克森完成的《谐谑曲》（op. 10）——浪漫主义的杰作——以及《维也纳的回忆》（op. 9）。可是舒曼怎么能来听呢？但是，9月8日舒曼的确去了克拉拉在格万豪斯的音乐会，这是她从维也纳返乡后第一次在这座音乐圣殿中演出。舒曼躲在暗处，没有人发现他。"你肯定没有看见我，可我真想你能看上我一眼。"他一直盯着克拉拉左手食指上的戒指。"你弹得棒极了，没有人能比得上你。你拥有伟大而圣洁的才华，它将给我带来多大的幸福，我连想都不敢想。"那天的节目单上有肖邦的《e小调协奏曲》第一乐章、亨塞尔特《B大调行板》、两首李斯特改编舒伯特浪漫曲的作品、肖邦的一首《马祖卡》和《练习曲》（op. 25 nO11），塔尔贝格的《随想曲》（op. 15）和克拉拉自己的《谐谑曲》。久别之后的莱比锡人对演出报以热烈的掌声，演出收入也颇为可观，克拉拉从中拿到了六个金路易，寄给了在柏林生活拮据的母亲。舒曼则为晚会写了一篇评论，发表在9月18日的《新音乐杂志》上："……浪漫主义最轻柔、最细腻的诠释；臻于完美的琴技。"在下一期（9月21日号）舒曼写了一首题为《9日音乐会之梦境》的小诗献给"C. W"（神秘署名A. L，但后来证实为舒曼）……这一时期克拉拉没有其他的演出——但舒曼在10月26日信中为什么会有这段话呢？"你昨天演出了吗？情况怎样？我一晚上都在想你。"——很可能是克拉拉参加了德累斯顿波兰旅馆的三场音乐会（11日、15日和20日），而且她每周日都去门德尔松、费尔迪南·大卫或维克家弹弹室内音乐。她告诉她的罗伯特，有一个星期天，她弹了路易亲王（路易-费尔迪南，普鲁士亲王，1860年在和拿破仑的交战中阵亡）的钢琴四重奏。一首精心谱写的作品，有点浪漫。她弹得很轻松，但到了某个装饰音特别多的乐段她便涨红了脸。门德尔松笑我，大家都笑了，最后我也笑了。年轻的克拉拉可能喜欢待在门德尔松家……另外值得一提的是，克拉拉在12月6日的一场音乐会上也大获成功。

在这七个月里，他们频繁往来的信件向我们展示了一种愈发强烈的爱情：付诸于字里行间的亲吻，急不可耐的舒曼、坚韧耐性的克拉拉，因未来的展望而坚定了的信心。舒曼坐立难安："克拉拉，要是父母向他们的孩子保证圣诞节时会有一棵漂亮的圣诞树和精美的礼物，但却在圣诞前夜把孩子关在一间黑洞洞的屋子里，你会怎么想？可你现在就是这么对我的。你向我保证如果我表现好就会得到你的回报，可是现在你又把日期往后拖延到 1850 年或 1860 年，到那时我早就躺在坟地里了，你就后悔莫及了。"……克拉拉：你清楚我唯一期待的就是到 1840 年和你在一起，我脑子里整天想的就是这件事。我已经在想象我在维也纳的生活了。

9 月 27 日周四，下午五点，舒曼出发赴维也纳。出发的八天前，他趁维克不在家偷偷从茨维考回到莱比锡与克拉拉见上一面。"绝妙的时刻"，日记中如是写道，"我们欣喜若狂"。正如舒曼所言，分别是"痛苦"的。舒曼此行由忠诚的朋友莫利兹·埃米尔·路透相伴。在临行前，他道出了这番特别的心声："这是我作为男人的第一步。"这一路他停了数站：在德累斯顿他抽空去了马克森，在克拉拉待过的房间里如朝圣般地凝神片刻；在托普利兹（Töplitz），十一年前他曾与母亲在此地生活过，回忆在脑海中浮现；最后是布拉格，他"饶有兴趣"地欣赏奥伯的歌剧《波尔蒂契的哑女》。他向布拉格的朋友们说起克拉拉；他在"美妙的月光"中思念爱人。随后他又开始了在维也纳的冒险，他肩负着明确的使命：为自己和克拉拉建筑未来的爱巢。这是克拉拉的愿望，罗伯特同意了这个计划。难道这不就是反击维克诅咒的一种方式吗？克拉拉热情地赞美维也纳，她的天赋曾经征服过这座奥匈帝国的美丽国都。

舒曼初次与维也纳的接触还算顺利，除了在海关安检时被拦住，让－鲍尔和拜伦的书都被没收一事。他结识了一些音乐家：莫扎特的儿子（"愤世嫉俗，满口都在说他的父亲"），舒伯特的哥哥费尔迪南和舒曼一起在舒伯特的遗稿中竟然发现了……伟大的《C 大调交响曲》！他还认识了维也纳的乐评家约瑟夫·费希霍夫，听取了他对于维也纳人际交往的一些建议；他还遇到了一位名叫弗兰兹·约里希的先生，"英俊的小伙子，有着一双淡色眼睛和线条流畅的脸部轮廓。"他认为很招人喜欢。舒曼扩大社交圈的目的在于杂志迁址的事情，他想在维也纳找到一位合作人。舒曼陷入了梅特涅主政下的官僚主义泥潭之中。在警察局主事的是约瑟夫·塞登尼斯基伯爵，他曾是克拉拉热心的保护人，如今掌管警察局大权。舒曼焦头烂额：一方面申请的手续繁琐不堪，另一方面他还在作曲（创作的丰收期，《幻想曲》（op. 17）最终定稿、《维也纳狂欢曲》、《花曲》、《夜曲》、《阿拉伯风格曲》（op. 18）、《幽默曲》（op. 20）！），此外他还为寻找理想家园四处奔波。他给人上了几堂课，对教育产生了兴趣（"我有两个学生。"2 月 4 日他写道）。舒曼在营造着新生活，并不断地安慰克拉拉不要担心将来收入不稳定（我不要求成为百万富翁，克拉拉回复他，但哪怕穷一点，一定要保证我们的生计）。

直到有一天，舒曼最终告诉她维也纳的生活花费比莱比锡要高出一倍，两相比较，莱比锡是一座艺术之城，而在维也纳，人人勾心斗角。12 月 8 日，他写信给特雷莎表妹："如果让我一个人做主，我明天就回莱比锡。莱比锡并不像原先想的那么小。"当月 29 日，他告诉克拉拉在维也纳所有的事情都围着虚荣和金钱转，这里的人肤浅、外行。他的心中异常苦闷，他感觉到维也纳之梦行将破灭（然而三周之后，他还是告诉克拉拉维也纳仍然是较为理想和可行的解决方案）。他快回到莱比锡之时写信给克拉拉，聊以自慰："维也纳是个遍地狼藉的大鹅棚。"克拉拉对此回复道：如果维也纳不行，咱们就去柏林。我不介意，毕竟柏林离这儿也不远。

在与克拉拉交换了二十来次意见之后（有大量书信为证），舒曼还是不愿承认自己的失败。4 月 8 日，他回到莱比锡，两手空空。他说他第一次乘火车直接从德累斯顿到莱比锡，所以不曾耽搁时间，然而哥哥爱德华已于两天前去世了，而克拉拉则早在两月前已经到达巴黎。

第十三章　思绪凌乱

你是我的世界，我的痛苦，我的欢乐，你是我的一切，罗伯特，我的罗伯特。你向我开启了另一个世界，我可以每天多爱你一些吗？在这条漫无止境的道路上，你会思念我如同我思念你一般吗？你告诉我，你一直在维也纳，那么痛苦，那么不幸。你甚至写信告诉我："我有时候担心失去理智"，你把我吓死了！我刚刚开始新的巡演，我们相隔千里，你我从早到晚都在期待着团聚的一刻，两个生命完完全全在一起，我告诉过你，那将在1840年的复活节——为了那么多年的爱情，再等上十五个月吧。十五个月，四百五十个日日夜夜，又是多少小时，多少分钟，多少秒呢？我告诉过你，如果复活节不行的话，可能要再等几个月。你听都不想听，你难道以为我想骗你，你难道不知道我脑子里全是对你的思念吗？等待遥遥无期，我迫不及待地希望投入你的怀抱。请你不要失去希望，你知道1840年我就会属于你，对此我向你保证过，现在我再次向你保证。我怎会食言呢？罗伯特，我的罗伯特，你走了已经三个月了，还要等多少个月才能与你重逢呢？你那么赞成去维也纳的计划，你在憧憬着我们的新生活，你已经向我描绘未来的家：早晨，你我在开满鲜花的窗台边喝着咖啡，我早早地亲吻你。有一天，我遇到了一个用纸牌算命的女人，她对我说："您有一位未婚夫、一间房子和些许钱。您的未婚夫在远行，他很爱您；但有一位老人夹在你们中间——他大发雷霆——这个人就是您的父亲。"她还对我说："后来，您会得到幸福的。"幸福，你听，我的罗伯特，我将属于你，我们将生死与共，但不是在维也纳，我明白你讨厌这座城市，因为那里的人有点蠢。如果你愿意，那我们就去柏林。你在上次来信中对我说："一对幸福的音乐伉俪需要的东西既很多又很少，如果妻子会持家（这点我不怀疑），如果丈夫决心工作的话。"可我会持家吗？我只懂音乐啊。罗伯特，我的罗伯特，你听到我内心的想法、我的恐惧和我的叮咛了吗？夜里，住在我们对面的一个面包师刚刚被人打死。那个可怜的人死了，可把我们吓坏了，睡也睡不着，我们锁上了所有的门。你呢？你在维也纳处处当心了吗？晚上你要检查炉子是否熄了，不冒一丁点儿火星。你记得我的嘱咐了吗？你在床上看书时，一定记得把蜡烛放到盛有沙子的容器里，因为你可能会睡着。如果你急匆匆赶车，别告诉车夫你赶时间，要说反话，维也纳的马车夫向来爱飙车。还有什么呢？我担心死了，怕再也见不到你，我的罗伯特。你睡觉前，朝周围看一圈，以防有人躲在暗处。我知道十五个月之后我将与你永不分离。十五个月，四百五十个日日夜夜。去年，当我前往德累斯顿的时候，我们是那么难舍难分：你就在咫尺，可我不能从马车上跳下来投入你的怀抱。你告诉我当时你泪流满面，因为爱情。我何时才能有你的消息呢？你对我说信从维也纳寄到巴黎需要十一天。我怎么等得了呢？还有我身边这个讨厌的法国女人，她负责监视我。瞧，她已经阴险地向我这边看来了，可她没张嘴；她会对我说什么呢？她叫我"表妹"，真受不了！她对我一无所知。我什么也不会告诉她，我甚至不会说出"罗伯特"这个名字，虽然它在我脑海中无处不在。更令我难过的是在这段漫长的旅途上，雪下个不停。三天后，我和法国女人即将到达纽伦堡。我还是后悔不该让南妮走，南妮虽然有点太正经了，模样太标致了，她对我的生活一清二楚，甚至比我还先看到罗伯特的信，可她是那么忠诚、那么可贵。父亲告诉我他不想派南妮去巴黎，因为她会加重我们的开支，因为她不会说法语，所以她就没用了。他的话有道理，虽然我并不完全同意，可我也没有多加反对。我的罗伯特，你也不同意："她可以很快学会法语。你告诉过我她爱你，会保护你。所以你的父亲是错的，他牺牲了你，正如你幼年时他牺牲了乔安娜。"我的父亲，我的父亲……罗伯特，我该怎样才能向你解释我亏欠他很多呢？我经常有这样一个可怕的念头：我不再像过去那么爱他了。可是你知道他是个好人，他以为自己做的都是为了我好，他想让我幸福。可我让他失望了，我很难过。我是那么爱他。我感激他所做的一切。当罗伯特对我说父亲的上次来信如同出自一位鞋匠之手，我是多么伤心啊！但父亲发脾气的样子我也受不了，他会杀了我。我的心都碎了。他爱我，他不想让我过着不幸的生活，因为我是他的孩子，因为他所做的一切都是为了我。可是我的罗伯特，我对你的爱是那么强烈，它已经深深地烙刻在我的心和我的躯体里。是的，罗伯特，我愿意放弃尽孝的责任，我要属于你，哪怕没有父亲的同意。可这将是何等的痛苦啊。将来，也许当父亲得知我们过得很幸福，也许他就会为我们祝福，到那时我们才是圆满了。为什么这次他不和我一起踏上漫长的旅程呢？多少次他举棋不定：去还是不去……这是我第一次离开他远行。他对我说他没有什么事可为我做了，但他笃定我很快便会央求他与我同行。他等着这一刻，我不可能离开他独自生活。罗伯特，我的罗伯特，其实事实是我不可能离开你独自生活！我怎么会在旅程一开始就心神不宁？我将在巴黎用我不习惯的乐器演奏，听众可都听过塔尔贝格和李斯特的演出啊。我的上帝啊，我行吗？罗伯特写信告诉我："你不能独自出行，你没有得到同意——我是说，我的同意。"罗伯特，你不该忘记生活教会了我坚强，给了我战斗的勇气，否则我何以经历这么多磨难之后依然不败？舒曼经常让我担心：我们俩到底谁更坚强？我向他完完全全地证明了我的爱和决心。罗伯特，我的罗伯特，你在维也纳是那么难过，你写信说："我多么需要你的爱给予我力量，若没有了你的信，我将在忧伤中沉没。我是一头羔羊，可背上却插着一把剑。你很了解我，你知道弗洛雷斯坦和欧瑟比欧斯是我身上的两个部分，前者暴力，后者温柔。你若要取其一，也必须把另一个带走：你要接受我的全部。"我同意，因为我属于你，完完整整地属于你。又是这个法国女人，她站在我身边，她头脑简单，对我的爱一无所知，可能她从来就不知道什么是男人的爱。她从来没有和男人说过：你去哪儿，我就去哪儿，一直到死。罗伯特，这正是你上次约会时在我耳边说的悄悄话："生死与共"，我也是这么想的。我想南妮，心里很难过。我的心很难受，我必须承认离开父亲是件极度艰难的事情，我必须依靠我对罗伯特的所有的爱，依靠多年来我对他从未停止过的爱，用尽全力去斗争。罗伯特，当你第一次吻我时，我以为我在做梦，我以为我快晕倒了。这些吻渗入了我的灵魂，如今是再熟悉不过了。再等六个月，我们又将亲吻，我听到了《克莱斯勒偶记》，多美啊，我的罗伯特！你的天赋遭遇了那么多不公平的待遇。有时候我会想，我也对你说过，现在我越来越感觉到你现在应该为乐队作曲，这话可能会让你不高兴，但你的想象力已经超越钢琴的狭小阵地。冒一次险吧！我相信你将是第二个贝多芬！但要等到大众对你的承认，可能还需很长时间。我把《托卡塔》和《幻想曲》随身带着：巴黎人能听得懂吗？法国女人开始说话了，她唧唧咕咕一刻不停，真烦人，她问我冷不冷。雪还在下个不停。

第十四章　Schumann ist der dichter! [①]

罗伯特·舒曼致克拉拉的小诗

致一位二十岁始终不愿与她的未婚夫成婚的姑娘：

　　未婚妻刚满双十，未婚夫已到而立年

　　绿树渐渐枯老。

　　订婚已逾五载，

　　婚事迟迟没有定期。

　　月桂宜赠艺术家

　　而姑娘更喜爱神花

　　我有未婚妻

　　温柔的明眸深处

　　诉尽女性的忠贞

　　忠贞是永远的美德。

　　埃格蒙特[②]有一心上人，

---

① 德语，意为"舒曼是诗人！"为《童年情景》最后一场的名字。

② 舒曼为自己起的外号。

名为小克拉拉
哦，芳名如此温柔！

小克拉拉·舒曼
天使唤出的名字
我们犹如苍穹上的两颗星辰
遥遥相隔又彼此追随
日日，夜夜

克拉拉将点缀我的姓氏
我们一起奏乐
天使也将为之动容

举世无双的爱情
她伤过我心
但更给予我欢乐

我们历经千辛万苦
原始的密林中
才有甜香的菠萝花
尽情绽放

我为她苦苦等待
为一份完美的幸福
漫长忠诚的等待
终会为我双倍赢来爱神木的花冠。

但别让我等待太久，
我会备受煎熬
心慢慢老去，
生命渐渐枯萎
如果弗洛雷斯坦发脾气
你就躲到欧瑟比欧斯的怀里！

暴躁的弗洛雷斯坦
温柔的欧瑟比欧斯
眼泪和怒火
请你一并收下
它们构成了我
痛苦和欢乐

弗洛雷斯坦争风吃醋
欧瑟比欧斯
坚信不疑
你将把婚礼之吻献给谁？
给你，给你们中更忠贞的一位？
你若是发脾气
就是和两个人作对
谁赢
谁输？

我们会带你走向幸福的宝座，
我们一左一右守护在你身旁
如果你要冷落其中一位

是否也会同样对待另一位?

我时常向你敞开心扉
我在你的眼眸中看到幸福
你在我心中所见的
也会让我看到,对不对?

我若是把一切坦白
你会看见阴暗的画面
和沉重凌乱的思想
别问我:相信我,爱我!

我多想依偎在你的怀中,
把头靠在你的心口。
那时你也许会说:造物主最温柔的作品
便是我的好丈夫。

你的目光不要太放肆,
也不能太执著!
我所爱的人,
不浮躁亦不慵懒。

炉子噼啪作响,
夜幕徐徐降下
我在心里默念
未婚妻啊,
你何时归来?

当你还是孩童时，
我经常趁夜到你门口，
化装成幽灵。
你大声尖叫，却对我一无所知。
如今我若再装成鬼怪靠近你，
你会把我认出，
你会对我轻声低语：
"是你，我乔装改扮的未婚夫，
让我先亲亲你！"

我们经常互猜谜语，
但从未发现
"Roma" 罗马城颠倒后别有意味①。
而现在这座倾覆之城
正在我们之间扎根——
我们的唇是桥梁，
让热吻欢快走过。

曾有一天，你错把鹅当成鸭
如今变化真大！

"坏家伙，旧事别再提！"
"为什么？就让这些美好的过去
都一一回来吧！"

---

① roma 颠倒后成为 amor，即"爱"的意思。

吻我，就现在，温柔的未婚妻
我再说一遍：
天堂里的缘分
终将在人间圆满

生死与共
这是我最后的誓言
正如诀别
生生世世
你我目光交缠
爱意无限

生死与共
噢，幸福的誓言
是的，如果有一天你死去
我将陪你遁入黑暗。
你变了模样，告诉上帝，
那全是因为我。

　　这首诗夹在12月1日的信中。克拉拉看过后回信：真的是你写的吗？我不敢相信——可是是的，这像是你说的话。次月，这首诗陪着克拉拉去了巴黎，她看了一遍又一遍。

第十五章　浅薄的巴黎人

　　克拉拉共用了整整四周才从莱比锡风雪兼程地赶到巴黎。路途艰难，她必须忍受恶劣的天气条件。维克早就告诉她，若不想错过巴黎盛大的音乐季就必须懂得忍耐。她在途中还可以为这一盛事做准备。途经茨维考时，未来的表妹特雷莎还在为哥哥爱德华的去世而伤心。克拉拉在她家喝了一杯香浓的萨克森咖啡。她可能也路过了普劳恩，但日记中无此记载。在霍夫，幸亏某位名叫格拉的德国书商相告，克拉拉得知了一个最激奋人心的消息：一直以来，让她和罗伯特心存负疚感的埃纳斯蒂娜于不久前结婚了。我不敢相信，她立即致信给舒曼。如果这是真的，我们就可以安心了，可以真正享受我们的幸福了。这是真的，年轻的赛德维茨伯爵对埃纳斯蒂娜情有独钟，可惜他半年后便英年早逝了。

　　克拉拉途经拜罗伊特。几十年后，瓦格纳才占据此地。现在，克拉拉不禁想起了让－鲍尔，正是他的书深深地影响了舒曼的青年时代。巧合的是，一位偶然结识的当地官员告诉她，这位《费克斯莱恩的生活》的作者[1]的故居仍然保留原样，包括他的羽毛笔、椅子和桌子。作家的遗孀欣喜地接待了亡夫的崇拜者。由于时间已近晚上十点，克拉拉不能再耽搁一天，只能遗憾地匆匆上路。她知道在下一站纽伦堡会多待上几天。到达

———————

[1]　即让－鲍尔。

纽伦堡的那天可能是1月10日，这还是亏了途中几位年轻人的相助（她在信中告诉舒曼：别担心，我对任何人都不感兴趣，除了老先生。）她在纽伦堡待了一周，为了找一架好钢琴跑遍了大街小巷。有人指点她某户人家有一架"孔拉德·格拉夫"钢琴；克拉拉费尽口舌和钢琴主人为租金讨价还价。她平生头一次发现男人在旅途中的重要性。原定于15日周二的音乐会被推迟到了第二天：城里下起了大雪，没人愿意把鼻子探到外头去，而且乐队也拒绝演出。第二天克拉拉匆匆复习了一遍塔尔贝格的《随想曲》便登台演出了，其间还有几位出色的音乐爱好者演奏了舒曼的《狂欢曲》，这让克拉拉得到了些安慰。昂斯巴赫（Ansbach）音乐总管再三邀请克拉拉赴昂斯巴赫演出，盛情难却，克拉拉乘上专车又举办了一次音乐会，随后便收拾行装重新上路。下一站，斯图加特。

到达斯图加特的两天后，克拉拉随即为巴登－符腾堡王后作了一次私人演出。由于宫里正在服丧，我没有任何人的引荐。但王后送了她一条漂亮的项链。这是舒曼几天以后从《通信人》报的《音乐和社会》专栏中得知的。克拉拉的公演在斯图加特掀起了"克拉拉"热，其影响力无人可敌：总之，她延续了一路骄人的战绩。然而，在斯图加特的日子里发生了两件事情，一件是高兴事，另一件则不然。高兴事是因为海丽因特，一位剧院出纳的女儿，钢琴弹得不错，希望有人指点她弹巴赫的《赋格曲》。这位迷人的姑娘每时每刻都不忘练习钢琴，表现出无限的温柔、耐心的听力和出色的领悟力。后来她陪了克拉拉七个多月。舒曼称她为"小丫头，"他在给克拉拉的每封信里都不忘向她问好。两个月后，法国女人被正式辞退，海丽因特·莱希曼顺理成章地顶替了她的位置。

年轻的海丽因特（与克拉拉同龄）之所以能进入克拉拉的

生活得益于斯图加特城音乐界一位名人的帮助。他便是古斯塔夫·席林，德国国家音乐协会的常务秘书。席林先生为克拉拉此行抹上了一笔不悦的阴影：涉世未深的克拉拉将他引为知己，这令舒曼醋意大发。此人是否向克拉拉提议过帮助她的罗伯特将杂志迁来斯图加特呢？他是否夸大其词地说过维克和舒曼之间有矛盾呢？他是否还说过如果克拉拉不快乐，他会伸出怜爱的援手呢？天真的克拉拉一五一十地向舒曼汇报了她与席林先生的见面情况，她还告诉舒曼在分别时，席林还亲了她一下。克拉拉觉得未有不妥，但这种事在当时的萨克森地区还不常见。舒曼告诉她这是个拈花惹草的家伙，声名狼藉，哪怕为了自己，克拉拉也应该自重。责备归责备，舒曼还是安慰克拉拉："毕竟席林的吻还是有点不同的，不是吗？我只是希望你对吻别太慷慨。你要是在斯图加特就开了先例，那在巴黎和伦敦又该怎么办呢？请珍惜你的吻——我便是如此。"但当席林再次向克拉拉发动攻势时，舒曼真的妒火中烧，两个小情人为此大吵一架。舒曼认为克拉拉必须立即书面回绝这位卑鄙的勾引者……这次轮到克拉拉大动肝火：你从来没有这样冒犯过我，我永远不会忘记你说过的话……但克拉拉还是原谅了舒曼，信毕竟是他在气头上写的。但舒曼还是坚持认为："有人喜欢你，我也很高兴，但我无法容忍他这种人对你写'亲爱的小姐'或'致我亲爱的克拉拉'这种话。"克拉拉极为不满。舒曼的情绪终于缓和："我说过你和席林关系暧昧了吗？没有，我只是说你太爱我了、太温柔了，难道这不算是对你的恭维吗？可是任何天使都会无力应对别人的死缠烂打。总之，你是我心中最爱的人，别再想这件事了，我已经彻底平静了，我想如何不伤害我们的自尊心。现在，让我再亲你一下。"克拉拉总结道：恋人经过小吵小闹感情会更好，就像春雨过后。

从第一天开始，舒曼就应该知道任何事情都没有发生，无须为此吃醋大动肝火，但是他要娶的是一位天使；他遇到了那位身着白衣的女孩，而她精通音律，她代表着纯洁。一想到她的笑容、她的身影竟让人动了色念，他便无法忍受。古斯塔夫·席林便是这个污点的罪魁祸首。但，无论如何这都是场春季的"小雨"。在离开斯图加特时，克拉拉又读了一遍父亲刚寄来的信，足足八页，他总是责备，夹带着好消息和坏消息：父亲不会来和她会合，也不会再有人破坏她与舒曼的书信往来，但更没有人为她的巴黎之行提供一臂之力。克拉拉泪流满面。*我的心都碎了，我好像失去了父母。*

在巴黎之前的最后一站卡尔斯鲁厄，克拉拉为大公夫人演奏。第二天她抵达斯特拉斯堡，她知道国界线已将她和心爱的罗伯特分隔异国。她不喜欢轻浮的法国人，可她还要和他们待上好几周。到达巴黎的八周后，她写信对舒曼说：*法国人缺心眼，我是说，他们没有灵魂。他们对德国的灵魂也一无所知。他们想要偷走我的生命，改变我的思想。*她大呼：*啊，做个德国人是多么自豪啊，不是吗，我的罗伯特？你希望我带着一颗德国的心回到你的身边，我也希望如此。*她和年轻的海丽因特、艾米丽以及李斯特一家一起生活。无论欢乐还是忧愁，她都愿意和艾米丽一起分享。克拉拉坚持在家中说德语，并且始终没有改变对法国人的看法。越深入了解这个民族，越厌恶它的肤浅。克拉拉的评价：*讨厌法国人，讨厌巴黎人，他们爱嚼舌根，直至精疲力竭，于是他们就又有了睡不完的午觉。讨厌犹太人（我不是很相信莫舍勒斯，他是个犹太人，不喜欢其他有才华的人……海勒尔的疯狂信仰曾一度让我震惊，但因为他是个犹太人，我想应该是真的……潘诺夫卡［小提琴手、作曲家、评论家］是个彻彻底底的犹太人。），讨厌天主教，讨厌耶稣会，讨*

厌几个音乐家：贝内特、菲尔胡斯特、舒曼杂志的忠实合作者海勒尔，尽管舒曼对他们很推崇。"你总是往坏处想，"有一天罗伯特在信中对她说。这一点当然不是克拉拉身上的可爱之处，她的性格结合了怀疑和叛逆，也沾染了当时社会固执己见的习性。十九岁的她年少冲动，自然无法意识到这一点。在这里不能相信任何人，这里都是骗子。

2月6日，克拉拉到达巴黎，和海丽因特落脚在米肖第埃尔街7号的米肖第埃尔旅馆（可她总是固执地写成米沙第埃尔）。在那里，她又一次见到了年轻的朋友葆琳娜·加西亚，即未来的葆琳娜·弗亚尔多特。克拉拉房间里有一架埃拉尔钢琴。尽管她很希望用"如此温柔"的钢琴练习，但她更希望有一架普莱耶尔钢琴，也许她更愿意把两架钢琴都搬到房中，可那样她就动不了身了……还有三周，她即将在巴黎听众面前敲响第一个音符，她必须勤加苦练。那么，在巴黎的头几天里有什么新鲜事吗？几场音乐会、歌剧演出，还有会面。她很喜欢《回忆拉美莫尔的路西亚》，但不是很喜欢《清教徒》——贝利尼最差的歌剧。还有一天，她去看了《梦游病人》、《胡格诺》（她不喜欢其中的音乐）、《罗伯特和魔鬼》（长达六小时，难道不可怕吗？）、《黑色的多米诺》、意大利式的《费加罗的婚礼》（太差了），后来还有《朗珠穆的驿车夫》。最有趣的、也是最困惑的印象是她在到达巴黎的第十四天，在音乐学院听到的贝多芬的《第九交响曲》，她将感想写在日记中：这是部杰作，但坦率地讲，我不是很明白最后的乐章，我也不明白快板的部分。作品总体没有给我留下美感，在我看来，音乐素材很精彩，但总体设计浮于表面……克拉拉在质疑，她惊讶于这部杰作的大胆前卫，那么在1839年究竟什么样的现代性是可以接受的呢？克拉拉眼中的现代性又是什么呢？

在此期间，克拉拉会过几个人：梅尔贝尔（他拜访了克拉拉，博得了后者的好感）、柏辽兹（他也来看她，但错过了，后来两人终于见面）、大提琴手奥古斯特·弗朗肖姆（克拉拉很欣赏他的琴技）、作曲家乔治·昂斯洛和雅克－弗朗索瓦·阿雷维（一个迷人的年轻男子，想想看。她对未婚夫详细介绍说。他还单身，我希望自己可别爱上他——即便是有着"德国灵魂"的人也是会调情的）、丹尼尔·奥勃、阿道夫·亚当，还有匆匆见过一面的瓦伦汀·阿尔坎，他很高兴听到克拉拉独奏舒曼的《幻想曲》。罗伯特问克拉拉："你遇到凯鲁比尼了吗？"是的，她遇到了，还见过两回，但她大失所望：这个男人已经对音乐毫无兴趣了，对现代音乐更是一窍不通。凯鲁比尼当时仍然主持巴黎音乐学院，但争议颇多，三年后去世。她还见过其他一些当红的人物，如卡尔克布雷纳，他的音乐才华曾在七年前令维克父女大为叹服，但现在：昨天有人弹了卡尔克布雷纳的一首六重奏，这个曲子乏善可陈，想象力匮乏。卡尔克布雷纳也坐在那儿，微笑着受人恭维，对自己人生的辉煌，尤其对创作的最高峰得意洋洋。克拉拉还见了少数几位作家，如同胞海因里希·海涅（伤感地回忆祖国），还有儒勒·若南（Jules Janin），可能还有大仲马。

李斯特呢？很可惜，他在意大利旅行。据克拉拉记录，他当时正在罗马和那不勒斯。克拉拉将《帕格尼尼练习曲》题词献给李斯特。克拉拉经常在巴黎见到李斯特的母亲。至于肖邦，由于身体原因，他在帕尔玛①。

克拉拉还遇到了世上最难忍受的人：贝尔维尔，她在年少时曾和克拉拉并称为神童，但俩人素来不合，如今她已是贝尔

---

① 西班牙岛屿。

维尔·乌利。她嫉妒我，正眼都不瞧我……5月底，克拉拉结识了多布雷斯科夫伯爵夫人，她对克拉拉殷勤备至，还热情邀请她去迪耶普①的别墅度假，但那时克拉拉已经又上路了。这位信任克拉拉的俄国伯爵夫人有一天在圣彼得堡听了克拉拉的几堂钢琴课。克拉拉的生活圈子很小，他们中有越发可爱的海丽因特：克拉拉的知己，陪她度过了与罗伯特关系紧张的几个星期；李斯特一家：克拉拉曾向李斯特的父亲弗雷德里希咨询过婚姻问题，即如果维克坚决不让步，她能否在法国结婚；除此以外还有李斯特的妹妹、歌唱家艾丽丝和艾米丽。

"艾米丽·李斯特，马尔蒂尔街43号"——克拉拉在未到巴黎前便事先将通信地址告诉了舒曼。艾米丽见证了所有的"巴黎风波"，她是不是无法完全体会好友的心情？艾米丽不是特别理解我，因为她没有谈过恋爱……维克曾向艾米丽哭诉过女儿的忘恩负义；艾米丽心软了，没有征求过克拉拉的同意便提醒舒曼："出于对克拉拉的友谊和出于祝福有情人终成眷属的美好愿望，我写下此信。数月以来，克拉拉精神恍惚，多愁善感，您不会不知道其中原因。您了解克拉拉，您知道在这个世界上没有比她更敏感、更单纯的人儿了！她看到父亲如此难过必定很伤心……我很早就看出了她的内心斗争。要是今天早上不收到她父亲这封令人肝肠寸断的信，我是永远不会说出口的，但是这封信让我知道了她的父亲在何等的痛苦中煎熬。亲爱的先生，您是不会对她下狠心的；相反，您尊重她的感受，您在努力地安慰她。维克在信中对我说他决不会拆散您和克拉拉的；恰恰相反，他希望您尽快迎娶克拉拉，好让他看到你们安定的未来，如此他便安心了。您是不会对这种请求无动于衷的吧？"

---

① 法国北部海滨城市。——原注

可是克拉拉看到的却是截然不同的一面，她告诉舒曼：父亲私下里给艾米丽写了一封信，他在信里说，除非我离开你，否则他便不认我这个女儿，他将取消我的遗产继承权，没收我的储蓄，还要把我们告上法庭，这场官司可能要持续三年五载。艾米丽还试图说服舒曼，但却是徒劳："我知道我让您深受打击，因为您和克拉拉约定了团圆的期限。我请求您，把这个日子往后推一推……我认为明智的办法便是让克拉拉存点钱，而您则保证一份稳定收入，这就消除了维克的顾虑，克拉拉也不会再受良心谴责。没有了后顾之忧，她自然会加倍幸福地和您生活在一起。"艾米丽的介入和在此期间她对克拉拉的劝解毫无疑问引发了克拉拉和舒曼之间的书信"口角"。我们无从完全了解这对分隔两地的男女各自的伤痛，舒曼当场撕毁了克拉拉的回信，之后又同样撕毁了自己的两封信。尽管书信中言辞激烈，但千万别以为这对恋人就会以分手告终，而这也似乎未影响克拉拉和艾米丽之间的友谊。

克拉拉、艾米丽、海丽因特这三个亲密无间的伙伴就这样从感情的跌宕起伏和音乐冒险中一路走来。1839 年 5 月 12 日，她们目睹了一场令巴黎血流成河的暴动。克拉拉告诉舒曼，死了五十个人。我想去看一眼革命，我很好奇！——希望别出什么事。"当心，"未婚夫回信。"别去路障那儿冒险！"事实上，这不是一场小骚乱。三个月后：今天起义者被判了死刑。我觉得很可怕。艾米丽特别对我说起了起义领袖巴尔贝（barbès），他是那么雄辩。法国人肯定很勇敢——他们不怕死——巴尔贝真的很雄辩。尽管错在路易 - 菲利普，但我还是有点同情他。他出行的时候，车子周围站了一两百名士兵，在他常去的香榭丽舍大道上还有上千名警察在巡逻，拦住那些他们眼中的可疑分子……公允的见证。

从 4 月 3 日起，三个姑娘一起住到了纳瓦兰大街 12 号。她们清晨起床，散步到蒙马特高地，喝一杯牛奶，八点钟回来，练三个小时钢琴；中午十二点至一点吃中饭，然后去逛街。这让可怜的克拉拉筋疲力尽。在巴黎去哪儿都远！在接下去的时间里，克拉拉和艾米丽一起看法语书（比如看博马舍的书），五点半至七点之间吃晚饭，然后给海丽因特上钢琴课一直到九点，随后便是克拉拉的私人写作时间，写私人日记或是书信。克拉拉为舒曼二十九岁的生日送去了祝福，并精心挑选了礼物——一盒雪茄和一幅自己的肖像（现已遗失），可能是画家约瑟夫·奥古斯特·卡利尔的作品。几天之后的 6 月 11 日，克拉拉宣布再也忍受不了巴黎。十天之后，三个朋友去了布吉瓦尔散散心，离巴黎仅半个小时的车程（舒曼嘱咐："小心点，别朝窗外看，别站起来，车子没有停稳之前别下来。我对你真是放心不下，因为你总是心不在焉想其他事情。"）。从车站走到房间（房间里有钢琴，她们租了几周），她们共用了一个小时，然后参观了凡尔赛宫和著名的喷泉（我见过的最美的景观！），去了圣－日耳曼城堡走了一圈。她们还做了运动，乘船游塞纳河，克拉拉向未婚夫提过好几次她们去爬山。可是哪座山呢？每逢周二和周五早上，克拉拉便回到巴黎给两个没教养的英国姑娘上课，赚点伙食费，要是她们不是付二十四法郎，我才不上呢。

几周前，巴黎音乐季已经结束了，克拉拉打消了直接去伦敦的想法，准备在巴黎待到年底，届时再组织一场告别音乐会（如果李斯特和塔尔贝格没有把风头抢过去的话……）。所以，这期间的日程安排很轻松，尤其跟前一年的维也纳之行自然是没法比。克拉拉没有争取到在著名的音乐学院音乐厅办音乐会的机会，直到 3 月 20 日，即她到巴黎的一个半月之后，克拉拉只为巴黎听众演出了两场。早上在施莱辛格家，为《音乐学报》

的订户们专门演出，晚上在奇默曼家。但似乎奇默曼家的晚会没有让克拉拉兴奋起来，早在3月7日她便去过一次，她在日记中写道：这些晚会要是在德国办的话会成功得多。五十位太太挤在一间小屋子里，动弹不得，音乐声直至深夜也不曾停息，可那叫什么音乐啊，唱得一首比一首难听，我唯一喜欢的是卢比尼，其他的一无是处。

施莱辛格家的晚会更沉闷。开场时两位年轻的比利时音乐家：大提琴手亚历山大·巴塔和小提琴手亚历山大–约瑟夫·阿尔多就让克拉拉大为反感，她为他们伴奏了贝多芬《b_B大调三重奏》。她此前刚听过他们的演出，并无好感，但表露出这种情绪是否有些失态呢？总之，他们在排练时总和克拉拉不合拍，以至于她一气之下决定从节目单上撤下三重奏演出，所以最后她只弹奏了亨塞尔特的《变奏曲》、塔尔贝格经典的《随想曲》、几首改编曲和两首她自己的作品：《女巫之舞》和《魔党》。亨赛尔特的《变奏曲》出了点麻烦，施莱辛格拒绝将它列入节目单，但固执又任性的克拉拉还是在开场时就演奏了该作品。音乐会结束时，克拉拉满以为施莱辛格会责备她，可没想到他在听众满场的喝彩声中只对她说：

"您现在可以弹亨塞尔特的《变奏曲》了。"

"可我已经弹过了！"

克拉拉骄傲地向未婚夫宣布：施莱辛格的脸噌地一下红了，这就是唯一的回答——他一窍不通。那天，克拉拉一身简洁的黑裙，发髻上别着一朵白茶花，周围点缀着一圈白色的小花，将奥地利皇后赠与的白发卡衬托得愈加美丽：克拉拉美得无与伦比。她承认：我引起了轰动，他们把我叫做李斯特第二。她演奏了罗伯特的《交响练习曲》和《狂欢节》，但听众仅限于几个朋友，因为巴黎人什么都不懂。舒曼提醒未婚妻："提防施莱辛格，他会趁你不备偷吻你。"

这只是舒曼的玩笑话。菲迪斯后来在他著名的字典中写道："1839 年 4 月 16 日，克拉拉·维克在巴黎埃拉尔家里举行的音乐会引起了巨大的轰动。有人建议她仿效在维也纳的一举成名，多弹些古典音乐精品：她采纳了建议，在和贝里奥合作了一首钢琴和小提琴二重奏之后，她弹了经李斯特整理的舒伯特的《小夜曲》、肖邦的一首练习曲、她自己的一首《谐谑曲》和塔尔贝格的《幻想曲》（op. 25）。这些作品比起大型音乐形式来更适合当时巴黎人的口味。演出大获成功。克拉拉·维克辉煌地结束了巴黎的音乐季。"

第二天，克拉拉写信给舒曼：演出很顺利。我真希望你来看看。人们已经想不出来还有哪位艺术家能有如此成功。台下人山人海。可是巴黎的开销很大，我已所剩无几，但我并不贪心——毕竟我已名声在外，这就够了。除去四百法郎的开销之后，克拉拉仅有可怜巴巴的一千法郎进账。我们要是名气再大点就能赚到四五千法郎。正如克拉拉所认为的，她已名声在外，虽然有些过于乐观。柏辽兹在《争论日记》中对克拉拉作了高度评价，盛赞她在巴黎的成功。柏辽兹和克拉拉的相识纯属偶然，且他蓬乱的发型以及总是盯着地面的眼睛给克拉拉留下了很深的印象。柏辽兹追着她问舒曼的事情，一开始克拉拉没能认出他来。后来，我问他的名字，当他告诉我的时候，我又惊又喜，他肯定很得意。一个月之后，柏辽兹在日记中提到了 4 月 16 日的音乐会——可是文字一点也不热情。克拉拉如是评论道。谁说"不热情"？柏辽兹写道："克拉拉·维克是最具天赋的艺术家，在即将举办的音乐会上，她将演奏由她本人创作的一首出色的随想曲，我们在上一场音乐演出中曾经欣赏过，此外还有塔尔贝格的一首幻想曲和一首舒伯特的作品、李斯特改编的钢琴曲《桤木王》。"

但确实，柏辽兹的评论在 4 月 18 日"降了温"，他在音乐会结束之前便离开了埃拉尔家的客厅（"我不得不参加同一晚另一场在赫尔兹先生家的音乐会。"），"背信弃义的小人"自以为是地拿克拉拉和贝尔维尔作起了比较。后者刚刚演奏过门德尔松的《b 小调协奏曲》（差得简直让我无法忍受……），柏辽兹的后文更是不客气，他说克拉拉："一场盛大、精致、高雅而生动的音乐会，再高的难度她也能应付自如，但却多少沾了些俗气。"评论前后矛盾："本人绝对无意指责维克小姐弹奏流行曲目是刻意媚俗，她的《谐谑曲》出类拔萃，展现了她在作曲方面的才华，并且摆脱了肖邦《练习曲》的干扰，与之相比，她的《谐谑曲》也毫不逊色。"克拉拉生气地写信给舒曼：柏辽兹不配做你的朋友。她还说这位未来的《特罗伊进行曲》的作者①在被人问到为何写出这种自相矛盾的评论时，他说："因为我对钢琴一窍不通。"但克拉拉怒气未消，她将听到的流言告诉舒曼：似乎只要给点钱，你想让他写什么他就写什么。次月，她在一封信的附言中写道：柏辽兹刚被授予骑士勋章，也许是为了奖励他那么多的次品音乐吧。

后来的日子就顺心多了，据记录，克拉拉参加了一次音乐会，是"几个上流社会的妇人为了她们因祸失财的朋友"而特意举办的。克拉拉还参加了新圣塞希尔协会的活动，会员们在这里看看报纸、喝喝咖啡、打打台球、搞搞音乐，协会的副主席是梅尔贝尔，正是在这里克拉拉遇到了俄国伯爵夫人②，初次相识克拉拉便觉得她奇怪并且有些沉闷。克拉拉心仪的音乐学

---

① 即柏辽兹。
② 即前文提到过的多布雷斯科夫伯爵夫人。

院始终毫无音信，毕竟操办这种事对一个女人来说有点难，需要应付那么多的阴谋诡计，况且她也不愿意向阿贝内克求助，所以她必须等到夏末。3月时舒曼对她说："没有大获全胜就不要离开巴黎。"7月时她回信说：如果我现在离开巴黎，整个巡演便要前功尽弃，对我将来的艺术事业百害而无一利。但是8月时，她便离开了巴黎，因为舒曼在等她、思念她、提醒她自己已经为将来的幸福做好了准备，与"老爹"的正面冲突不能再拖延了。从克拉拉出发（舒曼还在维也纳）直到她回来，这八个月里来往的信件告诉了我们她的困境，我们手头整整有一百封信（目前收录于近期的一本出版物中，有英、德两种版本），它们向我们展示了主人公心潮的跌宕起伏：迫不及待的期盼，思量再三的出走（是一直被当作将来落脚之地的维也纳？还是伦敦？或是荷兰？抑或是那年刚刚想起的圣彼得堡？），一个个的想法拼凑出种种计划，和父亲抗争，求他或逼他放手，难道真的要撕破脸皮对簿公堂吗？

　　这些信件，千里迢迢，跨越小半个欧洲交到情人的手中，但在这漫长的大半年时间里，尽管舒曼知道爱人孤身在巴黎，但他却没有想到过或愿意去看看她。6月4日，克拉拉在信中写道：啊！要是你能来巴黎给我个惊喜，那该多好啊——我该怎么办呢？我无所事事，你要是来我这儿，你会很开心，这里有美丽的风景，舒适的小房间，两扇点缀鲜花的窗户，堆满乐谱的钢琴！你走到窗口就会看见前方的蒙马特高地——可这一切都不能缓解我对德国的思念。她是真心邀请吗？舒曼甚至未作答复。我们不禁会问，为什么舒曼和克拉拉没有想过私奔呢？答案便是当时德国人的偏见。在巴黎，李斯特可以带走玛丽娅·达古尔，但舒曼在莱比锡，哪怕是巴黎都不能带走克拉拉（尽管他们想过在巴黎领取婚书），他们必须不懈地与"老爹"

战斗，寄希望于哪怕一丁点儿含糊的许诺，一分一厘地计算开支——防止维克真的以未来女婿收入微薄为借口拒绝婚事。这是他们在信中一贯的话题，在亲吻中开始，在亲吻中结束，永远的亲吻，不曾再有更进一步的亲密；因为在这一段密切通信的时间中，他们罕有时间说起其他的话题。但克拉拉会（偶尔）说起她的约会，几场音乐会，或和几位闺中密友的关系，时而更喜欢这一位，时而更喜欢那一位。

克拉拉回复舒曼：你为什么总是说我不愿意演奏你的作品呢？你太冤枉我了，这让我很难过。我喜欢你的作品，我欣赏它们，但我只弹给某些人听。她沉浸在《童年情景》中，啊！难以言传的美妙！昨天，我想起了它，我心想：这出剧里的游吟诗人真的属于我吗？我是不是太幸福了？我怎么敢相信？我每次弹起它们时都会着迷。她弹奏《幻想曲》：进行曲很优美，我在弹到15页第8到第16小节时整个儿都陶醉了，告诉我你在写这曲子的时候想到了什么？我从来没有这么吃惊过，我听到了整个乐队的声音。我无法告诉你我的感受，你愿不愿意把它改成管弦乐队音乐呢？还有一个请求可能会把舒曼逗乐，但也可能把他惹怒，你能不能写一首简单易懂而又出色的作品？没有副标题，不长不短，是一部完整的作品，我真希望弹一些你写的、大家都爱听的音乐。这当然有点浪费你的才华，但却是顺应时代的做法……

舒曼把恭维的话照单全收，而把建议抛诸脑后。他不喜欢克拉拉叫他"贝多芬第二"，他告诉她自己刚刚开始写了两首四重奏（"堪与海顿媲美"）。他也收到了未婚妻在巴黎创作的曲子，其中有一首钢琴曲《牧歌》。舒曼修改后寄了回去。克拉拉肯定了未婚夫的眼光：你把结尾彻底改了一遍，我很喜欢你的这一段。但对新的浪漫曲，克拉拉却说：什么也没改。舒曼建议她将三首作品结合成一部作品，按顺序即《新 b_E 大调浪漫曲》、《g 小调浪漫曲》和《牧歌》，于是克拉拉将她的《三首钢琴浪漫曲》题词献给"罗伯特·舒曼先生"。维也纳编辑皮耶特罗·梅彻蒂于 11 月将之发表，作品编号 op. 11。

这一年的春天发生了一件大事：5 月争吵的余波未了，舒曼就联合莱比锡律师威廉·艾纳特决定将"计划"付诸实施。伤心欲绝的克拉拉无可奈何地在对父亲的起诉书上签了字。在她生命中的两个男人之间，她作出了选择。当舒曼要她在 7 月初立即赶回莱比锡参加 9 月的法庭传唤时，她支吾搪塞：她不愿意放弃巴黎音乐季之初的音乐会，她很累，如果夏天去迪耶普的伯爵夫人家中待上几天吹吹海风或许对她的身体有好处；另外，她答应了 8 月 15 日在迪耶普的演出，届时听众中有几个人可能会对她的发展有所帮助。可以想象，克拉拉并不急于和未婚夫团聚，事实上她在想方设法拖延与父亲的正面冲突。难道我非到场不可吗？是的，非到场不可。

8 月 13 日，克拉拉站在先贤祠的高处与巴黎挥手道别。第二天，在海丽因特的陪伴下，她登上马车赶奔法兰克福。

第十六章　鸿雁传书

罗伯特致克拉拉——莱比锡，1839 年 4 月 21 日

愿上帝听到你的祈祷，愿他保佑你！接连好几天我都愁眉不展，心中郁积了某种病态的忧伤，我知道为什么——可我一旦想起你，思念又给予了我新的力量，寻死的念头消失了。啊，你一定是我的。我经常考虑我俩的事，我有很严肃的话要对你说。从你的前几封信中，我看出你对你父亲的态度还抱有幻想，求你了，别指望了！哪怕他口口声声说同意，你也不能相信他，他只是在骗你，正像他往日的行为。现在我们必须离开他独立行动。他不再是你的父亲，而更像是自私的冷血动物，只知道利用你。你必须马上表现出你的坚强，我想知道你打算如何摆脱他。时光飞逝，我们的青春匆匆而去，旁人都无法理解我们为何还迟迟不行动……你不能责备我的急躁，我已经忍无可忍，他必须为他的盛气凌人付出代价。

克拉拉致罗伯特——巴黎，4 月 22 日

再看我一眼，亲爱的！哦，我是那么爱你，我的一言一行都是为了你，我真想在你的爱中尽情舒展，尽情陶醉！我是这般地爱你，你相不相信？当你对我说我应该鼓起更多的勇气对抗我的父亲，我很伤心。当然，我有勇气，但正如我在信中所说，不到万不得已我不愿意离开他。你为什么要这么恨他？这没用！对不对，罗伯特，你理解我吗？我希望这样做不会引起你对我的任何猜忌。我愿意为你做任何事情，我很高兴满足你所有的愿望。你会不会害怕我变成一个不听话的妻子呢……我想，如果我们现在就把我们的事情向父亲和盘托出，他会绞尽脑汁对付你，但如果我们再等上半年，你可以更加冷静地行动。和我父亲打交道，最好别让他动肝火。唉！我真怕他的下一封信——我全身哆嗦。收到你的信我也会发抖；你是不是也有同样反应？我希望是的……我父亲有时候应该很难过；我埋怨他，其实我心里也不好过，可我什么也改变不了。也许有一天别人会说是我害死了父亲，可总有一天他们会谅解我。难道是我没有尽孝吗？难道不应该爱自己的丈夫甚于一切吗？噢，罗伯特，想起我的父亲，我的心头就会泛起忧愁，以后你会原谅我的——我是那么痛苦！

克拉拉致罗伯特——巴黎，4月27日

你在信中说起我父亲的话让我很伤心，因为我从来没有想过他会不认我这个女儿，还将此事大肆宣扬，这不可能发生在我身上。我早就不指望父亲同意我们的婚事，可我想不到他会当众指责我。啊，难以置信！这就是父母对孩子的爱吗？亲爱的罗伯特，你是我唯一的保护人，在这世上我只有你一个，你对我忠贞不贰——我只要你的忠诚。在复活节，我就将属于你，可我还担心一件事：如果没有胜诉，我们将何去何从……怎么办？噢，罗伯特，这念头让我浑身发抖，我承受不了，告诉我该怎么办。

罗伯特致克拉拉——莱比锡，4月29日

坦白地说，你父亲叫人捎来的话真让我发抖。他说你已经

租了一间大公寓，你一直过得有滋有味，还花光了所有的钱。他的意思是大家都觉得你把我忘了——对不对……现在让我们来说点正经事——我一直以为一个姑娘过了十五岁生日就可以嫁人了，她有权离开父母的住处。年龄不是问题的症结，但你如果太年轻或体弱多病那是另外一回事，这时候法院可以作出有利于父母一方的判决。否则一切都不能构成障碍，但你在成年之前无权处置你的财产。所以，冷静点，这就是我想说的。

克拉拉致父亲——巴黎，5月1日

亲爱的爸爸：

我已经收到你从德累斯顿寄来的信，谢谢。亲爱的爸爸，我真高兴能再见到你，和你亲密地、心平气和地说说话……

我对舒曼的爱当然是激情之爱，但绝不仅仅如此，我觉得他是一个出类拔萃、坚贞不二的好男人，只有他能理解我，并给予我高贵而纯洁的爱情。我是他理想的妻子，我也理解他，并相信能够给予他幸福。请原谅我，我觉得你和其他人一点都不了解他，我希望能说服你看到他那颗美好而仁厚的心。

每个人都有优缺点，我们必须承认。我完全清楚舒曼的缺点：他缺少一位朋友，一位可以指点他、不时伸出援手的前辈……听着，爸爸，如果你可以成为他的朋友，他肯定会对你感激不尽，而且我相信你会对他刮目相看的。你想，我若是不欣赏他，我会爱上他吗？你以为我不知道他的缺点吗？可我更了解他的品格。我们的幸福只差一份小小的收入，这让你一直耿耿于怀。如果没有你的同意，我始终无法心安，我会一直痛苦，敏感的舒曼也会伤心……我亲爱的爸爸，如果舒曼能证明他每年可以有一千塔勒的收入，请你保证你会同意我们的婚事。我觉得两千塔勒可能有点过分，一千塔勒我们可以一点一点地赚。你的一丁点儿希望就会让我们欢天喜地。如果舒曼确信我们只有一步之遥，他会用加倍的热情来工作。我向你保证，在没有解除你的后顾之忧之前，我绝不嫁给他。如果他有一份稳定的收入——我认为完全可以做到——而你又同意了我们的婚事，你这就是成全了两个人的幸福，否则你只能看到两个痛苦的孩子。

我非他不嫁，他非我不娶。我永远不可能再爱上其他人。我求求你答应我，坦诚地告诉我你的要求和你内心的真实想法。别轻易给我希望。啊！我的幸福就在你的手里！我的心中洋溢着爱情！你是不会愿意打碎它的！我不该受到这种对待！

罗伯特致克拉拉——莱比锡，5月2日

你担心得太多，总是胡思乱想。当然，如果法庭不支持我们，这是个打击，但你怎么偏偏往坏处想？判决是由几个法官共同裁定的，你的父亲很难干涉。而且即使他办到了，我们还可以不服，向国王上诉，或者要是我们不愿意这么做的话，我们就被迫私奔，去英国结婚。我无所畏惧。可是我对你说过不要急，他们为什么要判我们败诉？关键是我们自己，这比你亲生父亲和他的整个家族说话更有分量，没有人可以诋毁你我的清白名声。我们已经到了结婚年龄，并且感谢上帝我们都身体健康，他们怎么会驳回我俩的上诉呢？可是克拉拉，你有你的道理，我们必须做好最坏的打算，这世上有那么多东西都是被阴谋诡计摧毁了的！

克拉拉致罗伯特——巴黎，5月2日

亲爱的罗伯特：

我心情沉重地给你写这封信。我必须告诉你我的感受，长

久以来，我的内心都在挣扎，今天我终于下定决心——一个关于我们的幸福的决心。一想到你我将继续长久地分离，我就无比痛苦，但请你别泄气，我依然坚强！

我们可能无法在明年复活节团聚，我们也许会很难过。亲爱的罗伯特，请让我原原本本地告诉你。有两件事阻碍了我们的幸福：首先是我们的未来还有很多不确定的因素，其次便是我父亲。如果我在前途黯淡之时便嫁给你，父亲会因此而痛苦；他若终日为我忧心忡忡，就像一步步迈入坟墓，我就是罪魁祸首，我将一辈子良心难安。父亲的身影将终日出现在我面前，我必须为你、我、他三人的不幸负责。我了解你，我知道如果你还在为我们的生计问题而发愁，你就不会快乐，而这些忧虑会毁了我们的艺术生命……你瞧，如果我们能有一份微薄而稳定的收入，我们将远离窘境，我们可以省吃俭用，过上幸福的生活，父亲也会答应我们的婚事。昨天他写信告诉我他若是觉得你有能力保证我俩衣食无忧，他就会答应我们的婚事。衣食无忧自然对我们无足轻重，但如果你辉煌的艺术生命因生计问题而黯淡，你会痛苦不堪，而我有责任保护你避开这种不幸。

克拉拉致罗伯特——巴黎，5 月 13 日

你今天真让我伤心，你冤枉我了！给父亲写信并非是因为我优柔寡断，只是缘于某种说不清道不明的感觉和可怕的胡思乱想，我一想起父亲就很难过，我一直很依恋着他，所以我觉得有责任给他写信——就这条理由难道不够充分吗？你无法想象我现在有多么痛苦，我别无所求。你对我说是我把你折磨了整整两年，毁了你所有的柔情——你太伤我的心了，你把曾经为我的忧伤都算到我身上。我自始至终都在努力给你幸福，可

是你不开心那并不是我的错。依你现在所说，好像是我食言了，还有比这更大的委屈吗？我脑子里一闪过这种阴影，便觉得自己对你的爱统统一文不值，可我一直深爱着你，我的坚贞是不可动摇的……你的上一封信让我确信了这一点，这样便好。我将在复活节与你相会。我将满怀喜悦地奋力战斗！你怎么能说我还想再等五年，我不能忍受，痛苦会把我变成行尸走肉的。我从未想过再等五年之类的事。亲爱的罗伯特，告诉我，我该怎么做才能再次唤起你的柔情……再告诉我，如果我忤逆父亲，执意与你成婚，你觉得他会把我的格拉夫钢琴和其他所有该属于我的东西作为嫁妆送给我吗？我的钱只能等到成年之后再争取……我出发之前，父亲曾对我说："我会在遗嘱中写明决不将你的钱交给你，而是给你的母亲。"我心如刀绞，因为他口中的母亲并非我的生母。为了不让父母看到我的痛苦而得意，我回答说："随你们，我无所谓。"

罗伯特致克拉拉——莱比锡，5月18日

我又看到了原来的你！你又恢复了坚强和果断。而我，我在之前信里所说的话太过头了！可是你想想，我还能怎么回信？你设身处地为我想想——你的第二封信太让我难过了——你过后再看看，你无法相信自己写过的话。一切都凑巧发生在一起，你父亲又说了我的坏话，而且态度极其恶劣（我必须告诉你）：他甚至还拿我哥哥爱德华的死来说事，我是听朋友们说的，最后是特雷莎告诉我的，她来过这儿几天，所有人无一例外地告诉我，我的名声已经被他彻底糟践了。他们对我说，我这般事事遭人羞辱，如果你爱我你怎么会一忍再忍。这时候你的第二封信来了，那么冷酷绝情，就因为我写给艾米丽的信。我没办法再做其他事，我得把我被撕碎的心掏出来给你看，那是多么

可怕的日子啊……亲爱的克拉拉，就当这是我对你的忠告吧，你以后对我还是更尊重些——一切都取决于表达方式——同一件事情，你可以用更亲切、更理智的词儿……我颤抖着打开你的上一封信，我读了一遍又一遍，我感到好像天堂的门再次为我一扇扇地敞开，我又找到了你。你一如既往，躺在我的怀中……答应我，别再胡思乱想，相信我，像女人对男人那样温柔乖巧。

克拉拉致罗伯特——巴黎，5 月 23 日

亲爱的罗伯特，请让我的灵魂拥抱你！过去的几天，我度日如年，我痛苦，我无助，我感到这世上再无人可以依靠——无人可依靠，因为你误解了我！我开始厌世——但现在我又获得了快乐。我想，你伸出的手是永不猜忌的誓言，答应我永远别对我失去信任，因为我无法忍受猜忌，你呢？我郑重地告诉你，我从未有过一丁点儿与你分手的念头，我之所以推迟相聚的日期只是出于一个女儿对父亲的爱。唉，如果我现在和你在一起就好了，我就可以证明我的清白——我无法忍受责备。你说得对，我从未像现在这样狂热而真挚地爱你——我经常为这份爱心力交瘁，思念折磨着我，我必须躺下，闭上眼睛，一直躺着，什么都不去想——在这时候，我再也无力去想。啊，罗伯特，今天我笑着、哭着，幸福充溢了我的脑袋。复活节一到，你又是我的了——上帝啊，真是太仁慈了——幸福即将降临人间。我还要抱你，永不松手！我感受到你的热吻，你呢？罗伯特，我对你的爱超乎你的想象，你无法想象……父亲同意了我们的婚事，当然是有条件的，我已经做到了。有机会我会告诉你的，他还向我保证会在法庭上同意我们的婚事，好让我们在法官面前少点麻烦，他真好。这下就没有什么可担心的……求

求你，把我的第二封信拿去烧了！那些冰冷的话并非出自我本意，你知道的，对不对？

克拉拉致罗伯特——巴黎，5月27日

亲爱的罗伯特，一别已有八个月，下次相见还要等上八个月！今晚，我独自散步，月光如水，就像你走的那天。我感到格外忧伤，我的眼眶里噙满了痛苦的泪水。亲爱的罗伯特，你是否也曾像我这般，抬头望过月亮，托付它问候你的心上人呢？我今天满脑子都是我们上次分别时的情景，我在想："不，看他一眼不能光是为了再一次分离。"我不能，亲爱的罗伯特……八个月前的此时此刻，我正在我的房间里，坐在床上抽泣着，我什么事也做不了，除了为你祈祷——我们分别时，我没有掉过一滴眼泪，你一定认为我太狠心了，可是当时我真的痛苦到了极点，无法表达。上帝啊，一年以后我就可以和你团聚……啊！罗伯特，到那时候我该有多么幸福，我简直无法想象。

罗伯特致克拉拉——莱比锡，6月2日

我心爱的姑娘，

在这件事上，你的做法是正确的，我刚刚意识到将来我凡事都必须平心静气，就因为你的聪慧和才能。但我还想再提醒你一次，从今往后请把事实真相和全部可能发生的事统统告诉我。如果你早把你父亲的信和你的回信寄给我，我就会少受许多苦。你想想，我离你千里之外，除了你的信，我还有什么可以依赖？我那时没能让你把所有想说的事原原本本说出来，而且我看事情的角度和你不同，而你又是一个谨慎的人，对自己为我们所做的事从不愿多说，所以有时候我会怀疑你的努力，所以前一段时间，我的勇气在一天天消退，我读着你昨天的信，

感到羞愧难当。原谅我，亲爱的克拉拉，你了解我，你知道我总爱胡思乱想，你知道前一段时间紧张的神经让我变得暴躁不安，可现在，看着你父亲的信摆在我面前，我又恢复了勇气。知己知彼，总之，你很难相信，我对你父亲的信丝毫没有感觉。我能感受到的只有对他的怜悯……可是，亲爱的克拉拉，你真的不能把这封信理解为同意。说实话，我们毫无进展……决裂已是不可避免。读了他的信，我从来没有像现在这般看得清楚，但我向你保证，以后我们会和他恢复亲密的关系。毕竟，他是我心爱之人的父亲，是我了不起的克拉拉的父亲，我向你保证等我们结婚后，不管付出多少代价，我都会和他言归于好……亲爱的克拉拉，这些天所有的痛苦都变成了快乐。我不能说这是你给我带来的痛苦，我很久没有写信给你了，我曾一度下定决心和你一刀两断——为什么？请让我忘了吧。过去的都过去了。你三言两语的信最让我伤心，并不是因为它们简短，而是我觉得你把那么多重要的事都轻描淡写一笔略过——我很生气，你的父亲怎么会知道我们的事情——说实话，如果不是你亲口告诉他（关于这一点，请写信告诉我），就不会有这种事。毕竟，你应该了解你的父亲，你知道他会想方设法阻止我们之间的一切交流，但你却偏偏对他说了我们的书信和计划……

罗伯特致克拉拉——莱比锡，6月3日

我亲爱的、温柔的未婚妻，

你收到此信时正是我的二十九岁生日。愿信到达之时，你一切顺利，身体健康，心情愉悦；愿此信能勾起你对我无尽的思念。我将整整一天与你同在，只和你。我能感受到你的吻和你的心愿。我们可以回顾过去的一年，我们彼此矢志不渝，向共同的目标一步步迈近。我想最黑暗的日子已经过去了，但我们要保持警惕,哪怕目标近在咫尺。命运要求我们一步一个脚印地战斗。我想,当我们在婚礼圣坛前从口中说出"愿意"的时候,还会有人比我们更笃信未来的幸福吗……在今后的几年里,我肯定会让你吃不少苦,我离一个成熟男人还有很大差距,我太急躁,时常会有些过于孩子气的表现,我过于懒散,尤其只关注自己的快乐而忽视他人的需求。总之,我曾有过一段让人失望的日子,但是,是你让我看到了宽容和爱,是你帮助我重新开始。我必须不断自我完善,好把你一直留在身边。说到不如做到,关键是我们的爱要永远坚不可摧,我知道在你心中有一份强烈的爱,你会让你的丈夫一直幸福。克拉拉,你是个了不起的姑娘,你有那么多优点,可我不知道年纪轻轻的你是如何培养出这些优点的,尤其是在你生长的那个环境里。

有一件事我是确信的,那就是我表面的温柔从一开始就给你留下了深刻的印象。我想,如果你不曾遇到我,不曾认识我,你可能是另外一个样子。让我相信这份幸福吧!我教会了你爱,而你父亲教会了你恨……

克拉拉致罗伯特——巴黎,6 月 7 日

亲爱的罗伯特,请允许我好好拥抱你,谢谢你美好的情书。我已经等了一周,今天早上你的信平息了我不安的等待!可说实话,我还会继续不安地等待下去,直到我亲爱的罗伯特的下一次来信!人总是不知足,我也是,总想要得更多。你是我的爱,是的,你只想让我得到幸福,而我则在计算我们分别的小时:从现在到我在婚礼圣坛前说出"愿意"这个词。罗伯特,那将是个多么美妙的想法啊,我简直不敢憧憬!

现在我有件重要的事情要告诉你。一周前,我收到了父亲

的信，整整十页。当我拆开信，看到信的长度时，我就开始发抖。后来，我看到信里有一串清单，是他提出的要求，我必须立即签字并寄回去。他的言辞极度无礼，我把信揉成一团，心想父亲怎么可能写这种信给我。我当然不会签字，我不允许有任何东西阻挠你我的幸福，决不允许！我父亲肯定以为绑得住我，他以为我会六神无主，当即签字，可我也失去了耐心，我只是不愿意做出有损我声誉的事！不，亲爱的罗伯特，我绝不动摇，决不妥协——我自认为已经尽到了为人子女的责任……

你马上把（法院的）文书寄给我，我要签字公证，我有必要这么做，只要有希望我就必须做，我希望法院会尽快受理——趁我父亲还在莱比锡。我无法告诉你他所有的条件，这些东西丝毫伤害不了我们的爱情。你问过我，或者说你好几次武断地说是我把我们的计划透露给我父亲，是我亲口告诉他我们之间的通信——你错了。我只是写信告诉他你给我寄了一份账单，你的收入完全可以满足他的要求……看到你在信中说你保证今后会和我父亲和好时，我欣喜若狂，这正是我所想的——我是那么爱我的父亲，得不到他的消息会令我痛苦不堪，他在信里总是责备我，好像我做的一切都是错的，比如埋怨我本该为这篇或那篇评论付钱之类的事。他还要我鄙视这里的艺术家——噢，我的上帝，我没法照他说的做，他的思想很复杂，但毕竟一切的一切都是因为他太爱我了……

罗伯特致克拉拉——莱比锡，6月8日

你父亲唯一的目的就是在社会上、艺术上和精神上摧毁我。我想说服你，你应该拿定主意立即行动。他写给你的信无非是为他的计划争取时间。他以退为攻，实际上是想阻止我们迈出

最后一步，他料到了，他在害怕。他的生活受固执、热情和幻想的摆布，他根本不讲道理，除非他看到你我在一起很幸福。但只要我们还分开着，他就不会停止对我的中伤……

今天我二十九岁了，也许我已经走过人生的大部分时间了。无论如何，我肯定自己不愿意活到老态龙钟的年纪。

克拉拉致父亲——巴黎，6月9日

（克拉拉在6月11日写给罗伯特的信中曾将此信向他转述）

你的上次来信，我已收到，可我没什么可以答复你的，因为想让你改变主意只是徒劳。我们的想法截然相反，你固执地认为舒曼永无出头之日，可我不这么认为，他是唯一能给予我幸福的人。还有一点我要告诉你，我没有在你提出的条件上签字，我还可以告诉你，我永远不会签字。我的自尊心不容许我这么做。难道你认为我会在一份把我心爱之人说成无赖的文件上签字吗？你肯定是在开玩笑，但如果这不是玩笑，我就得告诉你，你是永远不会得逞的。

罗伯特致克拉拉——莱比锡，6月13日

亲爱的克拉拉：

你在信中说到你的父亲，这再次让我很伤心。他的虚荣心和贪婪终将毁了他。我为你感到难过，但他已经无药可救。他肯定知道这样对付我将为人所不齿。可是亲爱的克拉拉，你不必自责，所有人都可以为你作证，他以为可以把你当成瞎了双眼的奴隶一般摆布，把我当成一无是处的老好人……但我们都不是，现在我们必须和他动真格的……

我在你的信中读到：如果我在德累斯顿待上一年，人们会忘了我是个艺术家。小克拉拉，你肯定在说笑。如果人们忘了

你是个艺术家，他们肯定更希望你做我的妻子，不是吗？答应我以后别再说这种傻话。我们结婚后的第一年，你必须忘记自己是个艺术家，你必须只为我俩而活着，为你的家、你的丈夫而活着。你等着，看我是如何让你忘记自己是个艺术家的。是的，做个妻子比做个音乐家更重要。带着你离开听众，这便是我内心最深处的愿望，可是你还是只愿意做个艺术家。

克拉拉致罗伯特——巴黎，6月21日

我亲爱的罗伯特，天涯海角我都会跟随你去，我答应你。我最重要的事就是做一个被丈夫怜惜的妻子！我想为你而活着，让你幸福。你以为我说起逝去的青春岁月就是为了让你难受吗？不，我的意思是说我将放弃艺术，但我错了，和你在一起，这也是我的艺术——而且更有成就——噢，罗伯特，我是多么幸福啊。

罗伯特致克拉拉——莱比锡，6月22日

……你已经公开宣布你是我的未婚妻，你挽回了我的声誉，非常感谢你。我多想为你戴上皇冠，可是我什么也做不了，我只能拜倒在你的脚下，用感激的目光仰望你——世上最美的人儿。我爱你，若不是你远隔千里，我有更多的话儿要对你说。请允许我激动地拉住你的手，告诉你我有多么感激，谢谢你的忠贞不渝，谢谢你毫无保留的信任，这是爱情所能赐予的最美妙的礼物。

克拉拉致罗伯特——巴黎，6月27日

你知道我的灵感从何而来吗？多亏父亲为我上的课。我害怕回来，因为再没有人可以为我指出错误，当我全身心地投入

到音乐中时，我会犯一些小错误而自己浑然不知，有时根本听不出来；我非常感激父亲为我指正错误，可是我无法向他表达感激之情，相反，我总是对他冷言相对。啊，我多想再听听他的批评啊！

第十七章 对簿公堂

　　口角风波已经停息，书信传递着爱人的亲吻和矢志不渝的诺言，可是克拉拉发现尽管自己一再推迟，亲情和爱情的残酷抉择却已经将她逼到了绝境。在巴黎的日子里，她在艺术上进展甚微，一直心事重重；这是她人生第一次离开父亲这么长时间，但父亲的爱女情切以致专制独裁都令她伤心。她的心头有说不清的滋味：对爱人痴心不改，对由此要做的牺牲却仍心有不甘。远在莱比锡的舒曼可能也在用书信催促她：我的克拉拉，你还记得吗？我们的复活节之约（1840 年的复活节）；我的克拉拉，我告诉过你，你的父亲不会让步；我的克拉拉，别再浪费我们的青春年华；我的克拉拉，你怎能忍受你父亲对我这般恶意中伤？

　　克拉拉眼见着鸿沟决裂，她的心都快碎了。可是维克在信中说："我同意你们的婚事，条件是……"疯狂的希望又一次攫住了她。舒曼提醒她说："我的克拉拉，他在'条件'后写了什么？"克拉拉无语了，是的，这些条件太苛刻了。她告诉父亲自己的意见。生就倔强的个性会使她顶撞父亲，然而出于对父亲无尽的感激和尊敬，天性的温柔又阻止了她作出无法挽回的决定。急不可耐的爱人声声催得紧：是时候该把我们的事交给法庭处理了。这个小小的念头在克拉拉的心中有如天崩地裂，她无法接受用萨克森的法律和父亲对簿公堂。但舒曼终于说服了未婚妻，因为他说幸福必须付出代价。4 月 21 日，他在信中写道："你必须尽快让我看到你的坚强。"一个月后，他们迈出了第一步：舒曼在 5 月 19 日的信中夹了两份文件，他说为防止上诉失败，他准备在 9 月初，即克拉拉生日前再给维克写一封信。

"和克拉拉商量后，我决定再求您一次，请同意我们在复活节后成婚吧。从我第一次提亲至今已有两年了，您那时怀疑我们彼此的忠诚，但我们向您证明了任何事情都无法动摇我们对幸福未来的信念。我之前在信中所说的收入绝对真实，我目前的经济状况已经得到改善，并有所保证。您对我们的将来大可放心。请您听听我们内心的呼声吧，别把我们逼上绝路。几天之后，克拉拉即将年满二十岁，请您在那一天宽慰她，请您对她说'可以'。在这么多可怕的纷争之后，您、克拉拉还有我，我们都需要平静。我等待着您明确的回答。

您一如既往忠诚的 R. S.。"

"他的信冷冰冰的，"舒曼对克拉拉说，"就像是对雪球说了一大堆好话，我实在无能为力了……"

他们所说的绝路就是这几行字："我们多年情投意合，渴望结为夫妻。但之所以迟迟未付诸行动皆是因为一个障碍，我们必须克服之才能达到目标，哪怕此举将会令我们痛苦至极。本人克拉拉·维克证明家父置我们多次请求于不顾，执意反对我们的婚事，且其理由匪夷所思。我们自认并无过错，且经济状况足以应付今后的生活。这完全是他与另一申诉人的个人恩怨，该申诉人自认已为家父尽职尽责……"

克拉拉当着巴黎公证人的面在诉状上签字，并于 6 月 15 日寄回莱比锡。未婚夫舒曼看到这份爱情证明时心满意足，他为克拉拉的坚决而骄傲。"我多想亲眼看着你签字！就像《费德里奥》里的德弗里安特（即威廉米娜·施罗德－德弗里安特所扮演的'利奥诺拉'），你肯定浑身颤抖，只有执笔的手没有发抖，它是那么坚定，是不是？"舒曼再次为这位年轻姑娘的勇气而折服。然而，即使手没有发抖，可她的整个人，在精神上已经濒于崩溃。一连好几个星期，克拉拉都在等待着父亲的回心转意。接着，不知是维克又要诡计还是出于和解的冲动，总之措辞模棱两可，但克拉拉又一次被欺骗了。6月24日舒曼在给维克的信中写道："克拉拉告诉我没事了。我很高兴向您伸手以示和解。请告诉我您有什么要求，我可以为您做些什么，我随时随地都很乐意。如果您在本周内不曾回信，我将视之为拒绝。"在最后通牒之前屈服不是老爹的性格。他不屑于回信，并把这个任务交给了妻子，克莱芒蒂娜只有只言片语，她告诉舒曼，维克不愿意和他扯上一丁点儿关系。6月30日，舒曼明确地告诉克拉拉："我昨天收到了法庭文书，我阅读的时候天上有一道淡淡的彩虹，这难道不算是一个吉兆吗？"舒曼听取了正直的莱比锡律师威廉·艾纳特的意见，于十五天后向法院提交诉状。

直到此时，维克都不曾回心转意，最后的希望和幻想都化为泡影。7月2日，克拉拉从继母的信中得知父亲大发雷霆，认为舒曼将钱财挥霍一空后就妄图用婚姻的誓言蒙骗他天真的女儿。第二天，受伤的维克认识到自己走到了绝路上，他什么都不想知道！他痛苦、消沉，在信中他对克拉拉说："如果你昨天在这儿，我会把你们俩都杀了。"糟糕的一天："接下去的事是最难也是最痛苦的。"克拉拉需要再次出发：她必须做好随时离开巴黎的准备，因为无论如何在六到八周之内她必须回莱比锡出庭。

我们还忘了一个细节：根据法律规定儿女的婚姻必须得到父母双方的同意。"克拉拉，你必须赶在你父亲之前就写信给你的母亲，防止他劝说你母亲阻挠我们的婚事。你明白吗？请立即写信。"事实证明，舒曼可以放心：长期定居于柏林的克拉拉生母、巴吉尔的妻子玛丽安娜是他们忠实的盟友。在得知此事后，她对女儿说："没有比'母亲'更美好的字眼了。它总会给你带来幸福，为什么不抓住机会呢？"她早就听说了舒曼和克拉拉的关系，可她还想知道更多的细节，她很想知道是什么样的男人征服了爱女的心。于是，舒曼把克拉拉最近的一幅肖像、他的几份杂志和几首乐谱塞进了行李箱奔赴柏林。他一脸的忧愁立即被巴吉尔家的热情接待一扫而光。"是的，我见到了你的母亲，你遗传了她的眼睛，我很喜欢她。我昨天一整天都和她在一起，临走时我还吻了她。我们唯一的话题就是你……"玛丽安娜对舒曼非常满意："你的罗伯特昨天就到了。我可以告诉你，我非常赞成你的选择，而且我越来越坚定我的想法。"她还听了舒曼的几首作品，"多美妙的天才啊！"她表示非常乐意参加女儿的婚礼。玛丽安娜站稳了立场，这并不出人意料，但在这些我们今日称为"离异家庭"中发生的事情永远没有那么简单：维克一再向女儿灌输当年母亲抛夫弃女与自己好友双双私奔的丑事，所以据埃娃·维斯维勒所述，当舒曼提出定居柏林的建议时，克拉拉语出惊人："我才不去柏林，我不想住在那个伤害过父亲的男人家里。"玛丽安娜在文书上签了字。舒曼参观了几家博物馆，在"动物花园"（Tiergarten）散了趟步，并和杂志合伙人、作曲家弗雷德里希·特卢恩见了面，之后他于8月1日晚回到了莱比锡，途中身旁"坐着一位不能忍受烟味的白痴女人"。

此时，克拉拉依然在巴黎迟迟不愿返回家乡，这并不是因为巴黎夏季活动频繁脱不开身，而是因为她害怕和父亲对簿公堂。她一旦回到莱比锡，根据法律和当时的风俗，她必须回到家中。我不想在法庭上面对我的父亲，我受不了，那会毁了我、我的健康和荣誉……我觉得我没有必要出庭，我可以授权他人为代表。如果我还在法国，父亲便无权召我回来。我真不想和他在一起……如果我可以和你谈一会儿，我相信我可以说服你：在法庭作出判决之前我不能回来……但最终她还是妥协了：如果你坚持的话，我可以回来。未婚夫有些心软了"如果一切顺利的话，你可以不出庭，到结婚时再回来，否则……"但他坚持："情形越来越清楚，你必须出庭，可能几周之后吧。你马上回来，别影响庭审进程，好不好？你只需要在莱比锡待上一周参加庭审，你什么也不需要做，除了和艾纳特和我一起出庭，确认你的声明。听我的话，你别害怕：你必须在六周之后回到萨克森。艾纳特向我保证这势在必行。"

时间到了 7 月 10 日。克拉拉还和朋友艾米丽和海丽因特在布吉瓦尔，但她已经在打算返乡的事宜。她想象着庭审的场面——她天真地问罗伯特：两位律师在法庭辩论时会发生什么事？他们在法庭之外会成为敌人吗？维克没有教过她这些生活常识，维克请了一位布朗特先生作他的代理律师。舒曼则对埃纳特一再强调克拉拉有多害怕在法庭上和她的父亲相见。我还爱着他，如果我走出这一步，所有和解的可能都将成为泡影。克拉拉忐忑不安，但她依然在精神上支持着舒曼：做个男子汉，别泄气！舒曼忧心忡忡："法庭会不会不允许你成为我的妻子？这个念头一直阴魂不散地纠缠着我——多丢人啊！你父亲会得意洋洋！而克拉拉将是多么痛苦！这个可怕的念头一直对我紧追不舍，就如同猎人追踪猎物一般。"十天之后，他说："毫无疑问，我们将胜出。"如果我们败诉，克拉拉回复道。我发誓我将立即追随你而去。

克拉拉原定于 8 月 7 日或 8 日出发，后来改为 12 日，但到了 12 日没有车位了，只得改到 14 日。第一站是法兰克福。路上，温柔、亲密、忠实的女友海丽因特一直陪伴着克拉拉，但到斯图加特时，两人不得不分手，海丽因特被家人接走了，此后她继续钢琴练习，只是雄心壮志多于现实成绩。克拉拉对法国并未比初来之时生出更多好感，但她还是打算过几个月之后再回来……然而，她重返巴黎却是在二十三年之后，而那时早已物是人非。

据舒曼记录，克拉拉于14日即周三出发，那天是圣-欧瑟比欧斯日。克拉拉的日记中有详述：在李斯特太太的推荐下，汉恩一家来接我们，并热情接待了我们。18日，海丽因特回到斯图加特，而我去了阿尔滕堡（有记忆瞬间闪过脑海，正是在阿尔滕堡，母亲将年仅五岁的克拉拉托付给维克监护……），分别一年之后，我终于见到了我的罗伯特，我欣喜若狂！他们早已约定在施内克小旅馆碰面，舒曼在这里等她。旅店的登记簿上写的名字是魏玛的约瑟芬·维克。克拉拉和舒曼同住一个房间，俩人随后来到施内贝格住在埃米丽·乌尔曼家，埃米丽是舒曼哥哥的前妻。他们在这里度过了快乐的三天。罗伯特后来去了莱比锡，我陪着他一直到了茨维考，在那儿我又见到了特雷莎。在茨维考，我心里突然产生一种很奇怪的想法：我坐在罗伯特身边，深深地感受到他的内心，他在回忆童年，他意识到这里再也没有爱他的人了。当然，我会补偿他失去的一切，我会成为他人生道路上忠实的伴侣。这便是我所有的志向了。我感到很幸福。

但她还有些挥之不去的忧虑：愿上帝赐予我力量面对今后与父亲的抗争。我无法应付，当我一想到他为我所付出的一切，想到我如今必须和他公然对立，我的心就像裂成了一片片的，愿上帝原谅我……我若能与罗伯特终成眷属，我将无比幸福——过去的三年是那么痛苦，只要我待在家里，我每天都必须忍受最恶毒的羞辱。如果父亲能看到我的心，他也会怜悯我的。他是个好人，他为我做的很少有父亲能做得到，但他不懂爱情的高贵和美丽，他无法理解，但这无损于我对他的爱。让我们继续她的内心独白：她能否永远留得住罗伯特的心呢？她能否将艺术生命与为人妻母的家庭责任结合起来呢？克拉拉知道任重而道远。但我不愿放弃我的艺术，我将永远与之同行。她还担心未婚夫的身体：我最担心的就是罗伯特的健康！如果失去了他，我不知道能否有勇气继续活下去。可怕的预感。几周之后，克拉拉在9月19日的日记中依然忧心忡忡：罗伯特的眼睛……

同样的经历在舒曼的笔下便简洁了许多，一如他以往的日记："20日，周二，焦虑——出门站在路上守望克拉拉到来的方向。晚上六点她到了——她在我怀里。我们长久以来第一次散步和拥抱，一起看月亮。总之难以忘怀。21日，周三，和克拉拉在城堡花园里散步，美好的清晨。后来叫了一辆马车去施内贝格，十点出发。她戴着小软帽说：你高兴吗？途经茨维考，七点到达施内贝格，住在卡尔（即卡尔·舒曼）家，他还没有从莱比锡回来。克拉拉无比温柔但又坚强。天气转阴。她住在乌尔曼家。

22和23日，即周四和周五，我们在一起弹钢琴、接吻。24日周六，与克拉拉在去茨维考的路上，在哈斯劳的露台上度过了轻松的一个小时，克拉拉戴着她的小方巾，很可爱。和特雷莎散了一小会儿步，又和克拉拉赶了一小段路到施内贝格，然后道别。"

分别只是为了更早的重逢。还是在施内贝格，克拉拉收到了传票，案件即将在8月31日周六开庭审理。罗伯特建议她在周五大清早五点之前离开施内贝格，租一辆马车（"单匹马车会舒服点儿"）去塞尔比茨（Serbitz），行程将近三四个小时，朋友路透会来接她。十点左右她就可以到莱比锡，在弗雷策家过一夜。"没有人会知道你住在那儿，这个秘密守得越久越好。"后来计划又作了些变动，这种事在舒曼身上司空见惯：克拉拉坐了一辆双匹马车，便于放行李，她凌晨五点从施内贝格出发，中午到达阿尔滕堡，休息片刻之后便叫车夫带她去茨维考，舒曼和路透在那儿等她。"我们将手拉着手，快乐并且勇敢地走向那庄严的时刻。要记住，用不了几分钟，一切都会结束。"为了考虑周全，他说："如果你父亲不来，法庭也将立即审理案件。"

维克果然没有到场，他对受法院委托进行调解的牧师费舍尔解释说他当天必须出差，一直要等到三四周之后才能回来。但费舍尔牧师说："他向我口头确认过，且语气不容置疑，他说他决不会同意女儿的婚事，而且生意没有谈成，无法确定改在哪一天进行法庭调解。"舒曼在日记中简言道："老爹没出现，他在德累斯顿。"在克拉拉和舒曼的眼中，这算赢得了时间还是浪费时间呢？但这并非意味着司法程序无论在哪个时期都是这样效率低下。玛丽安娜·巴吉尔特地从柏林赶到莱比锡安慰女儿。三天后，在母亲的陪伴下，克拉拉和舒曼和上诉法庭的庭长乔安·威廉·路德维希·贝克见了一面。由于克拉拉不能在莱比锡多待，她和母亲一起回了趟柏林。

克拉拉做了几个月的柏林人。9月4日她到了巴吉尔的家，菩提树下大街24号。她感受到了家庭的温暖，了解到可怜的继父阿道夫已经病入膏肓，她的四个同母异父的弟弟妹妹——十一岁的沃尔德玛：未来的柏林皇家音乐学院作曲家和教师；九岁的欧仁妮，后在罗马尼亚失去音信；还有塞西尔和克莱芒蒂娜—— 一家人相亲相爱，但却无法摆脱穷困的阴影，全家人唯一的经济来源就是母亲教钢琴课的收入。舒曼慷慨地解囊相助，从9月3日起，他一共给了未来岳母折合四百塔勒的普鲁士币，此时克拉拉尚未有心思组织音乐会……

再说到这场官司：9月12日克拉拉致信未婚夫：父亲给我写过信，他希望撤销起诉，他会同意我们的婚事。我得去德累斯顿，和他讨论一些细节问题。他说如果我不放心的话可以找一位我信得过的男士陪我前往，比如卡尔先生或波姆先生。他把见面的日子定在16日。我回信告诉他我会去的，但16日不行，因为我病了，是真的。玛丽安娜·巴吉尔在信末附言："维克寄来的信把我们弄糊涂了。如果可以的话，您最好来一趟。克拉拉坐立不安。维克想同意你们的婚事，但愿他别再食言！"第二天，9月13日，周五是克拉拉的二十岁生日，舒曼到了柏林，给了她一个惊喜。四天之后（日记中写道"美好的日子"），俩人一起回到莱比锡。甜蜜的重逢。我整个下午都和罗伯特在一起，克拉拉在日记中写道。我们四手联弹钢琴。他的即兴创作美妙动听。他的音乐和和谐的琴声把我们带向了另一个世界。我想音乐和爱情是相通的，爱得越痴狂，伤得就越深，我就是这样，我常常觉得心都快裂开来了。她之后的话又一次流露出负罪感：今天，我想起了父亲，我的心被巨大的痛苦攫住。他那么疼爱我，可又那么狠心，可是我对他依然无比敬爱——只要他稍微说句软话，我就会把他带给我的痛苦忘得一干二净。克拉拉又见到了父亲，和他说了会儿话。她惊讶地发现父亲的脸上印刻着深深的忧伤，这令她肝肠寸断，但她又说"心寒"，因为父亲言辞的决绝，因为他对舒曼彻底的仇恨，而他曾是那么喜欢他。最后克拉拉还提到了父亲提出的四个交换条件：第一，克拉拉必须放弃她在七年间从公开音乐会中攒下的两千塔勒，并把这笔钱赠给她的弟弟们；第二，克拉拉不得取回她的个人财产，特别是她的钢琴，除非她愿意支付一千塔勒；第三，罗伯特必须从个人财产中拿出八千塔勒存入银行，存单由克拉拉掌管，一旦离婚（多么可怕的想法啊!），克拉拉可以动用这笔资金。他有一万二千塔勒，却必须拿出三分之二交到妻子手上。克拉拉惊呼：这不是对一个男人的侮辱吗？应该由丈夫掌管妻子的钱，而不能颠倒。第四，舒曼必须指定克拉拉为他唯一的财产继承人。

"拜金先生"语出惊人，但女儿违背了他的意愿，克拉拉简单地答复道：我们绝不可能接受这些条件，这件事就交给法院处理吧。这世上总有这样的父母，他们出于好意，为儿女将来的生活忧心忡忡，但他们并不知道爱情之火一旦燃起，最具说服力的论据也只是耳旁风。也许，维克的情况又特殊一些：舒曼要从他身边"偷"走的是他一生的"杰作"，他所希望保护的是当时最伟大的天才的艺术生命。他清楚舒曼的价值，因为舒曼是他的学生，是他曾用信誉担保的青年才俊，但同时他也了解舒曼性格中的不稳定因素：他嗜酒（在舒曼账簿的每一页上，香槟和波尔图红酒的字眼儿轮番出现，此外他对啤酒更是狂饮无度。当然，年轻的克拉拉也爱喝啤酒），对于一个作曲家而言，生计问题至关重要——这便是为什么李斯特一直以来视钢琴如命，"如军舰之于水手，如战马之于阿拉伯人"，这也是为什么柏辽兹在《争论日记》中的数百页里言不由衷。维克不会不知道一位姑娘在结婚之后必须操持家务、为人妻母，因为他曾经就是如此要求玛丽安娜的，而克莱芒蒂娜为他做到了。但正如克拉拉所强调的，父亲永远不懂爱情，他固执己见，坚信女儿决不会挑战父亲的权威，况且萨克森法律总会还他"公道"。

正如舒曼所预见的，维克提出上诉，法庭调解失败后，法官决定将案件发至德累斯顿法庭。"我们觉得到复活节时一切都可以了结了。"当然，这只是他们的幻想……痛苦的几周才刚刚拉开序幕。

维克老爹不仅固执地拒绝调解，而且为了出口怒气，感动陪审团，他开始了一场可怕的诋毁运动，他起草了一份十一页的声明提交法庭，并请人散发至他在德国音乐界的朋友手中，特别是克拉拉即将举办音乐会的城市。这份声明现保留在德累斯顿档案馆中，其中列数了舒曼的"罪行"：身为音乐家、作曲家、记者和编辑，但非议颇多，没有稳定收入，无力支持克拉拉的艺术活动。维克举出佐证：他甚至口齿不清，在法庭上他的声音微弱，他的字也写得极为潦草（这是事实，克拉拉经常嘲笑丈夫的字迹）；舒曼蠢笨地弄伤了手指；他自私、虚荣，并非真心爱克拉拉，他唯一的目的就是利用克拉拉赚钱。维克一再强调舒曼是一个"孤僻的酒鬼，"而克拉拉是一位根本不懂得操持家务的艺术家，更重要的是她需要钱。

舒曼随后向法庭提交了反驳维克控诉的文件，文件中附加了品行证明（门德尔松、李斯特等人亲自公开作证）、收入明细、耶拿大学刚刚授予他的"名誉博士"的证书，以及埃纳斯蒂娜的父亲的一封信，信中证明舒曼和前任未婚妻之间已无任何瓜葛……几个月前，维克曾经拜访过埃纳斯蒂娜，希望她争取作为舒曼未婚妻的权利，但善良的埃纳斯蒂娜只是回答他说自己已经是别人的未婚妻了。

克拉拉已经迫不及待。10月16日，克拉拉写道：复活节能结束这一切吗？多年以来，复活节纠结了他们所有的约定。法院会不会延迟判决时间？太可怕了。三天后，舒曼回信说："我觉得复活节肯定没有问题。"10月30日，舒曼得知维克正在准备他那份可耻的声明书。11月9日舒曼写道："埃纳特对此一无所知，可我认为我们到复活节的时候可以团聚了。如果官司出现什么问题，我们可以去英国（言下之意：我们去英国结婚）。

但我们没有理由失去信心，这只是我今天偶然生出的念头罢了。"11月12日："去英国的事为时尚早……下一次庭审将在三四周之后。"他们必须准备证据：舒曼让克拉拉将父亲的一封信重抄一遍提交法庭。在这封信中，维克说他知道他们在偷偷写信来往，此外还有几行令人寒心的字，维克说他从巡演攒下的钱中拿走了几百塔勒，用于补偿他陪女儿同行的花销。舒曼面临严峻的考验："我很脆弱，我感到自己彻底被这个男人恶意中伤，他玷污我的名誉，对你出言不逊。他千方百计阻挠我们，我们决不能让他得逞。"克拉拉因为即将失去钢琴而沮丧不已，她说：我们结婚时，他必须把我的格拉夫（Graf）钢琴以及家里所有属于我的东西还给我。但现在：我担心父亲会彻底发疯，他现在已经快神志不清了。无论如何，当维克找到贝伦斯议员请他在克拉拉柏林音乐会期间不要借给她钢琴时，他真的已经失去了理智，他甚至致信普鲁士国王，请求他禁止克拉拉的公演！

新一轮的庭审定于12月18日。克拉拉于14日到达莱比锡，一场暴风雨即将来临：克拉拉刚刚得知父亲逼着她的秘书抖出她年少时的一些小秘密。一封匿名信先于克拉拉寄到了家里，信从德累斯顿寄出，明显是维克的手笔……克拉拉和父亲当众对质的一天终于来临。12月18日克拉拉写道：今天是第二场庭审。如果父亲出庭，希望上帝赐予我力量。第二天晚上：他来了，我永远忘不了这一幕。看到他时，我心里有无限的怜悯。他所有付出的努力，一个个不眠之夜，往往一连数月的耐心指导，所有这一切都付诸流水。他过于激动，法官不得不命令他注意法庭秩序，我的心都快碎了。我无法忍受看到他受到这种羞辱。他看我的目光是那么愤怒，但他没有说我一句坏话。我多想就在法庭上恳求他，但我怕他会把我一把推开，于是我只得被钉在原地动弹不得。这一天，我和父亲恩断义绝，或至少再也难以恢复当年的感觉——我的心一片片地裂开了！罗伯特表现得很好，有理有节，他在大发雷霆的父亲面前表现出色。我越来越爱他了，他为了我当众任人羞辱，因此局面可能变得对我们有利。我们可以不再分离。

庭审之后便到了圣诞节与元旦之间的一周时间。克拉拉和舒曼在柏林愉快地度过了圣诞夜。我一生中最美的一个晚上，它弥补了我之前遭受的所有伤痛。罗伯特给了我那么多，我对他感激不尽。克拉拉多么希望就这样幸福地过下去。舒曼待在柏林和她共度新年，但12月27日他又回到了莱比锡。伤心的一天，百无聊赖。确实，自从克拉拉在柏林住下之后，舒曼会不时地陪她小住几日，但大部分时间仍是两地分居。克拉拉想不出是什么原因：我亲爱的罗伯特，我知道你有很多工作，而我们已经不得已花了不少钱，我也知道我们必须耐心等待……但从9月4日起，她就在信中写道：快来吧，我觉得自己离开你就活不下去了。相较而言，舒曼的信则简短得多。你不想我吗？你生气了吗？我越来越难过，你知道吗？如果你再这样下去，我就再也不给你写信了。10月23日，克拉拉在柏林演出：你会来听吗？告诉我！我要是能尽早见到你该有多好啊。我们已经分开三个星期了，我好想你。为什么你不能坦率地告诉我你的想法呢？舒曼原本打算来听第二场音乐会，但最后也没有来。他用苍白的借口搪塞："我们还需要历练和忏悔。"克拉拉立即反驳道：我不明白为什么我们还需要历练和忏悔，为什么别人订婚后可以朝朝暮暮长相厮守，而我们却连一起待上几周都不可以？心虚的未婚夫回复道："你因为我没有来而生气了？难道你认为是卡米尔拖住了我吗？让我告诉你吧，我的心里只有一个年轻的艺术家克拉拉。你是最优秀的，你表现得比普莱耶尔更出色。"噢，甜言蜜语！

美丽的卡米尔·普莱耶尔悄悄地走进了这对夫妻的生活中：一开始她和克拉拉在钢琴演奏上一争高下，但后来克拉拉便对此一笑了之。如今她又回来了。舒曼说："普莱耶尔夫人在这里，据说她的回头率百分之百。"克拉拉回复：我很高兴，你向我保证你对普莱耶尔不感兴趣。我原来很担心，因为她能抓住所有男人的心。我真的很想知道她的琴技如何。你昨天听了她的演出，老实告诉我，你是不是挺喜欢她？我父亲不让任何人接近她，我该怎么想好呢？他是不是一直和她在一起？她会来柏林吗？事情还没有结束，舒曼告诉可怜的克拉拉：卡米尔的节目单选得很好，她是个很有意思的人，很多人都来听她的音乐会，虽然掌声不是很热烈。舒曼故意说到维克和普莱耶尔寸步不离，还在台上为她翻乐谱，满脸微笑，神采飞扬。克拉拉并未发觉舒曼的用意，但父亲的态度令她很是沮丧。尽管如此，普莱耶尔并没有在音乐会上大赚一笔，她只剩下28塔勒（"送给了穷人"），但她还会再次演出。舒曼对此评论道："她举办了第二场音乐会，现场来了很多人，掌声很热烈，但主要是男人的掌声。但我可以向你重申一遍，即使你不是我的未婚妻，你俩同为音乐家，但我对你的欣赏要远胜于她十倍。她的作曲水平就像十二年前的你。"万幸啊！

后来还发生了一件不为人知的事情，舒曼曾向克拉拉写过一封信，信中向她描述了当时的场景："我在三四点之间去了趟她家，那时天快黑了，我到时，女仆把我领进一间幽暗的房间，我往前走，差点撞到一张床。床上有什么东西动了一下，一个温柔的声音对我说：'晚上好。'我如果当时调头就走可能有点可笑，于是我朝床上望去——我想'克拉拉会怎么想呢？'你肯定会说些什么。她终于起床了，但不紧不慢的，我没有立即离开，我和她待了两个小时。我可以告诉你好多事情，所有人都对她感兴趣，而她的言行也确实像个艺术家。她有个习惯，她会不时闭上左眼，用右眼俏皮地往上一转，这表情简直能让人窒息。当然她的名声很差，她可能正是你父亲心目中的榜样：置感情于不顾，嫁了个有钱人。她本可以成为柏辽兹的太太，过着幸福的生活，而且她现在还爱着他。"第二天，舒曼又去拜访普莱耶尔，但她的态度却一百八十度大转变。"她敷衍地接待了我片刻。她说我是个坏蛋，写文章说她的坏话。她没有看过我的文章，只是听人说过……她非常生气，那么伤心激动却又那么迷人，我都后悔批评她了（可是她的作曲水平实在太差了），我根本不可能对她发脾气，所以我匆匆拿起帽子和大衣转身告辞。我的衣兜里被她塞满了雪茄烟。"直到第三天，舒曼才在音乐会上又看到她。那场音乐会甚为轰动。"你瞧，克拉拉，她把我弄糊涂了!"

克拉拉能明白什么呢? 她用嘲讽的语气回信道：普莱耶尔在巡演过程中是不是真的有一位汉堡的克朗兹先生做她的护花使者呢? 她在格万豪斯演出了吗? 她对你说起过我吗? 她会用德语表达吗? 克拉拉甚至还要求舒曼向她描述迷人的普莱耶尔夫人头发长得如何……爱情的小伎俩必须掌握好火候。几天前，克拉拉曾告诉舒曼每天都有一位"极富魅力"的医生拜访她（为了做身体检查?)：这个人可能对你和对我都是个威胁。但这件事也仅此而已。还有一天，克拉拉收到一位名叫朗恩施瓦茨的音乐家、诗人兼物理学家的突袭，他猛地扑过来抱住克拉拉，克拉拉惊呼，可还是没有避开。此人告诉克拉拉自己对她一往情深。真是胆大包天! 这是个最招人讨厌的犹太人，喋喋不休! 招摇撞骗! 但是，玩笑一旦涉及到维克总会让这对年轻恋人心中泛起苦涩：在普莱耶尔的第二场音乐会上，维克还在为她翻乐谱，他好像在对听众说："你们都喜欢普莱耶尔夫人，但是请看看我吧，我被人虐待，难道不正是可怜和无辜的最好写照吗？"可怜的克拉拉还知道，维克一边把她的肖像塞到柜子底下，一边叫嚣道："把她埋了！"

克拉拉一遍遍地读着舒曼以前的信，以此抚慰伤口。她无心再作曲，害怕继续举办音乐会，还有哪架钢琴可用呢？要理解克拉拉的痛苦，我们必须知道当时巴吉尔一家笼罩在一片阴云之中，母亲三天两头和病重又易怒的继父吵嘴。但10月23日，她还是参加了在歌剧院的一场音乐会（三天之前刚刚定下来，令克拉拉措手不及）。她将和小提琴手卡尔·穆勒合作演出亨赛尔特的变奏曲和塔尔贝格的随想曲……演出总体上还算顺利，除了一些小状况：克拉拉一直头晕；其次，当天醒来时她手臂僵硬，可能是受了风寒；另外，钢琴在搬运过程中被工人撞断了支脚；而且大厅照明的蜡烛油滴到了钢琴后部的琴弦上……舒曼一直不在她身边，克拉拉说：星期三晚上八九点之间一定要多想想我。你要保佑我千万不能崩溃。原定于下周一的第二场音乐会由于国王在最后一刻下令征用剧院而不得不推迟。音乐会延期真让我难受！11日，克拉拉又找到卡尔·穆勒，组织了其他几场音乐会，特别在斯德丁（Stettin）和斯塔加德（Stargard）（在斯德丁时，她把亨赛尔特的终曲弹砸了，但那是由于钢琴的原因。没有人察觉）。这次的节目单更加丰富：斯卡拉蒂的奏鸣曲、赫尔兹的《二重奏》以及舒曼的作品——一首钢琴小品，《f小调奏鸣曲》的第二和第三乐章。克拉拉还参加了一些庆典活动，还为普鲁士国王演出。穆勒演奏了贝多芬的奏鸣曲——他表现得很出色，但克拉拉并不喜欢这部作品，她认为过于艰涩。对于同时期的音乐名作人们还可以自由评论。克拉拉还拜访了一些名人：斯蓬蒂尼（他的《贞节的修女》刚在柏林上演，这是我可以想象得到的最无聊的歌剧）、时任斯德丁音乐主任的作曲家卡尔·洛维、门德尔松的母亲（她埋怨克拉拉来得太迟，还不时地请克拉拉到家中吃晚饭）。但她还是他的克拉拉。

总之，在柏林的几周里，克拉拉所经历的只有爱情的惊喜和温柔的责备。10月：你不是很想见我！尽管我想要有一位沉得住气的丈夫，但我不希望有一位沉得住气的未婚夫。两个月后，你为什么不多写几封信给我，亲爱的罗伯特？我做了什么，你对我不闻不问？你的信是我唯一的快乐，它赋予我勇气去做任何事情……已经连续三天了，我只能在伤心中入睡……就给我写一行字吧。你忧伤的克拉拉。克拉拉的信和舒曼的信擦身而过，克拉拉向舒曼道歉，并嘱咐他注意胳膊，最好避免弹琴，少写信，除了写给她，多穿点衣服，多喝水……少喝啤酒！舒曼记住了吗？他真的记得住吗？克拉拉痛苦地感到未婚夫的心不在焉：他想写信给巴黎的艾米丽，却向克拉拉询问艾米丽家的地址——他忘记了几个月前一直给克拉拉写信时的地址，可他曾给她写过那么多的信啊！你让我提醒你艾米丽在巴黎的地址，这多可笑啊，你在开玩笑吧！如果我突然去了巴黎，你甚至都不知道该往哪儿寄信？"我知道，"他在回信中写道，"纳瓦兰街，可是门牌号是多少呢？34或12，应该是12吧。"回答正确！12月1日，舒曼对克拉拉说她必须保持耐心，"以后也要如此。"

这一年过去了，他们还在等待判决结果。克拉拉仍然留在柏林，她于1月1日写信给一直在莱比锡的舒曼：1840年对我而言是那么非同寻常，如今它终于到来了。我们为此期盼已久，我们终于可以长相厮守了。每天，我的脑海中只有你。四个月之后，我会属于你吗？你希望我们相会在5月吗？那是个美妙的季节，你喜欢5月，我也是。第二天，舒曼回信："如果一切顺利，我们将在5月前结婚，越早越好。我后天还会写信给你，我的小克拉拉，可能那时我会带来胜利的好消息。"

他们终于等来了振奋人心的好消息，但并非最终审判的结果。法庭驳回了维克的所有申诉，除了一条：舒曼酗酒——维克有六周零三天的时间搜集证据。对于舒曼而言，法庭采纳其他的证据尚可以接受，唯独这一条令他颜面大失；后世人可能会觉得这很好笑：拒绝一个男人的求婚，仅仅因为他无法抗拒啤酒、波尔图红酒和香槟的诱惑……总之，胜利只是时间问题了，到了美丽的5月一切都将有了定论："别失望，我的克拉拉。上天拖延幸福到来的时间可能另有用意。至于我，我向你保证，我会忠诚地等下去，一直到生命的结束。我们所遭受的一切痛苦和伤害都将得到补偿。"舒曼的鼓励还带着怒气。而克拉拉始终不曾怀疑过自己的耐心，她还需要安慰未婚夫，因为他甚至失去了作曲的动力，不想在庭审结果出来之前见到克拉拉，只有审判结果才能洗刷维克给他带来的耻辱。他战战兢兢，就像惧怕鬼魅的孩子似的。"鬼魅就是你的父亲。"1月12日，舒曼写了一封忧郁的信，莫名其妙地署名为"你的兄长"，而此时另一封匿名信也到了克拉拉手中，署名为莱赫曼。据克拉拉的资深传记作家利兹曼认为，此信用心险恶，意图在克拉拉柏林音乐会举办之前恐吓她。克拉拉遭受着精神和身体的双重压力，她的手发疼（右手食指被发卡扎了一下之后更加严重），所有的因素都迫使她放弃。

舒曼和"鬼魅"："你应该知道，你无法让我和你父亲重归于好。别指望了，你一厢情愿的想法让我很难过。如果有生之年，我永远对你的请求置若罔闻，你会不会很伤心？你得好好想想，尊严的法则和爱情的法则是一致的，我希望你能了解。

请你作出决断，否则我们的幸福将脆弱不堪。我的克拉拉，我写这封信时很痛苦，你知不知道，我的心情糟透了。他言语恶毒，性格偏激，真的好可怕!"

沉浸在爱情中的克拉拉别无选择：我很早以前就对你和父亲的重归于好不抱希望了，我尊重你的感情，这一点你可以放心。骄傲如她，宁愿心如刀绞。她的手只要一放到琴键上就僵住了，怎么办? 她还能继续参加原定的音乐会吗? 事实上，她心慌意乱：今天，罗伯特的信让我度过了一生中最痛苦的一小时。他肯定地告诉我判决可能要等圣米歇尔日（九月）之后才能出来，他还在信中对我说如果我想回父亲家，他也拦不住我。这比在我心口插上一把刀更可怕——我怔在原地，然后眼泪拼命地流，止也止不住。哦，罗伯特，你对我太不公平了! 我承受了一切，失去了父亲，我被迫出庭，忍受内心的痛苦挣扎，但罗伯特的爱把这一切都弥补了。我原以为他的信任是不可动摇的，但现在他狠狠地伤了我的心……

第一场音乐会于 1 月 25 日举行，加盟演出的有小提琴手奥古斯特·奇默曼、一位叫洛策的先生（是否就是列曼所说的哲学家鲁道夫－赫尔曼·洛策?）和男高音爱德华·曼迪乌斯，节目单上有贝多芬的《b_B 大调三重奏》、克拉拉的《贝利尼〈海盗〉卡伐蒂那变奏曲》、亨赛尔特的一首练习曲、李斯特改编舒伯特的《圣母颂》、门德尔松的《e 小调前奏曲》以及斯卡拉蒂的作品。这场演出不是很顺利，克拉拉承受了数周的压力之后已经精疲力竭。开场前的一刻钟她还躺在床上，连穿衣服的力气都没有，急诊医生也无能为力，只能把她抬到马车上，但克拉拉在幕间休息时喝了点香槟后坚持演出。与其说音乐使我接近亢奋，不如说它使我几近晕厥。克拉拉没有弹错一个音符，这是很不可思议的，因为她的手指已经不听使唤了，但听众没有察觉到这一点。没有坚强的意志，她是无法做到的，这种精神在许多其他场合中同样表现得淋漓尽致！柏林《霍氏日报》（Vossische Zeitung）的评论家认为她可以把斯卡拉蒂的曲子弹得更慢一点，对此，克拉拉说：那样该多无聊啊！

1月31日，第二场音乐会的前一天，克拉拉致信舒曼：从上周一开始，我的脸就发疼，疼得我都快疯了。到昨天为止，我什么事情都做不了，弹不了琴，写不了字。但她战胜了病魔，第一次将舒曼的《变奏曲》带给了柏林听众。舒曼鼓励她："弹琴的时候就把它想象成我们的新婚之夜。弹《奏鸣曲》的时候别太用劲，想想它的作者。"他还问未婚妻那天的着装——舒曼要来吗？克拉拉想。但是后文的四行冷冰冰的字立即打消了她的幻想：

"周五，六点半。

晚上好，我现在还在等着你的信，

但我不想强求你。

晚安，亲两下。你的罗伯特。"

音乐会之后的十一点：一切顺利，包括你的《奏鸣曲》。我想如果你之前的信能再温柔些，我会弹得更好。亲王也来了，正好听到你的《奏鸣曲》，可我怀疑他能否听得懂……

一周又一周过去了，克拉拉还在为审判结果而烦心：还有六个月的疑虑和希望。她无法静下心来安排巡演并赚钱糊口。母亲陪她到了汉堡，汉堡人的品位（想想看，他们更喜欢德莱肖克而不是塔尔贝格！）和钢琴的匮乏令克拉拉寝食难安。她演奏了肖邦的作品，应听众之邀演奏了两遍李斯特改编的《魔王》。音乐会大获成功，庆功的葡萄酒和香槟洒了一地。之后克拉拉到了不来梅，但父亲的造谣在这里造成了不良影响（毒药蔓延），但几天之后，克拉拉的魅力得到了施展，她说自己从未弹得这么好，听众为她热烈鼓掌。我和不来梅和解了；也许它们已经发现闲言碎语对我造成的伤害，现在他们消停了。下一站是吕贝克，我们的萨克森姑娘有了一次难忘的经历：她第一次看到了海，她坐了一艘三帆小船在海岸附近兜了一圈，她激动地说：海岸不见了，没有人知道我们在哪儿。那天有点起雾，但当一缕阳光穿透云层时，那景色美极了！波浪也像被镀上了一层银色。就在这一天，舒曼告诉她他写成了一首浪漫曲。克拉拉有些妒忌：不会是某位姑娘给了你灵感吧？克拉拉在之后的基尔、哥本哈根和梅克伦堡的巡演中共计收入九百七十塔勒，其中有50%的纯利润。冬末，克拉拉终于回到了柏林。

舒曼一直在莱比锡，他对于拒绝远行有一个充足的理由：他要接待朋友弗兰兹·李斯特。李斯特的到来点燃了莱比锡听众的激情。出于友情，李斯特还为舒曼弹了几首小品曲、幻想曲片断和一首奏鸣曲。他的才华超乎舒曼的想象，在音乐会之前他甚至连音乐会将使用钢琴的琴键都未曾碰过。舒曼告诉克拉拉："他对自己的十指是那么信任！可是，克拉拉，你不要去学他，你就是你。"李斯特和舒曼形影不离，但他们各自生活的背景相异。舒曼在信中对克拉拉说李斯特抱怨莱比锡没有明星，没有伯爵夫人，也没有公主。"我告诉他我们也有自己的贵族：五百位书商、五十位印刷坊坊主和三十份报纸。他笑了。"李斯特在舒曼致未婚妻的信中加了一段话（用法语书写）："伟大的艺术家，请允许我轻轻地唤起您美好的记忆。您还记得我吗？不能与您在莱比锡城相遇真是件憾事。我多么希望有时间可以赴柏林与您握手致意！很可惜，我脱不开身。请接受我来自远方的最诚挚的祝福，愿您幸福如意，载誉而归。若有需要，尽管找鄙人，我将竭力相助。您最忠诚的F·李斯特。"

李斯特考虑到舒曼、克拉拉和维克之间的过节，自以为不邀请维克参加音乐会是明智的，但他不知道毕竟血浓于水，她对父亲的爱随即复苏：怎么？那么多年来，父亲一直借琴给李斯特用，到头来一场空吗？太不公平了！她说她哭了。然而，当罗伯特请她回莱比锡听李斯特的下一场音乐会时，她丝毫没有犹豫。他的《狂欢节》没有弹出我期待的水平，和在维也纳时感觉不一样。但她同时也在日记中承认：他是那么才华横溢，真讨人喜欢。

4月17日，克拉拉和舒曼一同回到柏林。他们心事重重，但门德尔松的到来为他们的生活照进了阳光。他们一起度过了美妙的音乐之夜：门德尔松演奏了巴赫的《#c小调赋格曲》。克拉拉见识了门德尔松的才华，并毫无掩饰地坦言门德尔松是她最喜爱的钢琴家。5月，克拉拉回到了莱比锡。这是她自和舒曼订婚以后第一次陪他过生日。7月7日，她写道：我们期待着一周后的判决。对即将到来的消息，我有种说不出的感觉。这期间，舒曼和克拉拉找到了一处公寓：英泽尔街5号，二楼，地处旧城区外，远离喧嚣，但克拉拉的心里不时会掠过阴云：我甚至连平民女子都不如，连嫁妆都没有。8月1日，他们终于等来了判决结果，维克有十天的时间可以上诉，但显然他已回天乏术。8月初的两周里，克拉拉仍然以克拉拉·维克的名义演出：在耶拿，在魏玛王宫为王室成员演出，其中还有到访的俄国女皇。之后，9月2日她在哥达为穷人义演，5日又回到魏玛市政厅，这是她人生第一阶段的最后一场演出。结婚公示已于8月16日张贴在了莱比锡的圣尼古拉教堂里，婚礼日期定在9月12日，圣米歇尔日是29号……

结婚前夜，克拉拉失眠了。这最后的数周是那么漫长，却又那么短暂。婚礼当天早上，克拉拉只是感觉到如释重负，她看着舒曼，她用清澈的目光看着这个从今往后将日益成熟的男人，看着这个终于学会控制猜忌和冲动的男人，她想起了那个曾把十一岁的自己逗乐的英俊学生。终有一天，她会慢慢明白爱情是一段漫长的旅程。当父亲的阴影再次向她袭来的时候，舒曼已经牵住了她的手，带她走进了那座小教堂。在那里，聚集了他们的亲朋好友，他们早已知道这对年轻人命中注定不可分离，他们见证了新婚夫妇的生死誓言。片刻之后，未来豁然开启。

我的一段人生结束了。我的青春岁月中虽然有很多忧愁，但也有很多欢乐，我将永不忘记。

第十八章　新生活

　　克拉拉终于进入了盼望已久的婚姻生活，她完全沉浸在幸福之中。每天和丈夫分享激情是幸福，爱一个人也是幸福，但很快她就会发现爱也是有约束的，激情和忠诚必须相结合。在那个时代，妻子必须是家庭主妇：精于家务，生儿育女。于是，一个早已荣耀加身的年轻女钢琴家和一位比她年长九岁却业绩平平的作曲家，他们的婚姻生活必然是矛盾重重。尤其是舒曼，他确实仰慕妻子的才华，但他宁愿妻子做一名全职太太，只有在私下里才和他谈谈音乐："年轻的妻子应该下厨做饭，持家有道才能让丈夫满意，这可笑吗？"但克拉拉笑不起来，她了解她的罗伯特，她知道凭她一人之力在目前就足以维持家用，她也不是不知道中断艺术事业将是何等惨重的损失，因此她离开剧场的时间并不长，从克拉拉·维克的告别演出到克拉拉·舒曼的再次登台相隔仅仅半年。

　　"蜜月"，是的，我们极易把这个词儿普通化。克拉拉和舒曼在《夫妻日记》中，对性爱之事总是讳言，但他们记下了每一次的交流、碰撞和忧愁，两人交替着在这本私密的日记中记录着悄悄话和叹息。这本镶金边的黑封面日记是舒曼送给新婚妻子的礼物，克拉拉在半个世纪之后将它留给了爱女玛丽娅。在日记的第一页，舒曼向妻子袒露了他真实的想法，并定下了秘密规则：

　　"亲爱的妻子，

今天是你嫁给我的第一天，也是你二十二岁的第一天，请让我最最温柔地拥抱你。这本由我今日开笔的小册子意义重大，它将见证我们每天的夫妻生活，记录我们的心愿和希望。当语言不足以表达我们的心意时，它将承载我们的祈祷，它将帮助我们心灵相通，在争吵中相互谅解。总之，它将成为我们的挚友，可以倾诉衷肠的知己，我们可以对它敞开心扉。亲爱的，如果你也同意，请答应我严格遵守我们婚姻的秘密协议，我可以向你保证……"

规则很明确：日记每周易手，交接过程定于每周日的"清早"，"如果可能就在早餐咖啡时间"。其中一人必须对上周记录的文字根据具体情况高声或轻声朗读，还可以附上一吻。针对舒曼一贯言简意赅的"毛病"，克拉拉下了禁令：每周不得少于一页，否则就得赔点东西。如果有空白页怎么办呢？他们从未考虑过，"因为我们彼此尊重，具有责任感。"舒曼还明确说："别忘了对我们的艺术活动作出评价，写上你练习的作品、创作的曲子、新学到的知识和你的想法，我也同样如此。"另外："让我们谈谈我们所认识的那些艺术家，他们的轶闻趣事和我们的随想都可以写。"最后："我不要求这本日记里只记载至美至纯的东西，比如你我最美好的愿望，上天会保佑我们的。我希望它还能记录你我的忧愁。快乐和忧愁将陪伴我们一路走过，留与我们将来慢慢品味，乐在其中……如果你同意，我亲爱的妻子，请将你的名字写在我的名字之下，让我们一起念出这三个词：努力、勤俭和忠诚，让它们保佑我们生活美满。我是罗伯特，你心爱的丈夫。你呢？"我也是，她说，用我的整个灵魂爱你，你忠诚的妻子。克拉拉怎能不同意舒曼的秘密协定呢？舒曼向她反复灌输努力、勤俭和某种程度上的忠诚。数月之后，舒曼得知门德尔松夫妇在婚后也共同写了一本夫妻日记，但随后便放弃了——"我们决不会这样。"克拉拉说：当然不会！他们满怀信心。

9月20日，婚后的第一个周末，舒曼写下了他的第一篇日记："无甚大事。我很幸福，我的妻子是稀世的珍宝，价值连城，但愿她能明白她为我带来了何等的幸福。"一周之后，克拉拉写道：新的一周开始之前，亲爱的丈夫，我必须向你承认，我从未像过去的几天里那样感到幸福，我相信我肯定是这世上最幸福的妻子。此外，克拉拉还悄悄地向丈夫祖露心事，这些话极少在日记中出现：你对我百分百地满意是我最大的幸福。亲爱的丈夫，如果你有什么不如意，你会立即对我说的，对不对？

一周又一周过去了，克拉拉记录着她的幸福。第十二周的周末：我一生中最幸福的三个月。她沉浸在无忧无虑的幸福之中。确实，从9月12日之后她渐渐开始淡忘过去的痛苦，但一想起父亲，她心中依然有一股酸楚。他不能见证我们的幸福，他失去了我，失去了所有的朋友。3月14日，结婚已有半年：时间过得飞快，我们是那么幸福！如果我的罗伯特能一直这么爱我，我将是世上最受人嫉妒的女人了！维克一直住在德累斯顿，他来到莱比锡后依然态度强硬，导致父女俩最终不欢而散。现在我已经对和解不抱什么希望了。其实她仍然心存幻想。结婚一周年的前几天，即9月1日10点50分，他们的女儿玛丽娅在雷雨中降生了。"除爱情和艺术以外，她又送给了我这样一份礼物。有她做我的妻子，我是多么自豪啊！"克拉拉也因为给舒曼生了一个孩子而激动不已。他是我在这世上最亲的人，我每天都在想："我对他的爱已经到了极致"，可是我分明感到每天都在多爱他一分。甜蜜的情话记录在了《夫妻日记》中。

舒曼夫妇还住在英泽尔街5号的爱巢中。从入住的第一周起，亲友们就在那儿为克拉拉庆祝二十一岁的生日。夫妇俩请了一位名叫阿格内丝的妇人为他们操持家务。新婚后的克拉拉平生第一次下厨。

"告诉我，罗伯特，我做的好吃吗？够吗？"

舒曼没有回答，他已经到了波普家，照例去喝啤酒。

舒曼夫妇并非社交活跃之人，但音乐界的朋友都喜欢相继上门做客，克拉拉的钢琴一直为客人们打开着。克拉拉弹奏了巴赫和门德尔松的《赋格曲》，大家唱起了浪漫曲，香槟酒的气泡汩汩地冒出来。门德尔松是舒曼家的常客，时常和克拉拉合奏钢琴曲，他是莱比锡音乐界的翘楚，声名远播，在朋友圈子里人缘极好，可是他的成功终究引起了"某些人"的嫉妒，这些话没有被挑明，但却写在了私人日记中，舒曼坦言："克拉拉说我对门德尔松改变看法了，可是你知道，这不是因为他的音乐。几年以来，我极少对人像对他那样亲密，但是我们不能忽略了我们自己。犹太人始终是犹太人，他们原本居无定所，后来耶稣来了。当我们垒起石头为他们欢庆时，他们却用这些石块向我们掷来。所以，我想我们不该太友好，我们也应该为我们自己做一些事。总之我们应该永远追求艺术的美丽和真实。"无论从思想和表达方式看，这几行字都令人匪夷所思。一周后，克拉拉在日记中赞同他的看法：不能像以前那样在他面前过度谦虚。门德尔松的名字总是以特别尊敬和温柔的字眼出现在舒曼夫妇的日记中，他经常和克拉拉合奏钢琴曲或是指挥乐队，他对舒曼的新作给予认真的评价和高度的赞赏，他被舒曼称为"最佳评论家"（"在所有在世的乐评家中，只有他的评论最为清晰明了。"）。同时，门德尔松也不时地送些小礼物传递友情，例如1842年3月他送给舒曼夫妇一部装帧精美的歌德名作《赫曼和窦绿苔》；另外，门德尔松在成立莱比锡音乐学院之时曾邀请舒曼出山，尽管最终舒曼由于语言问题而未能入校执教，但门德尔松对他的欣赏和帮助也颇令人感动。但尽管如此，克拉拉仍然在门德尔松举办格万豪斯音乐会之后不无嫉妒地作出了以下评价：喝彩声是有的，但都是妇人们的，她们兴高采烈，整场演出中嘴巴张得老大，像是一辈子没有见人指挥过。我对门德尔松当然满怀敬意，但类似这种波及本地大部分居民的偶像崇拜实在让我受不了。她总是那么挑刺儿，哪怕是对自己。

另一位在舒曼夫妇新婚期间时常上门的客人就是弗兰兹·李斯特。舒曼夫妇对他除了仰慕以外，更多的是惊讶。夫妻两人周日早晨的私人阅读时间常常出现李斯特的名字。1841年11月末，克拉拉到魏玛办音乐会，李斯特也（"高高兴兴地"）来了。舒曼夫妇和他一起回家，待客用的除了香槟，还是香槟……数天后，确切说来是12月2日，李斯特到了莱比锡，由于这一年诸事不顺，他希望转转运。克拉拉特地为他和他的合作者准备了晚餐。四天后，《创世六日》上演，这首《华丽变奏曲》由六位作曲家（塔尔贝格、皮克西斯、赫尔兹、车尔尼、肖邦和李斯特）根据贝利尼《清教徒进行曲》的主题而作。克拉拉评价道：非常出色的作品，难以超越。演出时音乐厅座无虚席，成功是意料之中的事。幕间休息，李斯特向克拉拉献了一束花，但这一举动并未获得舒曼的好感。舒曼夫妇将一只刻有他们名字的银质高脚杯作为礼物送给李斯特。音乐会结束之后，李斯特大摆筵席，请大家吃了一顿丰盛的晚餐，席间还有牡蛎和鳟鱼，但当大家兴致正浓时，舒曼和克拉拉却很快离席。舒曼的夫妻日记中称李斯特第二天睡了一天。12月16日，李斯特脸色疲惫：照他的生活方式一点都不奇怪……舒曼家再次请客吃饭：李斯特照旧迟到，他似乎很享受被人等待的感觉，可我不喜欢……他是个被宠坏了的孩子，心地善良却我行我素，可爱却又烦人，高贵慷慨而有时对人又过于苛刻。在他身上集中了各种个性，可我们仍然非常喜欢他，他和我们结下了深厚的友谊……至于音乐则另当别论，李斯特弹琴的时候随兴所至，很有思想，尽管有时略失品位，因此我们对他的作品批评较多。他的曲作品太差劲了，除此以外真不知该如何评价了。他的作品无论是低音还是高音都是杂乱无章的噪音，无休止的喧哗。可以说我讨厌作为作曲家的李斯特，但身为钢琴家的李斯特总会让我惊喜！另外，克拉拉认为李斯特过于拈花惹草：我也很喜欢他，但崇拜是有限度的。毕竟，他们是两个世界的人……

而法国人埃克多·柏辽兹可以是第三世界的人了。1843 年2 月他在莱比锡小住了几日，陪同的还有一位名叫玛丽娅·雷齐奥的姑娘——看上去，不只是他的歌手那么简单——其实，柏辽兹那时尚未成功地甩掉她。由于柏辽兹不会说德语，而舒曼又沉默寡言，所以两人的交流很少。但是在听完柏辽兹《安魂曲》的《奉献曲》之后非常感动："舒曼，沉默寡言的舒曼像触了电似的开口说话了，令所有认识他的人大吃一惊，他抓住我的手对我说：'这首奉献曲举世无双！'"克拉拉赞同丈夫的观点：在他的音乐里很多东西都让人受不了，但确实有一种出色的想象力和非凡的天分在里头。可惜的是，巴黎的生活把他惯坏了，他和巴黎的年轻人一样放纵不羁。他往葡萄酒里掺水喝，吃糖煮水果！舒曼却不以为然，他非常喜欢柏辽兹，我真是无法理解。

除此以外，还有许多不期而至的访客，在柏辽兹无可争议地成为座上嘉宾的一周里，到访的还有（布雷斯劳的）海瑟、（斯特雷利茨的）钢琴家弗斯、（汉堡的）帕里希先生和帕里希小姐、（哥本哈根的）海尔斯戴德、（布拉格的）钢琴家舒尔霍夫和作曲家冯·阿尔文斯雷奔、（斯德丁的）作曲家沙德巴赫、

（汉堡的）格尔特史密特女士及其子天才少年奥托、（哈勒的）诺恩堡、（布拉格的）契特尔、（哈勒的）管风琴手弗兰兹。从此以后，舒曼夫妇家成了音乐家们欧洲巡演的必经之地。十年以后，还将有一位名叫约翰内斯·勃拉姆斯的年轻人敲响他们的门⋯⋯

"舒曼一家一切顺利。"1841年10月24日，罗伯特在《夫妻日记》中如是写道。"宝宝会笑了，我们的家庭主妇还是那么温柔，但一家之主有时候会情绪低落。为什么呢？连他自己都不清楚。本来，娶了这么一位好太太，生了这么一个乖宝宝，他应该感到幸福才是啊，可是他看上去并不幸福，这让他的太太很难过。你知道我为何如此烦躁易怒，因为我想到了你父亲，可我不能说出来。我常常由于一些文学和艺术的原因自怨自艾。别怪我，亲爱的克拉拉，一个艺术家的心总是不安的。"

克拉拉很担心，结婚六周后，舒曼说他很消沉，无心作曲。难道是因为结婚的缘故？克拉拉作过努力：要是一位太太总是自怨自艾，那对她的丈夫来说是一件很可怕的事⋯⋯克拉拉的喜怒维系在舒曼的身上，她总在问：你还像以前那样爱我吗？她暗自思忖：如果他的状态不能改观，我该如何是好？克拉拉会不会为家务所累？会不会因为家中隔墙过薄，钢琴只能成为丈夫作曲的专用？新的巡演之梦会不会破灭？透过《夫妻日记》，我们发现舒曼夫妇之间频繁的艺术交流，舒曼通过巴赫钢琴温柔的琴键向克拉拉展示了贝多芬的《交响曲》和《奏鸣曲》、海顿的《四重奏》，这令克拉拉大开眼界，她开始质疑以往的节目单：我越少公开演出，就像现在这样，我就越发讨厌机械性的琴技，像亨赛尔特的《练习曲》、塔尔贝格或李斯特的《幻想曲》之类的作品真让我烦透了。除非巡演需要，否则我再也不会弹这些东西了。真后悔为了练习它们而浪费了那么多时间。舒曼夫妇读了很多书：莎士比亚是入门读物（舒曼强调说这是"对音乐最精辟、最美妙的言论"），此外还有让－鲍尔和歌德，偶尔还有雨果。但可以想象的是，克拉拉讨厌《巴黎圣母院》——那些只喜欢残酷和嘈杂的法国人很喜欢这本书，可是对一个心灵纯洁的德国人来说，这种书太可怕了！沃尔特·司各特[①]比雨果好些。

舒曼夫妇开始作曲。1840年夏，浪漫曲开启了他们的创作之路。克拉拉将新作的三首浪漫曲作为圣诞礼物送给了舒曼：《在海边》（伯恩斯）、《我站在黑暗的梦里》（海涅）和《民歌》，而这最后一首浪漫曲的歌词的选择绝非偶然：

"……一个小伙子爱上一位姑娘，

他们离家出走。

双亲不知他们的下落，

他们四处流浪，

没有幸福，没有运气。

他们迷了路，他们死了……"

克拉拉就这三首圣诞浪漫曲写道：他们只代表了一种尝试，并无结论。次月：罗伯特为我选择了吕克特的诗，有好几次，我全身心扑在上面却毫无进展——我根本没有作曲天赋。6月：作曲工作寸步难行。我真该把我这笨脑袋往墙上撞两下。然而，到了舒曼生日的那天，她已经完成了四首浪漫曲：《你为什么要问别人》、《他在狂风暴雨中来》、《你爱的是美好，哦不是我》和《我跟你说的美好夜晚》。其中前三首连同夫妇俩人另外的九首作品一同被收录于一本合集《弗雷德里希·吕克特的十二首诗，罗伯特·舒曼和克拉拉·舒曼的爱的春天》中（op. 37/12，

---

① 沃尔特·司各特（1771～1832）：英国诗人、著名作家。

布赖特科普夫和海特尔出版社，1841年9月13日出版）。吕克特后来收到了这本合集，作为感谢，他又赋诗一首寄回给舒曼夫妇。1841年的圣诞节，克拉拉又准备了一份音乐礼物：我尝试着为罗伯特写些曲子，出乎意料的是我竟然进展顺利。我很快完成了奏鸣曲的第一和第二乐章，效果很理想。总之，这让我亲爱的丈夫大吃一惊，他也准备了礼物，他在圣诞前天只用了一下午就为我和我的小玛丽娅作了一首可爱的摇篮曲。两周后，舒曼写道："克拉拉完成了她的奏鸣曲。小玛丽娅身体健康，活泼开心，给我们带来了很大的快乐。"后来克拉拉又为舒曼写了两首浪漫曲（引用了海涅和格贝尔的诗），作为他三十二岁的生日礼物。"这是她至今为止写得最完美的作品。"

舒曼的浪漫曲数量之多、样式之丰富、质量之精湛为世人叹服，但很快他的人生便翻过了浪漫曲的一页：是否因为克拉拉经常在他耳边督促他快快写出交响曲，赶上门德尔松的脚步呢？

于是，第一首名为《春天》的交响曲频繁地出现在《夫妻日记》之中，打乱了既定的日记交接节奏。现在（即1841年1月17日至24日这周）由我来写日记，这违背了我们原先的约定，可是当一个男人在写交响曲的时候，不能指望他再关心其他事情，哪怕是妻子也必须接受遭冷落的命运。经过几个不眠之夜后，舒曼的交响曲终于在第二周完成了，剩下的事情就是乐队配乐了——克拉拉此时不方便弹钢琴。2月7日：我这一周还得继续忍耐。我不想用日记来打扰你，亲爱的丈夫。五周的静默之后，舒曼又提笔开始叙述。是的，创作交响曲的时光让他感到幸福，如今交响曲基本完成了，他如释重负，就像女人刚刚分娩过。舒曼写道：亲爱的克拉拉，感谢你的谅解。这部作品于3月31日在格万豪斯响起。这是一个值得纪念的晚上，因为它标志着克拉拉的重返舞台。她和门德尔松合奏了后者的《无歌词浪漫曲》和四手联弹二重奏，她还演奏了肖邦《第二协奏曲》中的柔板和圆舞曲、舒曼的快板、斯卡拉蒂的一首奏鸣曲、塔尔贝格的《摩西幻想曲》；舒曼的两首浪漫曲和克拉拉的《在海边》也在节目单之列。克拉拉为女歌手苏菲·施罗斯伴奏——"我的克拉拉弹起琴来像一位女神，足以倾倒众生。"克拉拉一登台，台下喝彩声一片。好友门德尔松指挥了舒曼的交响曲，第二天这首作品便成为舒曼崭露头角的见证。丈夫的成功令妻子满心欢喜。

克拉拉又找回了往日的乐趣：与听众分享音乐，看着座无虚席的大厅，看着激情洋溢的听众，而最快乐的事便是演奏丈夫的音乐。8 月 13 日，即玛丽娅生日的半个月前，她写出了《钢琴和乐队的 a 小调幻想曲》，即著名的《协奏曲》的第一乐章。之后她回到魏玛，为皇家乐师们举办了一场音乐会（她演奏了门德尔松的《随想曲》、塔尔贝格的《幻想曲》……）。之后她又应大公之邀在王宫演出，其间演奏了李斯特当红的《创世六日》协奏曲。1842 年 1 月，她又在格万豪斯开了两场音乐会（节目单上依然是门德尔松和塔尔贝格!!）。此前不久她写道：我的罗伯特在艺术上花费的精力越多，我花费的时间就越少。天知道，我们的房子实在太小了，总有这么多没完没了的琐事，做不完的事情，这让我浪费了很多时间。尽管如此，克拉拉还在梦想着一轮新的巡演，带上她的罗伯特远赴北欧，可也许这只能想想罢了。

2 月 18 日，舒曼夫妇离开莱比锡，途经马德伯格，他们在雾中依稀辨出马德伯格大教堂的轮廓。19 日周六，他们抵达布朗施威格（Braunschweig）。第二天，他们突发奇想：去美国吧，艺术家似乎可以在那儿发财……异想天开。远征美国意味着要离开欧洲两年，小玛丽娅只能留在家中，杂志社只能易手。舒曼认为去美国巡演可能会让他们下半辈子衣食无忧，但事实上他们不得不放弃这个念头。在汉堡他们已经遇到了一些困难。经过海尔德斯海姆（Heldesheim）和汉诺威，并在诺伊斯塔特过夜（狂饮了一通香槟），他们终于到达不来梅，克拉拉不得不将就着一台蹩脚的钢琴演出。第二天，克拉拉被召入奥登伯格王宫见驾，但去的只有她一人。舒曼感到自己被"轻视"。其实从第一天开始，舒曼就对"女钢琴家的跟班"这一角色备感失落，虽然"报酬"诱人——他的交响曲在不来梅列入了克拉拉的专场演出节目单中，并在汉堡也演奏过。但舒曼突然决定要回家，而面对这一决定，克拉拉一时茫然不知所措。她不是还要如期巡演一直到哥本哈根吗？哥本哈根人已经在为克拉拉的到来准备乐队欢迎仪式。这是个艰难的选择，但克拉拉终究选择了坚持。然而作为一个女人，她不宜独自旅行，于是有人给她介绍了一位年轻的女伴玛丽娅·加利科斯。当然，玛丽娅无法理解身边这位太太心中的苦闷：她孤独、失望，但依然勇敢。当舒曼踏上回乡之路时，克拉拉却因一场暴风雨而不得不滞留在吕贝克一周。

三个月之后，克拉拉写信给好友艾米丽：是的，我孤身前往哥本哈根，陪在我身边的不是罗伯特，而是一位不来梅的夫人。我曾经打算结束演出，但我想，我已经嫁人，待在家里赚不了什么，也丢不了什么，为什么我就不能用我的才华帮罗伯特一把呢？谁会因此而责备我呢？事实上，我的丈夫回家照顾我们的宝宝，继续他的事业。我将我的计划告诉了罗伯特，他大吃一惊，但我尽量向他讲明道理，他最终同意了。从此我们谁也不会感到亏欠了……太多的辩解只是为了掩饰心中的愧疚。出发前一晚，真可怕。第二天，即 3 月 10 日，克拉拉很难受，无法如期在基尔举办音乐会。在登台前的一小时，她做过最后的努力，但终因乏力而放弃了，音乐会被迫取消——我为此赔了四十七马克。吕贝克阴雨连绵，克拉拉心中无限忧伤，没有舒曼的消息，他也许以为妻子已经到了哥本哈根。宝宝怎么样了？终于，19 日的晚上，克拉拉终于登上了克里斯蒂安八世的领土——荷兰。

"是舒曼太太吗？我是奥尔森，哥本哈根的音乐商。很荣幸接待您。所有的艺术家都在迫不及待地等待您的光临。4 月 3 日星期天，您将在皇家剧院举办您的第一场音乐会。祝您成功。"

克拉拉用她的保留曲目赢得了巨大的成功：一曲亨赛尔特的《练习曲》、一首肖邦的《夜曲》、一首斯卡拉蒂的《奏鸣曲》、韦伯的《音乐会曲》和塔尔贝格根据歌剧《摩西》改编的《幻想曲》。剧院里座无虚席，演出共计盈利二百二十八塔勒。克拉拉轰动了整个荷兰王室。只是其中并不包括国王和王后，由于身份特殊，他们不适宜去剧院看一位未在宫中召见过的音乐家。两天后，克拉拉才得以入宫觐见国王和王后。10 日周日，她在皇家剧院举办了第二场音乐会：节目单上有亨赛尔特、塔尔贝格以及李斯特（他的改编曲）——总计盈利一百一十四塔勒。克拉拉抱怨手指酸痛。14 日周四，她在"英国旅馆"举办了第三场也是最后一场正式演出，节目单上有莫舍勒斯和肖邦的作品、巴赫的《前奏曲和赋格》、贝多芬的《月光奏鸣曲》以及克拉拉自己的《谐谑曲》（op. 10）。听众虽然不多，但克拉拉仍然赚足了一百九十六塔勒和四格罗先①。最后，克拉拉还为王后卡洛琳娜·阿玛利单独演出。后来，王后成了她《浪漫曲》（op. 13）的受题献人。出发前夜，她优雅地出席了皇

---

① 奥地利货币，1 塔勒 = 100 格罗先。

家剧院的慈善音乐会——这是习俗。

在哥本哈根的四周里，克拉拉频繁地参加各种社交晚会和庆典活动。是的，她对舒曼说。我受邀参加了一场舞会，我原本打定主意决不跳舞。可是我还是跳了两回，分别是和冯·格鲁克堡王子和冯·黑森王子。两位年轻迷人的王子，可怜的舒曼。克拉拉还遇到了安徒生，虽然丑陋自私但却有一颗孩子般的心，克拉拉很喜欢他。除此以外，她还认识了芭蕾舞蹈家布诺维尔、作曲家尼埃尔斯·加德（克拉拉在信中告诉舒曼：他对你着迷，他知道你的作品，而且努力练习去弹奏它们）、女钢琴家佩皮娜·图塔因和海耶堡夫妇（她是最伟大的演员，他是最伟大的作家）。克拉拉还对托瓦特森的新古典主义雕塑着迷，可惜无缘与雕塑家本人见上一面。4 月 19 日周一，在出发赴基尔的几个小时前，她被王后私下召见。王后希望她再回丹麦，并送了她一枚钻石胸针。在基尔，她还有一场演出，用以弥补先前取消的那一场音乐会。随后，她又赶赴临近马德伯格的汉堡，舒曼将来接她。只有上帝知道，在经历过那么多天痛苦孤单的日子之后，他是多么焦急。3 月 13 日："空荡荡的房子仿佛在问我：'你的好克拉拉去了哪里？'——甚至连窗台上的花也愁眉不展。"3 月 16 日："还是没有你的消息，我的克拉拉。难道你已经把我忘了不成？昨天，我的心里满是忧伤，我已无力抵抗。空空如也的房子，空空如也的心。放手让你离开是我这辈子做的最傻的事，我以后决不会再干了。"3 月 24 日："我平静了许多，我已经习惯了孤单的生活。但愿我的牺牲值得，可以满足你作为艺术家的追求。你还那么年轻，不想被世人遗忘，因此我很难责备你，毕竟你在青春时期曾那么努力过。总之，你还可以用你的天赋为人们带去欢乐。"4 月 1 日："我把你的信读了三四遍，我已经把它熟记于心。"舒曼向妻子承认自己无心作曲，连一首浪漫曲也写不出来，终日昏昏沉沉。终于，在重逢的三天前，舒曼写道："我昨天想给你写信，可是我病了，因为我极度忐忑，你父亲在德累斯顿到处造谣说我们分手了！"

弗雷德里希·维克照旧在诋毁女婿（他把舒曼的新作品评价为"恼人的交响曲"），然而塞赫少校，早在克拉拉婚后半年不到时便预见到了父女和解的可能性。两个月后，法院认定舒曼起诉维克的诽谤行为情况属实，维克被判入狱十八天！虽然无任何迹象表明维克已经忘记了伤疤，但他和克拉拉的父女关系有明显改善，克拉拉已经拿回了被没收的财产。7月，塞赫少校再次出面调解，但克拉拉认为，可能为时尚早。克拉拉在父亲生日那天寄去的几行祝福在情在理，然而父亲毫无回音，甚至当舒曼告知维克他已做了外公时，他依然没有反应。但受辱的岳父终于在1843年1月有所行动，他无法漠视女婿的创作天才，他对女婿的工作表现出一定的兴趣，并要求克拉拉在舒曼新作上演时一定要通知他。维克说："（他的作品）深受音乐爱好者所喜爱。"如果有必要，他会到莱比锡，他还邀请女儿赴德累斯顿和他见面，并嘱咐她别忘了带来昔日弟子的《钢琴五重奏》。"你的丈夫和我都是倔脾气的人，但这可能是坚持人生道路的必备素质，我们都有自己的信念。我希望公正地评价他的成果和创造力，这不足为奇。"

克拉拉回信说，亲爱的父亲，我恨不能现在就接受你热情的邀请，你知道我是那么迫不及待，但我必须提前通知你，我们现在走不开，天气太冷，宝宝受不了。等天气转暖后，我便会把她带来看你，你见到她一定会很高兴的……1月9日，克拉拉受邀参加苏菲·施罗斯的音乐会，她还不知道该选择弹奏舒曼的《钢琴五重奏》还是《音乐会曲》，但肯定是其中一首。父亲会来吗？其实，她更希望父亲能出席他们的婚礼。这场演出中，舒曼的作品大获成功，克拉拉还演奏了贝多芬的 101 号作品。那一年，舒曼完成了三首四重奏。今年冬天你也许会听到其中一首。还有，是谁告诉维克说克拉拉生病了？我向你保证这纯粹是胡说。看到父女和解有了转机，舒曼心满意足地写道："父母终究是父母。"2 月，克拉拉在德累斯顿小住了几日：我之所以愿意待这么长时间，完全是因为我能想象到父亲看到女儿近在身边时的欢乐，他已经好久没有这般开心了，虽然这是他自己造成的。

可以说，维克的回心转意是妻子克莱芒蒂娜劝说的功劳，也是水到渠成的事情，无论如何，这总是好事。虽然维克和舒曼之间的嫌隙还是很深，但有很多理由都催促他和舒曼言归于好，当然首要因素便是女婿在音乐界的声名鹊起。他虽然曾经对舒曼当众羞辱，但如今也不能当着世人的面对女婿的成功视若无睹。舒曼第一首交响曲的成功预示着他辉煌的前途。数月之后，舒曼又完成了他的另一部作品，这次他更加雄心勃勃，他将托马斯·穆尔的《拉拉露哈》改编成歌剧，起名为《天堂与仙子》。克拉拉说：他全身心地投入创作，他是那么激动，我真担心他身体吃不消，但同时看到他努力的样子，我又很高兴。后来克拉拉对这一新作进行删节，并改编成钢琴曲。对此舒曼说："她作了很多删节，加入很多爱情成分，对此我不想感谢她。"12 月 4 日，这首新作在舒曼的亲自指挥下在莱比锡上演，并大获成功。桂冠被摆在了指挥的乐架上，而这最终成就了舒曼和维克和解的最后一步。

"亲爱的舒曼，

识时务者为俊杰。

为了克拉拉和我们大家，我们不能再分离了。现在您也成了父亲，难道我还需要长篇大段地解释吗？

是艺术将我们始终捆绑在一起，我还曾经是你的老师，是我的判断决定了您今日能够继续艺术事业。今天，我已不再需要热心地向他人担保您的聪明才智和真诚的努力。我在德累斯顿热切地盼望你们的到来。

父弗雷德里希·维克"

克拉拉兴高采烈地回信说，亲爱的父亲，感谢你的来信和信的内容，感谢你写给我丈夫的话，他会来德累斯顿当面向你致谢。我如释重负，真的很开心。

维克不可思议地突然间成为舒曼的忠实拥护者，他热情地告诉朋友贝克尔当月23日在德累斯顿演出的《天堂和仙女》是何等的成功。19日，"他将和克拉拉回到莱比锡，他们会来看我们，一直待到25日才回去。"尽管拥抱不能消除已有的隔阂，但毕竟这是他们七年来第一次全家团圆度过的圣诞节。但是，没有资料显示，这位"圣诞老人"为小玛丽娅和八个月大的小爱丽丝带来什么礼物。

第十九章　冬季巡演

严冬时节，克拉拉和舒曼终于决定进行一次长途巡演。为此，他们已经商量了四年，这次巡演的目的地是俄国。这将是一次严峻的考验：漫天遍野的大雪，即便是大白天，也常有突发事故。在克拉拉眼中，俄国的寒冷像把利刃直刺你的面颊。2月7日，零下十摄氏度，舒曼冻得不停地跺脚，还不小心滑进了一个小冰窟窿里。一周后，在上台之前的几分钟，克拉拉在结冰的台阶上摔了一跤，把美丽的丝绒裙给扯破了。真是苦不堪言啊！2月18日，日出之前的俄国繁星满天，但依然零下十摄氏度。克拉拉说，是的，我们在北方。22日，周四，气温降至零下二十至二十二摄氏度，在房间里我们根本想不到外面会冷成这样！舒曼夫妇在驿车上裹得严严实实，蜷缩在一起，从早上六点一直挨到晚上七点。

"小克拉拉，你还记得吗？那年的5月，我们在康纳维茨（Connewitz），那里的气候温暖宜人。还有，我们在哈勒散步。"

"罗伯特，你还记得吗？三年前的7月，德累斯顿的酷暑，那是我们的第一次度假。还有波西米亚，那是我们最美妙的一次旅行。我们还爬上了海拔一千米的米里肖尔山（Milischauer），可你已经受不了这样的高度了。"

"不，差不多才八百米，但举目远眺，风景美极了。我们甚至还望得见布拉格……"

"可我们没看见。"

"我们还去了卡尔斯巴德，八岁时我母亲带我去过那儿。还有埃尔博根（Elbogen）、马里昂巴德（Marienbad）、柯尼西斯瓦特（Konigswart），对，还有柯尼西斯瓦特……"

"我们还参观了城堡，那儿有拿破仑的帽子和美丽教堂。你在园子里待了几个小时，我还有点儿生气，不好意思，亲爱的罗伯特。当迈特尼希是看到我的名帖之后才来接我们时，你不是也有点儿生气吗？"

"我的心跳得厉害，我想起了歌德曾在别处说过，这位王子待人热情，歌德总是这么说的，我这个可怜的音乐家就感到心跳得厉害。要不是王子老提起多尼采蒂，我们这次的见面堪称圆满……"

夜幕降临，黄沙和白冰在野外混沌成一片，寒冷愈发刺骨。他们还需要挨上几个小时才能到达哥尼斯堡，躺在软绵绵的床上。他们预订的德宫旅店并非是想象中的大宾馆。晚上，舒曼独自一人睡在"国家咖啡馆"里。

巡演之前，他们将两个女儿托付给了到莱比锡投奔他们的年轻表妹葆琳娜。有一天，她带走了我们的宝宝，为人父母都会体会到我们的心痛。四天后，舒曼夫妇赶赴柏林。这一周轮到克拉拉写日记。据她记录，门德尔松陪他们参加了这次巡演，并将六首新近创作的《无歌词浪漫曲》题献给克拉拉，其中的《春之歌》，频繁地出现在俄国巡演的节目单上。在离开德国的告别晚会上，门德尔松对瓦格纳的音乐大加批判，随后，他便带着舒曼最后一次夜出畅饮香醇的巴伐利亚啤酒。总之，门德尔松费了很大劲才说服舒曼出征俄国。事实上，关键的问题便是要说服舒曼再次扮演"跟班丈夫"的角色。

路途漫漫，但舒曼夫妇前进的速度却非常缓慢。这次巡演正式的第一站是圣彼得堡，但在到达圣彼得堡之前他们不得不停留了数次，所停之处他们不得不忍受彻骨的严寒，拖着疲惫的身躯，将就着蹩脚的钢琴参加演出，微笑着应酬旁人的恭维，直到深夜才能入睡。精力充沛的克拉拉勇敢地拉住可怜的舒曼的手：他们即将离开德国，现在还不是打退堂鼓的时候。在哥尼斯堡，他们面对的是寒冷的天气、蹩脚的乐队和糟糕的剧院，舒曼开小差溜进了附近的一家小酒馆里。对此，克拉拉写道：我真搞不明白。晚上，她在座无虚席的大厅里演奏韦伯、肖邦、门德尔松、斯卡拉蒂、塔尔贝格的作品，以及舒曼和克拉拉的几首浪漫曲，并由一位维也纳的女歌手负责演唱。演出之后，她又不得不参加社交晚会。哥尼斯堡的上流社会爱好音乐，贵妇人们都对李斯特着了迷，连他留下的雪茄烟灰都如获至宝。舒曼夫妇在俄国领事阿德尔索恩家闲聊，近凌晨一点半才睡觉。第二天又是一场音乐会，克拉拉演奏了贝多芬、亨塞尔特、肖邦和李斯特的作品以及舒曼的《快板》。之后他们便收拾行装于2月3日周六早晨6点出发，途经题尔西（Tilsit）和陶拉格（Taurage），然后至立陶宛，再至米涛（Mitau）。天气越来越冷，克拉拉担心把鼻子冻坏了。到了里加，舒曼夫妇发现原来什么事情都没有安排好，别人替他们定的伦敦饭店根本没法入住。克拉拉说，罗伯特，我们去别处吧！圣彼得堡的旅店更糟，尽是断腿的椅子和带窟窿的被子。罗伯特，你去把路查尔找来，他自称会来接待我们。克拉拉一个人坐在行李上等待。这个名叫路查尔的人是个大提琴手，三年前与舒曼夫妇相识，正是他安排了此地的住宿。最终，舒曼夫妇在伦敦旅店住到了一间稍好的房间。在19世纪40年代，音乐家的巡演生活都是艰苦的。至于里加的听众，他们根本没有教养，连总督夫人也是如此，他们不懂生活的乐趣！舒曼夫妇面对面喝着香槟，互相安慰。

在里加音乐会之前，他们又乘坐驿车回了趟米涛。天气晴朗，迷人的小城，还有美丽的城堡，路易十八在1798至1807年流放时曾居此处。米涛的音乐家们听了克拉拉弹奏的贝多芬《暴风雨奏鸣曲》、亨塞尔特《音乐会变奏曲》、舒伯特《圣母颂》的改编曲和李斯特《回忆拉美莫尔的路西亚》以及塔尔贝格的《〈湖女〉主题幻想曲》。但在里加的两场音乐会反映出这座波罗的海城市的居民尽管对音乐颇有兴趣，但却没有半点艺术细胞。当夜，夫妇俩无法入睡，楼上的官员和本地贵族正和交际花罗拉·蒙特斯花天酒地。舒曼很头疼，但他还是听了克拉拉的演出，并就此写道："她弹得棒极了。"舒曼喝了一杯潘趣酒恢复了点体力，而第二天早晨出发之前他们喝的是香槟。送行的人有钢琴家朱利尤斯·贝伦斯和里加的音乐主管弗兰兹·奥伯曼。一出城门，克拉拉便长舒一口气。清晨的空气是凛冽的，一场暴风雪即将到来。舒曼暗自思忖："我究竟为何而来？"

到达圣彼得堡之前的最后一站是旧时汉莎同盟的城市多尔帕特（Dorpat），它曾被伊瓦雷帝攻占后受制于波兰和瑞典，战争中城池被毁，之后又被彼得大帝收复，后又相继被德国和苏联攻占。今改名为塔尔图，是爱沙尼亚的文化和艺术中心。克拉拉和舒曼决定在此地待上一周。是为了度假吗？不。克拉拉为当地的要人演出。有人塞给他们一个信封，内含一百五十卢布，舒曼想退回去，但克拉拉不愿意。克拉拉之后开了三场音乐会，但第一场演出受挫竟让她流下了眼泪（这些掌声让我受之有愧）。另外，她那时还当起了护工：舒曼病倒在床上，躺了几天，他虚弱无力，心里又很焦虑，一边翻看着歌德的《浮士德》，一边认为自己从此将卧床不起。其实他可能得的是伤寒。克拉拉也想散散心，有一次她被请去喝茶，大家看她的目光"像看怪物似的"。在最后一场音乐会结束的几分钟后，克拉拉欣慰地哭了，一些学生在她窗外演奏小夜曲。舒曼从床上跳下来，之后他在《俄国风俗》一书中强调"多尔帕特的学生曾用《马赛曲》欢迎李斯特"。尽管多尔帕特的妇人们不时为舒曼送来汤、肉、果酱、葡萄酒和果脯，总之一切可以使病人恢复体力的东西，但舒曼一直体虚乏力，有位医生诊断为"神经性发烧，"但也有可能是痔疮。第二天出发时，他们的车沿着波罗的海前进，罗伯特又找到了生活的乐趣。

正是在1844年年初，库斯汀侯爵在巴黎出版了《1839年之俄罗斯》一书的第四部，这本书展现了一个抗拒革命的法国贵族的视角和思索。侯爵对俄国一见钟情，但在真正了解这个国家之后，这种好感便荡然无存。"这个国家有着强烈的对比，我深刻地感觉到农民和地主似乎不可能属于同一块土地，一方面是因为农民，另一方面是地主。那些雄才伟略的俄国人，他们似乎不应该生活在这个国度里。农民们目不识丁、粗鲁无理，依附于地主，而后者也好不到哪里去。"舒曼夫妇在去莫斯科的途中，拜访了舒曼那年迈的舅舅施纳贝尔。事实上，他们遇到的地主比农奴还要多，尤其在圣彼得堡。3月1日周一，他们到达圣彼得堡，他们雄心勃勃，一心要征服俄国贵族，赢得声誉。他们对圣彼得堡的第一印象："这是世界上最美的城市。"舒曼之所以这么说，可能是因为他可参照的城市并不多。那夫斯基大道①的美景令他们印象深刻，涅瓦河已经完全解冻。第二天，舒曼夫妇借着为住院儿童举办音乐会的机会见到了贵族议会厅（克拉拉说有四千个席位，罗伯特说有三千个）。在这灯火辉煌的大厅里，所有的人都很优雅。贵妇人们穿着礼服，戴着花束（其中一支就值一百卢布，也就是三十塔勒！）。洛伊希藤贝格大

---

① 圣彼得堡的交通大动脉。

公、黑森王子和奥尔加公主坐的皇家包厢都用最美的鲜花装饰着，除此以外还有舞台和外交官的包厢也都用鲜花点缀。真是难以描述的恢弘气势。克拉拉作了比较：连巴黎也相形见绌，因为没有这样的大厅。唉，只可惜音乐水平却完全没有达到相同的水准。韦伯的《〈奥伯龙〉前奏曲》被弹得索然无味，柏辽兹的《华尔兹》被乐队删节，其他的节目都是意大利作品。从叶卡捷琳娜统治时期开始，俄国人便开始热衷于意大利音乐，我们的德国音乐家不得不忍受由此带来的痛苦，他们感到了竞争对手的力量。库斯汀在五年前曾写道："俄国人还未达到可以真正享受艺术的文明水平，直至今天他们对艺术的热情也纯粹是出于虚荣而已。"

从到达圣彼得堡的第一天开始，舒曼夫妇便遇到了不少朋友：弗亚尔多特一家、美丽的葆琳娜（当时受皇室赏识的女歌手，她把女皇赐给她的礼物——摆开给克拉拉看）、巴伐利亚的作曲家和钢琴家阿道夫·亨塞尔特（他于1838年便定居于圣彼得堡，他的一些作品很早就成为克拉拉音乐会的保留曲目）。在圣彼得堡的四周里，舒曼夫妇在亨塞尔特家见面和晚餐的次数数不胜数。克拉拉和亨塞尔特合奏了舒曼的《变奏曲》（两架钢琴）。克拉拉写道：亨塞尔特真是个十足的书呆子，他肯定是个难以相处的丈夫，可他心地善良……舒曼夫妇还拜访了各界名人，比如某一天的日记中有如下描述：3月7日早晨，我们带着迈特尼希的推荐信拜访了克洛雷多伯爵（可是没有一点儿用处！）；我们还拜访了施蒂克利茨男爵，他家里有精美的家具，从他家可以一览无余地看到涅瓦河；我们拜访了钢琴制造商韦尔特、时任圣彼得堡和莫斯科剧院院长的加德诺夫将军、布尔加林编辑和小提琴手兼乐队队长路易·毛勒。下午我们继续访问，分别见到了沃龙佐夫-达什科夫伯爵夫人、法学家海因里希·施顿卡特、冯·索尔韦德夫人、记者兼东方学者奥希普·圣科夫斯基、奇巴赫男爵和一名叫马蒂诺夫的爱好音乐的官员。这一天还没有结束：他们参加了葆琳娜的音乐会排练，并参加了维耶霍尔斯基伯爵家中的晚会。

舒曼夫妇的当务之急是找到一个关键人物，即能引领时尚、出入宫廷、将他们引荐给皇宫的狭小圈子的人。维耶霍尔斯基伯爵和伯爵夫人便在其列，此外还有马蒂尔伯爵（大提琴手、俄国皇家音乐协会的缔造者和管理人）和他的哥哥米歇尔伯爵（作曲家，曾师从凯卢比尼，他在圣彼得堡的宅第吸引了一流音乐家，他还拥有著名小提琴制造师史特拉第瓦里签名的整本五重奏！）。"我觉得，"舒曼在信中向维克详细汇报了行程，"克拉拉有些暗恋五十岁的米歇尔伯爵（据克拉拉说，应该是五十五岁）。他已经做了爷爷，但在精神上还算是个年轻的小伙子。"正是在米歇尔伯爵的家中，舒曼于 3 月 21 日指挥了他的《交响曲》，而后克拉拉弹奏了门德尔松的《g 小调协奏曲》；三天后，这位米歇尔伯爵将女皇的邀请信递到了克拉拉手中，并亲自陪她进了宫。皇宫的奢华令克拉拉头晕目眩。库斯汀见识过这些富丽堂皇，他挖苦道："富有在俄国是一种巨大的虚荣……全国上下尽是装潢师和地毯商，他们唯一的成就就是让我心生恐惧：我生怕上当受骗。"但克拉拉此时却天真地感慨道：多壮观啊！有几个人坐在被称为'金屋子'的女皇房间里，我在那儿弹琴，我弹了不少曲子，其中门德尔松的《春之歌》就连弹了三遍。克拉拉还对三位公主艳羡不已，她说：这是我见过的最美的人儿。啊，奥尔加一身皇族的贵气！亚历山德里娜优雅而柔美！玛丽娅的姿色虽不如前两位，但却是最活泼的。皇帝对我非常亲切，皇后也是如此，我甚至忘记了对她的厌恶。那次是在1840 年 8 月 11 日，在魏玛的贝尔韦德尔城堡中皇后出席了克拉拉的音乐会，这是一段不悦的回忆。整个晚上，她（皇后）都坐在钢琴前，就在我身边，她对我说了很多话。这一次，克拉拉还见到了弗雷德里希·冯·黑－森卡塞尔亲王，两年前在哥本哈根他曾追随克拉拉左右，如今他刚刚迎娶了亚历山德里娜公主。离开皇宫后，克拉拉兴高采烈，和舒曼畅饮啤酒。

其他一些重要人物也陆续在克拉拉的日记中出现：波尔考斯科瓦将军（曾在特维尔任总督，他迷人的女儿弹得一手好钢琴）、冯·梅尔议员、冯·舒伯特将军（圣彼得堡地形研究院的地形学专家兼院长）、知名作曲家兼大提琴手阿雷克西斯·费多洛维希·勒沃夫（皇家唱诗班指挥，三年前曾向舒曼保证此次巡演的开销）、皇家外交官兼议员亚历山大·德·利波皮埃尔侯爵（他领着舒曼夫妇参观了冬宫近三小时，领略了皇宫的金碧辉煌）、国防部长亚历山大·车尔尼乔夫亲王（被舒曼称为"音乐知音"）、富有的银行家冯·格拉塞尔（他的太太满身珠光宝气，招人讨厌）、《为沙皇效命》的作者格林卡（十八个月前就在此地写出了《兹兰与柳得米拉》）、皮埃尔·冯·奥尔登堡亲王（沙皇尼古拉一世的侄子，"作曲家、音乐迷"）和他的妻子纳索公主特雷莎。舒曼夫妇跟着亲王参观了斯莫尔尼（Smolny）修道院，这是座贵族女子学校，克拉拉在此办了一场小型音乐会。女孩子们激动不已。若不是脸上的表情泄露了我的尴尬，我真的觉得自己像女皇，可是我浑身不自在。然而，舒曼却在一旁有些生气：他害怕待在女孩子中间，他不愿意和我一起被姑娘们团团围住，要不是亲王过来坐在他身边，他就要起身离开了。他暗自思忖：我来俄国究竟是为了什么？很多年以后，D. V. 施托米尔斯基在《舒曼在俄国》一文中引用了评论家弗拉迪米尔·施达索夫的话，他说："除了小小的贵族圈子以外，没有人知道有一位何等伟大的音乐家曾来过我们的圣彼得堡。我很清楚地记得，没有人谈论他。"

　　舒曼此行的目的是作曲，可是最后他除了几首小诗之外一无所成。而克拉拉却在巡演中完成了她作为一名钢琴家的责任：在到达圣彼得堡的十一天之后，即3月15日周五，她举办了首场个人音乐会。克拉拉有些怯场，她担心音乐厅（可怕的安格尔哈特音乐厅）坐不满，但事实上许多人都赶来看她的演出。她演奏了李斯特的《帕契尼主题的幻想曲》、贝多芬《暴风雨奏鸣曲》的回旋曲和柔板、肖邦的《奏鸣曲》、舒曼的《练习曲》、门德尔松经典的《春之歌》、斯卡拉蒂的《奏鸣曲》和塔尔贝格绚丽的《摩西幻想曲》。对此，舒曼在日记中一笔带过："克拉拉担心——非凡的琴技，掌声如雷。"克拉拉答应第二天在爱乐协会演出。演出结束之时，她应听众要求把曲子弹了两遍，当管弦乐队吹响音乐会的尾声时，克拉拉被授予"爱乐协会荣誉会员"证书，这代表了人们的谢意。一向谦虚的克拉拉说：我所做甚微，愧不敢当，可这真让我高兴。在第二场音乐会上，克拉拉演奏了亨塞尔特、贝多芬、舒曼、肖邦、门德尔松、斯卡拉蒂和塔尔贝格的作品，但这次的听众人数少了些，克拉拉将之归咎为意大利音乐败坏了圣彼得堡人的音乐欣赏口味。但24日周日的第三场音乐会上全场爆满，压轴戏便是舒曼的《五重奏》（op.44），掌声久久不曾停息，这总算让消沉的丈夫有所安慰。当晚，克拉拉为皇家演出。周五29日，克拉拉举办了在圣彼得堡的最后一场音乐会，节目单基本相同，克拉拉加入了莫扎特的作品和自己的《谐谑曲》，她还邀请了一位女歌手，出场费一百卢布（纸币），皇家音乐晚会的收入是一千卢布（银子）。舒曼夫妇筋疲力尽，准备离开。最后几天里他们和友人一一告别，他们在亨塞尔特家吃了最后一顿晚餐，与冯·奥尔登堡亲王和玛利娅公主依依惜别，后者送了克拉拉一些精美的手镯。

在那夫斯基大道，舒曼夫妇在厚厚的积雪中深一脚浅一脚地寻找驿车和一名德国车夫，步履维艰。但最糟糕的还不在此。4月2日晚舒曼夫妇启程，莫斯科的道路坑坑洼洼。库斯汀早就尝过苦头，他说的是8月："欧洲最美的大道，我觉得此话不是出自俄国人之口，倒像是外国人说的。"他早就提到了路面凹凸不平，"震得（马车）螺丝要散架似的。"满地的车辙和水洼，车子颠个不停，可怜的旅客饱受颠簸之苦。舒曼几乎晕倒，他想半途折回。亲爱的罗伯特，我们付过车马钱了，你舅舅还在特维尔等我们呢。这是我们的命啊！车夫不得不每隔三分钟停下来一次，凑合着修补一下碎裂的零件。

幅员广阔的俄国对羁旅之人毫不留情。3日周三，舒曼夫妇路过诺夫哥罗德（Novgorod）。4日周四，他们路过一段小丘陵——沃空斯基山（Volkonsky）。5日周五，他们穿过以优质的皮鞋制造业闻名的托尔若克（Torzhok）城，克拉拉被它吸引住了，直到晚上才到特维尔。舒曼的舅舅、年逾古稀的卡尔·施纳贝尔定居于此。他的儿子卡尔·小施纳贝尔二十出头，刚刚第三次结婚，是当地的警局局长，这是份肥差，掌管着家族两千名农奴。这家人可能拥护农奴制，但也不乏人情味：暴风雪来临时，农奴们会献上复活节蛋。舅妈跟克拉拉说起一件事，以前有个朋友"送"了她一个十二岁的小姑娘，很是招人喜欢，于是她便教这小女孩法语、读书写字，带她去了圣彼得堡，还把她收为养女，直到有一天，这姑娘开始行为乖张，作为惩罚，她把这姑娘赶了出去，嫁给了一个赤贫的农奴。克拉拉：这个故事证明人不能忘记自己的出身。这年轻的姑娘把复活节蛋送到了我们面前。舅妈告诉我她再见到这姑娘时心里都特别难受，她曾经对她给予过那么多的希望！克拉拉评论道：农奴和农奴主的关系并非像我们想象的那样可怕。如果碰到个好心的农奴主，他们就会得到父亲般的照顾，他们会尊敬和爱戴他们的主人；要是碰上一个坏心眼的主人，农奴们的生活也不比我们的农民们差多少。库斯汀早就写过：农奴"按照法律规定是私有财产，虽然社会地位低下，但他们在精神上决不示弱。他们有自己的思想，有时候甚至是骄傲，但他们的性格以及生活方式中最明显的特点就是狡猾。鉴于他们的生活处境，没有人会因此责备他们。这群人对主人总是存有戒心，主人对农奴傲慢无理，农奴自然也就不客气了。"在俄国五千万的人口中，有四千五百万农奴。

晚上，克拉拉睡在一张"德国床"上，感到温暖舒适。

第二天，舒曼夫妇参观了莫斯科：房子没有圣彼得堡的豪华，道路不规整。第一印象有些失望。但莫斯科的东方风情感动了舒曼。尽管身体不适（似乎莫斯科的啤酒不适合他），舒曼还是每天都去克里姆林宫。陪同他的是伊万·雷恩哈特，费尔德的旧日弟子，如今是莫斯科最出名的钢琴教师。伊万陪着精力充沛的克拉拉和些许萎靡的舒曼开始了一段音乐之旅。莫斯科的社交活动比圣彼得堡要少。克拉拉惊讶这里的贵妇人竟然都不和她打招呼，伊万解释说这是风俗。音乐会的听众也少了些，音乐季基本结束，大部分贵族都去了乡下，留在城里的人要么没钱，要么就对音乐不感兴趣。在俄国，所有的事情都是跟风。克拉拉对此感叹道：人们在复活节之前赶时髦，都去听音乐会，可一过复活节，哪怕上帝显灵也无能为力了。4月20日，周六，克拉拉办了第一场音乐会，观众寥寥，但对音乐充满热情，他们专心致志地倾听克拉拉的演奏。一位名叫契里耶夫的女士（舒曼认为是"莫斯科最美的女人"）向克拉拉献了花。幕间休息时，莫斯科总督舍尔巴托夫亲王和车尔科夫元帅向克拉拉道贺。第二天，舒曼夫妇拜访了梅恩多夫男爵，在克里姆林宫散步，共进香槟晚餐。最后两场音乐会的听众也不算多，但他们对克拉拉的琴技大为赞赏。贵族也许都去了乡下，但《莫斯科人》的音乐评论家写道："许多著名的钢琴家曾在莫斯科演出，可我们听到了什么？可怕的嘈杂声，齐鸣的礼炮，艰涩的东西让我们不知所以。我们的心被感动了吗？偶尔吧。我们忘了他们曾来过莫斯科，没有人记得他们。我们是否也会同样对待克拉拉·舒曼呢？当然不会！门德尔松的《春之歌》、斯卡拉蒂的急板、李斯特和塔尔贝格的《幻想曲》、巴赫的《赋格曲》、贝多芬的经典作品、费尔德的《小夜曲》，它们已经深深地印刻在我们心里和记忆里，让我们无法抗拒它们温柔的魅力。"

总之，莫斯科之行不能算是徒劳无功。舒曼虽然沉默寡言，但他对周围的生活和俄罗斯的悠久历史充满好奇。他记录的文字收录于一本名为《俄国风俗》的书中，"可能没有人比俄国人弯腰的幅度更大了。"舒曼没有见过日本人；"朱苏勃夫亲王组建了一支由农奴组成的乐队。"他还不知道未来的特雷辛集中营①……

关于朋友李斯特，他写道："皇帝无法忍受长头发，弗兰兹得知后不得不把头发剪得越来越短。""听完李斯特的演出后，皇帝说：'费解，无趣'"，这段话是用法语写的。最后，"为什么总有那么多不得志的音乐家呢？"

有一天，舒曼可能想起了三十年前的事，他在莫斯科写下了一首赞美诗：

---

① 二战中位于德国境内的集中营，关押了欧洲各地的犹太艺术家，即便在恐怖的生存环境下，依然坚持音乐创作。

"我看见你屹立，双手抱胸，

在你的城堞上，噢，克里姆林！

在他的周围，天空是一片火海。

带着革命的力量，燃起滚滚烈焰。

但在克里姆林

难道不曾有一位幽灵在你身边低语？

你把自由给了你的人民吗？

你可以，你只需

轻轻一声便可唤起百万民众。

你的睿智，你犀利如鹰的目光，

拿破仑，戴上你的皇冠。

你是否兑现了你的诺言。

当你踌躇满志，率领人民慷慨赴战时，

你是否真的为他们着想？

当你让昂吉安①炮声隆隆时，

你是否真为了拯救人民？

当你派遣大军远赴异国时，

你是为了人民的光荣，还是

你自己的战功？"

我们知道舒曼年轻时随身携带着拿破仑的肖像，《马赛曲》的旋律不时地回响在他的作品中……那一代的欧洲年轻人都在这种希望和失望中徘徊。

舒曼和克拉拉准备离开俄国。出发的前三天，他们在一家柏林风味的小饭馆里品尝了香肠，令他们惊喜的是，竟然还有山羊奶酪，这在俄国可是稀罕物！在回圣彼得堡的途中，天气

---

① 法国国内封建复辟势力的代表人物昂吉安公爵被拿破仑处决。

晴朗，但路途依然遥远，而且坐驿车旅行更是令人无法忍受。半路上，他们向卡尔表兄辞别。3 月 12 日周日，舒曼夫妇回到了圣彼得堡，与亨塞尔特一家重逢。这个季节的圣彼得堡发生了很大的变化。克拉拉依然受到很多音乐会的邀请，她在赫林娜公主家演出，她说：尽管有两周没有碰钢琴了，可我弹得还是很不错。又到了分别的时候，他们都有些伤感，因为我们真的挺喜欢那些人的。在离开俄国之前，舒曼夫妇发生了一次口角：克拉拉想走海路，可舒曼不同意，最后还是克拉拉赢了。在爱沙尼亚海域，他们遭遇了风暴，桅杆被吹折了。克拉拉的周围尽是晕船的乘客。她很焦虑，但依然坚强，而舒曼一声不吭。

从喀琅施塔德（Kronstadt）出发需要四天海路才能抵达普鲁士的海岸。轮船渐渐靠近"我们亲爱的德意志"，海上雾气蒸腾，这是一个春光明媚的早晨，万里无云，所有人都心情愉悦。舒曼夫妇去了趟施内贝格接回两个宝贝女儿。舒曼记录道："幸福的感觉"——在某种意义上，这是至高的幸福。

第二十章　女性的作品

　　再没有比听到刚创作完成的新作更大的喜悦了。时间到了1846年10月2日，克拉拉刚听过自己写的《钢琴三重奏》，这是长度仅次于《协奏曲》的第二部作品，四个乐章紧凑精彩、温和细腻，作于9月12日，她从未忘记过结婚纪念日。是的，在她的《三重奏》中有几段优美的旋律，克拉拉也认为作品的形式相当成功，但作为天才的妻子，她天性挑剔，她坦诚地说道：当然，这只能算是女人的作品，缺乏力度，某些地方还缺少原创性。而舒曼也在私人日记中说他想写一首三重奏。又一首三重奏完成之时，克拉拉收到了她最新作品的出版稿（如以往一样，由布赖特科普夫和海特尔出版社出版）。谦虚的克拉拉又写道：今天，我收到了我的《三重奏》的印刷版，但这和罗伯特的《三重奏》相比，我不是很满意自己的作品，它有些女性化，太感性。因此，克拉拉经常弹奏舒曼的《三重奏》，而很少弹起自己的作品。她的结论是女人不该涉足作曲领域。

　　当时的欧洲音乐界普遍持有这种看法，并且在此后很长时间内都未曾改变。当年弗雷德里希·维克督促女儿作曲的初衷也是为了完善她的琴技，拓宽她的音乐视野，震惊女儿的音乐迷们。赫尔兹或卡尔克布雷纳偏女性化的创作路线也令维克信心大增。但舒曼知道，无论克拉拉有何等出色的音乐才华，她终究不是莫扎特、海顿或是贝多芬，这三位音乐家在19世纪40年代成了舒曼夫妇创作的灵感之源。当舒曼清醒地指出克拉拉作品中的成功之处时，痛惜之情也许更胜过爱才之心，为了《钢琴协奏曲》舒曼夫妇还曾经发生过争执……于是舒曼作曲，克拉拉演奏就成了不成文的规矩。从 1840 年起，克拉拉还承担了母亲和家庭主妇两项职责。舒曼并没有打击克拉拉的创作热情，也并不像某些评论家所说的扼杀了妻子的作曲激情。是他让妻子明白了在这音乐蓬勃发展的 19 世纪中叶，与其效仿那些在作曲方面毫无建树的当红音乐人，比如李斯特，还不如学习门德尔松、肖邦还有他自己。可以说，在鼓励克拉拉创作方面，舒曼当立首功。其次，作曲丰富了夫妇俩的情感交流，因此，舒曼和克拉拉在历尽艰辛终成眷属的当年，舒曼曾全身心地投入到浪漫曲的创作中去，浪漫曲是诗性情感的浓缩。克拉拉虽然创作的密度并不高，但她从吕克特的诗中汲取灵感，倾力出版了浪漫曲全集。所有这一切都不是偶然的。

另有例证，1845 年克拉拉出版了《钢琴赋格曲四首》（op. 15），题献给刚刚步入音乐界的同父异母的妹妹玛丽娅·维克。两年后，克拉拉开始专心创作一部新的钢琴协奏曲，但她承认作一首赢得人们喜爱的协奏曲并非易事，因为这需要诗人的性格、不凡的思想和充沛的创作精力。克拉拉半途而废，仅作了第一乐章（《f 小调协奏曲》，无编号，难道这是克拉拉作品表中缺少的 op. 18 或 op. 19 吗？），其中开始几页于 6 月 8 日送给了舒曼，作为他三十七岁生日的礼物。

舒曼的作品越来越多，而克拉拉的作品却越来越少（七年内无一部完整的作品，除了为舒曼主持的德累斯顿合唱团所作的《三首男女声清唱曲》）。终于到了 1853 年，我这么多年来第一次开始作曲，我打算以《彩叶集》的主题写一些变奏曲，作为罗伯特的生日礼物。可这真不容易，因为我停笔的时间太久了。但她还是写出了一首代表作，于舒曼生日那天将手稿送给了丈夫：谨以拙作献给我亲爱的丈夫，你的老克拉拉，1853年6月8日。那年克拉拉三十三岁，已经是七个孩子的母亲，其中一个孩子埃米尔出生仅十五个月后便夭折了。这份"拙作"富有创作灵感，张弛有度，是一首出色的钢琴曲，成为了克拉拉的第20号作品：七首短变奏曲组成的一个作品系列，讲述一段动人的爱情故事。事实上，克拉拉不仅借鉴了舒曼《彩叶集》第四章（Albumblatter）的主题，而且在第七首变奏曲中，引用了自己二十年前创作的《浪漫变奏曲》（op. 3）中的开始几节。克拉拉当年的这首曲子激发了恋人舒曼的创作灵感，写出了即兴曲（op. 5）。四十一年后，克拉拉将这段故事告诉十九岁的孙子费尔迪南，后者回忆说："她在祖父生日那天，将《变奏曲》放在桌上，想看看祖父是否还记得那一段往事。祖父很快就想了起来。最后她说她在变奏曲中倾注了很多爱，创作过程极为辛苦。"舒曼很欣赏这部作品。十六个月之后，他在恩德尼希的房间中，写信给克拉拉重提此事。

变奏曲主题的故事尚未结束。克拉拉曾寄给勃拉姆斯一份该乐谱原稿（致敬爱的约翰内斯·勃拉姆斯，应您亲切的请求），就在此前几天，克拉拉从勃拉姆斯手中接过勃拉姆斯专门为她创作的《变奏曲》（op. 9），用的是同样的动机。勃拉姆斯在第十首变奏曲的最后几小节中引用了克拉拉多年前创作的《浪漫曲》，并表现得非常细腻。此时的克拉拉已和舒曼分别有数月，她需要这样的安慰，她在日记中写道：他想安慰我的心。他创作的变奏曲蕴含了一个美妙而秘密的主题，它给我留下了深刻的印象，一年前我正是借用了亲爱的罗伯特的主题创作了自己的《变奏曲》。他的温柔体贴让我感动。

克拉拉又找到了创作的乐趣。在创作《钢琴协奏曲》的同时，她还写了《三首钢琴浪漫曲》，当然也是作为舒曼6月8日生日的礼物。这几首作品经过几次修改之后汇编成集，题献给了勃拉姆斯。五天后，舒曼在日记中写道："她在写什么呢?"她用歌德的一首诗（《草地里藏着一朵紫罗兰》）作了一首浪漫曲。这首曲子被舒曼小小地"嘲笑"了一番：克拉拉选的这首诗早已被莫扎特改编成曲，而她丝毫不知情。在舒曼写出两首《小提琴和钢琴奏鸣曲》后不久，克拉拉也写出了《小提琴和钢琴的三首浪漫曲》（op. 22），题献给了约瑟夫·约阿希姆，并与他一起演奏。经过七年的创作空白期，克拉拉还根据奥地利诗人赫尔曼·洛莱特的一部诗体小说写出了六首浪漫曲。那位名不见经传的诗人有许多无名诗歌都激发了克拉拉的诗情，特别是 op. 23 的第三首浪漫曲《处处低声细语》更是触及了音乐表现力的高峰。

克拉拉没有 op. 24。1853 年 6 月 23 日，克拉拉将最后一首浪漫曲赠给了失明的老友罗莎丽·雷瑟，但未发表。许多年以后，已经做了祖母的克拉拉将一首《四手联弹钢琴进行曲》送给了惠伯纳夫妇，庆祝他们的金婚，这是女儿玛丽娅的主意，她建议母亲在父亲的《二重奏》中加入"爷爷和奶奶"。我用了几天时间就写成了。第一首《三重奏》是在《二重奏》的基础上写成的，但我又加入了第二首《三重奏》，也很成功，但很明显带有舒曼的痕迹（即舒曼的《曼弗雷德》）。

这是克拉拉在《幸福生活的痛苦回忆》一书中的描述，这也是克拉拉最后一次在舒曼的目光下创作。

第二十一章　漂泊、希望和创伤

　　四个月的俄国之行仍然算得上是一次美妙的探险：尽管旅途劳顿，舒曼身心遭受重创，一直扮演着"提行李的丈夫"这一尴尬角色，但克拉拉仍然从中获得了巨大的满足感。她的音乐在社会上取得了巨大的成功，特别是在圣彼得堡，且收入不菲（在莫斯科，一些著名的钢琴家已经定型了听众的口味，而莫斯科人又喜欢附庸风雅）。十九场公开音乐会共收入六千塔勒，最后结余近三千塔勒。

　　终于在 5 月 30 日，舒曼夫妇回到了英泽尔街的家中，全家团聚。

　　回到家以后，舒曼夫妇可能又在策划他们的下一次旅行，甚至可能在他们还未离开俄国之时，他们已经设想继续巡演一直到瑞典，但他们打消了这一念头，倾向于去比利时和荷兰，还有英国（旧时的梦想），但克拉拉的第三次怀孕导致了计划的再次落空。虽然克拉拉从未因个人原因推迟事业发展，但在1844 年春，她无奈地放弃了个人的发展。舒曼在俄国期间阅读了歌德的《浮士德》，之后他开始创作《〈浮士德〉的场景》，但尽管如此，舒曼还是渐渐陷入了前所未有的抑郁状态。忧郁症不断干扰他的音乐工作，而克拉拉并未注意到问题的严重性。根据舒曼日记只言片语的记述，我们知道他放弃续写《夫妻日记》的任务——这是否是某种征兆呢？舒曼还放弃了杂志社的工作，将之托付给朋友、管风琴手奥斯瓦尔特·洛朗兹，后来又以五百塔勒的价格将杂志卖给了旧日的合作者弗兰兹·布伦黛尔，此人一直负责杂志的出版工作直至 1868 年去世，并在任期内发生了《音乐犹太教》的风波：该文分两期在他的杂志上发表，署名 R. Freigedank，即思想自由的 R.，也就是理查德·瓦格纳！该文构成了对李斯特的侮辱，引起了后者强烈的不满。

作为母亲和主妇，克拉拉相夫教子，操持家务。8 月，莱比锡音乐学院请克拉拉发挥自己在教学上的才能培养萨克森年轻的钢琴家。而此时同样身为音乐教师的舒曼却由于身体原因渐渐远离了教学岗位。当格万豪斯音乐厅需要任命一位新指挥时，人们在质疑：舒曼能否担当起这个职位。

"小克拉拉，你知道吗？他们竟然要找一个外国人接替门德尔松。奇耻大辱！太欺负人了！"

然而，这位外国人就是年轻的丹麦小伙子尼埃尔斯·加德，他也是舒曼夫妇的朋友。

整个夏季，舒曼的身体每况愈下，连穿过房间的力气都没有了，失眠耗尽了他的精力，整个人虚弱无力，不得不放弃 7 月 26 日开始配乐的《〈浮士德〉的场景》。日记的只言片语告诉了我们舒曼在这些日子里的状态：8 月 14、15、16 日 "痛苦"；17 日 "好转"；18 日 "好一点"；24 日 "难受的一天"；25 日 "好一点"；26 日 "状态不佳"；27 日 "好些"；29 日 "差极了"；30 日 "好一点"。针对舒曼发抖、头痛、神志不清的问题，有个医生建议他疗养，而另一个医生认为去山里散散心能缓解病情，第三个医生则坚信德累斯顿四周丘陵环绕、公园众多，那里的气候有助于病人恢复。于是，舒曼夫妇先去了山里，几个月之后又到了德累斯顿。

9 月 10 日清晨 6 点，舒曼夫妇登上了柯腾（Cothen）的马车，朝哈茨（Harz）山区出发。舒曼身体虚弱，精神萎靡。途中他们只停靠了数站：阿舍斯莱本（Ascherleben）、巴冷施塔德（Ballenstädt）、马格代斯普伦（Magdesprung）（舒曼记录道："伤感的天气令停留更加伤感。"）。在布兰肯堡（Blankenburg），舒曼用愈发忧伤的目光遥望了布洛肯（Brocken）山峰①（海拔一千一百四十二千米），在那里，每年 5 月的第一个晚上，女巫们骑着扫帚在魔鬼面前跳舞。确切地说，歌德也曾在《浮士德》中途经此地。9 月 13 日，克拉拉收到了一束鲜花，花里藏着一枚戒指，作为她二十五岁生日的礼物。五天后，舒曼夫妇转过了一圈：艾利森堡（Ilsenburg）、普雷森堡（Plessenburg）、海茨堡（Harzburg）、沃尔芬比特尔（Wolfenbüttel）、马格德堡（Magdeburg），之后他们踏上了返程的道路。"愿上帝赐予我健康和力量，重新开始工作！"这是舒曼在旅途日记的最后一行写下的心声，一如既往用的是电报式的语言，却含义深刻。在卡尔斯巴德疗养之后，舒曼还是身体虚弱，于是夫妇俩决定去德累斯顿先待上几个月，不久后他们决定在那里定居。克拉拉说：我们希望新的环境和新的人能对罗伯特的身体有好处。周围的朋友们很是不解，门德尔松最先提出疑问：在这种无聊的城市里他们能做什么？舒曼说："自从门德尔松离开了莱比锡，这座城市在音乐上已经不再适合我们了。"

　　坐火车去德累斯顿一路颠簸，舒曼觉得自己随时都可能死掉。在开始的八天里他们住在莱茵河旁的旅店里，舒曼的身体越来越差，孤僻、整夜失眠——每天早晨，克拉拉都看见丈夫泪流满面。旧病复发的舒曼艰难地和病魔抗争。五周后，舒曼写信告诉朋友、评论家爱德华·科吕格尔："我还是很痛苦，有时候我都快绝望了，我不能工作，只能休息或散步，但即便这

---

① 德国北部最高峰。

样，我还常常感到筋疲力尽。"

舒曼夫妇和莱比锡的朋友们告别时，心中不免惆怅。但他们并没有一去不返，他们还不时地回来看看他们原先的家——德国音乐史上不可忽视的"城堡"。他们为莱比锡的朋友们开了三场音乐会：第一次在11月底，在编辑海特尔家，门德尔松和克拉拉合奏了《二重奏》，门德尔松还带来了他的《八重奏》，由一个小乐队演奏，其中小提琴手、十二岁的约瑟夫·约阿希姆第一次登台便闪现出了神童的光芒；第二次是在12月5日，演出很精彩，克拉拉带来了她的《皇帝协奏曲》：这是我所知道的最具难度的协奏曲，它需要最强的耐力和充沛的精力。她获得了满堂喝彩，成了音乐会的明星；三天以后，舒曼夫妇为亲朋好友送出了最后的礼物：舒曼的《b_E大调钢琴四重奏》，克拉拉用冻僵的手指演奏了贝多芬的《华德斯坦奏鸣曲》。

12月13日，舒曼夫妇离开了莱比锡，尽管我对这座城市无可留恋，但我还是哭了，毕竟这是我的故乡。

舒曼夫妇在德累斯顿一待便是五年，在这五年里，克拉拉多少次在心中追问：这座七万人口的城市究竟有什么值得他们留恋的。德累斯顿，皇家别苑，拥有辉煌的艺术历史，巴洛克的装饰，满眼的葱翠，但整个市民社会毫无生气，令人窒息，偏见蒙住了所有人的眼睛。韦伯曾在这里统治了十年，他仿佛承接了上帝的旨意，和意大利音乐作着艰苦的抗争，捍卫德意志的经典，如今这只是回忆了。克拉拉确信德累斯顿是一个"空洞"。五年结束时：她说：我们在德累斯顿一无所获，街头见不着一个聪明人，所有人看着都像杂货商！

舒曼夫妇在德累斯顿遇到的第一个人就是弗雷德里希·维克，他和女儿女婿共度了圣诞节，但维克依然专制、说话刻薄，因此激怒了女婿，伤了女儿的心。克拉拉站在中立的立场上无法忍受父亲广告商似的教育方法。在父亲的新学生中有克拉拉同父异母的妹妹、十三岁的玛丽娅。她全盘接受了父亲的教育，但她的琴技太过机械。玛丽娅弹得不错，但不算出色。

也许从克拉拉的话中看不出对玛丽娅的爱护，但她对父亲的另一位学生米娜·舒尔茨则明显缺乏好感。米娜是个被宠坏了的姑娘，她的第一场音乐会只招来了批评。克拉拉同意这些批评，她哀叹道：言语无法表达我今晚的感受，父亲的亢奋和不安令我很难受。舒曼和岳父之间的隔阂继续加深，舒曼甚至认为歌剧《格诺费瓦》的首演失利也是维克从中作梗的缘故。1848年4月克拉拉写道：我们一起谈了很多事，其中有些事我们永远无法达成共识。三个月后，维克禁止玛丽娅和米娜参加舒曼指挥的合唱队活动。

自始至终，德累斯顿的音乐界都没有注意到舒曼夫妇，除了费尔迪南·赫勒。赫勒暂住德累斯顿，门德尔松曾将他送至魏玛的胡梅尔处学习，他还见过弥留时的贝多芬。赫勒在巴黎待了七年，克拉拉在第一次巴黎巡演时便见过他。在来德累斯顿之前，赫勒曾代替门德尔松在格万豪斯当了一个季度的主管，并组织了一系列的音乐会。舒曼得到了赫勒的支持，两个人的友谊逐渐加深。

然而，舒曼对王室唱诗班的副指挥瓦格纳并无多大好感。除了都讨厌梅尔贝尔的歌剧之外，他们毫无共同点。他们想象中的对方——舒曼说瓦格纳："他话说个不停，难以忍受。"瓦格纳说舒曼："他真是无法相处，闷声不吭，我总不能老是自言自语吧。"他们还是相遇了，比如说在"大花园"①，"超级啰

---

① 汉诺威著名景点，欧洲巴洛克风格花园，18世纪汉诺威王族的夏宫所在地。

唆"的瓦格纳向舒曼解释在"枝叶周日"①那天（为孤寡基金会筹集钱款）的音乐会上为了让听众们更好地理解贝多芬的《第九交响曲》，他从歌德的《浮士德》中举例说明。舒曼说："我不同意他的看法。"并且他对瓦格纳为《费德里奥》和《第九交响曲》采用的节奏也持反对意见，他认为这"完全错误"。但舒曼并未明显表露出这种态度，因为瓦格纳在《我的一生》中写道："他夸奖了我在《第九交响曲》第一乐章中使用的节奏，因为在此之前，他每年在莱比锡都不得不忍受门德尔松指挥的《第九交响曲》，他节奏过快，有些走样。"门德尔松是舒曼和瓦格纳的又一个意见分歧点。

　　1845年10月19日，德累斯顿皇家剧院在皇家唱诗班的指挥卡尔·格特里布·莱希格尔的领导下上演了《唐豪瑟》②。十一年前，维克正是将女儿送到了卡尔的门下，才使克拉拉学到了音乐理论的入门知识。舒曼认为瓦格纳的《唐豪瑟》极具创意，意义深远，比他最初的歌剧要好上百倍。但克拉拉却认为：我们最后听了《唐豪瑟》，罗伯特对此非常感兴趣，他认为在配乐和音乐思路上相对于《黎恩济》③有了很大进步。可我不觉得，我认为这根本算不上音乐，但我承认瓦格纳有很强的戏剧创作能力。我本该说些他的好话，可我没办法掩饰自己的情感，我对他没有一丝好感。

　　几个月前刚刚生下女儿朱丽的克拉拉现在又怀孕了。当夫妇俩的第一个儿子埃米尔（八个孩子中的第一个男孩夭折在摇篮中）出生之时，舒曼在写给门德尔松的信中说道："孩子是上

---

① 宗教节日，复活节前的周日，在那一天，天主教徒带着一根树枝去教堂。
② 瓦格纳根据海涅的讽刺诗《唐豪瑟》、格林兄弟的《德国传说集》以及一些民间传说而创作于1842年的三幕歌剧。
③ 全名《黎恩济，罗马的最后一个护民官》，瓦格纳创作于1842年的歌剧。

帝的恩赐，再多也不够……"1846年4月13日，舒曼以其出色的计算能力开始用神秘的记号记下每一次做爱的日期：13、18、21、24、30，匀速的频率。5月，克拉拉又开始为舒曼的身体而担心，丈夫神经紧张，易怒、耳鸣、失眠。赫尔比希医生建议他远离高山、高楼和金属物件，还建议他暂时做些与音乐无关的脑力活动，比如研究自然历史或物理。但两天以后，他都放弃了，无论身处何处，他都独自一人，陷入音乐的幻想之中。克拉拉说：他只属于音乐，可我爱的就是这样的他。舒曼夫妇去了马克森的塞赫上校家，塞赫的妻子弗雷德丽珂是克拉拉多年的好友。克拉拉本想借此机会缓解丈夫的焦躁情绪，但实际上这反倒加重了舒曼的病情，因为舒曼房间的窗户正对着"太阳石"（Sonnenstein）精神病院。三年以后，当舒曼决定搬往杜塞尔多夫接任赫勒的职务时，他告诉赫勒："有一天我看到了一本地理书，其中有几处地方引起了我的注意，三处是修道院、一处是精神病院。修道院我还能受得了，可这避难所真让我难受。让我来告诉你原因吧：几年前，我们在马克森住过一段时间，我发现我的窗户正对着'太阳石，'这毁了我的整个马克森之行。我担心在杜塞尔多夫也会碰上同样的事。当然地理书也有弄错的时候，也许这只不过是一座医院，就像其他城市的医院一样。"

终于，1846年初，舒曼夫妇遵照医嘱去北海的诺德尼岛（Norderney）疗养。7月6日周一，下午四点，舒曼和克拉拉亲过了儿女，离开了德累斯顿。中途他们落脚在莱比锡，顺便问候了门德尔松和其他几位朋友。第二周周五，他们赶往马格德堡，登上了一艘去汉堡的蒸汽轮船。舒曼身体虚弱，行船游易北河也不能让他们打起精神。轮船靠岸当日，他们看了一出《唐璜》，心中稍微有点安慰，女主角多娜·安娜的扮演者是珍妮·林德。7月14日，舒曼到达下一站不来梅，他在日记中说"累死了"。15日，夫妇俩凌晨三点气喘吁吁赶上了去诺德尼岛的轮渡。"天气炎热，多雨，晕船"（日记）。他们在小岛上待了一个多月，从7月25日的第一次冷水浴到第25次，舒曼的心情越来越低落。8月4日，"烦恼"；13日，"可怕的烦恼"；17日，"受不了的烦恼"。漫长的夏日，数次社交活动，酷热天气中的几次散步，甚至连《C大调交响曲》的最后修改都未曾打乱舒曼夫妇的疗养计划。至于克拉拉，如果根据舒曼日记的字里行间进行推测，她应该在7月20日流过一次产。在接下去的几天里，她一直处在疲劳和痛苦之中，但在诺德尼岛疗养结束时，她还是举办了一场音乐会，节目单上有亨塞尔特、贝多芬、门德尔松、舒曼、斯卡拉蒂和塔尔贝格的作品。两个月后，克拉拉第一次在莱比锡用自己的节奏演绎了贝多芬的《G大调协奏曲》。

事实上，从俄国回来之后，克拉拉就很少办过音乐会，但正是由于她的支持，舒曼的《a小调钢琴协奏曲》才得以面世，成为音乐史上的不朽杰作。1845年12月4日，在这部协奏曲的受题献人费尔迪南·赫勒的指挥下，《a小调钢琴协奏曲》在德累斯顿奏响。次年1月1日，在莱比锡的格万豪斯音乐厅，克拉拉又将这首名作献给听众。之前一年的11月25日，克拉拉还参加了德累斯顿的系列音乐会。五个月后在莱比锡，她与"瑞典的夜莺"珍妮·林德同台演出。维克刚在魏玛见过林德，并对她赞不绝口。这使克拉拉很生气：仿佛这世上除了珍妮·林德，其他的都微不足道，米娜应该向林德学唱歌，玛丽娅应该跟她学钢琴。我受够了，人们在我耳边一个劲儿地夸奖一个我从来没见过也没听她唱过歌的人！但是4月12日的晚会后（在晚会上，门德尔松客气地将钢琴凳让给了克拉拉），克拉拉完全同意了父亲对林德的看法，林德是个百年一遇的唱歌天才，她的一言一行都散发着美感，她拥有我所听过的最完美的嗓音。克拉拉和林德成了朋友。后来，克拉拉说：我真想建议林德放弃梅尔贝尔、贝利尼、多尼采蒂所有的俗调！

还有一位歌唱界的前辈也进入了舒曼夫妇在德累斯顿的朋友圈子，她就是1847年退出舞台的著名的威廉米娜·施罗德－德弗里安特。这位贝多芬《莱奥诺拉》歌剧的女主唱能出色地演唱瓦格纳的作品，同样她在私人沙龙中还演唱了舒曼的《一个女人的爱情和生命》。她的戏剧感染力令人佩服，她能在舞台上唱到声泪俱下，因此赢得了"眼泪女王"的美誉。克拉拉也是她的歌迷：在她面前，所有年轻的女歌手都相形见绌。她比她们更富才华和感情。克拉拉和威廉米娜关系密切，但克拉拉始终不愿意对她以你相称：我下不了决心，对一个代表了我心中音乐理想的完美女人，我无法用你来称呼。但最后，克拉拉还是改变了主意，她说她明白了为什么没有一个男人可以和这么出类拔萃的女人共同生活。当时的威廉米娜正和丈夫卡尔·戴弗里安特办理离婚手续，她的丈夫也是著名的演员，丈夫的哥哥爱德华是个戏剧历史学家和男中音，参加过1829年巴赫《马太受难曲》在柏林的演出，爱德华也是舒曼夫妇的好友。确实，德累斯顿需要几位像卡尔·戴弗里安特那样的音乐界名人才不至于使舒曼夫妇过度失望，因为他们在德累斯顿的其他几位好友都来自于音乐圈外：如德累斯顿艺术学院教授、画家爱德华·邦德曼，他的妻子自第一次见面就赢得了克拉拉的好感；诗人罗伯特·瑞尼克，舒曼曾将他的诗改编成《浪漫曲》（op. 36）；画家路德维希·里希特和朱利尤斯·惠伯纳，后者是舒曼儿子路德维希的教父，可惜这个孩子多年以后在德累斯顿的精神病院中去世；雕塑家恩斯特·莱彻尔。朋友们经常在古斯塔夫·卡若斯医生家开沙龙聚会。这位卡若斯先生是位宫廷医生、画家和哲学家，但千万别把他和他的堂兄恩斯特·奥古斯特·卡若斯混淆起来，后者的第一位妻子走进了年轻舒曼的爱情世界。可以说，在德累斯顿他们找不到一位音乐家……

"我们去维也纳吧，小克拉拉。在那儿，有许许多多的音乐家和听众在等着你，你将掀起新的热情！"

于是，1846 年 11 月 24 日凌晨 6 点，舒曼和克拉拉离开了德累斯顿。途中他们远远地望见了山上的初雪。他们在布拉格停留了一站，四天后他们到了维也纳，玛丽娅和爱丽丝也正巧巡演至此处，九年的离别之后她们第一次重逢。全家人暂住在"法兰克福城"旅馆。

可惜，克拉拉很快就失望了，维也纳的音乐迷们多数健忘，他们认得克拉拉，但他们希望克拉拉在保留曲目中能加入一些更精彩、更易懂的作品。12 月 10 日的第一场音乐会上，克拉拉弹奏了贝多芬的《G 大调协奏曲》、刚在德累斯顿创作的肖邦的《船歌》、斯卡拉蒂的一首奏鸣曲、门德尔松的《春之歌》、舒曼的一首卡农曲和浪漫曲。总之，克拉拉加入了许多现代音乐。维也纳的听众反应良好，但并未表现出过多的热情。最后克拉拉仅赚了几个杜卡。五天后，舒曼的《五重奏》和《两架钢琴的行板和变奏曲》由克拉拉和年轻的安东·鲁宾斯坦共同演奏，但演出结果竟然是入不敷出。是曲高和寡吗？是的，维也纳人的要求没有那么高。克拉拉说：我宁愿相信这样的理由。但我很快明白了维也纳不适合我，我不想在这儿继续待下去，罗伯特也不愿意。她还说：很显然，是意大利人毁了维也纳人的品位。第三场音乐会被推迟到 1 月 1 日，圣诞节在忧伤中度过。这是第一次我没能在圣诞节为罗伯特送上一份礼物。只有孩子们才拿到了一些小礼物。

1月1日的音乐会遭遇失败。舒曼的《钢琴协奏曲》和《bB 大调交响曲》反应平平，当初答应登台演出的歌手也在最后一刻突然罢演。克拉拉的音乐会第一次亏本（亏损一百弗洛林）。我状态极差，我发誓这是我这辈子最后一场音乐会。克拉拉自我安慰地认为舒曼的作品受到了听众的好评。但著名评论家爱德华·汉斯里克并不这么认为："掌声寥寥，而且似乎也都是献给克拉拉的，之后的几分钟是在尴尬的静寂中度过的，这场音乐盛宴却遭遇冷场，每个人都很难过。第一个打破沉默的人是克拉拉，她责备维也纳人的冷淡和善忘。我们越是劝她冷静，她越是激动。当时舒曼说了一句让人无法忘怀的话：'亲爱的克拉拉，冷静点。十年之后一切都会改变的！'克拉拉怒气冲冲地说：都是粗人。"

　　1月10日，第四场即最后一场音乐会座无虚席，这是否算是某种安慰呢？克拉拉不是不知道，珍妮·林德来看过她1月1日的失败演出，这次正是由于她的登台才获得如此成功。这是我办过的最好的、最精彩的音乐会，我们演奏了巴赫的《a 小调前奏曲》和《赋格曲》、贝多芬的《f 小调奏鸣曲》，收入够付我们此行的支出，我们共赚了三百塔勒带回德累斯顿。但这仍然是我伤心的记忆。林德演唱的浪漫曲获得了满堂喝彩，而我的钢琴演出却掌声寥寥，这种苦涩让我们无法忘怀。舒曼从排练开始便对林德的唱功赞赏不已："我从未见过这样的人，看过一遍乐谱和歌词后就能有那么透彻的领悟力，她的理解力简单、自然而又深刻。"

　　舒曼夫妇为了散心，参加了几场私人晚会，尤其在1月15日的最后一场音乐会上，克拉拉和海尔迈斯伯格兄弟共同演奏了她自己的三重奏。然而，面对在德累斯顿的种种失望，加上维也纳之行的沮丧，克拉拉说：我原以为（维也纳）是我们的安全港，可如今希望又破灭了。回乡途中，克拉拉途经布拉格，她的一曲《a小调协奏曲》令布拉格倾倒。但维也纳仍然是舒曼夫妇心头的创伤，于是他们认为柏林也许才是他们真正的"安全港"。2月10日，他们到达柏林，在歌唱学院演奏了《天堂和仙女》，国王看了当晚的演出。尽管演出获得了成功，但歌手们心有不满，葆琳娜·弗亚尔多特拒绝再次演出。克拉拉认为：她无法理解温柔的德国音乐。另外，比起舒曼，葆琳娜更喜欢梅尔贝尔。如果根据贝多尔特·利兹曼书中所言，葆琳娜偏好梅尔贝尔和阿雷维，而非韦伯、贝多芬或莫扎特。

"小克拉拉，柏林人比较严肃，他们有教养，他们热爱高品质的音乐。你还记得维也纳吗?"

在柏林，舒曼夫妇确实如鱼得水。舒曼赢得了众人的尊敬，克拉拉轻易就取得了为富家子弟教课的工作，而且她还有机会和生母重逢，完全沉浸在家庭的幸福中：我真高兴啊，在柏林见到了我的母亲。那可是我的至亲啊，她完全理解我对罗伯特的爱。确实，我对罗伯特和孩子们的爱胜过一切，但有些事还是不能对丈夫和孩子们说起的，我们只和朋友说。再说，我的孩子们还太小。然而，克拉拉和舒曼很快就离开了柏林，也许是因为5月法妮·门德尔松的突然死亡，不到半年，菲利克斯·门德尔松也不幸英年早逝。

11月初，舒曼夫妇得知门德尔松的病情不容乐观：5日周五，我在邦德曼家突然得知门德尔松的病刚刚发作了一次，基本上无恢复的可能。我们以为医生言过其实，但此后我们收到了路透的一封信，信中说门德尔松已于4日周四晚9点零5分平静地死去。在过去的两周里，他的病情连续发作了三次，这最终导致了他的死亡。他的病故和法妮相似——仿佛是法妮带走了他，因为他曾亲口对好朋友们说："我将和法妮一样死去。"

未曾想一语成谶。我们很伤心，他之于我们不仅是一位艺术家，更像是一位亲人、一个朋友！他的死对所有认识他的人来说无疑是一份无可挽回的损失……3月25日是我们最后相见的日子。他最后一次在格万豪斯做指挥是在去年的11月16日，在我的音乐会上，我演奏了他的《g小调协奏曲》。我们对他的爱说不清，道不尽。我知道，我们的心会痛上一辈子。门德尔松去世时年仅三十八岁。舒曼参加了门德尔松在莱比锡的葬礼。他失魂落魄，他觉得同样的结局也在不久的将来窥视着他。那年，他三十七岁，仅九年之后他将走上同样的路，但那将是何等的凄凉啊！

"小克拉拉，我们就留在德累斯顿吧，可连赫勒也要走了……"

费尔迪南·赫勒刚被任命为杜塞尔多夫的音乐总管，在他出发之前，即门德尔松葬礼的两天后，他召集了所有的朋友，向他们宣布他将男子合唱团团长一职交给舒曼。舒曼当仁不让，并建立起一支拥有一百零六名团员的男女混声合唱团，克拉拉经常参加他们的活动。总之，1月15日，一场简短的欢迎仪式之后，舒曼开始了第一场排练。克拉拉说：他的发言本该更长些，但他总能言简意赅……克拉拉总是看到事情好的一面。

1848年对舒曼而言是辛勤工作的一年。除了许多的合唱曲之外，舒曼还根据弗雷德里希·黑贝尔的故事创作了他的第一部（也是最后一部）歌剧：《格诺费瓦》——8月完成乐谱，两年后在莱比锡上演。克拉拉负责其中的钢琴部分。

1848年是德国的动荡之年。他们的第五个孩子路德维希出世后的第二个月，柏林发生了暴乱。克拉拉的政治意识开始觉醒：群众和士兵发生了冲突，据说有上千人被杀，这些事情国王能知道吗？

227

据说波兰和俄国在打仗，如果波兰能获胜，我将多高兴啊！

人们热情高涨，在迷人的惠伯纳夫人组织的沙龙里互相争论。我常常和她争辩。真难想象，我这么做竟然是为了政治！！

5月23日，为了支持波兰的解放运动，克拉拉在萨克森的市政厅里演奏了一首肖邦的小夜曲和两首门德尔松的《无歌词乐曲》。此时，罗伯特正在创作他的《〈曼弗雷德〉序曲》——他最富诗意的作品，克拉拉说。也许也是他最感性的作品。次年，当起义者占领德累斯顿的大街小巷时，舒曼依然对时事漠不关心，只有克拉拉用纸笔记录下了这次重大事件。

事情发生在5月3日，周四：

……我们去普劳埃申·格伦特（Plaueschen Grunde）的别墅吃晚饭，我们陶醉在自然界的美景中，根本没想到此时在城里发生着这样的事情。我们回到家后还不到八个小时，全城的警报就拉响了，钟声齐鸣，很快我们就听到了枪声。国王不愿意承认在普鲁士皇家宪法高于一切，他试图一走了之。可以想象，他的举动将引起民愤。这一夜过得还算太平，可4日周五，我们回到城里，看见所有的街上都设置了街垒，埋伏着以镰枪为武器的民众和支持共和政体的市民，他们还在努力搭起更多的路障。到处混乱不堪……从路上扒下来的石子和卵石被运到了街垒上。国王在昨天夜里逃到了科尼西斯坦（Königtein）。民主人士齐集市政厅，准备成立临时政府，接管在城堡和诺伊施塔特（Neustadt）装备大炮的士兵。

我们在穿过城区时看到了十四具尸体，惨不忍睹。他们是昨晚上死的，被人搁在了医院的院子里，真是触目惊心。在很长一段时间里，我的脑海中都无法抹去这一幕。只有后来的那场大暴动才能盖过这一印象。这一整天都没有发生战斗，但到了夜里，路障成了名副其实的堡垒，战斗一触即发。这场灾难将如何结束？难道会血流成河吗？

　　5 日周六，恐怖的早晨。我们所在的街道成立了一支治安分队，他们想把我的罗伯特抓去入伍。我谎称舒曼不在家中，连说了两遍，但他们扬言威胁我说一定要把他逮住。于是我们带着玛丽娅从花园门逃了出去，直奔波西米亚车站。在那儿我们见到了议员奥勃兰德，他决定要去科尼西斯坦觐见国王，希望和平解决这次暴动。手持镰枪的人们警告我们说不得携带武器出城。凌晨一点，我们登上了去米格尔（Mügeln）的火车。我很难过，我没能把爱丽丝带在身边，但是我们出逃的时候，别无选择，我们没有时间带上孩子。罗伯特以为我们可以晚上再回来，但我不相信，因为在我们出逃前不久整个德累斯顿就成了一座上演暴力和冲突的舞台。

　　我们从米格尔一直步行至多纳（Dohna），并在那儿吃了顿饭；我们打听了下一趟火车的时刻表，但没有确切消息。七点，我们出发去了马克森，在那儿见到了不少旅客。

　　整个一天我都心慌意乱，炮火声不绝于耳，可孩子们还留在城里啊。我本想趁天黑回城接他们，可天色已晚，找不到愿意陪我回去的人。罗伯特也不可能跟我回去，因为我们听说起义军正在我家附近抓壮丁入伍，逼他们参战。最终，我无可奈何地放弃了。

　　7 日周一，凌晨三点，我回到了城里，陪我的是校准工的女儿，冯·贝格夫人也和我们同路。这一路上我们担惊受怕，生怕一回城就再也出不来了！我觉得今天可能是回不去了。我们坐马车到了施特雷拉（Strehla），然后和冯·贝格夫人分道扬镳。我们穿过田地，朝赖特邦街走去，这就像闯入了连绵的炮火地狱之中。突然，前边有四个手持镰枪的男人朝我们走来，一时间我们不知所措，但我们立即鼓起了勇气，握紧双拳，继续一声不吭地赶路（在乡下又遇到了一位男士与我们同路），终于我们平安无事地回到了赖特邦街，但每家每户都门窗紧闭着，真可怕！死寂的城区里不断地回响着枪声。孩子们还在睡觉，我立即把他们从床上叫醒，给他们穿上衣服，收拾了一些重要财物。一个小时之后，我们又出了城，到了乡下。

我们坐上了去施特雷拉的马车，在晚饭时间到了马克森，全家终于团聚了！可怜的罗伯特在担惊受怕中煎熬了好几个小时后终于欣喜若狂。我们在很多村子里都遇到了难民，从他们的口中得知城里发生了许多可怕的事。难民们举止得体，想不到萨克森人竟然可以做到这般临危不惧。很多人从城里逃出来，还有些人来自埃尔茨山区，但普鲁士的援军不断向德累斯顿增派兵力，这更激起了起义军的愤怒。

8日周二，时局动荡。城里战斗不断，为了不拖累上校先生，我带着奶妈和三个孩子去了三年前曾住过的医生家。他家里还有其他人：有一位冯·阿尔贝丁先生和他的妻子，我们在城里的邻居冯·哈恩太太，还有冯·施蒂芬尼茨一家。所有的上流人士都把民众说成流氓和贱民，这让我很不自在，上校是这家里唯一拥有自由思想的人，他有时候会对贵族们说出自己内心的真实看法。

9日周三，一上午我们看到硝烟从莱克尼策尔（Räcknitzer）山升起，我们以为他们在那里攻城，但中午的时候，我们得知所有人都已经离开了城市，士兵们由于不能攻下主要街垒，正威胁说要炸毁它们。凌晨两点，临时政府带着主力部队逃往弗雷格堡。

10日周四，我们目睹了士兵犯下的罪行。他们朝被逮捕的起义者开枪射击。女房东后来告诉我们说她的兄弟是舍菲尔街的"金鹿楼"的房东，他参与了枪杀二十六位大学生的事件。

他们在一间房间里找到这些学生，然后一个一个地朝他们开枪，随后又把他们的尸体分成两批分别从四楼和五楼扔到街上去。看到这种人间惨剧真是太可怕了！他们的抗争只是为了赢得一丁点儿的自由！众生平等的时代何时才能到来？贵族们怎么还自以为是地认为他们与普通老百姓是两个不同的种群呢？

下午，我们进了城，但罗伯特还待在施特雷拉，因为我们听说没有通行证，士兵就不准出城。今天天色已晚，我来不及拿通行证回马克森。我们留下了生病的路德维希，这令我们很担心。

不久父亲来看我了，但他不愿意相信我的所见所闻。他走之后罗伯特就到了，他不愿意和我们分开。于是我们穿过城里的主干道，看见了主要的战斗场地，我很难描绘这幅满目疮痍的景象。房子上、断壁残垣上到处是成千上万的弹坑。战火彻底地摧毁了旧日的歌剧院、孪生兄弟街和小兄弟巷街上的三座漂亮建筑物。总之，这景象惨不忍睹，可以想象这些房子内部该是何等的凄惨啊！起义军为了便于相互联络把墙都推倒了，有多少人在家中中弹身亡……凡此种种！圣母院里关满了犯人，总数已经达到五百多个。据说唱诗班的指挥瓦格纳是共和起义军的主犯，他在市政厅发表了不少演说，他还亲自加入了街垒的搭建工作和其他反政府的活动。

众所周知，瓦格纳在当时是一个积极的革命分子。在乐队队长奥古斯特·洛克尔的指引下，他发表了搭建街垒的号召书，在爱国者同盟的会议上（"我常去那儿，就像去看演出似的"），瓦格纳遇到了俄国无政府主义者米哈伊尔·布坎宁。瓦格纳说他"将所有的希望都以彻底摧毁我们的文明为基础"。5月3日，被德累斯顿人称为"理查德·浮士德"的瓦格纳欢呼："等了这么久，革命终于来了！"同一天，为了劝阻军队向人民开火，他以个人名义印刷了一批传单，贴在街垒上，传单上只有一句话："愿意和我们共御外敌吗？""当然，没有人会注意到那些传单，除了那些在此后告发我的人。"六天后，起义被镇压。据德累斯顿的《机关报》统计，共有三十一名士兵和九十六名起义者死亡，但实际数目可能大大超过这一数据。瓦格纳差点儿被捕，被判处死刑或至少蹲十年大狱。但 5 月 13 日，理查德·瓦格纳逃往瑞士，在途中他去了趟李斯特家。

"理查德，承认吧，你干了件蠢事！"

李斯特心里清楚，忏悔不是瓦格纳的作风。

至于舒曼，他又缩回了自己的"壳"里，而让怀孕六个半月的克拉拉冒险保护他。在他创作出气势恢弘的《四首钢琴进行曲》（op. 76）即《街垒进行曲》时，他是否有心将功赎罪呢？四首进行曲中的第一首（《用尽全力》！）是不是在节奏中回响着《马赛曲》的旋律呢？但无论如何，舒曼并不是没有注意到瓦格纳的出逃空出了唱诗班指挥的职位。这很适合他，如果上级批准他继任，也许他能在德累斯顿多待上一段时间……新生儿（保罗 - 费尔迪南）在 7 月 16 日出生时舒曼还在一刻不停地创作，他完成了一系列的浪漫曲、合唱曲和室内乐，钢琴代表作《森林景色》，他的《为四把圆号和大型乐队而作的协奏曲》为当世和后世的圆号手设定了新的高度。他的作品常常集豪迈和柔情于一体。舒曼说："1849 年是我最丰产的一年。"克拉拉对丈夫始终满怀倾慕之情："真奇怪，窗外的恐怖似乎更激发了罗伯特的才情，窗内窗外形成了鲜明的对比……"9 月 13日，舒曼和女儿小玛丽娅联奏了《生日进行曲》，庆祝克拉拉的生日，这是他一贯的礼物。

正在此时，有人向舒曼夫妇提议结束在德累斯顿的五年失意生活，接任费尔迪南·赫勒在杜塞尔多夫的音乐总管之职。

舒曼跃跃欲试，但和以往一样，他不得不权衡利弊，因而迟疑不定：门德尔松曾经告诉他，杜塞尔多夫没有一个音乐家是出名的，这是真的吗？乐队和合唱团的重要性在何处？音乐委员会将作出怎样的决定？工资有多少？房租贵不贵？冬天能否请一两周的假做一次远足？克拉拉能找到工作吗？一天天过去了，舒曼还在犹豫。12 月 3 日，舒曼请赫勒原谅他迟迟未予答复，并请委员会再耐心等待。1850 年 1 月中旬，克拉拉说：我们完全没了主意，但她也承认这个职位很有吸引力，每年十四场音乐会，每周可以和一百三十名合唱团成员一起工作，而且如果尽早确定下来的话，舒曼将在 8 月份上任，但从 4 月份就可以领到工资了。这样搬家的钱就有着落了。但在此之前，他们必须抓紧时间在不来梅、汉堡和阿尔托纳办音乐会。在阿尔托纳，他们见到了正准备出发去美洲的珍妮·林德。在莱比锡，舒曼还将把《格诺费瓦》搬上舞台，但后来排练的事被推迟了。3 月 31 日，舒曼向杜塞尔多夫的音乐委员会宣布他愿意接任总管一职。六周之后，莱比锡的观众欣赏到了舒曼的第一部歌剧，但反响平平。在杜塞尔多夫的第一次演出尽管小插曲频频，但人们对舒曼的总体评价不错，另外两场的演出也是座无虚席，虽然说不上是大获成功，但克拉拉也很欣慰：终于听到了真正美妙的德国音乐，沁人心脾，决不是噪音。天才的音乐，而这样的天才，上天只赋予少数几位选民。第三场演出观众反响热烈，克拉拉补充道：看着罗伯特淡然谦逊地接受这种荣耀，我高兴得想哭。在这一刻，他像一个真正的艺术之星，正在天际冉冉升起，我知道他值得我去爱！7 月 10 日，舒曼夫妇回到德累斯顿，当地的报纸将舒曼奉为当时最杰出的天才，让他离开德累斯顿是一种损失，真是悔不当初……

1850 年 9 月 2 日，杜塞尔多夫为舒曼夫妇准备了一场激动人心的欢迎仪式。门德尔松死了，瓦格纳逃亡了，人们正在迎接德国当时最伟大的作曲家。音乐委员会迁址了，赫勒陪同舒曼夫妇暂时住进了布莱登溪旅店，据克拉拉说，旅店特地为他们的房间布满了鲜花。但在杜塞尔多夫的日子因繁琐的家务而失去了许多快乐：先是要找房子，可是没有一间房子看着舒服。他们临时住进一间小公寓，后来又往一间腾空的新公寓里搬家具，没有一个舒服的角落，窗户大得让人以为就坐在街上。工人在四周吵吵嚷嚷，厨娘干了没多久就被我们辞掉了，噪声（马车声、孩子哭闹声和手摇风琴声）让舒曼无心工作（他自10月中旬起就开始创作《大提琴协奏曲》和《莱茵河交响曲》），而为了这一切他们不得不增大开支。克拉拉忧心忡忡，此前没有人提醒过她这一点，我一分钱也赚不到。

然而，杜塞尔多夫的音乐界同仁们为他们的新客人准备了友好的接待仪式。晚餐时的《迎宾小夜曲》为舒曼夫妇带来了惊喜，除此以外，他们还欣赏了《〈唐璜〉序曲》。克拉拉觉得舒曼可以和这支乐队做出点儿成绩来。7日，周二，舒曼夫妇应邀出席了官方接待会，在接待会上音乐家们演奏了《〈格诺费瓦〉序曲》和三首浪漫曲，并在年轻的朱利尤斯·陶施的指挥下演奏了《天堂和仙女》的第二部分。音乐会之后，人们举办了丰盛的晚宴和热闹的舞会，舒曼夫妇匆匆离席，结束了盛大的欢迎仪式。10月24日周四，音乐季的第一场音乐会正式开启了舒曼在杜塞尔多夫的职业生涯。当天的音乐厅空前爆满，克拉拉说有些观众是从埃伯菲尔德（Elberfeld）、克雷菲尔德（Krefeld），甚至曼斯特（Munster）赶来的。三遍军乐齐鸣之后，舒曼登台第一次指挥杜塞尔多夫乐队演奏了贝多芬的《向大厦献礼序曲》，效果很不错。之后，克拉拉在礼乐中登台演奏了她的心爱之作、门德尔松《g小调协奏曲》。面对听众的强烈反应，克拉拉淡然地说：在我的记忆中从未遇到过如此热烈的掌声。这么多年来，我都没有和乐队一起合作，凭记忆演奏过一首曲子。难道我又找回了年轻时的力量和活力了吗？我不敢相信……这场晚会只有一点遗憾：音乐会之后的接待仪式上，赫勒竟不知趣地向克拉拉敬酒。舒曼立即起身离席。三年后，当舒曼夫妇在荷兰的巡演大获成功后，他们受到了荷兰王室的接见。在仪式性的介绍之后，弗雷德里希王子向舒曼提了一个难忘的问题："您也是音乐家吗？""是的。""您使用何种乐器？"舒曼苦笑。旧时的王孙公子和今日的政客，他们对音乐的无知足以令人瞠目。有些乐师遇到了伯乐，而有些人则不得不忍辱负重。

趁着第三个儿子刚出生，第四个女儿还在腹中的"缓冲期，"克拉拉又找到了音乐的快乐：她常常亲自在波恩、科隆和克雷菲尔德组织音乐会，在杜塞尔多夫办室内音乐会。那时，乘火车只需几个小时便可穿越德国境内与莱比锡的听众见面。1852年3月，李斯特和年轻的约瑟夫·约阿希姆参加了"舒曼周"的活动。除此以外，旅行也为舒曼夫妇带来了欢乐，如1851年7月的莱茵河之旅，从科隆一直到美因茨，并延伸至海德堡的"朝圣"，舒曼经常向克拉拉说起这里的故居，二十二年后他还记得，他尝到了一样美味的白葡萄酒，一样的狼泉啤酒。但这次除了一位白发的英国老太太，他们一个人也没有碰到。为什么要在这一路上停留多站呢？因为他们将路过巴塞尔、洛桑、日内瓦，他在日内瓦怀念卢梭，品尝美味而廉价的香槟酒。随后他们坐马车到法国的查莫尼克斯（Chamonix），住在"王家旅馆"里，透过房间的窗户能遥望勃朗峰。但后来由于天气变糟，他们于8月5日回到了杜塞尔多夫。几天后，舒曼受邀至布鲁塞尔和安特卫普为一次唱歌比赛做评委，克拉拉陪同前往。

趁两次音乐会的间隙，克拉拉拜访了卡米尔·普莱耶尔，并受到了后者的热情接待：我很高兴能与她认识，因为我经常听到她的大名，而她对我发自内心的热情也令我惊喜。

舒曼夫妇回到家时，李斯特正在杜塞尔多夫刮起一阵"李斯特旋风,"在聪明、迷人、有教养的赛因－维特根斯坦公主的支持下，李斯特在城里叱咤风云。李斯特和克拉拉同台合奏钢琴。和以往一样，他弹起钢琴来像中了魔似的，他像一个魔鬼控制着钢琴，没有比这更好的词儿了。唉，可惜，他写的曲子实在太可怕了！如果这出自一个少年之手，我们还能用年少无知来原谅他，可面对这么一个离谱的男人，我们还能说些什么呢？我们两个人都很沮丧，很伤心！我们一句话也没有说，但看得出来，李斯特很痛苦。可是我们心里也压抑着怒火，又能说些什么呢？

"亲爱的克拉拉，你总是坚持自己的信念，你的评价总是那么不留情面……"

一个又一个月过去了，舒曼夫妇陷入痛苦之中。克拉拉还像以前一样勇敢，她对舒曼的爱依然炽烈，她不愿意承认舒曼陷入了疾病和抑郁之中而渐渐失去了自控能力，频频缺席乐队的排练。事实上，舒曼已无力再领导他手下的乐队和合唱团。克拉拉说这是阴谋。合唱团团员工作散漫，表现不佳，工作时打打闹闹，我们非得像对待调皮孩子似的去管教他们。《b小调弥撒曲》的排练便是一个例子：这些人目中无人，对艺术和指挥毫不尊敬。听说他们一向如此，可这样下去对将来有百害而无一利！六个月后，《马太受难曲》的排练可以说是一场灾难：除了少数人以外，那些太太们嘴巴都懒得张。大多数人都毫无进取心，坐着唱歌，手舞足蹈……我最大的心愿就是让罗伯特彻底离开合唱团，因为这种职位和他的地位不符。克拉拉拼尽全力维护丈夫的声誉，她也许从未想过钢琴才华和合唱指挥完全是两码事。

乐队的上级也开始采取动作：音乐委员会派了两位官员通知克拉拉说乐队希望舒曼专门指挥他自己的作品，其余作品可以由朱利尤斯·陶施负责。无耻的阴谋……陶施水平很差……我怎么能容忍被这样算计，可我还有六个孩子，生计困难啊！

欧仁妮生于1851年12月1日，死于1939年，她是所有兄弟姐妹中最后一个去世的。欧仁妮出生后不到两年，克拉拉再次怀孕，舒曼依然执著于自己的音乐事业。

1853年11月9日，舒曼正式向音乐委员会提交辞呈。五周前，舒曼在日记中写道："汉堡的勃拉姆斯先生……"

第二十二章　青春袭人

　　1853 年 9 月 30 日，二十岁的勃拉姆斯敲响了舒曼家的门。勃拉姆斯出生于北方的一个平民家庭，他的音乐细胞没有一丝贵族渊源。勃拉姆斯全名约翰内斯·勃拉姆斯，其父名叫约翰·雅各布，祖父叫约翰。勃拉姆斯小名汉斯，母亲名为乔安娜。祖父在易北河河口当木匠，父亲打破了家族传统，这个"逆子"生性孤僻且爱幻想，但也喜欢享受生活，不时会开些粗俗的玩笑，他不愿意承接家族生意，而一心想投身音乐，从乡村舞会到威塞尔布伦纳①（Wesselburen）合唱团，从汉堡圣·保罗街区的小酒馆到国民军里当号手，于是他穿上了有肋状盘花纽扣的绿色制服，领口镶了一圈白边，头上戴上了带绒球的军帽。在得到酒馆乐队的赏识之后，他参加了卡尔－舒尔策的剧院乐队，后又加入了阿尔斯特著名的音乐俱乐部，参与低音部。他最辉煌的时刻便是加入了汉堡的爱乐乐队。总之，他在音乐上一帆风顺。其间，二十四岁时，他娶了房客的妹妹，妻子比他大十七岁，有腿疾，体弱多病，相貌平平，但持家有道，厨艺不赖，并且绣花的本领高超。此外她有一双迷人的蓝眼睛，传闻她的记忆力惊人，晚年时期还能背诵席勒的作品。

　　我们的汉斯在 1833 年 5 月 7 日的明媚春光中诞生，有一位比他大两岁的神经敏感的姐姐和一位比他小两岁的弟弟弗利

---

① 位于德国赫尔斯泰因州（Holstein）。

兹·弗雷德里希。弟弟后来也从事音乐工作，曾在加拉加斯①（Caracas）当过一段时间的钢琴师，后在汉堡担任过音乐教师。很多书上将他称为"der falsche Brahms"——即"假勃拉姆斯"。

真正的勃拉姆斯投身音乐既是出于个人兴趣，也是由于父亲的意志，但父亲并无太大的野心，他只希望后辈能找到一份乐队乐师的体面工作。父亲曾求助于著名的音乐教师奥托·弗雷德里希·维利巴尔特·科赛尔："科赛尔先生，我希望犬子能成为您的门生；他想学钢琴，要是有朝一日他的学识能像您一样多就好了。"勃拉姆斯进步飞快，显示出神童的潜质。科赛尔先生的知识已经教完了，而这位学生已经转入了音乐创作中。"真可惜！他本可以成为一名伟大的钢琴家！"于是，科赛尔将勃拉姆斯托付给自己的老师爱德华·马克森。此人是贝多芬的忠实乐迷，曾将贝多芬的《"克鲁采"奏鸣曲》改编成管弦乐。他一生写过七十首乐曲（已失传），其中有的题献给胡梅尔、珍妮·林德、克拉拉·舒曼等等，但他对行事低调的舒曼并不是很欣赏。面对学生的推荐，马克森也犹豫过、拒绝过，但经过再三思量，他还是答应接受勃拉姆斯，而且最终他笃定地保证分文不收。在门德尔松去世之时，马克森说："一位音乐大师走了，而另一位同样伟大的音乐巨人站了起来，他就是勃拉姆斯。"尽管如此，勃拉姆斯的少年时代并不幸福，他脸色苍白，身体羸弱，伴有神经性头痛。九岁时，汉堡的一场大火在他的心灵上留下了阴影；次年，他粗心大意在穿过马路时被一辆四轮马车从胸口碾过，但所幸没有丢掉性命。后来他又不得不工作贴补家用："那个时候，我每天都要作曲，但只能趁大清早偷偷地写。白天，我为军乐队排步子，晚上就去酒馆演出。"克拉

---

① 委内瑞拉首都。

拉后来说：就算他母亲和姐姐了解他异于常人的天赋，但他的父亲和弟弟根本不清楚。但是，我们还记得吗？年轻的勃拉姆斯曾经趁舒曼夫妇途经汉堡时将他的作品手稿放入包裹，留在他们的旅馆房间中，而舒曼夫妇甚至都未曾想过打开看看。

在酒馆打工的日子尚未结束，勃拉姆斯便摩拳擦掌，对公认的经典名作跃跃欲试，他弹过贝多芬的交响曲，听过柏辽兹亲自指挥的《安魂曲》，他看过不少书，有席勒的《强盗》、蒂克的《美丽的玛格洛纳》、霍夫曼的《雄猫穆尔的人生观》——"因为它们，我知道自己缘何来到这世上。"和舒曼一样，勃拉姆斯的心头一直萦绕着"双重自我"①。他也喜欢用笔名，他的笔名是乔·克莱斯勒·朱恩。他在《小克莱斯勒的百宝箱》中提到了他所看过的书。在幻想和孤独中，勃拉姆斯保持着沉默："人不会无时无刻都想说话。我们常常会百无聊赖，于是最好的方法就是沉默。"

十五岁时，勃拉姆斯参加了他的第一场公共音乐会，也是在十五岁的时候，他在一群抵达汉堡的匈牙利难民中认识了年轻的犹太小提琴手爱德华·莱蒙尼，并与之结伴同行。勃拉姆斯的旅行更像是探险，他们有时坐驿车，有时囊中羞涩便索性徒步前行。在他们的音乐晚会上，以贝多芬为代表的经典和匈牙利舞曲交织在一起。勃拉姆斯和莱蒙尼的性格截然相反，他们途经汉诺威时拜访过约瑟夫·约阿希姆，后者曾感受到"约翰内斯温和，是理想型的；而另一位则虚荣，是异想天开型的。"当勃拉姆斯坐到钢琴前，弹起自己的作品时，约阿希姆被折服了，他说他"高贵，有灵性，拥有一种超乎想象的精神和特色。"

---

① 即前文所说的"Doppelganger,"在西方指隐藏在内心的另一个自我。——原注

约瑟夫·约阿希姆在当时已蜚声欧洲音乐界。他出生于匈牙利，和莱蒙尼一样是个犹太人，四岁时他便拿起琴弓，在歌剧院第一小提琴手施坦尼斯拉斯·瑟瓦钦斯基的指导下练习小提琴，八岁时便在佩斯参加了他的第一场公共音乐会，演奏了弗雷德里希·艾克的《双小提琴协奏曲》、以舒伯特《伤感的华尔兹》为基础的佩哈切克的《变奏曲》。天才需要栽培：在维也纳，舒旁采因的竞争对手约瑟夫·伯恩与年轻的天才约阿希姆合奏了贝多芬的四重奏；在莱比锡，音乐学院一开始拒绝接收约阿希姆，但听过一次他的演出后，评委们被折服了。为他做钢琴伴奏的门德尔松就此评价道："这个小脸胖嘟嘟的天使不需要进音乐学院深造，他已经掌握了小提琴的艺术，他不再需要任何小提琴老师，他完全可以独立学习，不时拉点曲子给大卫听，吸取些建议和批评即可。而我本人也很希望定期和他合奏，做他的音乐顾问……"这位将自己的小马驹起外号为"Teufels-braten"（该死的魔鬼）的门德尔松没有食言。在1843年8月19日的音乐会上，除了舞台的一根绳子断了，火警有些干扰演出秩序之外，一切顺利。之前一天，约阿希姆与舒曼初次相遇。

约阿希姆从柏林来到伦敦，他第一次拉起了贝多芬的《小提琴协奏曲》，伦敦的听众自始至终掌声不断。作为当晚的指挥，门德尔松说："人们鼓掌拍得手都发疼，喝彩喊得喉咙都哑了。"约阿希姆回到莱比锡时，舒曼还在，他说："我不知道那儿的人是否知道在世上还有一位年轻的小伙子能和门德尔松合奏，把一首《'克鲁采'奏鸣曲》用小提琴拉得出神入化。"在成功的路上，约阿希姆还结识了李斯特。据说，李斯特坐在钢琴前，优雅地用食指和中指夹着一根烟，为门德尔松的《协奏曲》伴奏。李斯特曾带着约阿希姆去了布拉格，把他介绍给了当时正在排练《罗密欧与朱丽叶》的柏辽兹。随后李斯特和约阿希姆又到了巴黎和魏玛，将最新的巴黎见闻告诉图林根州的领袖李斯特。李斯特和约阿希姆彼此欣赏，建立了深厚的友谊。李斯特（用法语）写道："需要告诉您吗，亲爱的朋友？我们想念您，而我对你的思念比任何人都强烈……您不是那些可有可无的音乐家，没有人比我更欣赏您的才华、性情和人格。"李斯特希望将这位年轻的小提琴手兼作曲家留在魏玛，并将他任命为"音乐会主管"。两年后，约阿希姆在柏林演奏了贝多芬的《协奏曲》，又一次大获成功，也许贝多芬是他的护身符。随后，他接受了汉诺威的同一职位，比起李斯特众多的社交活动，他更喜欢在北部公爵的统治下宁静而安逸地生活。在这里，他每年都可以作为唱诗班指挥享受到欧洲规定的五个月的假期。

1853 年 5 月，理想型的勃拉姆斯和虚荣型的莱蒙尼敲响了约阿希姆位于汉诺威王子街上的家门。勃拉姆斯以他的一头金发和腼腆的性格给约阿希姆留下了深刻的印象。约阿希姆曾对伯恩斯托夫伯爵夫人说："在勃拉姆斯的琴声中有一团烈火，我将其称为绝妙的力量和节奏感，它彰显了音乐家的才华。他的曲作品内涵丰富，这是我第一次在这个年纪的音乐家身上发现这种能力。"这也是勃拉姆斯第一次说他那么清楚地理解一个人的教诲。那一年，推荐人约阿希姆二十二岁，被推荐的勃拉姆斯刚满二十岁。约阿希姆动用自己的社会关系为勃拉姆斯安排了一次王室音乐会，有迷恋音乐的国王乔治五世参加。而与此同时，莱蒙尼因为被警方怀疑寻衅滋事而被驱逐……

之后，勃拉姆斯和莱蒙尼在返程中受邀参加魏玛的节日活动。勃拉姆斯掏出了一封有约阿希姆签名的信。李斯特说："我们将很高兴听几首您的作品，如果您已经准备好且愿意演奏的话。"

——不，我……我还不想……

——那好，我来弹！

当着齐聚在阿尔滕堡的弟子（卡尔·克林德沃特、迪奥尼斯·普鲁克纳、约阿希姆·拉夫和威廉·马松）面前，李斯特将《b_E大调谐谑曲》的乐谱放在钢琴上，一边视奏，一边赞赏，并逐段地品评。马松见证了这一幕，据他说该乐谱字迹潦草，几乎无法辨认。拉夫认为他在其中找到了肖邦《b_b小调谐谑曲》的影子。勃拉姆斯说："我从未听过这曲子。"大家随后请李斯特弹奏了他新创作的《b小调奏鸣曲》，后来他将之题献给舒曼，但克拉拉很不喜欢这首曲子。李斯特一边弹奏，一边环顾四周，发现竟然有人睡着了，还从凳子上滑了下来，此人不是别人，正是勃拉姆斯！一曲奏毕，李斯特一声不吭地离开了房间。这件事常被人提起，且争议颇多，二十六年后被莱蒙尼证实。虽然李斯特曾将一支题为"勃拉姆斯"（Brams）[①]的烟嘴送给勃拉姆斯（当然，其他的访客也有礼物），但很显然勃拉姆斯在阿尔滕堡并不开心，毫无疑问他在多年以后常向克拉拉谈起这段日子……他说："很快，我就感到这里不是久留之地。在这里我必须学会撒谎和欺骗，可我根本做不到！"而莱蒙尼则答应在魏玛乐队里任职。叛徒！勃拉姆斯在哥廷根见到了学习哲学和历史的约阿希姆，他这才发现了幸福、友谊、坦诚和彼此的欣赏。约阿希姆鼓励他沿着莱茵河做一次浪漫之旅。

——别忘了，旅行结束之前，在杜塞尔多夫停一下！

从1853年8月中旬开始，勃拉姆斯背着包，挂着拐杖，徒步前行。这次旅行给他留下了许多不可磨灭的记忆：9月初，他到达波恩，拜访了城里年轻的"音乐总管"的威廉·约瑟夫·冯·瓦希勒斯基。此人曾是门德尔松的门生、约阿希姆和舒曼

----

① 勃拉姆斯应拼写为"Brahms"，但李斯特在书写时漏写了"h"。

的朋友，后来还成为了舒曼的传记作家。勃拉姆斯又在波恩附近的梅乐姆（Mehlem）村待了一天，拜访了商务议员戴希曼。这是所有音乐家的必经之地。勃拉姆斯在致约阿希姆的信中说这是"神仙般的日子"。最后，具有决定意义的一程：在梅乐姆，勃拉姆斯听到了《克莱斯勒偶记》，舒曼的霍夫曼情结让他有些举棋不定，而且他预感到他与舒曼之间将有某种解不开的关系。他曾告诉约阿希姆，这位舒曼先生曾经蔑视过他的作品，伤害过他。他尚未决定是否登门拜访，但年轻的"克莱斯勒"（即勃拉姆斯）还是改变了主意。杜塞尔多夫成了他莱茵河朝圣的下一站，也是终点站。

在《小克莱斯勒的百宝箱》中有一句话："只有天才才能点燃天才。"勃拉姆斯的预言成真。

第二十三章　十月奇迹

在 9 月 30 日的日记中，舒曼用一如既往的只言片语记下了他与勃拉姆斯的会面，但其实真正的会面是在第二天。9 月 30 日，勃拉姆斯在近中午时分敲响了舒曼在比尔克街上的家。小玛丽娅赶紧开门，她告诉这位"留着一头长长的金发、美得像画儿似的小伙子"说父母已经出门了。

——我可以明天再来吗？

——可以，近 11 点的时候来吧，因为我父母习惯中午出门。

第二天 11 点，玛丽娅上学去了。是舒曼为这位年轻的汉堡人开了门。勃拉姆斯紧紧地抱着一包乐谱手稿在胸前。听过勃拉姆斯自报家门之后，舒曼请他弹了几首曲子。刚开始弹了几小节，舒曼便打断了他，他说："等一下，我去叫我的太太。"勃拉姆斯弹了一首又一首曲子。玛丽娅回忆道："那天的午餐令我记忆犹新。父亲和母亲从未这般激动过。他们谈论的唯一话题便是上午那位才华横溢的访客。他的名字叫约翰内斯·勃拉姆斯。"

早在 8 月底，约瑟夫·约阿希姆曾来杜塞尔多夫待过几天，他曾向舒曼夫妇说起过一位极富才华的朋友，并说他可能来访。尽管有过心理准备，舒曼夫妇仍然大吃一惊，他们似乎隐约看见了德国音乐再生的希望。在他们眼中，"真正"的德国音乐既不是瓦格纳的沥血之作，也不是魏玛的李斯特一拨人的花哨。

勃拉姆斯的出现让他们一下子找到了救星。

——快来，克拉拉！来听听你从没有听过的音乐！

就在那一天，舒曼只听了一段《C大调奏鸣曲》的开头便仿佛找到了心灵的共鸣。曾经，他只看了肖邦最初的几首《变奏曲》便认定他是自己的战友。如今，他又将勃拉姆斯认作他的精神接班人。当晚，即10月1日，舒曼在日记中写道："完成《小提琴协奏曲》。勃拉姆斯到访（一个天才）。"

这位年轻的天才落脚在一家简陋的小旅馆里。舒曼夫妇每天都请他到家中吃饭。勃拉姆斯不得不克服羞赧，融入到这个家庭之中。舒曼太太还接他去参加家庭聚会或音乐会排练，她还请来了一些学生和朋友，比如雅法姐妹，其中大姐路易丝曾在汉堡听过勃拉姆斯早年的音乐会；还有年轻的乐队指挥兼作曲家阿尔伯特·迪特里希，他毕业于莱比锡音乐学院，是舒曼夫妇的密友之一。二十四岁的迪特里希和二十岁的勃拉姆斯一直在"宫廷花园"（Hofgarten）的一家餐馆露台上共进早餐，他们形影不离。

很多年以后，迪特里希记下了他对勃拉姆斯的第一印象："勃拉姆斯到后没多久，舒曼便趁合唱排练开始之前向我走来。他一脸神秘，流露出幸福的灿烂微笑，他说：'来了一个人，他让我们听到了所有美妙的音乐，他的名字叫约翰内斯·勃拉姆斯。'他把这位有趣但怪怪的年轻音乐家介绍给我。这个人穿着单薄的短礼服，看上去还像个孩子，嗓音尖尖的，一头长发很漂亮，我对他印象很好。他的唇形细致优雅，充满独特的表现力，他的目光深沉而严肃，表现出他超乎常人的天赋。他和朋友在一起时，活力四射，甚至有些高傲，他的点子很多，常常会要些小花招。他来看我的时候像一阵风似的跳上楼梯，捏紧拳头使劲敲门，没等人说'请进'就自顾自地闯进屋来。"海德维希·冯·霍尔斯坦在莱比锡见过勃拉姆斯，他说他"长着一副小男孩的嗓子，还没有变声，一身孩子气，姑娘们亲他也不会觉得脸红。"

舒曼坚持不懈地在日记中记道：

"10月2日，和勃拉姆斯一起待了很长时间，听他的《#f小调奏鸣曲》"（同一天还有：买了一百根雪茄烟，还有啤酒和葡萄酒，我们要好好招待这个小伙子！）。克拉拉补充道：勃拉姆斯下午到，他弹了几首他的曲子，把我们震住了（我通知了雷瑟小姐和几个学生过来听）。晚上，勃拉姆斯和迪特里希在我们家吃饭。饭后，勃拉姆斯弹了几首非常有意思的匈牙利曲子。

10月3日，没有任何关于勃拉姆斯的文字，但有一条消息是舒曼后代都记得的："克拉拉怀孕了。"如果不算上一次（也可能是两次）流产，在这十三年的婚姻生活中，这是克拉拉的第八次怀孕。得知这一消息后，克拉拉几乎绝望：还如何组织原定在英国的巡演呢？还如何再授课？如何办音乐会？如何料理家务？如何维持夫妇俩众多的社会关系？如何照顾抑郁症多次发作的舒曼？舒曼在日记的空白处用记号标明了做爱的日期：当天、10月9日、15日、19日、23日和27日。

"10月3日，下午5时，家中有音乐，勃拉姆斯的《幻想曲》"克拉拉在当日的日记中描写得更为详细：勃拉姆斯为我们弹了一首钢琴、小提琴和大提琴的《幻想曲》和他动听的《e小调谐谑曲》。这首谐谑曲很出色，虽然有些稚嫩，但充满想象，蕴含了一些精彩的想法；在有些地方器乐的声音和思想的特点不是很契合，但对这么一首富于想象和思考的作品来说，这只能算是小小的瑕疵了。

"10月5日，勃拉姆斯的《浪漫曲》和《小提琴和钢琴奏鸣曲》。"当天，克拉拉提到了舒曼和约阿希姆之间一次有趣的通信，舒曼说："那个该来的人来了。"约阿希姆回信说："我太喜欢勃拉姆斯了，以至于都妒忌不起来。"几周前，克拉拉曾写道：我们知道约阿希姆不仅是个艺术家，更是个善良的谦谦君子。

"10月7日，一直和勃拉姆斯在一起。他的《四重奏》。"克拉拉指出晚上她为勃拉姆斯弹了一首舒曼的《巴赫赋格曲》，并和舒曼合奏了新创作的《"儿童舞会"四手联弹》（op. 130）。

"10月8日，克拉拉为勃拉姆斯弹奏了我的《f小调奏鸣曲》。"舒曼还补充道："致约阿希姆的有趣的信。"他的信中流露出喜悦："我觉得我好像年轻了，我可以写几首狂想曲献给这只从阿尔卑斯山降临到杜塞尔多夫的雏鹰，或者换个比喻说，他就像尼亚加拉大瀑布奔涌而下，在水面生成一道彩虹，引得岸边蝴蝶飞舞，夜莺啼啭。在我眼中，约翰内斯是上帝新的使徒，几个世纪以后，法利塞人①依然无法参透他的奥秘。"

"10月9日，开始写关于勃拉姆斯的文章。"这是件大事，因为十年的沉寂之后，舒曼重新和他创立的杂志取得了联系。当时报纸仍由弗兰兹·布伦黛尔接管，于是《新音乐杂志》刊登了一篇名为《后起之秀》的文章，对一名默默无闻的二十岁的作曲家极力颂扬。是的，"弗洛雷斯坦"不遗余力地赞美勃拉姆斯："他来了，他是一位热血青年，优雅和勇敢是他的守护神，他的名字叫约翰内斯·勃拉姆斯。他生于汉堡，默默无闻，但有幸得到一位热情的名师指点，学到了音乐最高层的知识。最近，有位大师向我推荐他，并毫不掩饰地向我宣布：'他是上帝的宠儿。'勃拉姆斯一坐在钢琴前便向我们展现了最美妙的感觉，他带我们走进梦幻王国。他的琴技绝对精湛……可以预见，

---

① 圣经人物，对《旧约》能倒背如流。

他在音乐界将所向披靡。因为他具备了另一种品质，那就是谦逊。同行们为他的横空出世而呐喊致意，也许在这个世界上，等待他的是伤痛，但一定也有月桂和棕榈。让我们热烈欢迎这位勇敢的战士吧！"舒曼的文字略显夸张，但他确实行动了：就在前一天，他通知了莱比锡的布赖特科普夫和海特尔出版社的老板海特尔先生，准备将这位"上帝的宠儿"的早期作品结集出版。

在李斯特的那一帮人中，有人恨得牙痒痒，他们自以为只有他们自己才配称得上"后起新秀"这个称号。"您看过布伦黛尔最新一期上舒曼的文章了吗？"李斯特问他年轻的弟子汉斯·冯·布劳。布劳回答说："管他是莫扎特－勃拉姆斯还是舒曼－勃拉姆斯，谁都不能打扰我的清梦。"勃拉姆斯在 11 月 2 日读了《新音乐杂志》上的文章，也许是被鲜花和掌声弄懵了，直到两周后他才向舒曼致谢："上帝将保佑我，我将用我的作品向您证明，您的关心和爱护给了我莫大的鼓励和灵感。您在世人面前对我大加赞美，将我的作品视为稀世珍宝，而我自问受之有愧呀。"

"10 月 10 日，家庭晚会，有勃拉姆斯。读诗。"

勃拉姆斯还出现在 12 日、13 日、16 日的日记中。14 日，有一个惊喜：约阿希姆不期而至。比尔克街上，从舒曼家又飘出了音乐声。克拉拉前一天刚在伍珀塔尔（Wuppertall）附近的巴门（Barmen）演出，她说：幸亏他不是昨天来！15 日，约阿希姆就走了，直到 26 日才回来，大家又一起沉浸在音乐中，包括勃拉姆斯和迪特里希。第二天有一场音乐会，是新的音乐季的首场演出，也是舒曼最后一次作为杜塞尔多夫乐队的指挥登台。当晚，身为作曲家和钢琴家的约阿希姆是音乐会的明星，他演奏了自己的《小提琴和乐队幻想曲》、《〈哈姆雷特〉序曲》

（该剧克服困难，被搬上舞台）和贝多芬的《小提琴协奏曲》。

10月结束了。光荣的10月，但也是疗伤的10月。舒曼的事业岌岌可危，他被杜塞尔多夫的音乐界彻底抛弃了，他逐渐神志不清，而此时的克拉拉比以往任何时候都表现出对丈夫的关心、爱、尊敬和崇拜，她为舒曼鸣不平。勃拉姆斯出现在10月，舒曼夫妇预感到上帝安排了一场火炬接力（"命运的恩赐，""一杯圣露，"欧仁妮·舒曼写道）。10月，如暴风雨中的一道闪电，在这激情昂扬的四个星期里，勃拉姆斯不自觉地成为了主角；在这热血沸腾的四个星期里，比尔克街上的小屋里暖意融融。有一位艺术家见证了这段魔力时光：那是法国人让-约瑟夫-伯纳方图尔·罗伦斯。此人是舒曼的故交，他带着全家从蒙彼利埃来，落脚在杜塞尔多夫，待了四天。他和舒曼等人一起奏乐消遣。罗伦斯不仅是一位音乐家还是一位画家，他为我们留下了舒曼、勃拉姆斯和克拉拉的肖像。画中的克拉拉尖尖的下颌、憧憬的眼神，嘴角微扬，圆翻领，头发梳起，披着带花边的头巾。这幅画如今保存在画家的故乡卡庞特拉（Carpentras）[1]的博物馆里。在舒曼摆姿势的时候，罗伦斯发现他的瞳孔有异常放大的现象，由于克拉拉此前曾向他谈起过她对舒曼健康状况的担心，罗伦斯特地将这一现象提醒克拉拉。

离别的时刻很快就要到了，克拉拉写下了她的感想：由于一位二十岁的作曲家的出现，这一个月对我们来说显得格外珍贵。他就是汉堡来的勃拉姆斯，他是上帝派往凡间的使者，看到他坐在钢琴前的身影真是让人感动。当他弹起琴，他美丽的手轻巧地跳动起来，任何难度都不在他眼里，这时他年轻的面庞便幻化成天使的模样。他的作品出类拔萃。罗伯特唯一的愿

---

① 法国普罗旺斯地区城市名。

望便是请求上天不要夺走他自己的健康。八个月之后，克拉拉在日记中写道，和勃拉姆斯在一起弹琴真不容易，他弹琴太随性了，多一个或少一个四分音符都无所谓。1882年12月29日，已是老妪的克拉拉犀利地指出：可惜，勃拉姆斯弹得越来越糟糕了，他只会敲敲打打，乱弹一气……

离别的时刻终于到了，难忘的10月28日的晚上，著名的贝蒂娜·布瑞塔诺－冯·阿尔南（年近古稀却依然精力充沛）带着女儿和杜塞尔多夫的朋友们相聚。当晚，这两位客人欣赏了《奏鸣曲FAE》，即《"自由但孤独"奏鸣曲》（这是约阿希姆的格言"自由但孤单着"）。这个节目是集体创作的结晶，是舒曼分配的任务：由迪特里希负责第一乐章，谐谑曲部分由勃拉姆斯负责（为突出效果，他甚至以迪特里希的快板的主题谱写自己的一部分，真是亲密无间的朋友啊！）勃拉姆斯还包揽了间奏曲和终曲。克拉拉呢？她是否也在团队中发挥了自己的作曲天赋呢？不，她被遗忘了，她很痛苦。同样，当舒曼在创作《五重奏》时，他宁愿相信朱利尤斯·陶施。克拉拉很不满。舒曼说："男人更能理解我。"这是时人普遍持有的看法。三年以前，克拉拉便绝望过，因为舒曼批评她演奏的《热情奏鸣曲》：真让我伤心，我用尽全力去弹好它，我发挥出了自己最好的水平，我从未弹得这么好过。我真的不知道该怎么弹琴了。要不是为了赚钱，我真不愿意在大庭广众之下弹琴，因为如果我不能使他满意，再多的掌声又有什么用呢？我们没有找到舒曼就此事的评价。

29日的晚会同样值得一提："奥地利室内乐钢琴家"克拉拉和"汉诺威的音乐会主管"约瑟夫·约阿希姆在库尔顿先生的客厅里开了一场音乐会。音乐以舒曼的《d小调奏鸣曲》开场，以《"克鲁采"奏鸣曲》结束。著名的英国竖琴演奏家爱丽亚斯·帕里希－阿尔瓦斯客座加盟，和克拉拉合作演奏了《〈奥伯龙〉变奏曲》，引起了巨大轰动，掌声热烈。但这就足以忘记 FAE 的伤疤了吗？30 日大家依然为音乐聚在了一起。当晚，约阿希姆走了：在同一个月里，来了一个新朋友，又走了一位老朋友。勃拉姆斯也很快就要离开我们了，真让我们难过。罗伯特很喜欢他，无论是作为音乐家还是作为朋友，他都愿意和勃拉姆斯在一起。

最后的离别。11 月 2 日，勃拉姆斯为舒曼夫妇弹奏了他的三首钢琴奏鸣曲的最后一首《f 小调奏鸣曲》，从某种意义上说，勃拉姆斯也借此请舒曼评价自己的作品。后世对勃拉姆斯的评价是：他的 5 号作品是浪漫主义文学钢琴化的代表作之一，李斯特本人也对其非常欣赏。

很遗憾，勃拉姆斯走了，他想去找独自生活在汉诺威的约阿希姆。

让我们回到杜塞尔多夫的现实生活中，回到克拉拉口中的"无耻阴谋，"她注定要为舒曼的职务据理力争。这是她对委员会的先生们说的原话，这话甚至都未曾对罗伯特说过。舒曼只是在当天的日记中写道："今天决定，无礼……"克拉拉对音乐委员会说这一决定不仅是无礼，更是擅自中断合同的行为。与我持相同意见的人（冯·海斯特尔先生和莱查克先生）也说了同样的话，但是根本不管用。更重要的是他们无能为力，因为舒曼不知道如何担负起合唱团指挥的职责（当时年仅两岁的欧仁妮竟然敢写信说他的父亲："也许，事实上他就不会指挥。"）。另外，舒曼日益严重的精神问题也断送了他的职业生涯，但克拉拉不愿意接受现实，她为丈夫鸣不平，埋怨所有人。舒曼最终妥协了，向委员会递交辞呈。克拉拉是否需要一段时间为自己的事业打算一下呢？在与委员会代表针锋相对的第二天，她在科隆弹奏了《皇帝协奏曲》，在波恩的室内音乐会之后，她又在为新一轮的巡演做筹划了。由于克拉拉有孕在身，夫妇俩没有去成计划中的英国。11 月 24 日，舒曼夫妇启程赴荷兰，同行的还有女歌手马蒂尔德·哈特曼和忠诚的女管家贝塔。这是一段艰辛的旅程，在埃默里希（Emmerich），他们找不到渡轮，舒曼的耳朵疼得厉害，而克拉拉也身体不适。

——小克拉拉，我想我们最好还是回家吧……

——不，亲爱的罗伯特，我们不能改变计划！

组织这场巡演的是作曲家、乐队指挥、后成为海牙皇室音乐总管的乔安·约瑟夫·赫尔曼·菲尔胡斯特，他是舒曼在莱比锡的旧识。四周里舒曼夫妇先后在乌德勒支（Utrech）、海牙、鹿特丹和阿姆斯特丹演出。那里天气寒冷，但这些荷兰人根本不知道什么是冷！第一场音乐会鼓舞人心：舒曼指挥了他的《莱茵交响曲》，乐队虽然是业余的，但水平相当不错；克拉拉弹奏了《华德斯坦奏鸣曲》① 和舒曼的《音乐会快板》。马蒂尔德演唱了莫扎特和舒曼的作品，克拉拉得到了满堂喝彩，而舒曼更是大获成功，他不得不一次次地谢幕致意。克拉拉心满意足：荷兰人的热情令我吃惊。胜利一直延续到了海牙，舒曼指挥了他的《第二交响曲》，克拉拉演奏了门德尔松的《严肃变奏曲》和《音乐会快板》。在鹿特丹的音乐会上，克拉拉弹奏了《A 大调协奏曲》。音乐会后，舒曼夫妇下榻的旅馆门口聚拢了一批人，一支有百来号人的合唱队手持火把，唱起了《玫瑰朝圣之旅》，听众掌声雷动，克拉拉说：我们很清楚地感受到这歌声来自于心灵。在阿姆斯特丹，克拉拉和在科隆一样演奏了《皇帝协奏曲》。舒曼在 12 月 2 日周五时记录道："克拉拉弹得

---

① 贝多芬的作品。

非常好"，而且日记暗示了夫妇俩在音乐会之后做了爱。这一时期，除了在舞台上克拉拉一直很痛苦，当然偶尔也有高兴的时候：罗伯特在日记里说我在荷兰弹得非常好，但只有在如此具有接受力的听众面前我的灵感才能奔涌而出。6 日周二，舒曼指挥了《五重奏》和《玫瑰朝圣之旅》，克拉拉弹奏了其中的钢琴部分。"克拉拉美妙的演奏，充满激情。"——罗伯特短短一行字便让克拉拉欣喜若狂。我真高兴，罗伯特一直关心我的琴技，他知道，只要他高兴，我会比他更高兴，比天下人都拜倒在我脚下都高兴……

　　音乐会还在继续，节目单大同小异，但克拉拉在 12 月 9 日演奏了刚创作的 20 号作品《变奏曲》，这首优美的变奏曲以舒曼《彩叶集》（Bunte Blätter）的一个主题为基础，是克拉拉为他四十三岁生日准备的礼物。舒曼说："克拉拉的演奏令万物沉醉。"克拉拉的琴技在贝多芬的《f 小调奏鸣曲》和她自己的《变奏曲》中尤其表现得卓尔不凡。谢谢你，我的丈夫！天气越来越冷。13 日马蒂尔德·哈特曼演唱了克拉拉新近创作的第六首浪漫曲（op. 23），由克拉拉为她伴奏。15 日，舒曼夫妇受邀进王宫，这意味着舒曼太太又将坐到钢琴前，演奏贝多芬的《奏鸣曲》、门德尔松的《严肃变奏曲》和《无歌词浪漫曲》、肖邦的一首夜曲、海勒尔的《萨尔塔列罗》①，但没有一首是克拉拉自己的作品……21 日周三，舒曼夫妇离开昂恩海姆（Arnheim），坐上一辆"糟糕的邮车"奔赴艾默里希（Emmerich），同车的是些"普通人"。马匹筋疲力尽，同车的男女们也是如此，而且天寒地冻。离开荷兰时，克拉拉和舒曼答应他们的新朋友不久后再回来。1855 年 1 月，克拉拉兑现了自己的诺言，

---

① 萨尔塔列罗（Saltarello）：中世纪和文艺复兴时期的宫廷舞，也是现今罗马的一种民间舞。

但那一次只有她一人，那将是另一段故事了。

舒曼夫妇回到家中，高兴地见到了孩子们，一家团圆共度圣诞节。在圣诞礼物中，有一幅杜塞尔多夫画家卡尔·费尔迪南·索恩为克拉拉画的肖像：瘦削的脸，嘴角翘着。这是克拉拉送给丈夫的礼物，原画已在二战中毁于荷兰，该画的照片目前保存于茨维考的舒曼故居档案馆中。舒曼不是很喜欢这张画。因为他还不习惯……1853年，灾难发生的前一年即将结束。克拉拉为了驱邪祈福，忘却自己的脆弱，她说：我们真该感谢上帝，他保佑我们在过去一年里一切顺利，我的丈夫和孩子们身体健康。

此时那场灾难尚未发生，舒曼的心情还不错。1月19日，周四，夫妇俩启程赴汉诺威，朋友约瑟夫（约阿希姆）和约翰内斯（勃拉姆斯）在那儿组织了"舒曼节"，其间克拉拉为王室演出了两次。国王告诉舒曼他是多么高兴再次见到他，并听到他的音乐，他非常欣赏舒曼的作品。也许是为了答谢国王的恭维，舒曼畅饮了一通。27日周五，舒曼在日记中记录："喝了很多，喝多了。"他还写道："整夜失眠"……克拉拉也提到了这几次聚餐：香槟酒，气氛很愉悦；约阿希姆、勃拉姆斯和作曲家奥托·格林都来了。最后一晚，克拉拉和约阿希姆（用小提琴和钢琴）合奏了舒曼在三个月之前创作的《大提琴和钢琴的五首浪漫曲》。前一年年底，克拉拉和大提琴手克里斯蒂安·雷默尔斯曾在杜塞尔多夫视奏过，但四十年后克拉拉最终决定撕毁该曲的手稿，也许她有充足的理由毁掉舒曼最后的室内乐作品吧。在汉诺威的最后一晚，克拉拉牙疼。

正是从汉诺威回来之后，灾难加速了它来临的步伐。2月6日，舒曼寄了最后一封信给约阿希姆。克拉拉说这是封绝妙的信，他极为清楚自己的措辞，"我们已经离开一个星期了，还没有问候您和您的朋友，但我怀着满腔的挚诚向您写这封信，甚至在信的字里行间中隐藏着某种深意，日后您自会明白。我亲爱的约阿希姆，我经常梦到您……我们经常想起过去的日子，但愿将来我们还能一起共度美好时光！此刻，音乐声消失了，至少表面看来如此。"他最后还说："我必须停笔了，天就要黑了。"克拉拉说这封信"绝妙，"但一些评论家却称之为"神秘"。贝托尔特·利兹曼说："那些了解此后发生的事的人看过此信定会不寒而栗。"是否应该对这些词句穿凿附会呢？可是叫人如何不在这舒曼突然陷入精神混乱的四天前寻找些灾难的先兆呢？克拉拉写道：在10日周五到11日周六的那一晚，罗伯特感到耳朵疼得厉害，简直无法闭眼。他一直听到同一个音符，有时是一种声音。这种状况一直持续到白天。11日，周六的晚上，他的病情再度恶化，一直到第二天凌晨两点，疼痛稍为有所缓解，但6点的时候再次发作。我可怜的罗伯特疼得厉害，所有的声音都在他耳边像音乐一样回响！他说，他听到了一段壮美的音乐，乐器声美妙绝伦，凡人从未听过。但这耗尽了他的精力，医生说他也无能为力。此后的几个晚上他的情况一直都很糟糕。我们几乎彻夜不眠。他试图白天工作，但这需要他付出惨重的代价。他好几次说过，如果这声音不停止，他的精神将被摧毁。

精神疾病纠缠在舒曼的一生中，在抑郁和缓解之间徘徊，克拉拉也从忧心忡忡变得习以为常，她在与命运抗争。八个月前，当舒曼夫妇和孩子们在乡下庆祝舒曼四十三岁生日时，她就表达了她的幸福和感恩，但她同时也说：未来在上帝的手中。7月30日，克拉拉为丈夫担忧，因为在去波恩的途中，舒曼病倒了，即贝托尔特·利兹曼所谓的"病情发作，"医生将之诊断为风湿。8月30日，在几天高强度的音乐工作之后，舒曼失声了。但表面看来，一切都无大碍。

9 月 10 日，克拉拉依然受到丈夫好心情的感染，在她生日的前一天，她收到了舒曼为她准备的结婚十三周年的礼物——一个真正的惊喜。那天早晨，在比尔克街的房子里，房间中央摆着一架长尾钢琴，上面撒满了鲜花。钢琴前站着两男两女。我一进门，他们就开始唱歌。他们唱了什么呢？罗伯特在十三年前为我写的诗。钢琴上放着几份乐谱：献给约阿希姆的《为小提琴和乐队而作的幻想曲》（op. 131）、改编为钢琴独奏或四手联弹的《〈浮士德〉序曲》以及舒曼创作的、将克拉拉列为第一受题献人的《音乐会快板》（op. 134）。之所以说"第一受题献人"，是因为舒曼后来经过太太的同意又将该作品题献给匆匆到杜塞尔多夫的勃拉姆斯。布里吉特·弗朗索瓦－萨培认为这些并非是舒曼最成功的作品，而马塞尔·布利翁则认为"这正是舒曼精神开始混乱的例证"。1853 年 9 月 13 日将是舒曼夫妇一生中最后一个好日子。祥和的早晨，克拉拉写道，晴空万里，我的罗伯特脸上洋溢着幸福！我无法描述心中的感受，我的心里盛满了对他的爱和崇拜和对上帝的感恩，因为他赐予我最美好的幸福，我已经心满意足了。这些话可能让人觉得有些言过其实，但其实这还不够表达我的心情，我是这世上最幸福的女人。

然而，在过去的几个月里舒曼的表现早该引起克拉拉的警觉：长期的失眠、初期的幻听症、喜怒无常、频繁陷入缄默，另外，从 1853 年 4 月开始，丈夫开始迷上了灵动桌。可以说用灵动桌招魂是当时流行的招魂术，维克多·雨果当时也在"海景露台"的客厅里试图招来莫里哀、莎士比亚、夏洛特·科黛①和耶稣的

---

① 刺杀马拉的女刺客。

灵魂：

"我们在阴霾的虚无中窃听声响，

我们倾听游荡在黑暗中的喘息声，

暗夜也因此颤抖，

它们迷失在不可捉摸的黑夜中，

而突然，我们看见永恒的玻璃上

闪过神奇的微光。"

喜好音乐的克里斯蒂娜·贝尔吉奥索公主也在她巴黎的客厅中为贝利尼和海涅招魂。

据舒曼女儿欧仁妮所述，舒曼早在青年时代就和歌德、席勒、让-鲍尔、巴赫或舒伯特的灵魂有过精神交流。1853年5月的一天，友人瓦希勒斯基走进舒曼的房间，"我看见他躺在沙发里看书。我问他书名，他提高嗓音回答我：'哟，难道您对灵动桌一无所知吗？''什么？'我用玩笑的口气回答说。此时，他一向微睁的眼睛突然睁得圆圆的，瞳孔痉挛似的放大，目光中流露出奇怪的、神秘的意味，他宣称'灵动桌可知万事'"。克拉拉对此事似乎也很有兴趣。九个月之后的2月17日晚上，舒曼在天使的授意下"听"出了"精灵的主题，"并以此写出了他的《b_E大调变奏曲》又称《幽灵变奏曲》，这首曲子也许还带有舒曼的风格印记，但怀旧的感觉多于幻听的传闻。可怕的一夜，他又躺下了，整晚上胡言乱语，眼睛一直睁着，看着天空，他坚信天使在他周围飞舞，用优美的音乐为他带来天堂的神旨；天使向我们表示欢迎，我们应该在年底之前与他们相会。

晨曦初露，罗伯特的精神发生了可怕的变化！天使似乎被魔鬼附身，他们的声音变成最恐怖的音乐：魔鬼告诉他他将受到惩罚，被丢入地狱；总之，他的病情恶化，精神濒于崩溃，他痛苦地喊叫着（后来他告诉我们，魔鬼化身为土狼和老虎的模样，将他摁住）。幸亏两个医生来得及时，好不容易将他控制住，我永远忘不了他饱受折磨的目光。差不多半个小时之后，他恢复了平静。罗伯特认为我们又让他听到了温柔的声音，好让他平静。医生们将他放到床上，就这样过了几个钟头，他又起床了，修改他的《大提琴协奏曲》，他觉得耳旁的声响平静了，他又解脱了。

八天之前，舒曼还在和阿尔伯特·迪特里希合作创作他的《诗人花园》。这本诗集收录了历史上因音乐激发灵感而创作的诗歌。舒曼为此倾注了最后的精力，他在市图书馆里查找资料。克拉拉说：看着他长时间读拉丁文和希腊文，我真担心，这不利于他的身体健康。14 日，周二，他们最后一次做爱。第二天，日记上说"痛苦的时刻"；16 日，"好转些"——收集古诗；17 日，"好些"；20 日至 23 日，各种开销（这周给克拉拉的钱、买波尔图红酒的钱、支付给抄谱人的钱……）后面的日子一片空白，直至 27 日，勃拉姆斯续写账单，但无任何评论。

18 日的可怕黑夜之后，天使和恶灵继续纠缠着舒曼。有一些人来看望过他，如鲁泊特·贝克尔（恩斯特·阿道夫·贝克尔的儿子，杜塞尔多夫乐队的音乐会指挥，即瓦希勒斯基的接班人），他说："难以想象的事情发生了，舒曼疯了，而且有好几天了。我是在周五时从迪特里希口中得知的，他告诉我舒曼太太希望有人能帮她看护丈夫，好让她歇一歇。所以我今天去了她家。但要是迪特里希不告诉我这件事，我根本不可能想到他病了。我觉得他和平常一样，我和他说了半小时的话就走了。舒曼太太看上去比任何时候都伤心。如果罗伯特的病情不好转，可能还会恶化，她很担心……不幸的女人！每天晚上，她都坐在他的床边，观察他的一举一动。"三天以后，贝克尔又说："我中午去看过他。舒曼太太请我陪她散一会儿步。在我和罗伯特一起度过的一小时里，他说话很正常，除了当他对我说起舒伯特的灵魂向他传达了某种神奇的旋律，他已经记下来了，并写成了变奏曲。"

克拉拉也记录了丈夫病情的发展状况。19日，周日：他卧床在家，被恶灵折磨到了极点。他无法解释为何天堂和地狱的灵魂都在他身边徘徊。当我和他说话的时候，他告诉我他病得很厉害，他的神经中枢已经受创。但每次当我想劝他不要相信幽冥之事时，好几次他都会反驳我，他忧伤地对我说："您要相信我，亲爱的克拉拉，我不会对你说谎的。"于是，我只能附和他。晚上11点时，他突然平静下来。天使们让他睡着了……20日，周一：罗伯特一整天都趴在书桌上，准备好了纸、笔和墨，他听着天使的声音，不时写下几个字，极少，然后又开始听起来。他一脸安详，我永远忘不了。我看他的精神一天不如一天，我不知道将来我和他会发生什么。21日，周二：我们又一次整夜失眠。他一直说他是个罪人，说实话该去读读圣经。接下来的几天里，他没有任何好转，眼前依旧轮流晃动着天使和恶灵的身影，他听不到音乐，只有歌词，他的思维依然清醒，他将10日晚间记下的主题创作成了令人心碎的变奏曲，然后他又写了两封信，其中一封公务信寄给艾伯费尔德的阿尔诺德，另一封信是给阿姆斯特丹的Holl（即霍尔（Hol），作曲家，乐队指挥兼管风琴手里查德·霍尔）。

23日，舒曼又恢复了意识，继续创作他的变奏曲。24日，他出现幻觉。25日，他稍有缓和，和贝克尔在饭店里共进午餐。

26日，周日，这天是杜塞尔多夫和科隆的狂欢节。他心情好些了，晚上甚至兴致高涨，为迪特里希弹奏了年轻音乐家马丁·科恩的奏鸣曲，这让他整个人都处于兴奋状态，以至于额头上都渗出了汗水。之后，他狼吞虎咽地饱餐了一顿。9点半时，他突然起床，跟我要衣服，他说他要去精神病院，因为他感到快要失去理智了，毕竟到了晚上他什么事情也做不了。房东阿森堡先生立即下楼，试图让他平静下来。我让他去叫伯格尔医生来。罗伯特准备好了随身要带的衣物、手表、钱、乐谱纸、羽毛笔和雪茄烟，总之他似乎神志清醒。我问他："罗伯特，你想离开你的妻子和孩子们吗？"他回答说："分别的时间不会很长，我很快就会痊愈回来的。"伯格尔医生劝他回到床上休息，等天亮再说。他不让我陪他过夜，我请来了一位看护，当然我就留在了隔壁的房间里。一开始，他平静地和我请来的布瑞梅先生说了会儿话，他看了好多报纸，终于眼睛眯了一会儿。啊！多么可怕的早晨啊，它打破了这份安宁。罗伯特起床了，但陷入了深深的消沉中。我无法描述当时的情形，我刚一碰他，他就对我说："啊！克拉拉，我不值得你去爱。"他竟然说出这种话，那个我一直用最深沉和最执著的崇拜目光注视的男人。对他的任何鼓励都是枉然。

26日至27日的那一晚究竟发生了什么？这是一些评论家提出的质疑。他们彼此说了什么话？坦白了什么？他们提起过勃拉姆斯的名字吗？这是迪特尔·昆恩——一位最新的克拉拉传记作家提出的问题。因为他心中有一个困惑：勃拉姆斯被紧急召来的日期对外宣称的是3月3日，但如果我们从他的笔迹判断（后经费尔迪南·舒曼证实），从2月27日起就由勃拉姆斯提笔重记舒曼丢下的日记，开始亲自记录舒曼一家的账簿。

当然27日，周一那一天，我们清楚地知道发生了什么。中午时分，克拉拉要和医生商量，便叫长女玛丽娅（9月1日起年满十二岁）照顾父亲。玛丽娅将这一幕从头道来：她看见父亲脸色苍白，穿着绿花的长睡袍就出去了，他拍着手说："上帝啊！"然后就出门了。玛丽娅发现父亲的房门大开，房间里空无一人，便跑出去通知仍在和医生商谈的母亲。大家找遍了整个房子，"很明显，我的父亲离家出走了。"舒曼光着脚，仅穿着一件单衣，便消失在如注的大雨中。当时有几个人，如迪特里希和哈森克莱维医生都出门去找他，但空手而归。为了安慰克拉拉，大家决定先把她送到林荫街的好友罗莎丽·雷瑟家中。克拉拉说：言语无法表达我的心情，我觉得我的心都停止了跳动。两个小时之后，大家老远看到一群人，喊叫着，样子很激动，舒曼浑身湿漉漉的，双手蒙着脸，被两个男人架着。他离开了比尔克街，走过海关街，一直到"船桥"的过桥收费站。身无分文的他朝管理员塞了一块白手绢便继续往前走。由于是在狂欢节期间，桥路管理员也没有感到惊讶……后来，舒曼跨在桥栏杆上，把结婚戒指扔进了莱茵河，随后自己也纵身跳了下去，但很快就被水手救了起来。

这些细节是克拉拉所不知道的。她告诉儿女们，后来她发现了舒曼留下的几行字，但不清楚他是何时写的："亲爱的克拉拉，我将把我的结婚戒指扔进莱茵河，你也把你的那一枚扔下去吧。那么，它们又能团聚了。"后来呢？后来，克拉拉待在朋友家挨过了可怕的数天。我不敢去看他，但我每时每刻都能得到他的消息。他极少提出要见我，可当别人告诉他我住在雷瑟小姐家中时，他很高兴。再后来呢？28日，周二，他早早地起了床，一整天都在书桌上涂涂写写。今天，他叫人给我捎来《变奏曲》的漂亮的誊写稿，还说要我弹给雷瑟小姐听……3月1日，周三，我寄给他一束紫罗兰和一些橘子。清早，他托人告诉我他很好。可之后他又变得极度激动，医生想让他躺下，不许周围任何人看他……他看见医生时就反复说求他们把他送到精神病院去，因为隔离后他可以痊愈……

伯格尔医生和哈森克莱维医生找到克拉拉，通知她他们准备把舒曼送到弗兰兹·理查兹医生开在恩德尼希的私人诊所去，那儿离波恩只有半个小时的路程。3月3日，理查兹医生通知哈森克莱维医生他已经做好接收舒曼的准备了。勃拉姆斯（正式）抵达杜塞尔多夫。他写信给约阿希姆："你应该周六的时候过来一趟。舒曼太太看到她喜欢的人一定会得到些许安慰。舒曼的病情看上去有所好转，医生们还抱有希望，但他们不允许任何人去看他。我去见过舒曼太太。她哭得很厉害，但因为我的出现，她还是很高兴。她要是知道你也会来，一定也会很高兴的。"

周六，4日，清晨：噢，我的上帝啊！马车停在我家门口，罗伯特急匆匆地穿好衣服，在哈森克莱维医生及其助手的陪同下登上马车。他没有提出要见我，也没说要见孩子们。雷瑟小姐陪我坐着，我心如刀绞，我觉得自己都快支撑不住了……天气晴朗，明媚的阳光照在他身上。我把一束鲜花交给哈森克莱维医生，拜托他在途中转交给罗伯特。罗伯特接过花很长时间，根本没有注意到。突然，他闻到了花香，他微笑了，紧紧地握住哈森克莱维的手……傍晚时分，我和母亲回到家，我走进他的房间，百感交集，无法用言语表达我的心情。

恩德尼希：1854年3月4日至1856年7月29日。

他，我了不起的罗伯特竟然走进了疯人院！这叫我怎能接受？而我，我竟无法再一次把他紧紧地搂在怀里，贴在心口上！

第二十四章　家庭秘密

自从 2 月 26 日至 27 日的那个神秘之夜以后，克拉拉再也无法近距离地看见舒曼。在罗伯特被送去恩德尼希诊所之前，她被挡在了房外，而后的三十个月里同样如此，直到有一天，有人匆匆来报信，如果她想见丈夫最后一眼就赶快过去。

我们可以理解，在舒曼自杀未遂后，人们这样做是出于对已有五个月身孕的克拉拉考虑，但克拉拉并不是一个顺从的女人，在殚精竭虑的这几天里她竟然安于和患病的丈夫远远相隔，这的确令人匪夷所思。医生们认为鉴于舒曼的病情，他必须和家人彻底隔离，这点我们可以接受，但为什么克拉拉一直要等到 1855 年 5 月，即舒曼入院后的第十五个月时才与恩德尼希的主任医师理查兹医生会面，且会面的地点还位于诊所二十公里之外的布吕尔（Brühl），即我们所说的"中立地带"呢？我们之所以还要探究在这段时间内克拉拉与年轻的勃拉姆斯之间的关系的性质，那是因为之前的几十年里积累下来的丰富的手稿资料突然出现了许多空白。日记里每天记录的文字一下子被人"删节"或"修改"。对资料动手脚毫无意义，除非有人不想让人发现什么家庭的秘密。于是，这让人不禁想起某种阴谋。例如，正如迪特尔·昆恩提出的质疑：舒曼在狂欢节的悲剧之夜纵身跳入莱茵河究竟是神经错乱，还是因为妻子在前夜说起入院治疗的打算而产生的恐惧呢？当然，克拉拉坚持说是舒曼自己要求住院的，但我们知道他曾对精神病院厌恶至极；也可能，她意识到自己的职责：分娩之后为了一大家子的开销用度必须继续巡演，但她无法带着一个精神失常的男子上路，更无法把他一个人留在家里和孩子们朝夕相处，于是她只能放弃做一个贤妻。她作过心理斗争，但最终与医生达成一致意见，送走舒曼（也许只是权宜之计）。总之，这是个反复权衡后作出的决定，但舒曼可能将之视为背叛……

我们比较倾向于参考的资料是理查兹医生的工作手札。每次诊疗之后他都会做好细致的记录，但其中一部分笔记，尤其是舒曼入院后的前半年的记录遭到破坏，只留下了一份综合报告，作为遗产由作曲家、钢琴家阿里伯特·莱曼继承，直到1994年才在柏林的艺术学院里发现，并在五年后出版。这份资料没有详细介绍诊所的医疗条件，只有几处简单地提及，但也有助于我们初步了解当时的病理学发展水平。几年的治疗后，舒曼的肌体每况愈下，逐渐影响了他的脑部神经。1832年他与某位名叫克里斯黛尔的姑娘有染，传染上了梅毒，后来用砒霜治疗（这是舒曼本人提醒医生的），病毒缓慢发展，另外舒曼还有酗酒和过度吸烟的不良嗜好。此后，欧仁妮·舒曼作为家庭荣誉的卫士极力辟谣："家父是由于长期从事过度的脑力劳动而病倒的。"她顺势又热情地评价了勃拉姆斯的出现："命运奇特而仁慈的厚爱……上天的一杯圣露，为了冲淡舒曼离别前的苦涩。"

其他痛苦的谜团：精神病来势汹汹，但为什么人们要劳师动众才能将舒曼带到恩德尼希（难道这不是他的本意？），并且要采用严格的治疗呢？当然理查兹医生是当时有名的神经科专家，出了名的"近人情"，他的诊所也绝非监狱。医院成立已有十年，院内收容了三十多名病人。医院中心有一栋楼，漂亮的花园里分布了一些小房子，当然诊所的四周由高墙封锁，但墙边种植着葡萄、玫瑰、紫杉等植物，构成了天然的篱笆。医生们（理查兹医生和助手彼得医生）手下有一批能干的员工（护士、主理厨娘、两个帮厨、一个洗衣女、一个烫衣女工和一个园丁），他们都归一位名叫埃尔维赫·冯·勒蒙特的四十五岁的天主教徒管理，此人被称为"诊所女王"，所有人，包括理查兹医生在内，都对她俯首帖耳。舒曼被安置在一间两居室的病房里，面朝七岭山（Siebengebirge）山脉。在恩德尼希的第一个月里，舒曼度日如年，但从 4 月份开始，彼得医生指出病人已经恢复平静，胃口很好，尽管经常狂躁不安，但睡眠质量还不错，一开始舒曼对照顾他的两个护工有过身体冲撞，但后来他对他们的工作逐渐表示满意。

在这恐怖的 3 月头几天里，克拉拉的母亲和好友罗莎丽·雷瑟都试图想要安抚她（罗莎丽和我一样痛苦，每每想起她时，我总是怀着一股真诚的感激之情），勃拉姆斯和迪特里希也在一旁照顾她。克拉拉得不到一点儿关于舒曼的消息。啊，我亲爱的朋友，她写信给在恩德尼希附近的波恩任职的瓦希勒斯基。您没有写信告诉我任何一点关于我丈夫的消息，这真让我痛苦！他到恩德尼希已经六天了，可我什么也不知道，连一个字都没有收到！他过得怎么样？他在干什么？他是否还听得到声音？我一无所知，我的心都快碎了。总之，您告诉我的每个字都将是我心口的一剂疗伤药。我要的不是医生的最后诊断，我只想知道他睡得好不好，他白天在干什么，他是否挂念我。我有权知道这些。啊！我亲爱的朋友，请体谅我的心，别让我对他一无所知。如果您本人没法做到，请雇个人来办，费用由我来出……

3 月 4 日，周六，舒曼的马车离开后，克拉拉伤心地回到家里，有两位朋友陪着她：勃拉姆斯和迪特里希。他们真好，他们不想在第一个晚上就留我一人独自伤心难过。可是我宁愿待在他的房间里，守着我自己的痛苦。一位从恩德尼希来的护工捎来消息：罗伯特已经安顿下来，洗了一次澡，他到科隆时还很平静，但后来就有些不安，老是问到没到——在马车上待八个小时的确很不容易……5日，周日，约阿希姆从汉诺威赶来，我们在早上一起待了几个小时，我们自然说起了他。之后，他们还是没忘记音乐。从6日周一开始，克拉拉又继续授课——这是一场艰苦的斗争，但我总要做点什么，我要赚钱……之后，她又参加了音乐会，当然是在忠诚的罗莎丽家，毕竟她无法做到在家里弹琴奏乐。克拉拉和约阿希姆（可怜的人，他昨晚赶了一夜的路，明天晚上还要赶路！）一起演奏了舒曼的《a小调第三奏鸣曲》——第一次弹应该算不错了，我和约阿希姆都表现极佳。舒曼的音乐是唯一能安慰我的东西，我沉浸其中，由它抚慰我的心。8日，周三：可怕的黑夜，我要么无法入睡，要么处于半睡半醒之间，恐怖的画面总是在我的眼前晃动。我一直看见他，听见他说话。还是没有从恩德尼希来的消息。9日，周四：依然没有消息。10日，周五：有些消息，但没能让我安心。11日，周六：全家为小朱丽庆祝九岁生日，但克拉拉有种不祥的预感，她想念孩子们的父亲，也许他们将永远失去他。14日，周二：我终日恍惚，我依旧经常散步，但如今心如刀绞！

周围有些人劝说克拉拉，比如格林建议她搬到科隆，因为在那儿赚钱更容易些，但她无法离开家，这里每间房间她都那么熟悉，她更不能让人以为舒曼一走家里便穷困潦倒。这不是事实。三个月以后，杜塞尔多夫市长哈梅尔斯先生通知克拉拉：市议会决定暂时不公布舒曼离职的消息，一直会把工资发到年底。其他一些朋友通过报纸得知消息（但报纸夸大了病情，我无法想象一个人会引起广泛的同情），也相继伸出援手：依旧怀念着哥哥的保罗·门德尔松寄给克拉拉一张四百塔勒的信用证——我不能拒绝这份友情的馈赠，这是给孩子们的，当然首先是给他的。我的尊严没有感到受伤害，我会保存着这张信用证，不去用它，以后再还给它的主人。她说到做到。编辑海特尔建议在莱比锡开一场克拉拉及其子女的慈善音乐会——我拒绝了他的提议。如果有必要开音乐会的话，我会自己办的。汉堡音乐家阿维－拉勒芒特也希望帮她一把，但也没有成功，他说："罗伯特为我们做了很多事，他带给了我们一生中最美的时光，是大量的工作把他压垮了。"至于李斯特，几周后他也表达了慰问，他将《钢琴奏鸣曲》题献给舒曼，并随信寄来。由于克拉拉一直对李斯特很敏感，是她发现了这首奏鸣曲。克拉拉写道：有这样的朋友是我们的福气。为了支付每月五十塔勒的住院费用，克拉拉必须从生下小菲利克斯的四个月后，即 10 月起就继续巡演。舒曼没有见过小儿子菲利克斯。菲利克斯的小名叫利克斯（我亲爱的小利克斯），勃拉姆斯做了他的教父，甚至都可能是生身父亲，比如 1926 年阿尔弗雷德曾经引用"蒂达斯·弗拉策尼"[①]（费尔迪南·舒曼的儿子，克拉拉的孙子！）的影射之言。

克拉拉每天都把所有的苦恼倾诉在日记中。

3 月 20 日，周一——彼得医生捎来了消息：他在房间里来回踱步，有时跪倒在地上，双手握拳。我哭了一整天，有时候我痛苦得只有眼泪了……

21 日，周二——他们都去排练《第二交响曲》了，我一个人留在罗伯特的房间里，陷入深深的痛苦中。他的《变奏曲》平复了我的创伤，可我的痛苦又一次发作，把我吞没。

---

① 克拉拉孙子的笔名。

27 日，周一——医生那儿没有任何消息，我再次被吞没在痛苦之中。

31 日，周五——勃拉姆斯和格林从恩德尼希回来，他们见到了理查兹医生。舒曼平静了许多，他向人要花儿，就像住院之前在杜塞尔多夫时一样。他想起了这儿曾有过的花儿，是不是这意味着他想起了我？可是他为什么不问起我呢？他是不是把真感情都藏在了心底呢？4 月，又是新的一个月，我还要等多少个月才能再见到他呢？啊，上帝啊，可怜可怜我吧，我怕我会难过死的……

4 月 1 日，周六——舒曼专注地盯着诊所花园里的紫罗兰。

7 日，周五——克拉拉寄花给他，可他没有在意。

10 日，周一——哈森克莱维医生从波恩回来，带来了一个好消息。啊，上帝啊，我是多么感激这一缕忧伤中的曙光啊！

还是 10 日——勃拉姆斯是个好人，他是朋友中最热情的一个，他话不多，可我们能从他的脸上看出他的心意，他的眼睛会说话。他一直努力想用音乐帮我散心，一个小伙子能做到这样，我知道这是一种牺牲，和我待在一起就是一种牺牲。

12 日，周三——她找出了从 1831 年到 1837 年间舒曼写给她的情书。她一晚上都在读着这些信。我们曾为彼此受过那么多的苦……

16 日，周日——她说她晚上睡不着觉，一睡着就会梦见舒曼。我听见他的呻吟，那么真实，以至于我必须盯着他的床才能确信他并不在那儿。

17 日，周一——医生写信说，罗伯特看见我送给他的花很高兴。他微笑了，点着头，一句话也没说。我的罗伯特，难道你没有想起过你的克拉拉吗？

22 日，周六——今天，舒曼已经走了七周了。我的罗伯特，你应该感受到我有多么思念你。你的一切对我而言都是神圣的！你的工作台上一直都有鲜花，我知道你喜欢这样子……

23 日，周日——半个月前，我收到了玛丽妹妹的消息。她们的父亲老弗雷德里希·维克没有露过面，克拉拉对此只字未提。

25 日，周二——医生信末附言："病情不容乐观。"这句话彻底把我打垮了，因为在此之前我从不怀疑他可以康复，哪怕需待时日……我感觉浑身瘫软，什么力气也没有……叫我如何在绝望中工作？

30 日，周日——医院传来坏消息，克拉拉什么人也不想见，包括勃拉姆斯——我不能。

5 月 7 日，周日——勃拉姆斯陪她散心。我听着他的音乐，欣赏着他。我喜欢看他弹琴的样子，他的动作总是很优美，不像李斯特和其他人……当天，克拉拉接待了一位从莱比锡来的朋友赫德维希·萨罗蒙小姐。克拉拉向她倾诉：要不是坚信丈夫能够康复，我根本活不下去。我不能没有他。可更糟的是他一点都不关心我的情况，这段时间他一次都没有问起过我。克拉拉抽泣着说：别以为我的丈夫病得很重，您都看不出来他有病，他可以和您进行深入的交谈，清醒地审时度势，是他自愿去诊所的。克拉拉，你该如何忘记烦恼？你该如何克服罪恶感呢？

8 日，周一——勃拉姆斯又弹起了舒伯特、韦伯和克莱蒙蒂的音乐。说真心话，我对他真是越来越崇拜了，这样小小的躯体竟然能容纳下那么伟大的灵魂！

9 日，周二——她将舒曼的手稿作为生日礼物送给"勃拉姆斯先生"，我想罗伯特也会这么做的。

16 日，周二——坏消息，舒曼的耳疾再次发作，口不能言。

但最让我伤心的是，他说起杜塞尔多夫的时候，只提到了哈森克莱维一家，而对我只字不提。难道他因为我被说服同意送他离开而怀疑我的爱吗？我们不得不对这最后几个字提出质疑，她所谓的"被说服"到底发生在什么时候呢？

20日，周六——克拉拉重读了舒曼留下的音乐手稿。我很高兴他为这世界留下了一笔财富。

27日，周六——克拉拉穿过赫勒森林，她与心爱的丈夫前一年曾最后一次来过此地。我是那么想他，我一刻不停地对勃拉姆斯说起他。谈论罗伯特最好的对象就是勃拉姆斯，因为罗伯特最喜欢他，我也欣赏他的年轻和细腻。从某种意义上说，他有超乎他这个年纪的成熟，而在另一些时候，他又像个孩子。看，克拉拉难道不总是不厌其烦地提到勃拉姆斯吗？勃拉姆斯是个伟大的天才，罗伯特在听到他的作品时就曾这么说过，可似乎所有的音乐家都和这个可怜的小伙子过不去，他们嫉妒他的才华。最后：我和勃拉姆斯在一起的时候从没想到过他的年纪，我感谢上天在我痛苦的时候为我送来了这样一位朋友。年轻的英雄勃拉姆斯正在悄悄地创作一首钢琴曲，作为新生儿①的生日礼物。这首曲子就是《舒曼主题变奏曲》（op. 9），该主题从《彩叶集》（op. 99）的第一首中借鉴，克拉拉为庆祝舒曼四十三岁生日时写的变奏曲也是用了同一主题。对勃拉姆斯的细腻心思，克拉拉深受感动：他想安慰我。痛苦的回忆：今年他生日之时，我形单影只，而他甚至都记不得这一天。但克拉拉向勃拉姆斯致谢时却用了客气的称呼：敬爱的勃拉姆斯先生，您无微不至的关怀令我一展愁容。读着您的作品题献辞，我的激动心情溢于言表。我再次向您表达我真挚的谢意。上周刚分

---

① 即菲利克斯·舒曼。

娓的克拉拉还说：我想周二起床，您四点来看我，我很高兴。

这只是音乐史上频繁通信的一段佳话的开端。克拉拉和勃拉姆斯的书信来往一直持续到四十二年后、克拉拉去世的三个月前，共计七百五十封信，由布赖特科普夫和海特尔出版社于1927年收集，其中最初的一百一十五封信，尤其是从舒曼住院到去世的这段时间内的信基本都是勃拉姆斯写给克拉拉的。但事实并非如此简单，正如长女玛丽娅之后所透露的，这对"朋友"决定在恩德尼希悲剧发生的四十年后退还各自的信件，并将它们销毁。克拉拉确实这么做了，特别是1854到1856年（甚至到1858年7月）的信最后只剩下6月18日的这封感谢信……克拉拉不会等到最后关头才想起"谨慎"二字的，早在1854年11月的一封信中她便写道：请你看完信就烧了它。该信也难逃被毁的命运。但爱开玩笑的勃拉姆斯并没有照她的话做，"请你看完信就烧了它"，好的，妈妈（die liebe Frau Mama）求我，可我不想这么做……

克拉拉和勃拉姆斯之间的通信即使是在旅途中也未曾间断过。勃拉姆斯对克拉拉的称呼从尊称"尊敬的夫人"开始，发展成"最敬爱的夫人"、"最亲爱的……"、"最亲爱的朋友"、"我最亲爱的朋友"、"心爱的朋友"、"深爱的朋友"以及其他一些称呼，但无一例外都遵循了当时的风俗，符合德国的传统，直到1855年3月，勃拉姆斯才直接称呼克拉拉为"亲爱的克拉拉夫人，"我们无法确定这个"夫人"是否有打趣逗乐的意味，但可以肯定的是在8月27日的信中他直接称呼她为"亲爱的领导夫人，"到了第二年6月，他开始简称"我的克拉拉"。至于克拉拉，她于前一年11月的信中对勃拉姆斯以你相称，而舒曼从恩德尼希写来的信中已经对他用了"你"称呼，可以说舒曼夫妇对勃拉姆斯极为欣赏。12月30日，勃拉姆斯回复舒曼说：

"我感谢您对我亲切地以'你'相称。您的太太也同样对我称呼亲切的'你'。这是她关怀我的最好证明。"当然，勃拉姆斯对舒曼以及这位"领导夫人"仍然不敢亲密地称呼"你"。十七个月之后，勃拉姆斯致信克拉拉："说到用'你'相称，我实在不敢妄用你的好意和你的爱（liebe），你肯定也不会愿意，所以我还是继续使用'您'。"但在下一页的信末，他却写道："亲爱的克拉拉，请你如我爱你一般爱我吧。"

勃拉姆斯保留下来的信件内容显然有损当事人的声誉，但尽管如此，他对两人在杜塞尔多夫同一屋檐下做过的事或两人在旅途中的亲密关系只字未提。他们在旅途中总有第三者陪同，但他的信反映出（不仅仅是字里行间的影射）对克拉拉强烈的爱意。我们无从知晓克拉拉在回信中是否也表明了爱意，但可以想见的是，如果她极力坚持，勃拉姆斯是不敢把这些信保存下来的。也有人说坚持的方法千千万万，但此时六神无主的克拉拉绝不愿意将一位才华横溢、忠诚、乐观又热心的年轻朋友拒于千里之外。

1854 年 8 月，克拉拉第一次到奥斯坦德（Ostende），勃拉姆斯则出发赴海德堡。途中，他写信说："当人依恋某个地方的时候是不该旅行的，正如我现在对杜塞尔多夫的感情。"他思念克拉拉，犹豫该不该去找她。五个月后，克拉拉去荷兰组织巡演，勃拉姆斯无法忍受分离的痛苦，于是在回杜塞尔多夫之前偷偷跑去见她。杜塞尔多夫是勃拉姆斯的新家，在那儿有一群孩子在等他。途中，他写信说："我将代您亲吻孩子们，可我多么希望您来亲亲我啊。"勃拉姆斯的母亲乔安娜·勃拉姆斯此时已年逾古稀，她为儿子担心：他在杜塞尔多夫待这么长时间在忙什么？他和克拉拉是什么关系？"这里流传着很多关于舒曼的谣言，我都不知道该相信谁……"

克拉拉和勃拉姆斯的通信在继续，几乎每天都有。1854 年 10 月，勃拉姆斯写道："您难道不能每天早晨给我发份电报报个早安吗？我会很激动的，一整天都会很开心，我的琴也会弹得分外出色！我再也忍受不了没有您的日子了。为什么您不答应我去学笛子，和我一起去旅行呢？我要写好长笛、吉他和定音鼓的《f 小调奏鸣曲》中的行板，我还要把它改成一首小夜曲。"11 月，勃拉姆斯用玩笑的口吻给克拉拉写了一封从《一千零一夜》中选取的信，署名为 Kamaralsamann. E. V. B. 。勃拉姆斯说："我进入了诗人所描述的心境：心情沉重，睁着眼睛，失眠，没有耐心。我和您依然天各一方，我逐渐丧失理智，心如死灰。如果今天上帝允许我亲口向您说一句话，我要对您说我爱您，至死不渝。"后来他确实说了。

他还说："我一直在等您的信！我已经有三天没有收到信了，我以为您病了。写信给我吧，不要太多的字，但要经常地写。如果是长信，请用铁路寄送。您真诚的 J. "还有"我除了想您什么也做不了，我看着您亲切的文字、亲切的肖像。您对我做了什么？您能解除我身上的魔咒吗？……给我常常写信吧，哪怕就几个字，都会让我幸福。我会把它当做一份温情的小小回忆。告诉我您是否身体健康，告诉我您将过 14、13、12、11、10、9、8、7、6、5、4、3、2 天回来……欧仁妮得了重感冒，没胃口，发着高烧，一直昏昏欲睡。男孩子们都很好，菲利克斯也是，麦芽糖吃了不少，但没识几个字。"显然，这是个称职的"奶爸"。

勃拉姆斯的感情是炙热的："我多么思念您啊！今天早上，我什么事也没有做，我一直在想：'要是您突然出现该多好啊！'每次有车经过，我都会往窗外张望，生怕错过一丝声响……今天我住在楼上，楼下大扫除，人走来走去的，我受不了。我告诉贝塔我有一种不可遏制的预感，您会出现。贝塔听了很害怕。可是我让她害怕只是为了证明我未卜先知的能力……我满脑子都是您，也许是想得太多了。请为我好好守住您的爱。J."几周之后，他又在信中写道："您没法定期收到我的信，真让我生气。事实上，我每天都给您写信，您应该每两天就能收到一封。别忘记孤单的我，别忘了我的心从未离开过您。"

1855 年 8 月，勃拉姆斯："没有您的消息我真是难过！是您告诉我，力量不可能只从书中获取，我们的灵魂才是力量的源泉。我需要您一直在我身边做我的守护天使……"1856 年 2 月："亲爱的，我还不够出色吗？按照我的克拉拉的愿望，我买了一些漂亮的纸和信封，还有两只烟斗。我刚刚点起了那根长长的土耳其烟斗，每次我往烟斗里塞烟草的时候，我就想'要是我有个漂亮的烟斗就好了，我可以把它送给那位美丽的夫人。'""奶爸"勃拉姆斯接着写道："费尔迪南太懒了，路德维希又太倔，但菲利克斯更倔，小欧仁妮太粗暴。不过，说到底他们还算是些善良可爱的小家伙。费尔迪南昨天被扇了一记耳光，因为他不愿意读书。"

6 月，克拉拉到了英国。勃拉姆斯写信："我一直想去找您，可是我担心这有点冒失，人们可能会在报纸上说三道四。但如果巴吉尔（克拉拉同母异父的弟弟）来的话，他们就没话可说了。我觉得今明两年我要放弃钢琴，做一名管风琴手，这样我就能追随您去巡演了……"

从一开始，勃拉姆斯就对朋友奥托·格林倒出了心里话："我尊敬她、崇拜她，但我更爱她，我想我不会再爱上年轻姑娘了，因为她们只会向上天许愿，而克拉拉却为我们打开了一片天空。"

就在同一时期，克拉拉对艾米丽·李斯特倾诉道：勃拉姆斯是我最亲、最真的后盾，从罗伯特生病之初，他就从未离开过我，他陪我经历了所有的磨难，他分担了我所有的痛苦。后来，克拉拉也对孩子们说过同样的话，她告诉他们这么多年里她的惶恐和苦难。上帝派勃拉姆斯来安慰我。你们的父亲除了约阿希姆之外从未这样欣赏过一个人……在我的心即将破碎之际，是他为我重树信心，是他鼓舞了我的灵魂……总之，他是我真正意义上的朋友……他拥有最美丽的灵魂。我爱的是他鲜活的思想、超凡的才华和高贵的心灵。但克拉拉知道人言可畏，所以她顺势告诉孩子们她这番话的主旨：约翰内斯是唯一支持我的人，永远别忘记这一点，亲爱的孩子们。你们要永远对这位朋友心存感激，因为他一定也是你们的朋友。要相信母亲对你们说的话，别去听信旁人的闲言碎语，他们是在诽谤我对他的关心和友情。他们伤害他，散布谣言，诋毁他们不能、也不愿意理解的关系……

如果说这一时期克拉拉在写给勃拉姆斯的信中已经将两人关系说得清清楚楚，那么她不愿意让后人看到的又是什么呢？她是否企图抹杀掉这段暧昧关系的所有痕迹呢？勃拉姆斯是否也有同样想法呢？总而言之，某些评论家肯定要失望了，因为资料研究虽然不能排除任何嫌疑，但终究也没有任何定论——克拉拉毫无破绽！舒曼夫妇历经磨难终成眷属，克拉拉的爱情故事证明了她对舒曼坚贞的、超乎寻常的爱情，无论是在他们婚前还是婚后，甚至在舒曼入院恩德尼希期间，即使再往后，舒曼死后，克拉拉也一直身着黑衣，为丈夫戴孝。

从 1854 年 3 月到 1856 年 7 月之间漫长的几十个星期里，舒曼的病情愈发严重。他悄无声息地离开了家，远离了世俗生活，克拉拉是否也远离了对丈夫的思念呢？人们没有详细地告诉她舒曼在狂欢节的那个周一纵身跳下莱茵河的事实——毫无疑问，是她猜到的。如今，医生们又把她丢入了绝望的深渊，任何一丝好转的征兆都像希望的泡沫一般脆弱地搅动她的心神。据克拉拉在3月31日周一（舒曼住院九天后）所述，母亲去过一次恩德尼希，向她保证医院是个安静的地方，她见过医生，那是个和蔼的人，他答应克拉拉的母亲定期给她捎消息。三周后，勃拉姆斯和格林也带了消息。5月31日，勃拉姆斯又去了恩德尼希，他要见医生，一想到他下午就可以和罗伯特呼吸同样的空气，哪怕就只有几分钟，我也妒忌得要死。8月27日，勃拉姆斯又陪大提琴手克里斯蒂安·莱默尔斯去过恩德尼希，之后还有其他的访客也去过医院，如女歌唱家马蒂尔德·哈特曼和著名的贝蒂娜，但在约阿希姆和勃拉姆斯（12月24日）拜访之前去过的人都未能与舒曼见上一面，有的只是能远远地看他一眼。

夏季，舒曼的病情略有好转。7月，他第一次提到克拉拉。克拉拉得知后：我真不知道该怎样描述我的心情，我以前从不知道，原来巨大的喜悦也是难以承受的！9月，克拉拉生日的月份，她被允许给丈夫写信，医生们希望看到病人的反应。在长期沉默之后再度写信并不容易，真是折磨人。她等待着回音。舒曼回信说："亲爱的克拉拉，我真高兴又能看见你的字迹了！谢谢你在这一天写信给我，你和孩子们还记得这份旧爱。"他所说的"这一天"正是9月12日，他们结婚12周年的日子。舒曼继续写道："哎，我还能再见到你吗？我还能再和你们说说话吗？可是前方的路还很长，我多想得到你的消息，知道你过得怎样，住在哪里，是不是还弹得那么好，玛丽娅和爱丽丝是不是有进步，她们还唱歌吗？"还有，"你是否还保存着我从维也纳寄到巴黎的信和情话呢？"最后，他还提到了窗外七岭山上的美景，他想起了上次的荷兰之行。他要来旧杂志、音乐杂志和雪茄烟。他还说："快给我写信，你忠诚的老罗伯特。"克拉拉的心被震撼了：我给他写信的手都在抖，我知道我被感动了，很长时间我都不敢读他的信，那里有我最熟悉的字迹，每个字里都凝聚着他的高贵。我总是忍不住想，这样一封信怎么可能出自一个病人之手呢？我想向他敞开心扉。她对约阿希姆说：告诉他，他占据了我思想和感情的每个角落，可是我必须谨慎地写信，他在信中没有提到等我去看他。我想应该是医生劝阻了他，而他听取了他们的意见。

舒曼和外界的通信由此得以继续，但我们可查的只有八封舒曼写给克拉拉的信，以及一些克拉拉和勃拉姆斯的通信，但是没有克拉拉写给舒曼的信。克拉拉说在舒曼死后，她在诊所中找到了一个装满信的包裹，用粉色的丝带系好。但据理查兹医生回忆，这些信已在1856年4月15日、16日，即克拉拉出发赴英国的一周之前、勃拉姆斯探望的四天之后，被舒曼付之一炬。阴谋……家庭的秘密。

于是我们只剩下八封舒曼写给克拉拉的信。信的内容很平淡，只说起过去的回忆（瑞士、海牙、安特卫普的旅行）、朋友、孩子（舒曼问克拉拉孩子们的生日，包括三个月前刚刚出生的小菲利克斯）、他的乐谱、劳伦斯的肖像画、他的散步（在波恩，他看到了贝多芬的雕塑）、一直萦绕在他耳边的主题还有勃拉姆斯（"如果你想知道在我心里哪个朋友的名字最亲切，你就说出在你心里的那个名字吧，不会错的。那个难忘的名字！"）可为什么，克拉拉疑惑地问。他从来不说未来呢？他不抱希望吗？这八封信，三封写于9月，两封写于10月，一封11月（我们只能看见十来行字），一封1月，最后一封神秘的信日期注为1855年5月5日："5月1日，我给你寄了一段春天的信息，但接下去的几天里，我狂躁不安，你后天收到信后就会知道，一片阴云从我的心头掠过，但亲爱的，云中的东西会给你带来快乐。"但所谓的春天的消息和新的信都无从查起。舒曼此后再也没有写信，他不再说话，他的病情只好转了几个月。

正是在这段转瞬即逝的好转时期，勃拉姆斯写信给舒曼说："我对您和您尊敬的妻子充满敬意和崇拜，而且这种感情与日俱增。"舒曼于12月中旬回信说："但愿我能和你们一起过圣诞节！我可爱的太太给我寄来了你的肖像画，我知道她把它挂在我房间的哪个地方：就在镜子下……我一直在欣赏你的《变奏曲》。"但是圣诞节来临，却只有克拉拉、勃拉姆斯、约阿希姆和孩子们，可怜的罗伯特依然没能出现：大家都在谈论他。克拉拉泪流满面。勃拉姆斯在信中详细地描述了这顿年夜饭："美妙的夜晚，"他还说："我们心中怀着幸福的希望：希望与您不久之后再次相见。这几天的节日里如果没有这份希望，我们将痛苦不堪。"那一年的圣诞节礼物和以往一样：让-鲍尔的书送给勃拉姆斯，舒曼的交响曲乐谱送给约阿希姆，玛丽娅"出色"地弹奏了《童年情景》。这封信日期标注为12月30日，信寄出的十二天之后，勃拉姆斯再次来到恩德尼希，他第一次被获准与他崇拜的舒曼一起待了几个小时，从这里也可以看出舒曼的身体确实有所好转。克拉拉写道：他晚上回来了，沉浸在对我心爱之人的回忆中，他看见他很平静。约翰内斯肯定为他弹奏了他的《叙事曲》和《变奏曲》。

从2月份起，克拉拉在汉诺威和柏林组织巡演。勃拉姆斯在探望舒曼的第二天就用纸笔详细记录了当时的情形："我从两点到6点一直和您亲爱的丈夫待在一起，他高兴地接待了我，一点也没有烦躁的表现。"他们说起了克拉拉，勃拉姆斯还带了她的一张肖像："啊！真希望您看到他激动的样子！他的眼里似乎噙着泪水，他把您的画像贴在胸口，拿画的手还不住地颤抖。"之后，他们去了花园散步。舒曼问起孩子们的近况，当他得知菲利克斯长了第一颗牙的时候，他微笑了，他告诉勃拉姆斯他多想每天给妻子写信——"要是我有纸就好了。"但医生没收了一切，而舒曼又讨厌向人要东西。于是，勃拉姆斯立即让人拿来了一大张纸，但罗伯特不喜欢，勃拉姆斯又拿来了另一张纸，舒曼微笑着坐到桌前，但他沉思了一会儿之后又把笔搁下。舒曼关照勃拉姆斯几项任务：寄给他一条围巾和一份《信号》报。随后，他们四手联弹了《〈凯撒〉序曲》，但"弹得不是很好"，"钢琴没有调音"。分手时，舒曼坚持要送勃拉姆斯去车站。"我借口去拿大衣，征求医生的意见，他说可以，这让我很高兴。他（舒曼）取笑我的匈牙利式的帽子，正像以前他还取笑过我的贝雷帽。护工或前或后，和我们保持了几步距离。于是我就这样开心地和您亲爱的丈夫走过了一段长长的路！您可以想象我有多么幸福。"他们走过教堂，走过贝多芬纪念馆。分手时，舒曼抱住勃拉姆斯，轻轻地吻了他一下，还告诉他诊所的生活让他感到很压抑，他真想离开。"这时候，他的声音很轻、很含糊，因为他怕医生……"

"我真想求诊所的医生允许让我做您丈夫的护工。"有一天，勃拉姆斯这样对克拉拉说。他崇拜，崇拜舒曼的作曲天赋；他感激，感激良师的知遇之恩；他迷恋，迷恋克拉拉的人格魅力；他困惑，困惑陷入对一个年轻女人的苦恋中而不能自拔，他感觉自己不知不觉中走进了情感的迷潭，为情所困。他在1854年12月2日的信末对克拉拉说："请原谅我，我还年轻，有时候还有点孩子气，但您不会不知道我的感情有多深。您知道桀骜不驯和年少轻狂都只是我的表象，请不要忘记我的本质。"这正是克拉拉所希望看到的……

第二十五章　音乐慰藉心灵

　　日复一日，在这二十八个月中，无论克拉拉身在柏林、莱比锡、维也纳、布达佩斯还是伦敦，她无时无刻不在牵挂着恩德尼希的他，因为在她往来奔波于欧洲各城市期间，总是会不时地回到杜塞尔多夫小住几日，然后再继续她的音乐生涯，她比任何人都能体会到音乐人的辛酸和快乐。这也许是为了逃避痛苦的回忆，也许也是为了维持家用。她把家托付给了正直的贝塔，并由勃拉姆斯关照。

　　生下菲利克斯两个月后，克拉拉第一次独自到了奥斯坦德，遇到了大提琴手亨利·维尔当、男中音朱利尤斯·施多克豪森，后者演唱了舒曼的三首歌曲。克拉拉的音乐会听众不多，她在日记中埋怨他们反应平淡。9月6日，克拉拉回到家，承认生活拮据——我无法决定是否卖掉罗伯特的房子，只有上帝知道事情是否能出现转机。后来果真出现了转机：她一直在继续支付舒曼的住院费，两年后，她算账时竟然发现已经存下五千塔勒。但钱总不会从天上掉下来。10月中旬，克拉拉组织了一次真正的巡演，同行的有朋友阿格内丝·勋勒施德特、勃拉姆斯和格林。一行人到汉诺威时受到了约阿希姆的接待，克拉拉当然进了王宫演出，但她无时无刻不在思念着丈夫：他是我的最爱，可他甚至都不能用思想陪我远行，因为他对我此行一无所知。我犹豫了很久，到底该不该告诉他，但我担心他会胡思乱想担心我，他会以为我缺钱。朋友们很快各自旅行，克拉拉则继续她的巡演，再次回到了旧地莱比锡，回忆从她的心底蔓延开。格万豪斯的听众反应热烈，克拉拉在包厢中痛哭流涕。音乐会结束后，学生们为她献上了小夜曲，朋友邦德曼一家也特地从德累斯顿赶来看她。克拉拉演奏了贝多芬的《G大调协奏曲》。四天后，她又演奏了舒曼的《d小调协奏曲》（未出版）、勃拉姆斯《f小调协奏曲》的行板和谐谑曲。最后一天，葆琳娜合唱团演唱了《玫瑰朝圣之旅》的森林合唱曲。真动听。啊！亲爱的罗伯特，为什么只有我独自享受这份厚爱呢？

克拉拉一直很寂寞。在魏玛，年轻的公爵和公爵夫人对她照顾有加，体贴的李斯特亲自组织并指挥了舒曼的《第四交响曲》、《〈曼弗雷德〉序曲》和《a小调协奏曲》。但克拉拉并未在魏玛久留，之后她相继路过法兰克福和杜塞尔多夫，并随即北上。在汉堡，勃拉姆斯将克拉拉介绍给他的家人——纯朴的人、愉悦的晚餐。但克拉拉还是惊讶于勃拉姆斯竟然生长在这样的家庭环境中。她伤心地和勃拉姆斯老太太告别。她的儿子对我那么亲切。她又附带说：不知道这位和蔼的老太太还能活多久，也许我将会接她的班，做他的母亲。

在阿尔托纳（Altona），听众和汉堡人一样赞叹克拉拉的"高水平"。此后，她又途经吕贝克（Lübeck）和不来梅，并于11月23日，最后到达柏林，而勃拉姆斯则要回汉堡。分手之时，他请克拉拉在今后的信中对他以你相称。我无法拒绝他，因为我真的把他当做儿子。克拉拉在柏林待了将近三个月，共举办了三场音乐会，每场都赢得了热烈的掌声，但柏林的很多老朋友或已去世、或已失散。舒曼又寄来了一封信——是的，他又写信了，但医生补充说在之后的几个月里禁止任何人探视他。这让克拉拉很伤心。有好几天，她累得要死，失去了工作的勇气。她想念勃拉姆斯。克拉拉演奏了舒曼的《a小调协奏曲》、贝多芬的《G大调协奏曲》、门德尔松的《严肃变奏曲》，还和约阿希姆同台演出了几次，为斯特恩合唱团作《迷娘的安魂曲》的钢琴伴奏。在回杜塞尔多夫与家人团聚共度圣诞之前，克拉拉还和约阿希姆再一次在莱比锡的格万豪斯音乐厅举办了一场音乐会，然后顺道去了汉诺威……

约翰内斯和约阿希姆都对我很好，但我的心里只有他，我心爱的丈夫……

1855年，舒曼的身体每况愈下，克拉拉却依然为巡演和音乐会奔波劳碌。她于年初到达荷兰，后又至柏林和但泽（Danzig即今波兰的格但斯克）。冬季，克拉拉到了波莫瑞休养，还全副武装地坐着雪橇一直到了贝尔根（Bergen）。但她明确地说这次旅行不为盈利，只为了兴趣。4月1日，她与勃拉姆斯匆匆去了一趟科隆听《庄严弥撒》——*这是天神为众神写的音乐，不是给我们这些凡人听的……*一个月之后，李斯特请她去魏玛听舒曼的《格诺费瓦》，但克拉拉在最后时刻取消了旅行，因为路费过于昂贵。第二周，她去汉堡听了《曼弗雷德》，但途中只乘坐三等车厢。李斯特趁过节时赶到杜塞尔多夫，珍妮·林德在节日期间精彩地演绎了《天堂与仙子》中的女主角。李斯特坚持要和克拉拉四手联弹《〈格诺费瓦〉序曲》……*实在太可怕了，把我眼泪都逼出来了！他简直在乱敲钢琴，毫无节奏！舒曼神圣的作品被他这般亵渎，我几乎难抑愤怒。*接着，李斯特还恐怖地弹奏了巴赫的《意大利协奏曲》。为了忘却李斯特的梦魇，克拉拉再次坐到钢琴前，弹奏了《交响练习曲》，*她从未如此沉醉过。*在杜塞尔多夫的节日期间，克拉拉见到了利普的三位年轻公主，她们请克拉拉到多特蒙德住上几周，为弗雷德里珂公主上钢琴课。何乐而不为呢？尽管为此克拉拉必须再度忍受和约翰内斯以及约阿希姆分离的痛苦，但她还是答应了：离开约翰内斯很难，我全身心地依恋着这个朋友。和他分开，总会给我带来痛苦。但所幸的是，弗雷德里珂公主人很和善，且颇有音乐天赋。7月1日，约阿希姆不期而至，他与克拉拉分别之时，依然免不了落泪。

克拉拉在家的时间又少了：7月15日，她赶赴埃姆斯（Ems）办音乐会，珍妮·林德将届时登台。一直以冒险精神著称的她对克拉拉说："我们在节目单上只放些简单易懂的音乐，让所有欣赏美的人都能理解。"克拉拉觉得这是个坏主意……然而这次音乐会收入不菲，共计有一千三百四十塔勒入账。这笔钱够全家用上一个夏天，还绰绰有余。但埃姆斯的音乐会只在克拉拉心里留下了苦涩，听众无法理解克拉拉弹奏的作品，他们只对唱歌着迷，这令她感到屈辱：我真想哭，我庆幸我亲近的人，罗伯特或约翰内斯都不在场，不然他们看到我的处境定会痛苦不堪。之后，克拉拉、勃拉姆斯和正直的贝塔一起在莱茵河旅游散心。勃拉姆斯很高兴，心情放松。他们在山脚下止步，在树荫下吃了点水果——我喜欢看他容光焕发的样子。毕竟，没有比让我们喜欢的人得到幸福更大的快乐了。这是克拉拉一生都未曾悖离的生活准则。无忧无虑的勃拉姆斯说："我度过了幸福的十天，我从未想过能和两位女士做一次快乐的旅行。"回到杜塞尔多夫之后，克拉拉把家搬到了邮局路135号。

夏季，在怀旧的思绪中流淌。以往年年庆祝的9月12日在此时只意味着伤感，十五年的婚姻如今已经陷入绝境。舒曼已有四个月没有写信了。理查兹医生来信通知克拉拉她的丈夫已无痊愈的可能。我希望他就这样回来吗？我不知道该怎么办？我想过千万次，可总让我心如刀绞。幸好，孩子们和朋友们都陪伴在她身旁。勃拉姆斯创作了他的《a小调组曲》的序曲和咏叹调。克拉拉演奏了舒曼的《#f小调奏鸣曲》，她有如神助，仿佛罗伯特的灵魂就在屋里游走。

之后，克拉拉去了柏林，受到了母亲的迎接，柏林人也一如既往地向她表示了崇敬之情。勃拉姆斯和约阿希姆在柏林和她相会，并在但泽的舒岑豪斯（Schützenhaus）的大厅里演出。此后，克拉拉回到莱比锡，回到格万豪斯音乐厅，在罗斯托克（Rostock）加演了一场音乐会。圣诞节时，她回到杜塞尔多夫和孩子们共度圣诞，只有朱丽不在家，她还在柏林的外婆家。12月31日，克拉拉在对舒曼和勃拉姆斯的思念中入睡。她不知道新的一年会发生什么，她哭着醒来，整个人都仿佛被忧伤吞噬。一周之后，她第三次到了维也纳。

九年里，维也纳人确确实实改变了口味，他们学会了欣赏贝多芬和舒曼，他们急不可待地想再次听到克拉拉的演出。1月7日，当克拉拉敲完音乐会的最后一个音符时，维也纳的听众掌声雷动，克拉拉作了十五次谢幕。她弹奏了舒曼和勃拉姆斯的作品，她答应在布达佩斯音乐会之后会回来加演一场。克拉拉还在上流社会的沙龙里办过私人音乐晚会，但她依然清高，看不惯身着带衬裙架的裙子、头上留着一缕顶发的时髦贵妇，而她又不得不在邦菲伯爵夫人（李斯特的匈牙利女友）家中朝她们打招呼。李斯特自然也在场，他们有一段颇具讽刺意味的对话：

"我的节目单真的不适合这里的人……"

"为什么您不弹几首李斯特的蹩脚曲子呢？说不定它们会合适呢？"

克拉拉平静地说："您说得对，可我不想。"

离开维也纳之前，克拉拉看了一出大型的历史骑士剧《海布龙城的凯西》。克拉拉认识了年轻的女演员玛丽娅·奇巴赫，她看演出很投入，哭得泣不成声，她还和格利尔帕策共进晚餐，两次去舒伯特和贝多芬的坟前吊唁，并在日记中倾诉没有约翰内斯陪在身旁有多么失落。

在布达佩斯，克拉拉依然思念约翰内斯：他会很高兴见到这些茨冈的孩子们，他们的眼睛里闪烁着灵光，他们拥有即兴创作的神奇天赋。克拉拉在布达佩斯办了三场音乐会（1856 年 2 月 18 日、23 日和 27 日），并引发了热烈的掌声。她还进了王宫演出，受到约阿希姆一家的热情接待。热情的布达佩斯人在狂欢节结束时为她献上了一枚桂冠，系着匈牙利民族颜色的丝带。

环球旅行，即环欧洲旅行尚未结束。穿越英吉利海峡是克拉拉的夙愿，但航海的危险曾让舒曼却步。克拉拉向贝内特征求意见，并打定决心赴英国。维也纳之后，她还有时间在布达佩斯加演一场音乐会，然后在莱比锡休息了几天，并在那儿和故乡的两个学生玛丽娅和爱丽丝深情拥抱，然后在汉诺威和约阿希姆一同在王宫办了一场音乐会，最后匆匆回了一趟杜塞尔多夫——真高兴啊，又找到了家的幸福，看到所有和他有关的事，所有和他有关的人，可是只有他，我最爱的人依然缺席。之后，克拉拉终于开始了新的探险。

英国巡演持续了近三个月。4 月 8 日，克拉拉离家远行，她的心情并不轻松，她与约翰内斯依依惜别，她说就像永别似的。旅途辛劳，且阴雨绵绵，克拉拉到达英国时呆住了：我懵了，脑子里想的只有德国，那是我的心神所系，而在这里，我只是一具行尸走肉……她对英国的第一印象：一切都很古怪，令人不适。第二印象：音乐家们拼尽全力在最短的时间内赚最多的钱，就像贩卖丝绸、茶叶和糖的商人，音乐会差不多就等于灾难。威廉·斯特纳·贝内特曾经是舒曼欣赏的年轻人，如今已成长为知名的教授、受人尊敬的作曲家和活跃的钢琴家以及乐队指挥，刚刚接手了爱乐协会，工作很出色。他是个友善的小伙子，克拉拉傲慢地评价道（显然，她一开始并不同意舒曼的看法）。但作为指挥，不够机灵和活跃，况且他在这样的生活中根本做不到，因为他每天从早上7点到晚上9点都在上课，他还要作曲、看以后节目单的曲谱，只能趁着更换上课地点的间隙在车上研究新作品，仅靠一个人怎么能做到这些呢？真是不可思议。为了钱，还是钱……这种拜金主义思想可能在伦敦已露出端倪，而在不久之后的曼彻斯特、利物浦和都柏林无一例外地存在这种现象。在都柏林，克拉拉遇见了杰出的音乐家罗宾逊夫妇，妻子是位钢琴家，丈夫教声乐。他们对克拉拉极为仰慕，可是他们也是从早到晚只知道赚钱，忙里偷闲吃上一小块面包，晚上两人相见时都已经筋疲力尽。这些艺术家都错了：为什么他们愿意被人当做下等人对待呢？

　　英国人对克拉拉久仰其名，但一直未见其人，此次她来到英国终于可以向公众展露她的才华。她的合约都订满了，共计二十六场音乐会，她还将为女王演出，应用她幼年时学到的社交礼仪参加上流社会活动。6月18日，她参加了"艺术协会"特地为她组织的晚会，其间她演奏的全是舒曼的作品。五天以后，贝内特指挥了舒曼的《天堂与仙子》，由珍妮·林德担任主唱，她永远是最佳人选。克拉拉则加入了合唱团。她远远地看见女王也出席了晚会，但同时她也发现听众只对出席的王室成员感兴趣，这令她深受打击。同样的打击还发生在一位欧维尔斯通小姐家里，克拉拉不得不中断演出请宾客们安静。她说，我没有习惯在聊天声中弹琴……当晚，她在日记中评论如果所有的艺术家都能（像她）那样做，他们将更受尊重。欧维尔斯通小姐向她道了歉。最后，她也无法忍受那些可怕的保守派乐迷，他们对新音乐毫无兴趣，除了他们的上帝——门德尔松的作品。

　　尽管如此，克拉拉还是留恋这个国家和这里的人民。她很高兴参观了伦敦的公园和威斯敏斯特教堂，她沉醉在悠久的历史中。她还和一些能人交上了朋友：曼彻斯特的萨奇一家、康柏威尔的贝内克一家和他们的德国朋友们、都柏林的鲁宾逊一家、伦敦的贝内特一家等等。总之，她说：我喜欢英国人的性格，他们很冷淡，难以接近，可一旦热情起来，那就是生活，他们知道什么是友谊。克拉拉对这个多雨、拜金的国家饱含深情，第二年她将再度在此演出，到1888年为止共计进行了十七次巡演。

　　勃拉姆斯虽然望眼欲穿，但也没有来找克拉拉，直到7月14日，他才赶到安特卫普去接她。在克拉拉巡演期间，他一直给她写信，从不间断。他告诉她他的心情和来自恩德尼希的消息——很坏的消息。从4月中旬起，他向克拉拉讲述了诊所之行：舒曼见到他似乎很高兴，但他已经口齿不清了。显然，舒曼来日无多。克拉拉说：这样的一封信！我晚上还要首次公演，我一路上都在哭。但上帝保佑了我，音乐会顺利完成，我获得了成功。她总能做到：斗争，继而获取不可思议的力量，从不屈服。而勃拉姆斯此时则在质疑理查兹医生的疗法是否得当，是否该将舒曼接出诊所，他还为此联系了其他一些精神病医生。克拉拉却对此不抱多少希望，她写信给迪特里希：我听说有一种治疗脑部疾病的冷水疗法，我担心他们会不会对我的丈夫应用这种方法。勃拉姆斯搬到了恩德尼希附近的波恩，在6月18日又见了一次舒曼，那天正是他四十六岁的生日。舒曼认出了勃拉姆斯，还说很高兴见到他，这令勃拉姆斯很激动。克拉拉和勃拉姆斯回到杜塞尔多夫。一周后，在荣格小姐的陪同下，她去了一次恩德尼希。医生明确地预言："我不敢保证他还能不能再过一年。"事实上，不到一年。

7月23日，克拉拉收到了那封著名的电报：如果您还想趁您丈夫在世时再看他一眼……她已经有二十八个月没有见到丈夫了，但这一次她还是没有见成，约翰内斯和理查兹医生劝阻了她：这个打击太大了，先别告诉孩子们。总之，我又回去了，可是我再也不能忍受这种痛苦，我渴望再看到他凝望我的眼神，我想让他感受到我在他身边。27日，周日，克拉拉再次来到恩德尼希，在晚上6点多钟时见到了他。他对着我微笑，吃力地抱住我，因为他的四肢已失去控制。我永远忘不了这一刻。两年半前，你没有说一声再见就离我而去，如今我俯在您的脚下，安安静静，几乎不敢呼吸。他对她说了什么？我听懂了，"我的，"他应该后面想说"克拉拉，"因为他深情地看着我，他又说"我知道，"也许他想往下说："你"。

第二天，克拉拉和勃拉姆斯只被允许从一扇小窗里看他：克拉拉看到丈夫备受煎熬，尽管医生也不想这样：他的四肢不断地痉挛，他说话时总是很激动。啊，我真想祈求上帝让他解脱，因为我是那么爱他。克拉拉用手指蘸了些胶质食物和几滴葡萄酒喂他——这是他几周以来唯一的食物。他急促地吮吸着我的手指，脸上露出幸福的表情，他知道是我！她还记录道：29日，周四，他的痛苦缓解了。下午四时，他安静地睡着了，他生前的最后几个小时里很平静，他是在睡梦中死去的，没有人察觉。他走的时候，没有人在他身边，我也是一个半小时之后才看到的。事实上，克拉拉那时正和勃拉姆斯去车站接匆匆赶来的约阿希姆。之后：我跪在他床前，充满敬意，仿佛他的灵魂就附在我的身上。啊，他真该把我一起带走！我把花放在他的头上，他把我的爱也带走了。一开始，克拉拉黑衣戴孝，痛不欲生，但她还有音乐、她的音乐，她还有她的孩子们：关于你们亲爱的父亲，我该说些什么呢？难道我该告诉你们他受了多大的苦吗？不，你们以后会知道的。他拥有高贵的品格，他是举世罕见的人物。他对年轻人满怀圣洁的爱意，因为他知道保护那些天才的年轻艺术家。他不知道什么是妒忌，而且他是那么爱我们，而现在，你们失去了父亲，整个德国为之哭泣。

葬礼31日周六晚7点在波恩的老公墓里举行。克拉拉是否还能坚持出席，我们不得而知。第二天，约阿希姆写信告诉李斯特："舒曼太太昨天回家了，有孩子们和被舒曼当儿子看待的勃拉姆斯陪伴和支撑着这位高贵的夫人。我认为，在她深沉的痛苦之中隐藏着一种超凡的力量。"再好不过的形容了，不是吗？

第二十六章　劫后余生

我失去挚爱已经三十年了。他是这世上最好、最高贵的男人、最辉煌的丈夫。罗伯特，从你走后第一天我就开始想：我怎么能就这样随你而去呢？我还要和无尽的痛苦作斗争，我要活着，活下去，为我们可怜的孩子活下去。我为他们落了那么多的泪，他们中的两个已经去天堂找你了。我的路德维希生不如死，遭受了巨大的痛苦，他把我紧紧搂在胸口，恳求我把他从这所监狱里救出去。我的罗伯特，你知道那座监狱，你在那儿待过，我亲爱的，可是你再也没有出来。费尔迪南也神经失常。这些亲爱的孩子们唯一能指望的就是我。我已是千疮百孔，可我还是决定冷静，像一个母亲那样冷静，我知道我必须为别人活着。亲爱的罗伯特，我还必须为我们共同追求的音乐而活着。人们终于承认了你的才华，你走得太早，没有看到，可我自始至终都没有怀疑过。如今，我唯一能感到的幸福就是弹奏你美妙的作品。我从不对听众的评价抱有幻想，我也不在乎他们迎接我时有多么热情。但是，几周之前在伦敦结束的巡演让我感到很欣慰。本来我已经想取消这次巡演了，可是最终它再次向我证明：虽然多年以来，可怕的痛苦将我折磨得筋疲力尽，但我还是能够战胜它们。确实，我没有肖邦的才华，但是当大众音乐会上的听众们站起来，摇动手绢喊道："好啊！"的时候，我明白了，这就是我的命运：继续我的事业。我真希望我的德国朋友们能看到这一幕！沃尔德玛刚给我写来一封信，他认为我的琴技比任何时候都纯洁和清澈。是的，我很高兴，可是我还能再演奏几年，用我最好的状态去演奏呢？因为我的记忆无时无刻不在背叛我，每次新的巡演之前我总会坐立不安，而巨大的痛苦可能随时再次导致我的手臂瘫痪。没有人知道我究竟有多痛苦，甚至是你，约翰内斯，你是否真的明白呢？你在我惶恐的时候寸步不离，可我有时却觉得你离我又很遥远。我的罗伯特，我经常对你说，我一直认为自己的童年并不幸福，父亲一直说我懒、没头脑、不听话、没规矩，可是父亲教给了我一切，他的严格要求是必要的，后来当我在音乐学院任教的时候，我的经历便证明了这一点。我的童年是痛苦的，也是甜蜜的，可是我现在才知道原来还有更多的磨难在等着我。我身边有太多的人死去，我也是一只脚踩在坟墓里的人了。我刚刚得知李斯特在拜罗伊特去世，他是个伟大的钢琴家，但却是个蹩脚的作曲人，他对年轻一代是个危险的榜样。我知道，他的友善和琴技赢得了人们的赞叹。我明白你，亲爱的罗伯特，你不会同意我的看法。今天的你代表了真正的德国传统，你也是第一个发现约翰内斯才华的人。你也是，约翰内斯，你变了：你的新作是那么动听，你最新的交响曲堪称杰作，虽然我不是很喜欢第一乐章的第二主题，可是你的一些信伤了我的心，你总是那么粗心。无论如何，不要以为你的朋友伊丽莎白·冯·海尔簇根堡总是对的，我怎么想就怎么说。作为一个女人，我怎能爱着一个人却又接受他的背叛呢？我的罗伯特，你是知道的，我爱妒忌。现在我从早到晚都在为出版你的作品全集而忙碌，如果我把罗伯娜·莱德洛的名字从你的《幻想曲》题献辞中删除，把海丽因特·弗瓦特的名字从你的《g小调奏鸣曲》的开头划掉，你是否会埋怨我呢？因为我认为有些题献冒犯了我。你把伟大的《幻想曲》题献给李斯特，我也把他的名字删除了。

而你，约翰内斯，你可否向我解释，为什么你把以罗伯特的一个主题为基础创作的变奏曲题献给我可怜的朱丽呢？为什么这么多孩子里，唯独给她呢？莱维肯定地告诉我，你爱上了她，并为她和意大利伯爵的交往而伤心，我真不敢相信。另一件奇怪的事就是你竟然将我的照片作为结婚礼物送给朱丽。背叛、失望——契尔希纳也是，这么多年来我把他当成亲人，我重读了他的信，他真让我伤心。我曾把一颗最美好的心给了一个我想拯救的男人，我曾想再给予他生的快乐，总之，我想把这段伤心的记忆从我的生命中删除。罗伯特，我的罗伯特，我又重新看了一遍你我日复一日的通信，为什么我们历经磨难，而在一起的日子却那么短暂呢？你还记得吗？我亲爱的丈夫，你的第一封信："我经常想起您，这不是出于兄妹之情，也不是朋友之谊，而是一个朝圣者对遥远圣坛的崇拜。"那年我十一岁，而你却打乱了我的生活。我看见你的日记，你说："克拉拉的眼睛和她的爱。11 月的初吻。"你第一次吻我的时候，我以为自己快要晕倒了……

第二十七章 漫漫长路

克拉拉曾说：愿上帝赐予我力量，让我在没有他的世界上活下去。她还说：如今我又开始了一种新的生活。

没有他的生活，她在此之前已经体验过了。一份最终失去的爱情，对此她已经有了思想准备，这四十年来，泪水不断打湿她的日记，但从没有过那种懦弱的气馁。所有的朋友都站出来帮助她；有些朋友要资助她，但出于自尊她拒绝了这些钱。在葬礼举行后还未满一周的时候，瓦希勒斯基就告诉她他要写一部舒曼的传记，这当然不行，甚至不需要对您说明理由；您自个儿应该明白。至于约翰内斯，他在亲妹妹爱丽丝以及两个小伙子路德维希和费尔迪南的陪同下，也加入了到瑞士卢塞恩湖边的首次夏季旅行。山间的远足，让克拉拉倍感亲切。他们可能说了些知心话，谈起了将来的计划。勃拉姆斯沉默不语，这对本来就不大会有结果的情侣即将分手，但他们依然保持了亲密的关系，他们的感情坚不可摧，战胜了危机，经历了时间的考验。但一切都不可能再回到从前了。克拉拉在她的日记中写道：10月21日，周二，约翰内斯辞行。我陪他到了火车站。在回来的路上，我觉得仿佛是从葬礼上归来一般。

三周之前，克拉拉就已经恢复了她作为钢琴名家的巡演生活。尼埃尔斯·加德邀请她去哥本哈根，她没有拒绝。年底的节日应该是全家团聚的：圣诞节她和路德维希、费尔迪南、欧仁妮和菲利克斯团聚在杜塞尔多夫。元旦，她在莱比锡陪伴她的玛丽娅和爱丽丝，并举办了 1857 年的首场音乐会，她怀着激动的心情再次看到格万豪斯的听众。她演奏了贝多芬的《英雄变奏曲》，并首次弹奏了莫扎特的《d 小调协奏曲》。她有些紧张，在勃拉姆斯的节奏中有些不自然，但她受到了热烈的欢迎，感到每颗心都在与她分担哀伤。在这场音乐会上，人们在节目单里还加上了罗伯特的最后一支交响曲以及她前一年曾经要求过的巴赫的《D 大调组曲》。克拉拉给约翰内斯的圣诞礼物是她的《b 小调浪漫曲》和她的爱情……

那些年的印记：我喜欢和你说些有趣的事情，但你了解我生活的真面目——许多人都以为我很幸福，而事实是我苦不堪言（1860 年 2 月）……我努力不去注意约翰内斯的坏脾气，这样往往奏效（1860 年 5 月）……有一天，勃拉姆斯说到："我有时候想，人要是每次都能像初见一般该多好，如此，我便可以再次爱上你。世事如此，不是吗？"那时他已经变心了，有位叫阿加莎·冯·希波尔特的女人进入了他的生活。克拉拉此时在多特蒙德刚刚给弗雷德里珂公主上完钢琴课，她立即回信：我的心都碎了，我不停地想你，要是你在这儿该多好啊。她爱上他了吗？爱我，真诚地、温柔地、永远永远爱我，最好这样。（1861 年 1 月）……我最亲爱的约翰内斯，尽快写信给我，求你了，求你了（1861 年 5 月）……

勃拉姆斯有时会突然来看她，正如 1865 年在杜塞尔多夫的圣诞节之夜。几天过后，克拉拉想要得到他消息：你过着舒适的生活，而我，我从早到晚都精疲力竭……精疲力竭？亲爱的克拉拉，那就中断这些无休止的巡演吧，只要保证不缺钱，你可以将巡演减少到最低程度。很自然，他不应提出这条建议：你对于巡演的看法在我眼中是如此古怪。你只是将巡演看成是收入的代名词，而没有看到我。我命中注定要演奏这些优美的作品，尤其是罗伯特的作品，只要我还有力气，甚至哪怕我没有力气，我仍然要继续巡演，也许尽管强度不会很高，就像我以前经常做的那样。完善琴技已经成了我生命的一个组成部分，就像我赖以呼吸的空气。与其说在观众面前有气无力地表演，我还不如饿死算了。她干巴巴地说：在你看来，这些话前言不搭后语，我不多说了。对克拉拉而言，一年的音乐会若是少于五十场，那这一年就算荒废了。约翰内斯激怒了她。但次月，她还是到不来梅去听他的《安魂曲》。勃拉姆斯在一些重大的节日也会到场：比如，1873 年 8 月的波恩节，所有孩子都来听克拉拉弹奏《a 小调协奏曲》。

克拉拉说："大大出乎我的意料，我成了音乐节的中心，幸亏我没有提早知道这些，否则我一定会很紧张的。"欧仁妮很久以来都在记录着这个家庭的故事，她详细地描述了父亲的音乐取得的这一辉煌成就，她写道："妈妈来了。我找不到任何语言来形容这个时刻。听众都站了起来，他们鼓掌、欢呼；铜管乐响了起来，约阿希姆于是走到乐谱架跟前，他挥动着手帕……最后，妈妈终于坐到钢琴前。她从没这么漂亮过——如同一个少女、一位待嫁的姑娘、一个孩子。她的长裙迷人极了，而且插在头发中的一朵玫瑰花更是衬托出了这种效果。她一点也不紧张，而且勃拉姆斯说他从没有听过演奏得如此完美的音乐会。随后，妈妈身处鲜花丛中，观众给她至少献了五十束鲜花。""勃拉姆斯曾说……"克拉拉对这些赞誉非常感动，如同以前舒曼表扬她时那样高兴。她和勃拉姆斯见面的机会越来越少，但通信却依然继续。1878 年 2 月 9 日的日记：约翰内斯对她说她从未演奏这么好过——这是他最能让我开心的话……1880 年 4 月 30 日，法兰克福舒曼纪念馆揭幕的时候，勃拉姆斯也在场。那是一场庄严的揭幕仪式，但有个想法一直萦绕着我：在这同样的道路上，我的子女们很快将以何种方式托着我的尸体前行呢？但她之后又活了 16 年，并战胜了难以忍受的痛苦。

1889 年 1 月，勃拉姆斯来访。克拉拉想：我再次感谢上天让一个如此杰出的天才降生到一个瓦格纳狂热盛行的世界上。第二年，勃拉姆斯再次出现在法兰克福，出现在米留斯街上克拉拉生活了将近二十年的漂亮房子里。是约翰内斯吗？我只有在吃早饭的时候才能看到他。我再也感受不到和他的深厚感情了。我想这次如果我再生病，那可能就要死了，而我们之间的分别将成永诀。我想他也应该能想到这一点。他本该再次敞开心扉，啊，但所有的谈话只是闲聊，发发牢骚！可以说，他们只剩下含糊的交流和矛盾的心情！

然而克拉拉对于勃拉姆斯音乐的喜爱却是不言而喻的。四十年中，勃拉姆斯都会把他的最新作品寄给克拉拉，而当她得知有人抢了她这一特权的时候，她就很不高兴。这个僭越者就是作曲家海因里希·冯·海尔簇根堡的妻子伊丽莎白，她是《钢琴和小提琴的第三奏鸣曲》的第一受题献人……我们知道克拉拉对勃拉姆斯这一时期创作的一百二十二部作品中的八十二部所作的评论。赞美之辞经常出现在她的笔下：《圣歌》——我忍不住想说，它太美了……《第二小夜曲》：一首美妙的、诗意的作品。约翰内斯谱出了如此优美的曲子，我真想拥抱他……勃拉姆斯的《安魂曲》在不来梅演奏并大获成功：我从没有如此被圣乐吸引过；我想到了罗伯特，如果他还活着，看到这一切，他将会多么快乐啊……《胜利之歌》：巴赫之后最深沉的宗教作品……《g 小调四重奏》：啊，要是在死之前还能再听到这首优美的曲子，那也值了！可是她总是以几近母亲的姿态，使用甚至滥用她的充满占有欲的目光，挑剔地寻找他作品中的不足之处。从 1860 年收到第 30 号作品《两首卡农曲》开始，她就发现 E 调合唱部分非常出色，让她想到了巴赫，某处转调让她陶醉，但最后次中音的"mi"有些欠妥——亲爱的约翰内斯，为什么你不在这个位置放上个升高半音的"fa"呢？至于《变奏曲》的末尾，这不是真正的勃拉姆斯风格，需要修改，这很容易。而且，还有克拉拉曾参与创作的《钢琴和弦乐四重奏》（op. 25）：第一部分的降"sol"太少了，而"do"太多了；而《五重奏》（op. 34）确实绚丽，是音乐谱写中的上品（多美的柔板啊！我都无法和你形容我是多么的感动），但《三重奏》总是觉得有些短……

她将乐谱放在钢琴上，并以她的方式弹奏起来。她越弹《帕格尼尼主题变奏曲》就越发现这些变奏曲很难。但为什么将它们收在两个集子中呢？她看着勃拉姆斯创作的每一个节拍，去练习并探究其中的丰富变化，而当她漏掉一处精彩段落时，就会作出不同的判断：《第三交响曲》的主旋律要比之前的交响曲逊色很多，但她要把这曲子听上好几遍才能最终作出评价。对于《第四交响曲》，她不喜欢第二乐章的第二主题，这点是非常明显的：她很遗憾，因为配乐受到了瓦格纳的影响，但她同时又指出：一方面，这是为了突出美和高贵，另一方面也是为了突出丑和粗俗。

最后，克拉拉仔仔细细地分析了四部作品集，从第 69 号一直分析到第 72 号作品，并从中作出筛选。比如，第四首是她的最爱，第七首被她排除在外，第五首的序曲部分完全是舒伯特式的，而第 70 号作品的第一首美妙极了等等。唉……对于这些评论和建议，勃拉姆斯并没有说太多……对勃拉姆斯的作品（她指出了她最喜欢的作品：《小提琴和钢琴奏鸣曲》以及《c小调三重奏》（op. 101）），如同对舒曼的作品，克拉拉说的是事实……

克拉拉和约翰内斯之间有过微妙的纷争，但他们依然保持通信。克拉拉在抄下了信中最重要的段落后提出将原件毁掉，因为我们之间曾经有过欢乐，有过痛苦，但那都只属于我们两个人。勃拉姆斯反对这一提议，克拉拉却很固执。有时候，他也总说些让她不安的话。但当1888年7月，约翰内斯得知费尔迪南毫无痊愈可能，克拉拉不得不照顾他的孩子们和媳妇的时候（安东尼这个媳妇明显没有能力去照顾他们，而且我曾很早就提醒过费尔迪南了……），他给了她一万马克。他保持沉默，只希望她说一声"好的"。克拉拉对此深受感动，然而她并不能接受这笔钱。勃拉姆斯再次优雅地担负起了责任："不要生气。去年夏天，你已经客气地拒绝了我曾想寄给你的东西；现在我们俩人都回到了各自的家里，我冒险给你寄这些东西，可能我应该做得更有分寸些，但我却不知道如何去做。如果我匿名地寄这些东西，就需要其他人来写地址，那你就可能起疑心了。因此，这里有一万五千马克给你，只要是在卡上写下你已收悉，但请不要多写一个字！"克拉拉在她的日记中写下了这样的评论：我们两个人都心绪不宁——我该怎么做呢？我还要把这钱退给这样一个老朋友吗？我不能这样做。我应该把所有这些都保留下来，并感谢他；除此以外，别无他法。

爱恨交织，这便是这对老情侣的命数。当勃拉姆斯听从汉斯里克的建议修改他的《B大调三重奏》，并删去了"遥远的爱人"（这里暗指的就是克拉拉）的时候，克拉拉只是提醒约翰内斯他自己曾说过的话："一部已经写好的作品是很难通过修改来进行完善。"但当勃拉姆斯试图对舒曼作品全集进行修改的时候，他和克拉拉差点绝交，因为克拉拉自认对舒曼的作品全集拥有绝对的权利。也许，在舒曼去世的五年前（"因为人总是要死的"……），舒曼就在进行作品修改并将这一"最艰巨的考验"交给尼埃尔斯·加德和朱利尤斯·莱茨（"但必须得到我亲爱的克拉拉的同意，并受她监督"）。可能是那时舒曼还没有遇到勃拉姆斯，他才认识年轻的约阿希姆。但在19世纪70年代末，当布赖特科普夫和海特尔出版社对舒曼全集表现出兴趣的时候（1879年开始，1893年完毕，共计三十四卷），克拉拉咨询了她最好的朋友：勃拉姆斯和约瑟夫·约阿希姆，还不时咨询了奥托·格林和新朋友（瓦格纳派的）带头人赫尔曼·莱维。这确实是项卷帙浩繁的工程，再度翻阅笔迹模糊的手稿和旧版本，标注节拍标志，研究微妙的主题（克拉拉也并不总是赞同舒曼的选择）。有些作品，特别是舒曼最后的一些作品，权衡是否要毁掉或是排除在外，这都需要作出决定。怎么办呢，比如《小提琴协奏曲》，克拉拉回想道：我刚刚和约阿希姆还有约翰内斯一起决定不要出版这首协奏曲，现在不能，以后也不能。对此我们意见一致。然而，尽管欧仁妮（家族的最后一人）竭力反对，这首协奏曲还是在1937年出版了。纳粹政权为了禁止人们演奏犹太人门德尔松的《协奏曲》，需要找到日耳曼人的协奏曲来替代它……1853年的五首浪漫曲最早被排除在全集之外。对《弥撒曲》和《安魂曲》克拉拉还存在疑虑，她和两个朋友讨论，她总结说：世人喜欢看到伟人们的短处，而这些短处，他们迟早都会发现的。

克拉拉和约翰内斯究竟为什么发生争执呢？他说："我已经忘记了是什么样的谈话细节让你如此不快，但我没有能控制住我的舌头，我很痛心……我也不知道还有什么细节没有搞明白了"……不管怎么说，克拉拉在1891年3月20日的日记里提到了争吵。随后一周，克拉拉又强调说：这一周如同一个噩梦。她会记仇吗？5月6日，她祝勃拉姆斯生日快乐，如同四十年来她每年必做的那样，但她忘不了曾经发生过的事……勃拉姆斯的信为这场争执画上了句号：他在她生日的时候写信给她，说他从没有忽略过她。他总是怀着极高的敬意去想她，而且他总是将最美最好的祝愿带给这个世界上最亲最爱的人。"我该再向你重复一遍，你和你的丈夫代表了我生命中最美好的经历。"克拉拉回复说：如果你认为有理由猜忌，那你就不应该把我算作你生命中最美好的回忆，况且你总是很难相处，但我对你的友情足以战胜困难。勃拉姆斯：我从心底里感谢你！克拉拉临终前几天，勃拉姆斯写信给约阿希姆说："当她离我们而去，我们会不会一想到她，这个了不起的女人，就沉浸在哀思中呢？我们有幸在那么长的时间里做她的朋友，每天能爱她、欣赏她。"只有死亡才能让这些争吵画上句号。

真正的友谊和深沉的爱恋，其最好的表现不就是直言不讳，甚至是争吵吗？她曾经对舒曼说：亲爱的罗伯特，你啤酒喝得太多了，而且你和别人还有着暧昧的关系。约翰内斯，你的上次来信让我很伤心，以至于我除了给你写一张寥寥数言的卡片之外没有其他选择。如果你依然还要惹我生气，那最好还是不要再给我写信了。朋友之间可以像这般坦率：在莱维家，您应该好好注意自己的举止。但不幸的是，您一点也没变，您抽烟，和朋友们一起玩到深夜，也不再练琴了……克拉拉得知大歌唱家威廉米娜·施罗德－戴弗里安特在告别歌剧舞台的十二年后还在考虑是否应该在五十岁时组织欧洲巡演，她便把自己的想法告诉这位偶像：我想要说的可能会冒犯你，亲爱的威廉米娜，但如果你还想要改变主意的话，那就做吧！相信我，你将面临暗淡的前途，你的嗓音不再有年轻时的那种清澈了。如果你要告诉我说，在德累斯顿所有人都建议你继续开演唱会，那请相信我，那当你开唱的时候，这些人中的绝大部分会成为第一批站起来批判你的人。这位伟大的女高音受到了伤害，这位历史上的瓦格纳作品迷甚至懒得回应克拉拉。一年过后，当克拉拉得知威廉米娜的死讯时，她打开了日记并沉浸于这样的思考：她过高估计了自己的实力。我希望上帝能解脱我深深的痛苦。如果我不能再以最好的状态去弹奏我的钢琴，那我该是多么不幸啊。

克拉拉在用尽全力"弹奏她的钢琴"。她从未间断欧洲钢琴名家的生涯，当她还是小女孩的时候，父亲就开始训练她从事巡演的职业素质，哪怕在为情所困的几年里她依然为巡演来到巴黎，随后她将克拉拉·维克的名字换成了克拉拉·舒曼，她依然马不停蹄，尽管婚后等待她的是妻子的责任、八次怀孕、罗伯特的隐情以及最终他被关进精神病院的不幸。许多年以来，克拉拉并没有选择，她必须担负起整个家庭的开支，但她努力想让勃拉姆斯明白她不能放弃这种使命，除了经济利益之外，她还在享受着艺术带来的美。她是崇拜舒曼的大祭司，在人间洒下音乐的福音，她成为人们的榜样，总是在出发征服新的听众。在1856年的丧礼过后，她找到了最好的慰藉方式——巡演。之后她又开了三十五年的音乐会，访问了几十个德国城市，重返圣彼得堡、维也纳、布达佩斯、巴黎、荷兰、比利时和伦敦，她到伦敦有十七次之多。在旅途中她又重新见到了那些朋友，有时会碰到勃拉姆斯，经常遇到约阿希姆。她和约阿希姆一共合作了二百三十八场音乐会，其中有一百六十二场在英国——但可怜的约翰内斯从不想越过这条"海峡"，他晕船！于是为了逃避孤独，她总找些旅伴，通常是她亲爱的长女玛丽娅，但也有爱丽丝、欧仁妮或是她的同父异母姐妹玛丽娅·维克。

万事总是开头难：当她于1858年底回到维也纳的时候，她向约阿希姆吐露道，她感到极度沮丧，可还得弹钢琴，这是怎样的折磨啊！十五个月过后她再次来到维也纳：四个星期内开了六场音乐会，还有一些专门的钢琴课。克拉拉受到了热烈欢迎，但她发现收入仍然是那么微薄；至于成功，她宁愿忽略不计。在旅行中，她途经汉堡，并在那儿受到了约翰内斯父母的招待，后来她又路过德累斯顿，在那儿她和父亲弗雷德里希·维克重归于好，他是个不知疲倦的父亲，是个天才的教育家。这是一次感人的重逢，尽管隔阂的高山仍然阻隔在父女之间。她一路远行：安特卫普、列日、蒙斯、布鲁日、根特、布鲁塞尔——这需要巨大的努力。但她还得继续：海牙、阿姆斯特丹、乌德勒支、阿恩海姆（那里的风暴是那么猛烈，我们都听不到了）、特里尔（Trier）、卢森堡，萨尔布吕肯（Sarrebruck）、艾克斯拉沙佩勒（Aix - la - Chapelle）和法兰克福。路上发生了一件事：1865 年 1 月 12 日，她在途经柏林时，在"动物花园"里踩在一块薄冰上滑到了，摔伤了右手，音乐会于是取消了。几个星期无所事事，这真受罪，当然由此带来的经济损失也不小。

1862 年 3 月，她在巴黎开始了新的一番冒险。一开始，人们向她提议四场保证出场费的音乐会，但被她拒绝了，庆幸的是，在最后关头她还是改变了主意。埃拉尔夫人坚持鼓励她（巴黎人想听她弹奏舒曼的曲子，而这个论据是她所不能拒绝的），而且她的朋友费尔迪南·赫勒也参加了音乐会。克拉拉不会失望：我无法掩饰我的快乐，能在这里，在巴黎，为如此具有悟性的观众弹奏罗伯特的作品我特别高兴。谢谢你，舒曼夫人！3 月 7 日晚上 9 点，她在玛丽娅的陪伴下来到巴黎。她们住在昂坦路上的"美国饭店"。她又恢复了社交生活：拜访著名男中音朱利尤斯·施多克豪森（他有一半的法国血统），拜访罗西尼（一位优雅的男人，很风趣，但他的妻子看起来像泼妇），在弗亚尔多特家里吃晚饭时，有个坐立不安的葆琳娜小姐每次总是向大家介绍新来的客人——这种生活不适合我。更令她不适应的是巴黎的晚会：9点半才开始，11点才开始音乐，极少能在凌晨1点钟之前回到家，但这能带来可观的收入，更重要的是能被邀请去音乐学院，这是无上的光荣。4月6日，由特奥菲勒·蒂尔芒担任指挥，克拉拉在音乐学院演奏了贝多芬的《bE大调协奏曲》。克拉拉的评论：音乐学院的交响乐队从技术水平上讲是她所见识的最完美的乐队，但他们是那么冷漠，每个演奏者都想成为大师。在节目单上还有一首海顿根据名曲改编而成的《变奏曲》（弦乐四重奏）：乐队（应该有八十来把弦乐器）演奏得像只有四件乐器。可以想象，如果每一个演奏者都毫无兴致，那么这样一支乐队能做什么。但他们不容我置喙，因为在人们心中，音乐学院是神圣的，是一座神殿。克拉拉在每场音乐会后能拿到二十个金路易，她又增加了专门的授课，忙得不亦乐乎，以至于抱怨都没有时间吃午饭了。在离别之际，她告诉约阿希姆，她最大的快乐就是把勃拉姆斯的音乐介绍到了巴黎……

两年之后，她开始了在俄国的新一轮巡演。在圣彼得堡，她受到了大公夫人赫林娜的邀请，住进了皇宫。她很幸福地看到舒曼的《协奏曲》和《交响练习曲》大获成功，演出在一个三千人的大厅里举行——她说这得冒着巨大的投资风险，但最后她收获了八百卢布。若不是安东·鲁宾斯坦的出现，圣彼得堡的音乐界是乏味的。克拉拉与鲁宾斯坦之前已经遇见过几回，他是这里唯一真诚的音乐家。克拉拉在陷于经济危机之下的莫斯科依然收获得盆满钵盈。但为了到莫斯科，她必须鼓起勇气，忍受从圣彼得堡到莫斯科的二十个小时的火车颠簸（9点到，11点开始排练，音乐会就在当晚开！），而从圣彼得堡到柏林要坐四十四个小时的火车（我可怜的背哟！）。

克拉拉在舒曼死后没几个月就离开了杜塞尔多夫，在柏林住了六年，之后她又在巴登－巴登安了家。她在里希顿特哈勒林荫大道 14 号找到了一座被松树林环绕的迷人小屋。多幸福啊！克拉拉经常就在家门口散步。是的，她写信对约阿希姆说，任何人住在这样的地方都应该感到快乐，而我却没有。这世上没有任何良药能治愈我这样的创伤。在夏天不开音乐会的时候，这所房子就派上了用场，分居在各地的孩子们还有朋友们都到这里聚集。亲爱的约翰内斯，你知道这个美妙的地方，但你可能找不到这座房子：它是所有房子中最小的一座。欧仁妮则不这样看："这之前是个仓库，后来改造成住所。它好丑，以至于我们这些孩子都给它起了个外号，叫做'窝'。但这是我生命中最快乐的一段时光。"

1870 年 7 月：在巴登的暑假里回响着皮靴的声响。克拉拉很担心费尔迪南，他将被征兵，战争一爆发就要上前线去。但同时，她又对多年以来亲密无间的朋友罗莎丽·雷瑟祖露心声：当整个德国在为它的儿女担忧的时候，我不应该只想着自己的儿子。她还说，要是阿尔及利亚的部队入境的话，我们就背井离乡以求自保了，因为听说他们都是些野兽。这一时期，她把值钱的东西和好酒都藏到了地窖里，等待着勃拉姆斯，但由于铁路线中断，他无法赶来。孩子们还都耐着性子，但最后，约翰内斯来不了了。失望：难道就没有男人来保护我们了吗?！如果我们去瑞士，约翰内斯是不是就可以和我们在那儿会合呢？沉着务实的克拉拉已经在圣莫里兹①订好了房间。随后，当她得知瑞士人支持法国人、侮辱德国人的时候，她便打算去阿克森施泰因（Axenstein）② 去找她的朋友、法兰克福的施密特一家。

①　瑞士城市。
②　瑞士城市。

但他们只能放下行李，因为战争开始了。

可以说，这是场闪电战。从 8 月 19 日起，普鲁士国王御驾亲征，在战场上指挥了十个小时，就获得了梅斯大捷。一位古稀老人表现得像个英雄，真是精彩！至于可怜的拿破仑三世，他在战斗刚开始的时候就溜了，受尽了侮辱……他活该，但我又不禁同情他，更同情那些法国兵，他们和德国士兵一样为自己的祖国浴血奋战。8 月 30 日，克拉拉写信告诉罗莎丽·雷瑟说费尔迪南刚被派到了梅斯。想象一下我的恐惧和痛苦吧。炮弹接连落到斯特拉斯堡。两天来，我们都在帮伤员包扎伤口。9 月 3 日：色当捷报。整个城市沉浸在喜悦中，家家户户都挂着国旗，但炮弹声仍在不断回响。所有人都希望战争赶快结束。我不知道该用什么方式去祝贺德意志的这两位君主。9 月 18 日，克拉拉没有按原定计划去维也纳，而是去了柏林。我更想待在德国的中心，在那儿可以和那些与你们有着同样想法的人交谈。六周后，她开了一场音乐会，资助那些为国尽忠的家庭，她收到了俾斯麦伯爵夫人寄来的一封感谢信。12 月 31 日的日记：伤心的一年结束了。明年会发生什么呢？一个统一的德国，希望如此吧。很多人失去了儿子，只有这样一个希望才能让他们得到慰藉。可怜的父母们！二十三年后，克拉拉在她的日记中向俾斯麦的八十大寿道贺：光荣的日子！没有一个人曾在世界上发挥了如此重要的作用！

1 月 27 日，当克拉拉得知巴黎投降时，她正在英国，被那些亲法派的伦敦人惹得很不快——人们更爱支持弱者，不是吗？克拉拉补充道：作为一个女人，还是保持缄默吧，尤其是对于政治……不管怎样，她还是原谅了那些英国人，因为他们一如既往地欣赏着克拉拉，而且其中有些人是那么忠诚的朋友。1888 年 3 月 31 日，当她最后一次离开伦敦的时候——她犹豫再三，但最后还是下了这个决心——她掐指算来：十九次英国之行，尤其是在丧偶之后更是经常来英国，有时她在英国停留很长时间，而且时间都是排得满满的——例如在 1869 年 2 月，她从伦敦跑到了巴斯（Bath），之后又到了克里夫顿（Clifton）、布莱顿（Brignton）和曼彻斯特，圆满地结束了大众音乐会。伦敦人充满激情；但在乡下，他们什么都不懂！

四年以来，确切地说是从 1865 年 5 月 3 日她弹奏了贝多芬的《b_E 大调协奏曲》开始，伦敦的观众就把克拉拉·舒曼当做那个时代最伟大的钢琴家。几年以后，女王邀请她去白金汉宫表演，但女王某一个不得体的行为却伤害了克拉拉，日记中的菜单表明了这一点。肖伯纳是英国音乐批评界最谨慎、最具创意、最富才气而有时也是最偏激的评论家，他写道："第一次听克拉拉·舒曼弹钢琴，甚至还没等她弹完舒伯特的《c 小调即兴曲》第一乐章的时候，我就知道了我所面对是一个充满高贵气质和诗意的女钢琴家，像她这样的艺术家是评论界一直都在找寻的圣杯。"四十年后，肖伯纳以他惯用的优美文笔，再次提到了以反瓦格纳的坚定立场而闻名的"舒曼－约阿希姆－勃拉姆斯团队，"他写道："有一天，舒曼夫人知道了她所参加的音乐会中要演奏瓦格纳《女武神》中的'火的魔力'，她便威胁说罢演，她不齿与这种音乐为伍……可怜的克拉拉、可怜的约阿希姆以及他们的同伴们都被认为是一群自怜自爱、附庸风雅但又滑稽可笑的小团体。但我请求我们年轻的勇士们重新审视这一残酷的判断，莫要急于鄙夷。如果他们曾听过处于巅峰状态的克拉拉·舒曼弹奏钢琴，那他们就不会再对她持这种看法了。她和她的团队是附庸风雅，这毫无疑问；但我们所有人又何尝不是呢？只是程度不同罢了。所谓的附庸风雅中包含了许多品质，他们这些人极为真诚，他们自以为是在捍卫一个崇高的理想。瓦格纳放不进他们的心中，正如一台时速七百公里的飞机引擎不能置于童车之中……"

科西玛也在日记中写下了她对克拉拉的看法，该日记由她授意，并由她著名的丈夫所写："我去听了舒曼夫人弹奏钢琴——毫无风格！"

确实，克拉拉队对瓦格纳的反感从第一天就开始了。1860年3月由勃拉姆斯、约阿希姆、朱利尤斯·奥托·格林和本纳特·施多尔茨联名发表了反对"所谓未来音乐"的宣言，该文发表于1860年3月的一家柏林报纸上。之所以没有克拉拉的名字，是因为她的签名来晚了一步。她对瓦格纳作品将文本和音乐混为一谈极为反感，这一点是不容置疑的。《莱茵河的黄金》：无聊透顶……《女武神》：诸神都成了恶棍，而众神之王沃坦又是其中最蠢的……瓦格纳即便在某些段落中重现门德尔松、舒曼和玛希纳尔的音乐也并未赢得克拉拉的好感……最后，克拉拉对1875年9月8日在慕尼黑听到的《特里斯当和伊瑟》作出了如下详尽的评价：这是我一生中看到和听到的最恶心的东西……整个晚上我都被迫感受剧中人物不顾所有的礼仪的疯狂爱情，我还发现不仅是观众，甚至连音乐家们都陶醉其中，这是我艺术生涯中最悲哀的经历。我一直忍到了最后，因为我想听完。两个主角在第二幕只是睡觉、唱歌，第三幕中特里斯当死的时候用了整整四十分钟，而我们居然还把这称为悲剧行为！！！莱维说瓦格纳是个比格鲁克要杰出许多的音乐家。那么约阿希姆呢？他丧失了反驳众人的勇气。是他们都昏了头，还是我昏了头呢？我在这里只看到一个糟糕透顶的主题，一个由魔药引发的爱情故事，这和情人们有什么关系呢？它讲的不是感情，而是一种病，他们的心逃离了他们的身体，这就是那最恶心的音乐所要表现的。啊，我情不自禁地衰叹，喊出我的痛苦！

我们无法想象 1876 年拜罗伊特朝圣的壮观景象①。她说，街头巷尾都在议论这件事，但她很高兴可以推托。况且她已经走了太多的路：除了巡演、为治疗风湿去疗养、为数不多的几次度假旅行（1888 年 8 月去了贝拉吉欧、米兰和威尼斯；1889 年春天在意大利北部玩了几天）和必须出席的舒曼纪念活动（1862 年科隆的《浮士德》公演……1868 年在卡尔斯鲁厄（Karlsruhe）上演《格诺费瓦》，由赫尔曼·莱维指挥了一场美妙的演出），还有一些私人的庆祝活动：莱比锡格万豪斯的处女演出的五十周年纪念——第一次庆祝于 1878 年 10 月 20 日星期六在法兰克福举行，第二次活动隔了一天在莱比锡，那天夜晚她只演奏了舒曼的作品，莱内克为她献上了交响乐队的礼物：一个用黄金制成的桂冠，每片树叶上面都写着一位她曾经演奏过的作曲家的名字。根据南希·莱希的详细记录，克拉拉从 1828 年到 1881 年期间共在格万豪斯演出了七十四场。1881 年 1 月 27 日，克拉拉把勃拉姆斯的作品（意料之内的成功）还有舒曼的《交响练习曲》列入了节目单，观众激动不已，她共计谢幕四次。四年之后，格万豪斯即将搬迁，克拉拉自然要去参加这次告别晚会。她在日记中写道，距她首场演出已过了五十七年。这总算是逆境中的一点安慰，因为在上个月她家里不幸遭窃：她很震惊，甚至说过她宁愿死了算了，但毕竟还有孩子和钢琴。现在，我们从早到晚想的只是如何加强自我保护。家里需要有个男人，再养条狗，然后到处装满插销。幸亏有些首饰没有被偷。

到了 19 世纪 80 年代，克拉拉的巡演越来越少了，她住在法兰克福，当起了钢琴教师。她之所以选择在此地定居是因为有

---

① 即拜罗伊特音乐节，1876 年瓦格纳乐迷为瓦格纳而创立。

人在音乐学院里为她谋了个职位，她没有拒绝，但却提出了自己的条件：每天上一个半小时的课，四个月的假期，享受冬季度假的待遇，可以在家里上课以及两千塔勒的收入。但学院负责人约阿希姆·拉夫对克拉拉来说却是颗难以下咽的苦药丸，因为这个拉夫是魏玛李斯特派的一个领军人物。但她没有太过计较这些细节。1878 年，她签约进入音乐学院时是那里唯一的一个女教师，而且当另外一名女性申请教师职位的时候，拉夫习惯地回答："除了舒曼夫人，学院里没有女性，而且以后也不会有。至于舒曼夫人，我一直都把她当成男人看。"但历史并没有说明他是否将两年后雇用的其他两位女性也当成男人看……

于是，这个被整个法兰克福称之为"舒曼博士夫人"的女人成了一位充满激情的教师，她要求严格，甚至有点吹毛求疵，但也非常热情和宽容。第一天上课，在让六名学生试弹钢琴之后，她惊呆了。这个音乐学院的教学是多么糟糕啊！她提出将那些无能之辈（这意味着有人要掉眼泪了……）和那些讨厌鬼淘汰掉，比如说那位用可怕的作品和恼人的话语来纠缠她的伯爵夫人——今天，我对她说了实话，但这并没有让她觉悟，因为她认为她所有的错误都是因为她具有天赋。她整整浪费了我一个小时……但与此相对的是，她不惜时间、不遗余力地培养年轻的雷奥纳德·波维克，他是她的得意门生，1891 年在维也纳崭露头角，他弹奏了勃拉姆斯的《d 小调协奏曲》（勃拉姆斯评价道："充满热度、力量和激情，总之是所有我希望表现的，谢谢他的老师！"），由于他弹奏的是浪漫派作曲家的作品，并致力于德彪西作品的改编，他很快就享誉全球。其他像波维克之类的优秀人才也从克拉拉的建议中受益匪浅，她熟悉这一类人——神童：英国人法妮·戴维斯，她后来成了帕布罗·卡萨尔斯①的合伙人和埃尔加《快板》的受题献人；波兰人纳塔利娅·亚诺塔，她共创作了四百首钢琴曲，并表现出对肖邦音乐的崇拜；匈牙利姑娘伊罗娜·艾本舒茨，后在1967年失踪，她可能是克拉拉众弟子寿命最长的一个。于是，很多人记住了克拉拉，而且更重要的是他们传承了舒曼的伟大传统。他们中有英国姑娘亚德丽娜·德·拉拉、跟随克拉拉在巴黎学习的弗兰克林·泰勒、瓦格纳一家和奥斯卡·王尔德的朋友克莱芒特·哈里斯（二十六岁时死于希腊和土耳其的战争）、英国姐妹玛蒂尔德·维尔纳和玛丽·乌尔姆，还有德国人卡尔·弗雷德堡，他在纽约的茱莉娅音乐学校是马尔科姆·弗雷格②和亚尔塔·梅纽因③的导师。可以说，克拉拉桃李遍天下，她从十二岁起就给弟弟阿尔文上课了（以换取些十分尼硬币）。在法兰克福音乐学院，她见到了两个女儿玛丽娅和欧仁妮，她们被聘为助教，母亲保留了意见：舒曼全家都在音乐学院，这可不好！

这个家族，在舒曼去世时是四个女儿和三个儿子，在克拉拉去世的时候却只剩下了三个女儿和一个儿子，而且唯一的儿子还被关在疯人院里。这个家是四十年来克拉拉活下去的一个理由，也是她极度痛苦的源泉，永远有解决不完的事情。这个家从一开始便似乎要四分五裂了——克拉拉在1856年8月1日周五的日记中记道：我们回到了杜塞尔多夫，我看到我的孩子没有了父亲，他们还是这般无忧无虑，我心里有说不出的滋味。孩子们中有四人在家：路德维希、费尔迪南、欧仁妮和菲利克斯。但不久后，路德维希和费尔迪南就被送到了波恩的寄宿学校（是很可怕的，但这是为了他们好）；玛丽娅和爱丽丝去了莱

---

① 帕布罗·卡萨尔斯（1876～1937）：西班牙大提琴家，对20世纪大提琴演奏产生了重大的影响。
② 美国钢琴家。
③ 美国著名音乐家。

比锡上学，克拉拉将朱丽托付给在柏林的母亲照料。家里的女管家也换了好几任，尤其是 1858 年 5 月 9 日来到这个家的伊丽莎白·维尔纳，她后来成了克拉拉的知己。然而，要作的决定太多了，可她还要集中心思参加繁忙的音乐活动——罗莎丽·雷瑟总是给我出主意，但作决定的总是我，我肩上的担子多重啊！于是克拉拉只能随机应变，惹人怜爱的朱丽（小朱丽），那么柔弱，那么漂亮（是不是啊，约翰内斯?），她和外祖母生活了一段时间后，又被托付给了住在慕尼黑的好朋友爱丽丝·李斯特（后来成为了冯·帕谢尔夫人），然后她又在杜塞尔多夫的邦德曼家过了一个冬天，再后来又在盖布维莱尔城（克拉拉在此地开过音乐会）的一个叫施罗姆伯格太太的家里住了几个月，在曼海姆的一个叫费代尔的夫人家里也待过，这位夫人是赫尔曼·莱维的阿姨，为了治疗肺病，朱丽还在尼斯待过，因为那里的天气据说有利于肺病治疗。从 1867 年起，克拉拉就经常说她很在意朱丽的健康。然而，朱丽一直活着，并告诉母亲一位（意大利）伯爵马尔默利托·迪·拉迪卡蒂想娶她，他一直鳏居，并已经有了两个孩子。母亲保留意见：我对她说出了我的忧虑，但我们不应该害怕爱情，因为我知道，我就有过经历。婚礼于 1869 年 9 月 22 日在家里举行，勃拉姆斯和约阿希姆都出席了。美妙的夜晚，和恋人们在一起。三年后，朱丽去世，年仅二十七岁，留下了两个孩子，死时还怀着第三个孩子。令人惊讶的是，当 1872 年 11 月 10 日克拉拉得知女儿去世的噩耗时，她并没有取消当天和阿玛丽娅·约阿希姆合作在海德堡举办的音乐会。她写信给赫尔曼·莱维说，当她结婚的时候，我就已经预感到我会失去这个女儿。亲爱的克拉拉，你是那么多愁善感，可有时却又是如此狠心。朱丽留下的两个儿子中，克拉拉很喜欢聪明可爱的小爱德华多，但他也于不久后夭折。

另一场不幸发生在路德维希身上。他是个不安分的孩子，在各个寄宿学校都待过，对音乐很感兴趣（可他没有一对音乐的耳朵，也没有一丝节奏感），他总是不能集中精力长时间做一件事，在赫尔曼·莱维推荐的卡尔斯鲁厄书店和莱比锡的利耶特－比耶德曼（Rieter－Biedermann）出版社都没干多少时间。克拉拉被告知路德维希的神经有些混乱，但她不愿意承认。然而，路德维希在二十二岁的时候就被送进了茨维考附近的科尔迪兹精神病院。"生不如死。"克拉拉这样说他。他在克拉拉死后只活了三年。对于这件事，我们也很诧异：为什么在二十五年中克拉拉只去看过他两次……亲爱的克拉拉，你有时对孩子充满那么强的占有欲，而有时又是如此让人迷惑不解。也许那时，精神病院已经重重紧锁，因为在恩德尼希已经这样做了……又是一个家庭的秘密。

　　灾难同样降临到了费尔迪南身上。1870年的普法战争期间，母亲一直为他担心，但他经历了多次战斗后居然毫发未损，然而战争的后遗症——严重的风湿病——让他不得不服用大量的吗啡，从而导致吗啡依赖症，最终不治身亡。他死于1891年6月6日凌晨6点，年仅四十二岁。第二天，学生们劝克拉拉取消当天的钢琴课，但克拉拉却说：工作总是治疗痛苦的最佳良药。

　　最小的菲利克斯，是舒曼没能看到的孩子，也是最聪明、最可爱的，克拉拉对他的目光中总是饱含着特殊的深情，她有时把他叫做"我的小舒曼。"但这个孩子也是由于当时还无药可治的肺病而英年早逝的。可以说克拉拉是看着菲利克斯长大的，即使不能陪在他身边，她至少也会经常来看到他所取得的进步，鼓励他努力学习，说服他不要选择小提琴手的职业生涯——因为你的天赋还不够达到艺术表现的最高水准，而且不要忘了，你是舒曼的后人！相反，克拉拉很快就看出了他的文学天赋，鼓励他发表诗歌，但要用笔名，以防作品没能发表。克拉拉把这些诗交给了勃拉姆斯（最好也是最公正的鉴赏者），勃拉姆斯将其中的两首改编成了音乐，作品编号为 63（No. 6《风吹庭院花木》）和 86（No. 5《全神贯注》）。菲利克斯先后在达沃斯（Davos）和西西里岛待了一段时间，但很快传来预警性的坏消息。1878 年 9 月 17 日，克拉拉写信给勃拉姆斯：他走起路来像个老头，气喘吁吁，而且从早到晚一直咳嗽，服用了氯醛①后情况才会好转几个小时。欧仁妮将他带到了一小时路程之外的法克伦斯坦（Faklenstein）医院。他更愿意回家，可是不行，家里乱七八糟，又没有佣人。亲爱的克拉拉，你又让人捉摸不透。直到 1878 年 11 月 1 日，菲利克斯才被带到法兰克福，1879 年 2 月 15 日到 16 日的夜里他死在了玛丽娅的怀里。他痛苦万分……早上，当我看到他的尸体的时候，我不得不承认这是一种解脱！

可怜的母亲，她的内心从没有平静过……在费尔迪南去世后，克拉拉写信给约阿希姆：现在我只剩下了一个儿子，而我们却不得不把他当做活死人。悲惨的命运，但我对自己说，我应该感谢上天保佑了我那些宝贝女儿，她们如同保护神一样站在我这边支持我。爱丽丝是三个活下来的女儿中最独立的，她后来过上了最正常的成人生活。她在二十岁的时候就离开了家，克拉拉不满女儿去给那些年迈的富婆们做伴。但有一天爱丽丝遇到了家住美洲的商人路易·萨摩霍夫，并于 1877 年 11 月 24 日在她三十四岁时嫁给了他。夫妇俩在美国住了六年，然后回到德国。爱丽丝是个出色的钢琴家，但在和母亲同台演奏了舒曼的《行板和变奏曲》（两架钢琴）之后，她就决定放弃这一

---

① 一种镇静剂，短期治疗失眠症。

事业，因为据她说，这让她感到太紧张了。爱丽丝共生了四个孩子，其中三个长大成人。她于1928年去世，享年八十五岁。

最后是玛丽娅和欧仁妮——欧仁妮在舒曼去世时还太小，对父亲还没有什么记忆，但她却为后人画出了父亲的肖像（《我父亲罗伯特·舒曼的人生画卷》）；她掌握着整个家族的秘密并负责透露可靠的信息；她是柏林音乐学院恩斯特·鲁道夫的学生，她自己也是钢琴教师，在法兰克福授课，尤其是在英国教了二十年的钢琴，于第二次世界大战前夕去世。很显然，在她的生命中没有男人，姐姐玛丽娅也是如此。玛丽娅小的时候很得宠，经常每天陪父亲去散步。她把自己所有的一生都献给了母亲，为她担忧，分担痛苦，在法兰克福时给她当助手，完成了无数个任务，尤其是在母亲的十三次英国巡演期间和临终时，她在母亲的口述下写了无数的信件（每天十多封，每个生日时一百多封）。也正是她从家族荣誉出发以近似苛刻的态度审阅着贝托尔特·利兹曼为克拉拉撰写的不朽传记，检查着克拉拉和勃拉姆斯书信的出版，并把这项任务在身后托付给欧仁妮，后者比她多活了九年。

欧仁妮说："母亲是我们在这个世界上最宝贵的财富。"克拉拉说：我的女儿们多好啊！我常常这样想，我还想到，有一天我会离开她们，不能再爱她们了。啊，我做得还不够好。我想为她们做任何事情，但我却只能接受……

毋庸置疑，克拉拉即便不是位专制的母亲，那至少也是位占有欲极强的母亲，而且要求严格，她的钢琴事业是重中之重，耗尽了她的毕生心力。为了能够从事这一职业，她不仅要战胜个人的悲剧，还要忍受肉体的折磨：从1857年11月，即舒曼死后的第十六个月开始，她就告诉约阿希姆：我的左臂痛得厉害，疼了一个晚上，以至于我不得不取消一场音乐会。根据医院检查的结果，是风湿病发炎，一方面是由于过度劳累，另一方面是由于我着了凉。这情况持续了一个星期，这是我生命中最难受的时候。人们像照料孩子一样照料她。她痛得受不了，以为自己快死了。医生给了她一剂鸦片镇痛。但多么痛苦啊！白天病痛发作的时候，她还要弹奏《a小调协奏曲》，但一切顺利，交响乐团极富激情！可明天又会发生什么呢？她的病痛久治不愈，随着季节的变化或轻或重，从19世纪70年代开始愈发严重了，她不得不取消一部分合约，每天都在想着下场音乐会是否还能坚持住。她对约翰内斯解释说，受煎熬的不仅是身体，还有精神，因为表演她的钢琴艺术是让她能经受生命考验的唯一援助。

于是，克拉拉决定减少音乐会的场数。1874年1月，医生不能保证治愈她的疾病，于是她放弃去参加科隆音乐节。很快她不得不中断她的表演，在经历了十八个月的沉寂后，一直等到1875年3月18日她才再次登台演出。但六周后，病痛加剧了。我一辈子从没有受过这么大的罪，我哭得像个孩子，于是我就取消了杜塞尔多夫音乐节的演出。治疗大多收效甚微，但定期治疗暂时缓解了病情：去基尔按摩治疗，住在利兹曼家里，后来又去了加斯坦（Gastein）、法朗曾斯巴德（Franzensbad）以及奥柏萨尔斯堡（Obersalzberg）。1878年9月17日，她告诉约翰内斯自己差不多瘫痪了——我只能做些最起码的事情，但与此同时，工作量却大得惊人。病痛持续发作，医生不得不再次使用吗啡，但吗啡有着很可怕的副作用。1884年4月的英国巡演尤其让人担忧；有时候，她会到凌晨才睡着，脑子里只想着瘫痪。她的双膝也在作痛。她不断和病痛作着斗争，后来从楼梯上摔了下来。而且1886年年初，她发现自己正在逐渐失去听觉。四年后在观看《费加罗的婚礼》的演出时：我感受不到任何愉悦，因为我只能依稀听到这优美的音乐，而且是断断续续的。我为什么还要去剧院？可能是因为我是个心存幻想的人，每次都在想：今天我要是能听得更清楚一点就好了……天真的克拉拉。医生建议她去找专家诊治：那管什么用？因为什么都做不了！

1889 年 9 月 13 日：克拉拉七十大寿。巴登大公夫人给她送上了一篮玫瑰，威廉皇帝授予了她一枚金质奖章，还有数不清的贺电。终于，七十大寿到了——我应该高兴吗？如果这是件喜事，那也是一件忧伤的喜事。约翰内斯后来也到了，但隔了一个星期。

1892 年是黑色的一年。前一年 3 月 13 日晚 7 点，她在法兰克福博物馆的大厅里作了告别演出，她和钢琴家詹姆斯·科沃斯特一起演奏了勃拉姆斯的《海顿主题变奏曲》（两架钢琴版），演出非常成功，克拉拉应听众要求再弹一遍。一段辉煌的职业生涯于是画上了句号。随着时间的推移，克拉拉不再理睬那些风靡一时的作品，而是专注于那些浪漫派音乐家们的经典曲目——贝多芬、门德尔松、肖邦、舒曼、舒伯特、勃拉姆斯等等，她还经常研究巴赫和莫扎特的作品。总之，克拉拉的人生就此翻过了一页，这一决定并非是心甘情愿，但她已经心有余而力不足了。1892 年 1 月 1 日起，克拉拉摔倒了，扭伤了右臂——她不得不口述那些数不清的写给朋友们的祝愿信。2 月 1 日，肺充血让她卧床不起，于是她下定决心辞去音乐学院的职位，但并没有放弃教学——她仍然自己带着些学生，而且有时去玛丽娅的班上授课。但她的身体每况愈下，她抱怨头疼，手上的风湿结节作痛，而且听力越来越差。尽管如此，她仍然去巴塞尔听约阿希姆的四重奏：可惜，我实际上什么都没有听到。我边听边看着乐谱，可一点也听不清。声音太小了，而我脑子里的音乐声又大得可怕，让人受不了。

这一时期，克拉拉生命中的亲人一个个离去。1872年，女儿朱丽和母亲玛丽安娜·巴吉尔去世；1873年，弗雷德里希·维克去世（我父亲活了八十八岁，而且直到最后，他都能欣赏自然和艺术，而且他的感官和年轻人无异。我深爱着他。我们之间闹了无数的矛盾，但这并不会影响我对他的爱……）；1877年，朱丽的长子爱德华多夭折；1879年，菲利克斯去世；1885年，弟弟阿尔文去世；1891年，费尔迪南去世；1894年，曾经对克拉拉严厉的继母克莱芒蒂娜去世……我真想再看到她，她应该活到了九十三岁，她是个很好的女人，一辈子默不作声，任劳任怨……

朋友和熟人也相继离去：1881年，法兰克福的同行约阿希姆·拉夫去世；1883年，瓦格纳去世（日记中只简单写道：这是件大事）；1885年，费尔迪南·赫勒去世；1886年，李斯特去世（我们又安葬了一位杰出的人）；1887年，克拉拉经常拜访的、温柔善良的珍妮·林德去世——她的死让我想到了年迈的自己，我也是一只脚踩进了棺材的人；1890年12月底，尼埃尔斯·加德去世；时隔一个月，乔安·菲尔胡斯特去世；1891年，伦敦的好友亚瑟·布尔南德去世（我们都惊呆了，我失去了在英国的"家"）；同年，歌唱家丽维亚·弗雷格去世，她是一位让人无法忘怀的仙女；1892年，约翰内斯的姐姐伊丽莎白以及他经常冒昧征求意见的夫人伊丽莎白·冯·海尔簇根堡去世。死者已矣，而活着的人难道不应该团结一心吗？1892年6月11日，葆琳娜·弗亚尔多特的一封信令克拉拉困惑，也令她欣慰："作为本世纪的两位最老的朋友，我们却很少联系，这难道不令人耻笑吗？我深感耻辱，你也应该觉得羞愧（你可能比我要好一些，因为至少你没有想到去写这样的一封信）。你羞愧，我也羞愧，我们都感到羞愧——拥抱一下，我们前账就一笔勾销了！"但一切都回不去了。克拉拉之后又做了几次旅行：1892年5月在巴塞尔住了七天，之后去了能看到少女峰的因特拉肯（Interlaken），之后连续四年克拉拉都在那儿避暑。之后，她又去了杜塞尔多夫一趟，再去看看罗莎丽·雷瑟和丽达·邦德曼，之后又去了布德斯海姆（Budesheim）的奥利奥拉伯爵和伯爵夫人家。勃拉姆斯提前通知说圣诞节会来，他已多年没有来过节了……怀旧啊！

1893年10月，克拉拉在日记中记道：我难过得要死，无法平静。我在想着一个朋友，一个能让我敞开心扉的朋友；玛丽娅就是，可我不想再打扰她，这对她不公平。我唯一快乐的时光就是坐在钢琴前……

1894年11月，克拉拉得知安东·鲁宾斯坦突然死亡——当然，他得到了所有的荣耀，可身后又剩下了什么呢？

克拉拉极度疲惫。1895年6月26日，她精疲力竭地来到了因特拉肯；同年8月13日，她还给上流社会的一些听众演奏了《大卫同盟舞曲》，我从未如此有如神助。但她的耳鸣已经很严重了。

每天，她仍然坐在钢琴前即兴创作些短的前奏曲。

"妈妈，你应该把这些都记下来！"

9月，克拉拉七十六岁生日；她收到了那么多朋友的来信，但她第一次决定用印刷的卡片给他们回信——我只能如此。约阿希姆前来拜访，并去了博物馆表演：他老了很多。

1896年1月：在这新的一年我们碰到多少困难啊！啊，但愿上帝对我们更加仁慈。光明和黑暗交替出现在我的生活中，但后者超出了我这一颗脆弱的心的承受能力。克拉拉还有什么计划吗？是的，如果可以用"计划"这一词的话：2月16日，玛丽娅写信给因特拉肯的奥博疗养院，预定第二年夏天的房间。克拉拉又开始写一本新的日记了，她在扉页写道："1896 年 3 月 1 日至……"。她刚写信告诉朋友罗莎丽说自己要换医生，说她没有食欲，说她骨瘦如柴，说疼痛难忍，说即便这样自己仍在教课。3 月 21 日：我的夜晚是如此恐怖。我筋疲力尽，连脑袋都耷拉着，剧烈的疼痛……24 日：我感到自己快要死了……

早在她和舒曼结婚的一年半之前，她就写信给舒曼说：一想到死亡，我就浑身害怕。

约阿希姆再次来访，并带来了他的小提琴：这一次，我需要看到的是作为朋友的他，而不是作为小提琴手的他。

3 月 25 日，周三，克拉拉再次也是最后一次写她的日记：昨天，罗马的威尔金森医生给我写了封信……她的日记从六十多年前由父亲以她的口吻开笔到这一句话，就此终结。第二天，她听了恩斯特·鲁道夫的一个学生的演奏，并给孙子小费尔迪南（费尔迪南的儿子）上了一堂课。下午，玛丽娅带她去呼吸新鲜空气，她可能是坐在轮椅上。突然，玛丽娅注意到母亲的脸色变了。从这第一次发病开始，她就再没能好转。28 日，她想在一张照片上写自己的名字，她拿起了笔，乱涂了几个字母，她摇了摇头，又放下了笔。她勉强能说话。30 日，病情稍见好转，大家一起制定着消夏的计划。一周后，小费尔迪南提醒了母亲勃拉姆斯的生日：她拿起笔，胡乱写了几个字。勃拉姆斯写信给玛丽娅说："如果您认为有必要作最坏的打算，那请告诉我，以便我能最后一次看一眼这双仍然睁着的美丽的眼睛。"

小费尔迪南坐到了钢琴前，为她演奏了三首《间奏曲》（op. 4）和《#F 大调浪漫曲》。她听着，最后一次听着罗伯特的音乐，他已经走了四十年。每曲奏毕，小费尔迪南总会问她是否还要继续。克拉拉点点头。但在听完了《浪漫曲》之后，她突然喃喃地说：够了。此后，她又受了八天的苦。5月16日夜，她再次病发，已口不能言，否则她会说：可怜的玛丽娅，还有你们两个，今年夏天你们应该去一个漂亮的地方……

5月17日，在英国当教师的欧仁妮赶回家中。

5月20日，周三，下午4点21分，克拉拉溘然长逝。她终于见到了一生中常常提起的上帝。

罗莎丽·雷瑟在此两天之前便已去世，但这是克拉拉所不知道的。不到一年，勃拉姆斯也随她而去了。

附： 克拉拉的世界

阿德尔索恩（Adelsohn）——俄国驻哥尼斯堡领事。

玛丽娅·达古尔（Marie d'Agoult，1805～1876）——娘家姓德·弗拉维格尼，嫁与阿古尔伯爵。她曾是李斯特的女友，为李斯特生了三个孩子，但善妒以致怨恨。她发表了许多文章，其中有半自传性质的小说《奈利达》。

阿贝尔科恩侯爵（Albercorn）——除了该侯爵拥有一支军乐队之外，我们对这位爱尔兰侯爵一无所知。

冯·阿尔贝丁先生（von Albeding）——克拉拉在1848年5月8日周二的日记中提到，但未具体说明。

亚历山德里娜（亚历山德拉）·尼科拉耶娜（Alexandrine/Alexandra Nikolajewna，1825～1844）——俄国公主。尼古拉一世最小的妹妹，1844年嫁给了弗雷德里克·冯·黑森－卡塞尔亲王，后死于难产。

查尔斯－亨利·瓦伦汀·阿尔坎（Charles - Henri Valentin Alkan，1813～1888）——法国作曲家，写出了许多具有个人风格的乐曲，其原创性影响了舒曼。

格布哈德·冯·阿尔文斯雷奔（Gebhard von alvensleben，1816～1895）——德国作曲家、音乐学家、大业主。

弗雷德里希·威廉·阿尔诺德（Friedrich Wilhelm Arnold，1810～1864）——艾伯费尔德（Eberfeld）的音乐编辑、音乐学家兼作曲家。

亚历山大－约瑟夫·阿尔多（Alexandre - Joseph Artôt，1815～1845）——比利时小提琴手、作曲家，曾在欧洲和美洲作过多次巡演。

弗兰兹·格布哈德·阿森堡（Franz Gerhard Aschenberg，1825～1857）——杜塞尔多夫的葡萄酒批发商，曾是舒曼一家在比尔克街的房东。

乔治·阿斯普尔（George Aspull，1813~1832）——英国钢琴家、作曲家，十九岁时死于结核病。

特奥多·阿维-拉勒芒特（Theodor Avé-Lallemant，1806~1890）——汉堡的钢琴教师，音乐活动的组织人。

让-塞巴里蒂安·巴赫（Jean-Sébastien Bach，1685~1750）——舒曼夫妇不可或缺的学习偶像。

邦菲伯爵夫人（Banffy，娘家姓希琳）——维也纳的音乐迷。

卡尔·邦克（Carl Bank，1809~1889）——德国作曲家、教育家和音乐评论家，他与克拉拉的经常往来曾激怒舒曼。

阿尔芒·巴尔贝斯（Armand Barbès，1809~1870）——法国政客。

奥古斯特·阿纳斯塔休斯·阿道夫·巴吉尔（August Anastasius Adolph Bargiel，1783~1841）——小提琴手和教育家。弗雷德里希·维克不幸的妻子、克拉拉的母亲玛丽安娜正是和他于1824年5月12日私奔。父母离异给年仅四岁的克拉拉带来了巨大的痛苦。

塞西尔·巴吉尔（Cécile Bargiel）——克拉拉同母异父的妹妹。

克莱芒蒂娜·巴吉尔（Clémentine Bargiel，1837~1869）——克拉拉同母异父的妹妹。

欧仁·巴吉尔（Eugène Bargiel，1830~1907）克拉拉同母异父的弟弟。

玛丽安娜·巴吉尔（Marianne Bargiel，娘家姓特罗姆利茨，1797~1872）——第一场婚姻的失败使她失去了女儿的监护权，但之后当前夫维克想方设法阻挠女儿和罗伯特的婚事时，她又成了克拉拉最忠诚的朋友。

沃尔德玛·巴吉尔（Woldemar Bargiel，1828~1897）——作曲家和教育家，克拉拉同母异父的弟弟。

亚历山大·巴塔（Alexandre Batta，1816~1902）——比利时大提琴手和作曲家，常年居住于巴黎。

鲍乌尔勒（Bäuerle）——作为维也纳音乐评论家未在音乐史上留下重要事迹。

路德维希·凡·贝多芬（Ludwig van Beethoven，1770～1827）——即使在维也纳，年轻的克拉拉也能以演奏贝多芬的奏鸣曲而一举成功。

乔安·威廉·路德维希·贝克（Johann Wilhelm Ludwig Beck，1786～1869）——法学家、莱比锡上诉法院院长、大学教授。

卡尔·费尔迪南·贝克尔（Carl Ferdinand Becker，1804～1877）——德国作曲家、管风琴手、音乐学家和《新音乐杂志》的合作者。

恩斯特·阿道夫·贝克尔（Ernst Adolph Becker，1798～1874）——施内贝格的预审法官，后任德累斯顿财务部长。业余钢琴家，舒曼夫妇的朋友。

鲁伯特·贝克尔（Rupert Becker，1830～1887）——德国小提琴家，恩斯特·阿道夫·贝克尔的儿子。

贝伦斯（Behrens）——莱比锡议员。

朱利尤斯·贝伦斯（Julius Behrens）——里加（Riga）商人、钢琴家和作曲家。

克里斯蒂娜·贝尔吉奥索－特立夫奇奥公主（Princesse Christina Belgiojoso－Trivulzio，1808～1871）——原籍意大利，音乐保护人和音乐迷。嫁与埃米利奥·贝尔乔耶索王子。支持意大利的独立，被指控为叛国者，后流亡于巴黎，并在她巴黎安茹街的旅馆里举办沙龙。

安娜·卡洛琳娜·贝尔维尔（Anna Caroline Belleville，1808～1880）——法裔德籍的钢琴家和（沙龙）作曲家。贝多芬作品的即兴演奏人。丈夫为英国小提琴手詹姆斯·安东尼奥·乌利。

文森佐·贝利尼（Vincenzo Bellini，1801～1835）——意大利作曲家，歌曲创作的重要人物，作品有《梦游女》、《诺尔玛》、《清教徒》等。

爱德华·邦德曼（Eduard Bendemann，1811～1889）——画家、德累斯顿艺术学院教授。

贝内克（Benecke）——克拉拉的英国朋友。

威廉·斯特达尔·贝内特（William Sterndale Bennett，1816～1875）——英国作曲家、乐队指挥、钢琴家，门德尔松的学生，1836

年定居莱比锡。伦敦巴赫公司的创立人，1866年任皇家音乐学院院长。他的作品深得舒曼的喜爱，并在英国境内为他本人赢得了声誉。

冯·贝格夫人（Frau von berg）——是否为舒曼在1841年4月25日日记中提到的贝治（Berge）夫人？

查尔斯·德·贝里奥（Charles de Bériot，1802~1870）——比利时小提琴手、作曲家和教育家。意大利著名女歌手玛丽布朗的合作人，后两人于1836年结婚，但玛丽布朗几个月后便香销玉殒。年轻的克拉拉在保留曲目中列入了赫尔兹和贝利奥的《钢琴和小提琴协奏曲》。

埃克多·柏辽兹（Hector Berlioz，1803~1869）——《幻想交响曲》的作者，过度忽视钢琴演奏，因此克拉拉对他并不感兴趣。他在《争论日记》中对克拉拉的评论激怒了后者。

伯恩斯托夫（Bernstorff）伯爵夫人——勃拉姆斯的早期乐迷。

安东尼娅·比昂琪（Antonia Bianchi）——平庸的女歌手，帕格尼尼的情人。

奥托·冯·俾斯麦（Otto，Prince von Bismark，1815~1898）——德国宰相。

玛丽娅·雷奥伯勒蒂娜·布拉赫特卡（Marie Léopoldine Blahetka，1811~1887）——19世纪20年代在维也纳非常有名的奥地利女钢琴师，曾作过许多钢琴沙龙曲，晚年作歌剧《强盗和歌手》，在布洛涅去世。

伯格尔医生（Dr Böger）——杜塞尔多夫的医生。

约瑟夫·伯恩（Joseph Böhm，1795~1876）——出生于布达佩斯的德国小提琴手和教育家，1821年任维也纳音乐学院小提琴教师。

波尔考斯科瓦（Bolkowskoi）将军——原特维尔（俄国）总督。

雷奥纳德·波维克（Leonard Borwick，1868~1925）——英国钢琴家，克拉拉的学生，相当成功，弹奏肖邦和舒曼的作品尤其出色。

米哈伊尔·布坎宁（Mikhaïl Boukanine，1814~1876）——俄国革命家。

奥古斯特·布诺维尔（Auguste Bournonville，1805~1879）——哥本哈根的舞蹈家、芭蕾舞演员。

乔安·雅格布·勃拉姆斯（Johann Jakob Brahms, 1806 ~ 1872）——约翰内斯·勃拉姆斯的父亲。

乔安娜·克里斯蒂娜·勃拉姆斯（Johanna Christiane Brahms, 1789 ~ 1865）——约翰内斯·勃拉姆斯的母亲。

约翰内斯·勃拉姆斯（Johannes Brahms, 1833 ~ 1897）——突然闯入克拉拉的生活中，其后他们的感情波澜起伏，见"家庭的秘密"一章。

伊丽莎白·勃拉姆斯（Elisabeth Brahms, 1831 ~ 1892）——约翰内斯·勃拉姆斯的姐姐。

弗里兹·弗雷德里希·勃拉姆斯（Fritz Friedrich Brahms, 1835 ~ 1886）——约翰内斯·勃拉姆斯的弟弟。

布朗特（Brandt）先生——弗雷德里希·维克在与女儿打官司时选择的律师。

布瑞梅（Bremer）先生——在舒曼企图自杀的当晚曾在杜塞尔多夫的舒曼家中出现。

弗兰兹·布伦黛尔（Franz Brendel, 1811 ~ 1868）——《新音乐杂志》的音乐评论家和撰稿人，从1845年起由他管理杂志事务一直到去世。

贝蒂娜·布瑞塔诺（Bettina Brentano, 1785 ~ 1859）——德国女作家，阿希姆·冯·阿尔尼姆的妻子。曾与歌德交好，克拉拉不喜欢她强烈的个性。

法戴伊·维内蒂克多维奇·布尔加林（Faddeï Venedictovitch Bulgarin, 1789 ~ 1859）——俄国记者、音乐评论家。

汉斯·冯·布劳（Hans von Bülow, 1830 ~ 1894）——德国钢琴家、乐队指挥。早年师从于弗雷德里希·维克学习钢琴。在魏玛，他听从李斯特的建议，与李斯特的女儿科西玛（Cosima）订婚，后科西玛与瓦格纳结婚。他在慕尼黑创作了《特里斯当和伊瑟》，他的曲风结合了勃拉姆斯和瓦格纳的风格。

爱德华·乔治·布尔维-利顿（Edward George Bulwer - Lytton, 1803 ~ 1873）——英国作家，作品逾百，其中最著名的作品便是创作于

1834 年的《庞贝最后的日子》。

亚瑟·布尔南德（Arthur Burnand,？~ 1891）——克拉拉在伦敦的朋友。

罗伯特·伯恩斯（Robert Burns，1759 ~ 1796）——苏格兰诗人，曾创作《在海边》，该诗在 1840 年被克拉拉改编成乐曲。

罗德·拜伦（Lord Byron，1788 ~ 1824）——英国诗人，从《曼弗雷德》和其他浪漫曲可以看出拜伦的文学作品对舒曼影响颇深。

艾米丽·卡尔（Émilie Carl，1802 ~ 1885），娘家姓特罗姆利茨——玛丽安娜·巴吉尔的妹妹，克拉拉的姨妈。

朱利尤斯·卡尔（Julius Carl，1800 ~ 1850）——莱比锡商人，1828 年娶克拉拉的姨妈艾米丽·卡尔。

卡洛琳娜·阿玛利（Caroline Amalie，1796 ~ 1841）——石勒苏益格 – 荷斯坦公主，丹麦女王，克拉拉《浪漫曲》（op. 13）的受题献人。

约瑟夫·奥古斯特·卡利尔（Joseph Auguste Carrier，1800 ~ 1875）——法国画家。

阿格内丝·卡若斯（Agnès Carus，1802 ~ 1839）——1823 年与恩斯特·奥古斯特·卡若斯教授结婚，是罗伯特·舒曼年轻时的"缪斯"女神之一。

恩斯特·奥古斯特·卡若斯（Ernst August Carus，1797 ~ 1854）——德国医生，业余音乐家。科尔迪兹医院院长，后任莱比锡医学院教授，第一任妻子阿格娜斯是舒曼年轻时的梦中情人。

古斯塔夫·卡若斯（Gustav Carus，1789 ~ 1869）——德国医生、画家和哲学家。

叶卡捷琳娜二世（Catherine II la Grande，1729 ~ 1796）——俄国女皇。

查理十世（Charles X，1757 ~ 1836）——法国国王。

弗雷德里克·肖邦（Frédéric Chopin，1810 ~ 1849）——舒曼通过他著名的《变奏曲》发现了他惊人的才华，克拉拉从 1831 年开始就弹奏他的变奏曲。

克里斯黛尔（Christel）——我们对此人一无所知，甚至连姓氏都没有，她可能是舒曼男女之事的启蒙者。

路伊吉·凯鲁比尼（Luigi Cherubini，1760～1842）——意大利作曲家、教育家，著有多部歌剧（著名的有1797年的《美狄亚》）和歌曲作品。1822年，被任命为巴黎音乐学院院长，并开始了他二十年的专制管理。他与年轻的柏辽兹的竞争广为人知。

卡特琳娜·契比尼（Katharina Cibbini，1785～1858）——奥地利钢琴家、作曲家。

穆契奥·克莱蒙蒂（Muzio Clementi，1752～1832）——意大利钢琴家、作曲家、乐队指挥、教育家和编辑，从1766年起定居英国。1781年12月24日在维也纳与莫扎特在奥地利皇帝面前进行比赛。克莱蒙蒂作有六十多首钢琴奏鸣曲。

马丁·科恩（Martin Cohn）——这位年轻作曲家的《奏鸣曲》成为舒曼在自杀前视奏的最后几首音乐作品之一。

弗兰兹·冯·科洛雷多 - 沃西伯爵（Franz von Colloredo - Wallsee，1799～1859）——奥地利外交官，1843年至1847年在圣彼得堡任职。

克罗夫拉特伯爵（Collowrat）——奥地利政府部长。

奥托·弗雷德里希·维利巴尔特·科赛尔（Otto Friedrich Willibald Cossel，1813？～1865）——德国钢琴家、杰出的教育家，对年轻的勃拉姆斯的事业发展起到了很大的作用。

乔安·巴菩提斯特·克拉默（Johann Baptist Cramer，1771～1858）——德国钢琴家、编辑、教育家。克拉拉在年轻时经常弹奏他的许多《钢琴练习曲》，后来她又指导学生练习。在第二次巴黎之行时克拉拉与克拉默相遇。

奥古斯特·海因里希·克让兹（August Heinrich Cranz，1789～1870）——在汉堡成立了一家音乐出版社，乐谱和音乐器材的批发商。

阿斯托尔夫·库斯汀侯爵（Astolphe，marquis de Custine，1790～1857）——法国作家，因他的旅行杂记《1839年之俄国》而出名。

卡尔·车尔尼（Carl Czerny，1791～1857）——奥地利钢琴家、作曲家、教育家，原籍捷克，克拉拉年少时特意练习了他的许多练习曲、变奏曲和奏鸣曲。

费尔迪南·大卫（Ferdinand David，1810～1873）——德国小提琴手和作曲家，被门德尔松聘用任格万豪斯乐队第一小提琴手，并于1836年委托他创作《e小调小提琴协奏曲》。

法妮·戴维斯（Fanny Davies，1861～1934）——英国钢琴家，克拉拉的学生。

西格菲尔德·威廉·德恩（Siegfried Wilhelm Dehn，1799～1858）——德国音乐学家。

威廉·路德维希·戴希曼议员（Wilhelm Ludwig Deichmann）——银行家、艺术保护人，在勃拉姆斯赴杜塞尔多夫途中他曾给予热情的接待。

爱德华·德弗里安特（Eduard Devrient，1801～1877）——德国歌唱家、舞台导演，1852～1859年期间任卡尔斯鲁厄（Karlsruhe）剧院院长。

卡尔·德弗里安特（Karl Devrient）——演员。威廉米娜·施罗德－德弗里安特（Wilhelmine Schröder－Devrient）的第一任丈夫。

阿尔伯特·迪特里希（Albert Dietrich，1829～1908）——德国作曲家、乐队指挥，舒曼的学生，勃拉姆斯和乔约姆的好友，1859年任波恩音乐总监，1899年任柏林皇家学院教授。

多布雷斯科夫伯爵夫人（Dobreskoff）——这位神秘的俄国伯爵夫人曾在克拉拉第二次巴黎之行时给予她保护，可能就是李斯特和玛丽（当时居住于金字塔广场3号）信中多次提到的奥布雷斯科夫（Obreskoff）伯爵夫人。

特奥多·多勒（Theodor Döhler，1814～1856）——奥地利钢琴家、作曲家，车尔尼的学生，主要活动在欧洲，曾在圣彼得堡、莫斯科、巴黎和佛罗伦萨生活过。

格塔诺·多尼采蒂（Gaetano Donizetti，1797～1848）——意大利作曲家，在巴黎取得巨大成就，作品有《军队的女儿》、《宠姬》、《帕斯夸莱先生》等。

海因里希·多恩（Heinrich Dorn，1804～1892）——德国作曲家、乐队指挥，曾与舒曼同窗学习音乐。

朱丽·多鲁斯－格拉斯（Julie Dorus－Gras，1805～1896）——比利时女高音，因其纯熟的琴技而出名，演奏奥伯、梅耶贝尔和柏辽兹的作品。

亚历山大·德莱肖克（Alexander Dreischock，1818～1869）——奥地利钢琴家、作曲家，1838年举办过巡演，后任圣彼得堡音乐学院院长。

乔安·路德维希·杜塞克（Johann Ludwig Dussek，1760～1812）——捷克钢琴家、作曲家，知名作家，克拉拉八岁时曾演奏过他的《第十二协奏曲》的圆舞曲部分。

弗雷德里希·乔安·艾克（Friedrich Johann Eck，1767～1838）——德国大提琴手、作曲家，波西米亚人。

伊罗娜·艾本舒茨（Ilona Eibenschütz，1873～1867）——匈牙利钢琴家，克拉拉的学生，颇有成就。尤其应该指出的，是她将勃拉姆斯的钢琴音乐介绍到了英国。

威廉·艾纳特（Wilhelm Einert，1794～1868）——莱比锡律师。

艾因希德尔伯爵夫人（Einsiedel）——只因送给天才克拉拉一枚戒指便名留史册。

埃拉尔·让－巴普蒂斯特（Erard Jean－Baptiste，1745～1826），**塞巴斯蒂安·让－巴普蒂斯特**（Sébastien Jean－Baptiste，1752～1832）、**皮埃尔·让－巴普蒂斯特**（Pierre Jean－Baptiste，1796～1855）——法国钢琴和竖琴制造商。

爱德华·费希纳（Eduard Fechner，1799～1861）——费雷德里希·维克的妻弟，艺术家、画家，定居巴黎，名盛沙龙，于1832年作有克拉拉的石版画。

菲德尔夫人（Feidel）——克拉拉在曼海姆的一位女友。

弗朗索瓦－约瑟夫·菲迪斯（François－Joseph Fétis，1784～1871）——比利时音乐学家、音乐评论家、作曲家，《音乐杂志》的创刊人，1833年被任命为雷奥波尔特一世皇家乐队指挥，曾任布鲁塞尔音乐学院院长。

约翰·费尔德（John Field，1782～1837）——爱尔兰钢琴家、作

曲家，名满欧洲，被认为是肖邦的前辈，从1826年他的《bᴇ波兰舞曲》被列入克拉拉·维克的保留曲目中。

哥特弗雷德·芬克（Gottfried Fink，1783~1846）——德国音乐学家和神学家，1808年莱比锡《日耳曼音乐杂志》合伙人，后任该杂志编辑（1827~1841），后担任莱比锡大学音乐系系主任。

鲁道夫·理查德·费舍尔（Rudolph Richard Fischer，1801~1855）——哲学和神学博士，弗雷堡圣彼德教堂的神父，后任莱比锡副主教。

约瑟夫·费希霍夫（Joseph Fischhof，1804~1857）——奥地利音乐学家、教育家，维也纳音乐学院钢琴教师。

埃米尔·福莱希西克（Emil Flechsig，1808~1878）——舒曼年轻时的朋友，学习神学，传教布道。

奥古斯特·弗朗肖姆（Auguste Franchomme，1808~1884）——法国大提琴手、作曲家。1846年任巴黎音乐学院教授，肖邦的好友。

罗伯特·弗兰兹（Robert Franz，1815~1892）——德国管风琴手、作曲家。1842~1867年任哈雷合唱团团长。

丽维亚·弗雷格（Livia Frege，1818~1891）——德国女歌唱家，以出演《天堂和地狱》而著名。

弗雷德丽珂·德·利普公主（Friedericke de Lippe）——克拉拉的教学天赋令欧洲贵族的代表人物刮目相看。

埃纳斯蒂娜·冯·弗里肯（Ernestine von Fricken，1816~1844）——在跟弗雷德里希·维克学习钢琴时遇到了舒曼，并与他有过一段短暂的婚约，成为克拉拉和罗伯特伟大爱情的前奏，舒曼夫妇一直对她心存愧疚。

伊格纳茨·费尔迪南·弗莱歇尔·冯·弗里肯男爵（Ignaz Ferdinand Freiherr von Fricken，1787~1850）——埃纳斯蒂娜的父亲。

卡尔·弗雷德堡（Carl Friedberg，1872~1955）——德国钢琴家、教育家，克拉拉的学生，在美国享有盛名。

弗雷德里希·威廉四世（Friedrich Wilhelm IV，1795~1861）——1840年~1845年间普鲁士国王。

弗雷德里希·威廉·卡尔（Friedrich, Wilhelm Karl, 1797～1891）——1840年荷兰王子。

罗伯特·弗雷策（Robert Friese, 1805～1848）——德累斯顿编辑、舒曼的朋友。

尼埃尔斯·加德（Niels Gade, 1817～1890）——丹麦小提琴手、作曲家、乐队指挥，获得皇室奖金，得以居住于莱比锡，管理格万豪斯音乐厅，后任哥本哈根音乐学院院长，舒曼的朋友。

玛丽娅·加利科斯（Marie Garlichs）——克拉拉丹麦之行的同伴。

奥古斯特·加蒂（August Gathy, 1800～1858）——比利时音乐学家、记者，定居汉堡，后搬至巴黎。

A. M 加德诺夫（A. M. Gedeonov）——圣彼得堡和莫斯科皇家剧院总管。

埃马努埃尔·盖伯（Emanuel Geibel, 1815～1884）——德国作家。

米哈伊尔·格林卡（Mikhail Glinka, 1804～1857）——作曲家，被认为德国音乐之父。

冯·格鲁克堡亲王（Prince von Glückburg）——丹麦舞会上出现的骑士。

乔安·沃尔夫冈·冯·歌德（Johann Wolfgang von Goethe, 1749～1832）——杰出的作家，年迈时他曾专注地听过小克拉拉的演奏。

瓦尔德·冯·歌德（Walther von Goethe, 1817～1885）——作曲家、门德尔松的学生，德国大诗人歌德的孙子。

奥托·格尔特史密特（Otto Goldschmidt, 1829～1907）——德国钢琴家、作曲家，门德尔松和肖邦的学生，1852年与珍妮·林德结婚，1863年任伦敦皇家音乐学院院长。

海丽因特·格拉伯（Henriette Grabau, 1805～1852）——德国女高音歌唱家，参加了克拉拉在莱比锡格万豪斯音乐厅的音乐会。

孔拉德·格拉夫（Conrad Graf, 1783～1851）——出生于斯瓦比亚，维也纳宫廷钢琴制造商。

冯·格拉塞尔（Von Grasser）——与克拉拉在圣彼得堡有过一次短暂的相遇。

哥拉（Grau）——德国霍夫（Hof）的书商。

弗兰兹·格利尔帕策（Franz Grillparzer，1791~1872）——奥地利诗人，著有多部悲剧。

奥托·格林（Otto Grimm，1827~1903）——德国乐队指挥、作曲家，勃拉姆斯和约阿希姆的朋友，在明斯特（Muster）任职四十年。

卡尔·威廉·费尔迪南·古尔（Karl Wilhelm Ferdinand Guhr，1787~1848）——德国作曲家和乐队指挥。他的《e小调小提琴协奏曲》副标题为《纪念帕格尼尼》。

弗朗索瓦-安东尼·阿贝内克（François-Antoine Habeneck，1781~1849）——法国小提琴手和乐队指挥。1828年，他成立巴黎音乐学院音乐会协会（乐队包括八十六名音乐家，合唱队有七十名歌手），大力宣传贝多芬的音乐。

汉恩（Hahn）——克拉拉在第二次巴黎之行结束时，在归途中受到汉恩一家的接待。

冯·哈恩太太（Fran Von Hann）——克拉拉在德累斯顿的邻居。

雅克-弗朗索瓦·阿雷维（Jacques-François Halévy，1799~1862）——法国作曲家，《犹太女人》（1835）的作者。

梅勒·哈勒尔（Melle Haller）——维也纳女歌手。

路德维希·哈梅尔斯（Ludwig Hammers，1822~1902）——杜塞尔多夫市长。

爱德华·汉斯里克（Eduard Hanslick，1825~1904）——奥地利音乐评论家，原籍捷克，反对瓦格纳，并且是早期支持勃拉姆斯的人之一。

克莱芒特·哈里斯（Clement Harris，1871~1897）——英国钢琴家、作曲家，克拉拉的学生。

马蒂尔德·哈特曼（Mathilde Hartmann，1817~1902）——德国女高音，舒曼夫妇的好友，是舒曼的儿子菲利克斯的教母。

赫尔曼·海特尔（Hermann Härtel，1803~1875）——德国书商、律师，与其兄莱蒙特一同建立布赖特科普夫和海特尔出版社。

理查德·哈森克莱维医生（Dr Richard Hasenclever，1813~

1876）——杜塞尔多夫医生、业余作曲家。

托比亚斯·哈斯林格（Tobias Haslinger, 1787～1842）——维也纳著名编辑、作曲家。

约瑟夫·海顿（Joseph Haydn, 1732～1809）——奥地利作曲家，克拉拉直到后来才将他的作品放入自己的保留曲目。

弗雷德里希·黑贝尔（Friedrich Hebbel, 1813～1863）——德国剧作家。

海因里希·海涅（Heinrich Heine, 1797～1856）——德国作家，生命中的最后二十五年在巴黎度过。

乔安·路德维希·海耶堡（Johan Ludvig Hejberg, 1791～1860）——丹麦诗人，1849～1856年任皇家剧院院长。

乔安娜·路易斯·海耶堡（Johanne Luise Hejberg, 1812～1890）——丹麦舞蹈家、戏剧演员。

卡尔·G.·赫尔比希医生（Dr Carl G. Helbig）——德累斯顿的顺势疗法医生。

赫林娜·婆洛纳公主（Hélène），未嫁时名夏洛特·德·福尔滕堡（1807～1873）——亚历山大一世的弟弟尼古拉一世密歇尔·婆洛纳王子的妻子。业余音乐人，亨塞尔特的学生。

施蒂芬·海勒尔（Stephen Heller, 1813～1888）——匈牙利钢琴家、作曲家，日耳曼裔。1838年开始在巴黎大获成功，也在伦敦生活过。他的《一位浪漫主义音乐家在巴黎的书信》成为研究那个时代的相关文件。

乔治·冯·海尔迈斯伯格（Georg von Hellmesberger, 1800～1873）——奥地利小提琴家、作曲家。维也纳音乐学院教授。

爱德华·海尔斯戴德（Eduard Helsted, 1816～1900）——丹麦小提琴手、作曲家，舒曼的朋友。

丽迪·汉佩尔（Liddy Hempel）——莫利兹·弗雷德里希·汉佩尔的女儿，在茨维考时期，曾令舒曼一时心动。

阿道夫·亨塞尔特（Adolf Henselt, 1814～1889）——德国钢琴家、作曲家，李斯特的好友，1838年起在圣彼得堡任钢琴教师，在俄国生活了四十年，并培养了一代钢琴家。

路易·费尔迪南·埃罗尔德（Louis – Ferdinand Hérold，1791 ~ 1833）——法国作曲家，他的喜剧歌剧经常出现在巴黎的剧院海报上，作品有《学者之地》。

弗雷德里希·奥古斯特·赫尔曼（Friedrich August Herrmann，1814 ~ 1871）——先后在莱比锡和德累斯顿任律师，舒曼的朋友。

亨利·赫尔兹（Henri Herz，1803 ~ 1888）——奥地利钢琴家、作曲家、教育家，在巴黎音乐学院就读，后执教，成功创办了钢琴制造厂。1828 年起，克拉拉演奏他的作品。

伊丽莎白·冯·海尔簇根堡（Elisabeth von Herzogenberg，1847 ~ 1892）——钢琴家、勃拉姆斯的朋友。海因里希·冯·海尔簇根堡的妻子。

海因里希·冯·海尔簇根堡（Heinrich von Herzogenberg，1843 ~ 1900）——德国作曲家，著有多部作品，虽都已被人遗忘，但却令他官运亨通。

阿道夫·海瑟（Adolphe Hesse，1809 ~ 1863）——作曲家、乐队指挥，曾作为管风琴手多次举办欧洲巡演。

弗雷德里希·冯·黑森 – 卡塞尔王子（Friedrich von Hessen – Cassel，1820 ~ ?）——1844 年和亚历山德拉·尼科拉耶娜公主结婚。

冯·海斯特尔先生（Herr von Hester）——杜塞尔多夫乐队委员会成员。

费尔迪南·赫勒（Ferdinand Hiller，1811 ~ 1885）——德国作曲家、乐队指挥，1828 ~ 1835 年定居于巴黎，1847 ~ 1850 年任杜塞尔多夫乐队指挥，后任科隆乐队指挥，并在该城成立音乐学院，坚持反对瓦格纳。

乔安·亚当·赫勒（Johann Adam Hiller，1728 ~ 1804）——德国乐队指挥、作曲家、音乐学家。莱比锡圣 – 托马斯音乐学校校长，巴赫的第三任继任者，推崇德国歌剧。

E. T. A. 霍夫曼（E. T. A. Hoffmann，1776 ~ 1822）——德国作家、作曲家，其丰富的想象力激发了年轻舒曼的激情，具体表现在《克莱斯勒偶记》中。

弗雷德里希·霍夫迈斯特（Friedrich Hofmeister, 1782～1864）——德国音乐评论人，1807年在莱比锡成立霍夫迈斯特出版社。

理查德·霍尔（Richard Hol, 1825～1904）——荷兰作曲家、乐队指挥，教堂管风琴手，乌德勒支（Utrecht）音乐学院院长，海牙迪利津提亚乐团主管。

海德维希·冯·霍尔斯坦（Hedwig von Holstein）——勃拉姆斯的女友。

卡尔·霍尔兹（Karl Holz, 1798～1858）——奥地利小提琴手、乐队指挥，先后参加过波恩四重奏乐团和舒旁采因四重奏乐团。贝多芬的狂热乐迷。

朱利尤斯·霍普（Julius Hopp, 1819～1885）——奥地利作曲家，作有小型歌剧和奥芬巴赫作品的改编曲。

朱利尤斯·惠伯纳（Julius Hübner, 1806～1882）——画家、历史学家，1839年德累斯顿艺术学院教授，1871～1882年间任德累斯顿绘画展览馆主管。舒曼夫妇的好友，舒曼的儿子路德维希的教父。

乔安·奈普穆克·胡梅尔（Johann Nepomuk Hummel, 1778～1837）——奥地利作曲家、钢琴家、教育家，从1819年直至去世，一直任魏玛大公爵的皇家音乐主管。作为作曲家和钢琴家，他在整个欧洲取得了巨大的成就。克拉拉经常演奏他的许多钢琴作品（其中有八首协奏曲）。

弗兰兹·亨特（Franz Hünten, 1793～1878）——德国著名钢琴家、作曲家和教育家，作有许多钢琴作品：歌剧主题的幻想曲、华尔兹、变奏曲，并写有《钢琴演奏新法》一书。

伊万四世，即"可怕的伊万"（Ivan IV le Terrible, 1530～1584）——俄国皇储，后为俄国沙皇。

纳塔利娅·亚诺塔（Nathalie Janotha, 1856～1932）——波兰钢琴家、克拉拉的学生，著有大量曲作品，其作品颇受肖邦影响。著名独奏家。

路易丝·雅法（Louise Japha, 1826～1910）——德国钢琴家、作

曲家，和舒曼夫妇一起工作过。在 1862～1869 年期间，因演奏舒曼的作品而在巴黎大受欢迎。

　　阿玛丽娅·约阿希姆（Amalie Joachim，娘家姓施内韦斯，1839～1899）——女歌唱家，1863 年和约瑟夫·约阿希姆结婚。

　　约瑟夫·约阿希姆（Josef Joachim，1831～1907）——匈牙利小提琴手、乐队指挥、作曲家。年轻时受到门德尔松和舒曼的支持，克拉拉的密友，作品丰富，琴技卓越，作为独奏家蜚声国际，并成立了以他名字命名的四重奏乐团。

　　弗兰兹·约里希（Franz Jüllich，1812～1886）——奥地利音乐家。

　　荣格小姐（Junge）——1856 年 6 月陪克拉拉去了恩德尼希。

　　朱苏勃夫（Jussupov）——俄国王子。

　　奥古斯特·卡勒特（August Kahlert，1807～1864）——德国作曲家、音乐学家，1840 年任布雷斯劳大学哲学教授，《新音乐杂志》的合作人。

　　弗雷德里克·卡尔克布雷纳（Frederic Kalkbrenner，1785～1849）——法国作曲家、钢琴家、教育家，原籍德国，他的钢琴作品对培养克拉拉对音乐的兴趣起到了极大的作用。

　　乔安·文泽尔·卡里沃达（Johann Wenzel Kalliwoda，1801～1866）——小提琴手、乐队指挥、作曲家，原籍波西米亚，他的作品为舒曼所喜爱。他担任 Donaueschingen 的 Fürstenberg 亲王的乐队指挥长达三十年。

　　约斯提努斯·科纳尔（Justinus Kerner，1766～1862）——德国医生、作家，痴迷于神秘主义和磁学，著有五本诗集。

　　特奥多·契尔希纳（Theodor Kirchner，1823～1903）——德国作曲家、管风琴手、乐队指挥，和克拉拉曾起绯闻。

　　德·契里耶夫太太（Mme de Kiriev）——俄国音乐迷，居住于莫斯科。

　　乔安·弗雷德里希·契特尔（Johann Friedrich Kittl，1806～1868）——法官，原籍波西米亚，曾在布拉格音乐学院就读，后在该校担任教授。

卡尔·克林德沃特（Karl Klindworth，1830～1916）——德国钢琴家、乐队指挥、教育家，属于魏玛李斯特圈子里的一员，后与瓦格纳关系密切。

朱利尤斯·科诺尔（Julius Knorr，1807～1861）——钢琴教师，《新音乐杂志》的合作人。

卡尔·克拉根（Carl Krägen，1797～1879）——德国钢琴家、作曲家，1817年定居德累斯顿，1853年被任命为"宫廷钢琴师，"是朱利尤斯·舒曼的教父。

约瑟夫·沃拉迪斯洛·科罗古勒斯基（Joseph Wladyslaw Krogulski，1815～1842）——波兰钢琴家、乐队指挥、作曲家、教育家。1825年正式开始音乐生涯，著有多部宗教音乐作品。

爱德华·科吕格尔（Eduard Krüger，1807～1885）——德国管风琴手、作曲家、音乐学家。1849年在哥廷根（Göttingen）大学任音乐主管。

克拉拉·冯·库勒（Clara von Kurrer，克勒茨堡（Kreutzberg）的妻子，1810～约1838）——舒曼年轻时曾与之有过一段情。

詹姆斯·科沃斯特（James Kwast，1852～1927）——荷兰钢琴家，克拉拉在法兰克福音乐学院的同事。

安娜·罗伯娜·莱德洛（Anna Robena Laidlaw，1819～1901）——英国钢琴家，先后在爱丁堡、哥尼斯堡和伦敦学习音乐，舒曼将《幻想曲》（op. 12）题献给她。

马克西米利安·雷奥波尔特·朗恩施瓦茨（Maximilian Leopold Langenschwarz，1801～?）——诗人。

阿德丽娜·德·拉拉（Adelina de Lara，1872～1961）——英国钢琴家，克拉拉的学生。

让－约瑟夫－伯纳方图尔·罗伦斯（Jean－Joseph－Bonaventure Laurens，1801～1890）——法国画家，同时也是一位出色的音乐家，舒曼的朋友。

威廉·冯·朗兹（Wilhelm von Lenz，1809～1883）——俄国官员、音乐学家，原籍德国，1842年出任圣彼得堡市议员，著有《贝多芬和他的三种风格》一书。

奥古斯特·雷奥（Auguste Leo）——定居于巴黎的德国银行家。

罗莎丽·雷瑟（Rosalie Leser, 1812？~1896）——克拉拉的朋友，盲人，在舒曼住院和死后曾给予克拉拉极大的安慰。

哥特霍尔德·埃夫莱姆·莱辛（Gotthold Ephraim Lessing, 1729~1781）——德国剧作家。

安东尼·莱茨契维茨（Antoni Leszkiewicz, 1818？~？）——波兰钢琴家。

玛丽娅·尼古拉耶夫娜（Maria Nikolajewna, 洛伊希藤贝格大公夫人, 1819~1876）——沙皇尼古拉一世的大女儿。

尼古拉·拉瓦瑟尔（Nicolas Levasseur, 1791~1871）——1828年巴黎歌剧院歌唱家，第一低音，担当过梅尔贝尔歌剧中的许多角色。

赫尔曼·莱维（Hermann Levi, 1839~1900）——德国乐队指挥，工作出色，特别是指挥瓦格纳的作品，后担任慕尼黑宫廷剧院音乐总监一职。克拉拉经常听取他的建议和意见。

菲利普·冯·莱查克（Philipp von Lezaack, 1976~1872）——杜塞尔多夫地主。

珍妮·林德（Jenny Lind, 1820~1887）——瑞典女高音，有"瑞典夜莺"的美誉。最早在《魔弹》中担任阿加沙这一角色，后又主演《费加罗的婚礼》中的伯爵夫人和《胡格诺》中的瓦伦蒂娜，因演出意大利歌剧《军队的女儿》、《诺尔玛》等而声名远播。离开舞台后，在美国举办个人演唱会巡演，是克拉拉的好友。

卡洛尔·里宾斯基（Karol Lipinski, 1790~1861）——波兰小提琴手、作曲家，帕格尼尼的学生，深得舒曼欣赏，舒曼还将《狂欢曲》题赠给他。1839年任德累斯顿宫廷乐队独奏小提琴手。

弗雷德里希·李斯特（Friedrich List, 1789~1846）——德国经济学家。曾在德国许多城市居住过，在1837~1840年居住于巴黎。

艾丽丝·李斯特（Élise List, 冯·帕舍尔夫人, 1822~1893）——女歌唱家，弗雷德里希·李斯特和卡洛琳娜·李斯特的女儿。

艾米丽·李斯特（Émilie list, 1818~1902）——弗雷德里希·李

斯特和卡洛琳娜·李斯特的女儿，克拉拉的好友，曾陪伴克拉拉第二次巴黎之行。

弗兰兹·李斯特（Franz Liszt，1811~1886）匈牙利作曲家和钢琴家，他精湛的琴技令克拉拉震惊，但克拉拉一直对他的作曲水平深感不屑。

贝多尔特·利兹曼（Berthold Litzmann，1857~1926）——德国音乐学家，尽管舒曼的后代请求他保持沉默，但他的《克拉拉传记》（1910~1911）始终是研究克拉拉的重要参考文献。

弗兰兹·洛伯曼（Franz Loebmann，1804 或 1811~1878）——德国小提琴手、作曲家，在柏林出道，后被任命为利加合唱指挥和音乐总管。

卡尔·洛维（Carl Loewe，1796~1869）——德国作曲家，他创作的《386 首民歌和民谣钢琴曲》比他的六部歌剧更出名。

乔安·贝尔哈特·罗杰尔（Johann Bernhard Logier，1777~1846）——德国钢琴家、教育家、作曲家，发明了"钢琴手位器"——一种保持弹琴者手指姿势的装置，被舒曼认为是后来手指受伤的元凶。

奥斯瓦尔特·洛朗兹（Oswald Lorenz，1806~1889）——德国管风琴手、音乐学家和教育家。《新音乐杂志》的撰稿人。

鲁道夫 – 赫尔曼·洛策（Rudolf – Hermann Lotze，1817~1881）——德国生理和心理学家。

路易 – 费尔迪南（Louis – Ferdinand，1772~1806）——普鲁士王子，钢琴家、作曲家，杜塞克的学生。

路易 – 菲利普（Louis – Philippe，1773~1850）——1830 年~1848年法国国王。

冯·路查尔先生（von Lutzau）——利加的大提琴手。

珍妮·路策尔（Jenny Lutzer，1816~1877）——奥地利女歌唱家，出生于布拉格。1843 年嫁给作家弗兰兹·丁格尔斯泰特（Franz Dingelstedt），后退出艺坛。

阿雷克西斯·费多洛维希·勒沃夫（Alexis Fedorovitch Lvov，1799

~1870）——俄国小提琴手、乐队指挥和作曲家。沙皇时代国歌作曲者，1837 年任俄国皇家乐队主管，在莱比锡格万豪斯音乐厅演奏了他的《小提琴协奏曲》，得到了舒曼的赞赏。

乔安·彼德·吕瑟尔（Johann Peter Lyser，1803 ~ 1870）——德国作家、画家。舒曼的朋友，《新音乐杂志》的合作者。

玛丽娅·马里布朗（Maria Malibran，1808 ~ 1836）——西班牙女中音，马努埃尔·加西亚的女儿，葆琳娜·弗亚尔多特的姐姐。1828 年因在巴黎的意大利剧院主演《塞米拉米德》而一炮走红。浪漫主义时代的女歌星，以其广阔的音域而闻名。

爱德华·曼迪乌斯（Eduard Mantius，1806 ~ 1874）——德国男高音，1830 年第一次在柏林歌剧院演出，同时还写有一些浪漫曲。

爱德华多·拉迪卡蒂·迪·马尔默利托（Eduardo Radicati di Marmorito，1870 ~ 1877）——朱丽的儿子，克拉拉的外孙。

维托里奥·拉迪卡蒂·迪·马尔默利托伯爵（Vittorio Radicati di Marmorito，1831 ~ 1923）——娶了朱丽·舒曼为妻，但很快妻子便过世了。

海因里希·玛希纳尔（Heinrich Marschner，1795 ~ 1861）——德国作曲家、乐队指挥，1827 年任莱比锡 Stadttheater 乐队主管。

马蒂诺夫（Martinov）——圣彼得堡官员、业余钢琴师。

爱德华·马克森（Eduard Marxsen，1806 ~ 1887）——德国钢琴家、作曲家、教育家。勃拉姆斯的老师，居住于汉堡，偶尔为《新音乐杂志》撰稿。

威廉·马松（William Mason，1829 ~ 1908）——美国钢琴家，在德国学习过音乐。

路易·毛勒（Louis Maurer，1789 ~ 1878）——小提琴手、作曲家、乐队指挥，出生于波茨坦，1806 年定居于圣彼得堡。

冯·梅尔（Von Mayer）——圣彼得堡议员。

约瑟夫·麦策德（Joseph Mayseder，1789 ~ 1863）——奥地利小提琴手、作曲家、教育家，在维也纳官居高位。

皮耶特罗·梅彻蒂（Pietro Mechetti，1777 ~ 1850）——奥地利

编辑。

法妮·门德尔松（Fanny Mendelssohn，1805～1847）——德国钢琴家、作曲家。威廉·亨塞尔的妻子。比弟弟菲利克斯早几个月去世，她是舒曼夫妇的好友。

菲利克斯·门德尔松（Felix Mendelssohn，1809～1847）——德国作曲家、钢琴家、乐队指挥。二十六岁时被任命为莱比锡格万豪斯乐队主管，七年后成立莱比锡音乐学院，门德尔松是舒曼夫妇最亲密的朋友之一，也是克拉拉最经常合作的音乐家。

雷娅·门德尔松（Lea Mendelssohn，1777～1842）——菲利克斯·门德尔松的母亲。

保罗·门德尔松（Paul Mendelssohn，1813～1874）——菲利克斯·门德尔松的弟弟。

门兴教授（Mensing）——在爱尔福特遇到的音乐迷。

约瑟夫·梅尔克（Joseph Merk，1795～1852）——奥地利大提琴手、作曲家、教育家。1818年任维也纳歌剧院大提琴独奏者。

克雷蒙斯，文泽尔，内普穆克，罗塔尔，迈特尼希王子（Klemens，Wenzel，Nepomuk，Lothar，prince de Metternich，1173～1859）——奥地利国家元首。

冯·梅恩多夫男爵（von Meyendorff）——舒曼夫妇在莫斯科时短暂的"向导"。

贾克莫·梅尔贝尔（Giacomo Meyerbeer，1791～1864）——德国作曲家，他的很多作品被改编成法国风格的歌剧，其中最有名的有《罗伯特和魔鬼》、《胡格诺》、《预言家》、《非洲女人》。他是第一位被授予骑士勋章的法国人，1834年被选入法兰西学院。

乔安·阿洛伊斯·密克希（Johann Aloys Miksch，1865～1845）——歌唱家、乐队指挥、教育家，克拉拉曾向他学习声乐。

乔安·彼得·米尔希迈尔（Johann Peter Milchmeyer，1750～1813）——德国钢琴家、钢琴制造商，弗雷德里克曾上过他的课。

卡尔·约瑟夫·安东·密特迈尔（Carl Joseph Anton Mittermaïer，1787～1867）——海德堡的法律教授。

罗拉·蒙特斯（Lola Montes, 1818？～1861）——西班牙舞蹈家，原籍爱尔兰，以爱冒险出名。

托马斯·莫尔（Thomas Moore, 1779～1852）——爱尔兰诗人。

伊格纳兹·莫舍勒斯（Ignaz Moscheles, 1794～1870）——捷克钢琴家、乐队指挥、作曲家和教育家。贝多芬的朋友，门德尔松的密友兼老师。长期在伦敦皇家音乐学院教书，后在莱比锡音乐学院任教。他深刻地影响了钢琴技艺，以其出色的琴技而闻名。

奥古斯特·特奥多·穆勒（August Theodor Müller, 1802～1875）——德国大提琴手，与其兄卡尔、古斯塔夫和乔治共同成立了著名的四重奏弦乐队，1837年在巴黎大获成功。

卡尔·弗雷德里希·穆勒（Carl Friedrich Müller, 1797～1873）——小提琴手、作曲家、布朗施威格（Braunschweig）的音乐会主管。

雷奥波尔特·莫扎特（Leopold Mozart, 1819～1887）——因为有一位天才的儿子而名垂史册。雷奥波尔特·莫扎特和弗雷德里希·维克有相似之处但却不能相提并论。

沃尔夫冈–阿玛丢斯·莫扎特（Wolfgang – Amadeus Mozart, 1756～1791）——舒曼夫妇经常提起的一个名字。

南妮（Nanny）——维克一家的女仆，克拉拉的"红娘"。

拿破仑三世（Napoléon III, 1808～1873）——法国皇帝，克拉拉于1870年曾说过几句同情他的话。

古斯塔夫·诺恩堡（Gustav Nauenburg, 1803～1875）——德国男中音，声乐教师、音乐学家、《新音乐杂志》的撰稿人。

玛丽娅·尼古拉耶夫娜（Maria Nikolajewna, 1819～1876）——洛伊希藤贝格公爵夫人，沙皇尼古拉一世的长姐。

奥尔加·尼古拉耶夫娜（Olga Nikolajewna, 1822～1892）——俄国公主，沙皇尼古拉一世的二姐。

弗雷德里希·诺瓦里斯（Friedrich Novalis, 1772～1801）——冯·哈登堡男爵，德国诗人，舒曼年轻时钟爱的文学家。

阿道夫·努里（Adolphe Nourrit, 1802～1839）——法国男高音，成功出演《罗伯特和魔鬼》、《胡格诺》、《欧利伯爵》和《吉约姆·特尔》等歌剧，在那不勒斯定居两年后于三十七岁时自杀。

彼得·威廉·奥尔森（Peter Wilhelm Olsen, 1791 ~ 1859）——哥本哈根的音乐编辑和音乐商人。

皮埃尔·冯·奥尔登堡亲王（Prince Pierre von Oldenburg, 1812 ~ 1883）——沙皇尼古拉一世的侄子，音乐爱好者，和纳索的特雷莎公主结婚。

乔治·昂斯洛（Georges Onslow, 1784 ~ 1853）——法国作曲家，原籍英国。著有多部室内音乐作品。

奥利奥拉伯爵和伯爵夫人（Oriola）——克拉拉的朋友。

安东尼奥 – 詹姆斯·乌利（Antonio–James Oury, 1800 ~ 1883）——英国小提琴手，1831 年与钢琴家安娜·贝尔维尔结婚，夫妇俩举办过多次欧洲巡演。

欧维尔斯通小姐（Overstone）——邀请克拉拉参加她的伦敦沙龙，但无力阻止听众的喧哗，未尽地主之谊。

尼可罗·帕格尼尼（Niccolò Paganini, 1782 ~ 1840）——意大利小提琴手和作曲家，拥有出神入化的琴技，他的为人慷慨深深地影响了舒曼夫妇。

海因里希·潘诺夫卡（Heinrich Panofka, 1807 ~ 1887）——德国小提琴手、声乐教师、作曲家和音乐学者。多年居住于巴黎，并在巴黎与克拉拉相遇。

爱丽亚斯·帕里希 – 阿尔瓦斯（Elias Parish – Alvars, 1808 ~ 1849）——英国钢琴家和竖琴家，享誉欧洲。

哈丽埃特·帕里希（Hariett Parish, 1816 ~ 1864）——德国钢琴家，克拉拉的朋友。

理查德·帕里希（Richard Parish, 1776 ~ 1860）——汉堡商人，哈丽埃特·帕里希的父亲。

久蒂塔·帕斯塔（Giuditta Pasta, 1797 ~ 1865）——意大利女高音，曾在多尼采蒂的《安娜·波莱娜》和贝利尼的《诺尔玛》中担任主角。以其广阔的音域和戏剧天赋取得了巨大的成功。

海丽因特，冯·佩莱拉男爵夫人（Henriette, von Pereira, 1780 ~

1859）——维也纳银行家海因里希·冯·佩莱拉的妻子。

卡西米尔·佩里埃（Casimir Perier，1777～1832）——法国政治家，内阁总理并于 1831 年兼内政部长。

弗兰兹·格扎维埃·佩哈切克（Franz Xaver Pechacek，1793～1840）——奥地利作曲家与小提琴手。

彼得医生（Dr Peters）——恩德尼希诊所医生，理查兹医生的助手。

南妮·佩茨（Nanni Petsch）——舒曼年轻时，曾与之有过一段短暂的爱情。

恩斯特·普冯特（Ernst Pfund，1806～1871）——德国音乐家，弗雷德里希·维克的侄子，曾学习神学和钢琴，1835 年受聘担任格万豪斯乐队的定音鼓鼓手。

彼得一世即彼得大帝（Pierre Ier，Pierre le Grand，1672～1725）——俄国沙皇，后称帝。

乔安·彼特·皮克西斯（Johann Peter Pixis，1788～1874）——德国作曲家、钢琴家和教育家。深受巴黎音乐界推崇，后定居于巴登－巴登。

卡米尔·普莱耶尔（Camille Pleyel，1811～1875）——婚前名叫卡米尔·莫科，比利时钢琴家、教育家。年少时被欧洲音乐界称为神童。其感情生活相对比较复杂，常招人非议。

卡米尔·（约瑟夫·施蒂芬）·普莱耶尔（Camille (Joseph Stephen) Pleyel，1788～1855）——法国钢琴制造商与作曲家，成立了普莱耶尔沙龙，吸引当时最著名的音乐家。

普林茨（Prinz）——克拉拉年幼时的小提琴教师。

海因里希·普劳普斯特（Heinrich Probst，1791～1846）——德国音乐编辑。

迪奥尼斯·普鲁克纳（Dionys Pruckner，1834～1896）——德国钢琴家，十七岁时在莱比锡的格万豪斯音乐厅出道，后在魏玛师从李斯特。

约阿希姆·拉夫（Joachim Raff，1822～1882）——瑞士作曲家、

教育家，受门德尔松影响，后到魏玛担任李斯特的助手，是德国新音乐的坚定支持者。1877 至 1882 年间，担任法兰克福音乐学院院长。

路易·拉克曼（Louis Rakemann，1816 ~ ?）——德国钢琴家，曾在美国、伦敦、巴黎演出过，并参加过 1835 年 9 月 9 日克拉拉在格万豪斯的音乐会。

梅勒·劳赫（Melle Rauch）——女歌唱家。

玛丽娅·雷齐奥（Marie Recio，1814 ~ 1862）——婚前名叫玛丽娅·日内维尔福·马丁。法国女歌唱家，埃克多·柏辽兹的情妇，后成为他的第二任妻子。

瑞歇尔夫人（Reichel）——小克拉拉的两个教母之一。

海丽因特·莱希曼（Henriette Reichmann）——克拉拉在斯图加特遇到的年轻钢琴家，后于 1839 年陪伴克拉拉到巴黎。之后定居于英国的赫尔（Hull）。

艾米丽·莱肖尔特（Émilie Reichold）——钢琴家，弗雷德里希·维克众多学生之一。1826 至 1829 年间在莱比锡的格万豪斯音乐厅多次演出。

阿里伯特·莱曼（Aribert Reimann，1936）——德国钢琴家、作曲家。

克里斯蒂安·莱默尔（Christian Reimers，1823 ~ ?）——德国大提琴手、钢琴家，1851 年在杜塞尔多夫任教，后又至科隆任教。

卡尔·莱内克（Carl Reinecke，1824 ~ 1910）——德国钢琴家、作曲家和乐队指挥。1860 至 1895 年期间担任莱比锡格万豪斯音乐厅主管。

伊万·雷恩哈特（Ivan Reinhardt）——俄国钢琴家，费尔德的学生，在莫斯科担任钢琴教师。

罗伯特·瑞尼克（Robert Reinick，1805 ~ 1852）——德国画家、诗人。

卡尔·格特里布·莱希格尔（Carl Gottlieb Reissiger，1798 ~ 1859）——德国作曲家，乐队指挥。1826 年担任宫廷歌剧院主管，1828 年担任德累斯顿宫廷合唱团团长。

路德维希·莱尔斯塔布（Ludwig Rellstab，1799 ~ 1860）——德国

诗人、音乐学家。曾在《福斯日报》发表文章，坚持保守派的立场。

爱德华·莱蒙尼（Eduard Remenyi, 1828~1898）——匈牙利小提琴手，1865 年在巴黎演出成功，是勃拉姆斯年轻时的伙伴。

埃尔维赫·冯·勒蒙特（Elvire von Reumont）——恩德尼希诊所的严肃的女投资人。

莫利兹·埃米尔·路透（Dr Moritz Emil Reuter, 1802~1853）——定居于莱比锡的医生，舒曼夫妇的好友。

亚历山大，德·利波皮埃尔侯爵（Alexandre, Ribeaupierre）——圣彼得堡宫廷议员。

弗兰兹·理查兹医生（Dr Franz Richarz, 1812~1887）——医生，恩德尼希诊所所长。舒曼在此地住院直至最后去世。

让 - 鲍尔·里希特（Jean - Paul Richter, 1763~1825）——即让 - 鲍尔，德国小说家。作品有《小费利克斯的生活》，他是舒曼心目中的思想家之一。

路德维希·里希特（Ludwig Richter, 1803~1884）——德国画家。

费尔迪南·莱斯（Ferdinand Ries, 1784~1838）——德国钢琴家、作曲家。曾与贝多芬一起创作钢琴曲，他的作品自 1827 年起被列入克拉拉的保留曲目。

恩斯特·莱彻尔（Ernst Rietschel, 1804~1861）——德国雕塑家，德累斯顿艺术学院的教授。

朱利尤斯·莱茨（Julius Rietz, 1812~1887）——德国大提琴手、作曲家、乐队指挥。

罗宾逊（Robinson）——克拉拉的英国朋友。

乔安·弗雷德里希·洛希里兹（Johann Friedrich Rochlitz, 1769~1842）——作曲家，音乐理论家。1805 年进入格万豪斯音乐厅的管理层。

奥古斯特·洛克尔（August Röckel, 1814~1876）——德国乐队指挥、作曲家，歌唱家约斯夫·洛克尔的儿子，邦堡、魏玛和德累斯顿的音乐总管。参与了 1848 年的暴动，后入狱十三年。

赫尔曼·洛莱特（Hermann Rollett, 1819~1904）——奥地利作家，

地志作家。

吉斯伯特·罗森（Gisbert Rosen，1808～1876）——舒曼年轻时的朋友，在莱比锡和海德堡与舒曼相见，之后担任戴特蒙德（Detmold）法院法官。

乔阿西诺·罗西尼（Gioacchino Rossini，1792～1868）——意大利作曲家，1848年定居巴黎，担任意大利剧院的院长，后成为"国王的第一作曲家"和"法国歌曲总监察"。罗西尼的音乐迎合了当时的口味，但舒曼夫妇并不喜欢。

乔万尼·巴蒂斯塔·卢比尼（Giovanni Battista Rubini，1794～1854）——意大利男高音，1825年在巴黎的意大利剧院首演成功。因演唱贝利尼、多尼采蒂和罗西尼的歌剧而著称于世。

安东·鲁宾斯坦（Anton Rubinstein，1829～1894）——俄国钢琴家、作曲家、乐队指挥，1862年成立圣彼得堡音乐学院。克拉拉很欣赏他的琴技，但并不喜欢他的作品。

弗雷德里希·吕克特（Friedrich Rückert，1788～1866）——德国诗人和剧作家。

恩斯特·鲁道夫（Ernst Rudorff，1840～1916）——德国钢琴家、作曲家、教育家，曾和克拉拉有过短期的钢琴合作。

夏尔·奥古斯丁-圣伯夫（Charles Augustin Sainte-Beuve，1804～1869）——法国作家。

赫德维希·萨罗蒙（Hedwig Salomon，1819～1897）——作家、音乐爱好者，克拉拉的女友。

莫利兹·萨菲尔（Moritz Saphir，1795～1858）——奥地利作家，讽刺杂志《幽默》的创刊人。

卡洛琳娜，赛因-维特根斯坦公主（Carolyne，princesse de Sayn-Wittgenstein，1819～1887）——赛因-维特根斯坦亲王的女儿，1847年起，成为李斯特的情人。

多梅尼科·斯卡拉蒂（Domenico Scarlatti，1685～1757）——意大利作曲家、钢琴家，亚历山德罗·斯卡拉蒂的儿子，著有五百多首钢琴奏鸣曲，克拉拉从1839年起将其中一些作品列入她的保留曲目中（未知是哪些)。

沙德巴赫(Schadebach)——作曲家,曾拜访过舒曼夫妇,现今无任何关于此人的资料。

舍尔巴托夫亲王(Scherbatov)——莫斯科总督。

弗雷德里希·冯·席勒(Friedrich von Schiller, 1759~1805)——德国诗人、剧作家。

古斯塔夫·席林博士(Dr Gustav Schilling, 1805~1881)——德国音乐学家,去世于美国。

安东·菲利克斯·辛德勒(Anton Felix Schindler, 1795~1864)——捷克莫拉维亚的小提琴手和乐队指挥。贝多芬生活的主要见证人,他保存了四百本贝多芬对话录。

D. V. 施托米尔斯基(D. V. Schitomirsky)——留下了一些舒曼在俄国的纪录。

弗雷德里希·冯·施莱格尔(Friedrich von Schlegel, 1772~1829)——德国作家、哲学家,耶拿浪漫主义团的创立者。

毛利策·施莱辛格(Maurice Schlesinger, 1798~1871)——德国音乐编辑,1819年定居于巴黎,创办《巴黎音乐报》,后与《音乐杂志》合并。

苏菲·施罗斯(Sophie Schloss, 1812或1822~1903)——德国女歌唱家,莱比锡格万豪斯独唱歌手。

施罗姆格太太(Schlumberger)——吉普维勒(Guebwiller)的一位朋友。

弗雷德里希·克里斯蒂安·施密特(Friedrich Christian Schmidt, 1780~?)——魏玛宫廷参谋,业余钢琴家。

施密特(Schmitt)——法兰克福的朋友。

卡尔·冯·施纳贝尔(Carl von Schnabel, 1773~1845)——舒曼的舅舅,定居俄国。

小卡尔·冯·施纳贝尔(Carl von Schnabel Junior)——前者的儿子。

阿尔弗雷德·冯·逊堡-哈登斯坦(Alfred von Schönburg-Hartenstein，1786～1872）——奥地利外交官，1853 到 1860 年间任维也纳音乐之友协会会长。

阿格内丝·勋勒施德特（Agnès Schönerstedt）——钢琴家，莱比锡音乐学院的学生。

乔安·海因里希·施拉姆（Johann Heinrich Schramm，1809～1865）——奥地利画家，维也纳艺术学院学生，后在布拉格、德累斯顿和魏玛工作过。

威廉米娜·施罗德－德弗里安特（Wilhelmine Schröder－Devrient，1804～1860）——德国著名的女高音，经典角色有《魔笛》中的帕米娜、《费德里奥》中的利奥诺拉、《漂泊的荷兰人》中的森塔以及《唐豪瑟》中的维纳斯，克拉拉很崇拜她。

费尔迪南·舒伯特（Ferdinand Schubert，1794～1859）——奥地利管风琴手、作曲家、教育家，弗兰兹的哥哥。

弗兰兹·舒伯特（Franz Schubert，1797～1828）——舒曼夫妇音乐圈中不可或缺的人物，克拉拉很多保留曲目的曲作者。

特奥多·冯·舒伯特（Theodor von Schubert，1789～1865）——俄国总督，地形学家。

朱利尤斯·舒尔霍夫（Julius Schulhoff，1825～1898）——钢琴家、作曲家，原籍布拉格，先后在巴黎、德累斯顿和柏林居住过。

米娜·舒尔茨（Minna Schulz）——钢琴家，弗雷德里希·维克的学生。

舒尔茨（Schulze）——律师，弗雷德里希·维克年轻时的朋友。

卡尔·舒曼（Carl Schumann，1801～1849）——罗伯特·舒曼的哥哥，施内贝格的书商。

爱德华·舒曼（Eduard Schumann，1799～1839）——罗伯特·舒曼的哥哥。

爱丽丝·舒曼（Élise Schumann，1843～1928）——舒曼夫妇的第二个女儿，1844 年嫁给路易·萨摩霍夫（Louis Sommerhoff）。

埃米尔·舒曼（Emil Schumann，1846～1847）——舒曼夫妇的长子，不到十八个月便夭折了。

埃米丽·舒曼（Émilie Schumann, 1796~1825）——罗伯特·舒曼的姐姐。

欧仁妮·舒曼（Eugénie Schumann, 1851~1938）——舒曼夫妇的第七个孩子，钢琴教师，写有一部父亲的传记，1925年出版回忆录，是众多兄弟姐妹中寿命最长的一个。

菲利克斯·舒曼（Félix Schumann, 1854~1879）——舒曼夫妇的第八个也是最后一个孩子，舒曼的遗腹子。

费尔迪南·舒曼（Ferdinand Schumann, 1849~1891）——舒曼夫妇的第六个孩子，1873年迎娶德国人安东妮。

小费尔迪南·舒曼（Ferdinand Schumann Jr., 1875~1954）——前者的儿子，药剂师。为许多音乐杂志撰写过文章，极力反驳影射克拉拉和勃拉姆斯非正常关系的传闻。

弗雷德里希·奥古斯特·舒曼（Friedrich August Schumann, 1773~1826）——罗伯特·舒曼的父亲，茨维考的书商。

乔安娜·舒曼（Johanna Schumann, 1767~1836）——娘家姓施纳贝尔（Schnabel），罗伯特·舒曼的母亲。

朱丽·舒曼（Julie Schumann, 1845~1872）——舒曼夫妇的第三个孩子，1869年嫁给意大利伯爵维托利奥·拉蒂卡蒂·迪·马尔默利托。

朱利尤斯·舒曼（Julius Schumann, 1805~1833）——罗伯特·舒曼的哥哥。

路德维希·舒曼（Ludwig Schumann, 1848~1899）——舒曼夫妇的第五个孩子，1870年进入科迪兹 Colditz 精神病院治疗直至去世。

玛利娅·舒曼（Marie Schumann, 1841~1929）——舒曼夫妇的长女，1856年悲剧发生后陪伴在克拉拉身边，守护着家庭的秘密。

葆琳娜·舒曼（Pauline Schumann, 1818~1879）——娘家姓科尔迪兹（Colditz），舒曼的哥哥卡尔在妻子罗莎丽去世后于1836年迎娶了葆琳娜。

罗伯特·舒曼（Robert Schumann, 1810~1856）——他的爱情和死亡纠缠在克拉拉的命运之中。

罗莎丽·舒曼（Rosalie Schumann，1808~1833）——舒曼的嫂子，她曾经令舒曼心动，但红颜薄命。

　　特雷莎·舒曼（Thérèse Schumann，1803 或 1805~1889）——1825 年成为罗伯特·舒曼的哥哥爱德华的妻子。1840 年又嫁给弗雷得里希·弗莱舍尔。

　　路德维希·顺克（Ludwig Schunke，1810~1834）——钢琴家、作曲家，他的英年早逝一直令舒曼伤心。

　　伊格纳兹·舒旁采因（Ignaz Schuppanzigh，1776~1830）——奥地利小提琴手、乐队指挥，成立了一个著名的弦乐四重奏组。他是贝多芬的朋友，并将贝多芬的音乐带到了维也纳。

　　克里斯蒂安·阿道夫·冯·塞肯多夫男爵（Christian Adolph von Seckendorff，1767~1833）——德国作家、地主。

　　约瑟夫·塞登尼斯基·冯·科尔提克伯爵（Joseph Sedlnizky von Choltic，1778~1855）——维也纳警察局长。

　　玛丽娅·奇巴赫（Marie Seebach）——戏剧演员。

　　奥希普·伊瓦诺维奇·圣科夫斯基（Ossip Iwanowitsch Senkowski，1800~1858）——俄国作家，东方语言教授。

　　安东·塞赫（Anton Serre，1789~1863）——塞赫上校，艺术爱好者，他和妻子弗雷德里珂经常在德累斯顿附近马克森的城堡中接待克拉拉。

　　弗雷德里珂·塞赫（Friederike Serre，?~1872）——娘家姓赫默多夫，安东·塞赫的妻子。

　　施坦尼斯拉斯·瑟瓦钦斯基（Stanislas Servaczynski）——小提琴手，曾是约阿希姆的老师。

　　乔治·肖伯纳（George Bernard Shaw，1856~1950）——作家、剧作家、音乐专栏作家，英国人，原籍爱尔兰。

　　阿加莎·冯·希波尔特（Agathe von Siebold）——年轻而迷人的女音乐家，哥廷根大学的教授的女儿，令勃拉姆斯着迷，令克拉拉妒嫉。

　　卡尔-菲尔迪南·索恩（Carl-Ferdinand Sohn，1805~1867）——德国画家、雕刻家。

路易·萨摩霍夫（Louis Sommerhof，1844～1911）——商人，1877年迎娶爱丽丝·舒曼。

海丽因特·桑塔格（Henriette Sontag，即嘉尔特鲁德·瓦尔普鲁吉斯·桑塔格，1806～1854）——德国女高音，以主演韦伯的《欧利亚特》而出名，她在莫扎特（担任"多纳·安娜"）、罗西尼（担任"罗西娜"）、多尼采蒂和贝利尼的歌剧中的表演无人可比。

萨奇（Souchay）——克拉拉的英国朋友。

卡尔·埃米尔·弗莱赫尔·冯·世碧格尔·皮科尔斯海姆（Karl Emil Freiherr von Spiegel und zu Pickelsheim，1783～1849）——魏玛宫廷的元帅，主管戏剧。

皮利普·施比塔（Philipp Spitta，1841～1894）——德国音乐学者、教育家。他的传记《约翰·塞巴斯蒂安·巴赫，1873～1880》和《Ein Lebensbild 一幅生活画卷罗伯特·舒曼，1862 年》是重要的参考书。

路德维希·史博（Ludwig Spohr，1784～1859）——德国小提琴手、作曲家、乐队指挥。著有音乐作品《浮士德》，后被韦伯在布拉格搬上舞台，1828 年克拉拉在莱比锡曾听过。他一直效力于卡塞尔宫廷，享誉欧洲。他曾赞美过克拉拉的才华。

加斯巴赫·斯蓬蒂尼（Gaspare Spontini，1774～1851）——意大利作曲家。著有《贞节的修女》，在约瑟芬皇后的保护下，该剧于 1807 年在巴黎搬上舞台，但克拉拉却在柏林对皇后感到厌恶。加斯巴赫曾为路易十八和意大利剧院当过很短一段时间的私人乐师，后于 1820 年任柏林音乐总监，但黯然离职。

弗拉迪米尔·施达索夫（Vladimir Stassov，1824～1906）——俄国音乐评论家，俄国民族音乐学派的坚定支持者。

安德里阿斯·施坦因（Andreas Stein，1776～1842）——维也纳钢琴制造商。

冯·施蒂芬尼茨（Von Stephanitz）——德累斯顿靠年金过活的人。

亚历山大·冯·施蒂克利茨男爵（Alexander von Stieglitz，？～1884）——圣彼得堡的批发商。

海因里希·施顿卡特（Heinrich Stöckardt，1802～1848）——法学

家，圣彼得堡的罗马法教授。

朱利尤斯·施多克豪森（Julius Stockhausen，1826~1906）——德裔法籍男中音、乐队指挥、教育家。1856~1859年间在巴黎喜剧院工作，后任爱乐协会会长，1863至1867年间任汉堡合唱团团长，后任法兰克福声乐教师。

本纳特·施多尔茨（Bernard Stolz）——在反瓦格纳请愿书上签字的人之一。

弗兰兹-大卫·克里斯多夫·施多佩尔（Franz - David Christoph Stöpel，1794~1836）——德国教育家、编辑。他以罗杰尔的理论体系为基础在柏林、波茨坦、爱尔福特、法兰克福、巴黎建立了一些学校，但成果甚微。

施特罗贝尔（Streubel）——公证人，克拉拉私人日记的第一页上提到的"教父"，不知此人是否就是在弗雷德里希·维克年轻时帮助他创立钢琴商店的那位施特罗贝尔先生。

乔安娜·施特罗贝尔（Johanna Strobel）——克拉拉出生时维克家的女仆。

朱利尤斯·陶施（Julius Tausch，1827~1895）——德国钢琴家、乐队指挥、作曲家，毕业于莱比锡音乐学院，后在杜塞尔多夫任职。

弗兰克林·泰勒（Franklin Taylor，1843~1919）——著名的英国钢琴家、教育家，克拉拉的学生。

亚历山大·车尔尼乔夫（Alexandre Tchernichov）——亲王。

车尔科夫（Tcherkov）——元帅。

西吉斯蒙德·塔尔贝格（Sigismond Thalberg，1812~1871）——奥地利钢琴家、作曲家，德国后裔，享誉世界（在欧洲和南北美洲），主要弹奏自己的曲作品，李斯特的竞争对手，他的钢琴曲流行一时。

尤斯图斯·蒂博特（Justus Thibaut，1772~1840）——海德堡的法律教授，19世纪初建立起一支主唱文艺复兴主义音乐的合唱队。

阿尔贝托·托瓦特森（Alberto Thorvaldsen，1768或1770~1844）——丹麦雕塑家，遵从古典主义，主攻神秘主义主题，大部分时间居住于罗马。克拉拉很遗憾未能在哥本哈根遇到他。

路德维希·蒂克（Ludwig Tieck，1773～1853）——德国作家，耶拿浪漫主义协会的积极会员。

克里斯多夫·奥古斯特·铁治（Christoph August Tiedge，1752～1841）——德国诗人，克拉拉将他的《梦》一诗改编为浪漫曲，但曲谱已遗失。

特奥菲勒·蒂尔芒（Théophile Tilmant，1799～1878）——法国小提琴手、乐队指挥，1849至1868年间主管戏剧－歌剧院。

文泽尔·乔安·托马塞克（Wenzel Johann Tomasek，1774～1850）——捷克管风琴手、作曲家和音乐学家。

特罗姆利茨夫人（Tromlitz）——克拉拉的外祖母，她的两个教母之一。

乔治·克里斯蒂安·哥特赫尔特·特罗姆利茨（Georg Christian Gotthold Tromlitz，1765～1825）——普劳恩的歌手，克拉拉的外祖父。

弗里德里希·特卢恩（Friedrich Truhn，1811～1886）——德国作曲家、乐队指挥。《新音乐杂志》的撰稿人。

佩皮娜·图塔因（Peppina Tutein，1806～1866）——出生于米兰，声乐教授基乌塞普·希伯尼的女儿。钢琴家，1824年与费尔迪南·图塔因结婚。

威廉·乌雷克斯（Wilhelm Ulex，？～1858）——音乐教师，先后在莱比锡和汉堡工作。

埃米莉·乌尔曼（Émilie Uhlmann，1810～1860）——格特里布·洛朗兹的女儿，茨维考的剧院经理，1828年嫁给舒曼的哥哥朱利尤斯，七年后改嫁乔安·弗雷德里希·乌尔曼。

瓦伦汀夫人（Valentin）——巴黎的音乐迷。

乔安·菲尔胡斯特（Johann Verhulst，1816～1891）——荷兰作曲家、乐队指挥，门德尔松的学生，舒曼的朋友。莱比锡《萧乐女神音乐会》主编，后任海牙宫廷音乐主管。

玛蒂尔德·维尔纳（Mathilde Verne，1865～1936）——英国钢琴家、克拉拉的学生，在英国非常有名。

路易－戴西瑞·维荣（Louis－Désiré Véron，1798～1867）——医

生、记者、法国剧院院长。1831 至 1835 年间任巴黎歌剧院院长。

葆琳娜·弗亚尔多特（Pauline Viardot，1821 ~ 1910）——娘家姓加西亚，法国著名的女中音，原籍西班牙，马努埃尔·德尔·坡柏罗·加尔西亚的女儿、玛利娅·马里布朗的妹妹。1839 年先后在伦敦和巴黎初露锋芒，七年后前往俄国巡演。克拉拉的好友。

马蒂尔·维耶霍尔斯基伯爵（Mathieu Vielhorsky，1794 ~ 1866）——俄国大提琴手，音乐会组织者，在圣彼得堡成立了许多音乐协会。

米歇尔·维耶霍尔斯基伯爵（Michel Vielhorsky，1788 ~ 1856）——俄国上流社会的业余音乐家，曾谱写过一首交响曲和一部未写完的歌剧。

亨利·维尔当（Henri Vieuxtemps，1820 ~ 1881）——比利时作曲家、小提琴手。1846 年至 1851 年任圣彼得堡皇家合唱团独唱。1871 年任布鲁塞尔音乐学院教授。

海丽因特·弗瓦特（Henriette Voigt，1808 ~ 1839）——卡尔·弗瓦特的妻子，比利时钢琴家，年轻的舒曼曾为之心动，并将《g 小调奏鸣曲》（op. 22）题献给她。

沃龙佐夫 – 达什科夫伯爵夫人（Vorontzov – Dashkov）——舒曼在圣彼得堡的一位朋友。

卡尔·弗斯（Carl Voss，1815 ~ 1882）——德国钢琴家，多产的作曲家，主题多样，以奇幻为主。

理查德·瓦格纳（Richard Wagner，1813 ~ 1883）——他的行为、歌剧主题、音乐，所有的一切都令克拉拉厌恶，对此，克拉拉毫不掩饰。

威廉·约瑟夫·冯·瓦希勒斯基（Wilhelm Joseph von Wasielewsky，1822 ~ 1896）——德国小提琴手、乐队指挥、音乐学者，参加过莱比锡格万豪斯音乐厅乐队，后被任命为杜塞尔多夫的音乐会总监，第一本舒曼传记的作者，他的这一"致敬"行为被克拉拉认为"为之尚早"。

卡尔·玛利娅·冯·韦伯（Carl Maria von Weber，1786 ~ 1826）——德国作曲家、钢琴家、乐队指挥，童年时的克拉拉曾唱过他的浪漫曲，后来又弹奏过他的作品，尤其是《f 小调协奏曲》。

克里斯蒂安·特奥多·维因里希（Christian Theodor Weinlich，1780 ~1842）——德国作曲家、管风琴手，受韦伯的推荐，他于 1823 年被任命为莱比锡圣－托马斯学校歌唱家，他的学生有理查德·瓦格纳和克拉拉·维克。

恩斯特·费尔迪南·文泽尔（Ernst Ferdinand Wenzel，1808 ~1880）——钢琴家、教育家，弗雷德里希·维克的学生，莱比锡音乐学院的钢琴教师，舒曼的朋友，为《新音乐杂志》撰稿。

伊丽莎白·维尔纳（Elisabeth Werner）——克拉拉的家庭女教师，舒曼夫妇的朋友。

阿黛拉伊德·维克（Adélaïde Wieck，1817 ~ 1818）——弗雷德里希·维克的第一个孩子，克拉拉的姐姐，出生几个月后便夭折了。

阿尔文·维克（Alwin Wieck，1821 ~ 1885）——克拉拉的弟弟，小提琴手，大卫的学生。

塞西丽·维克（Cäcilie Wieck，1834 ~ 1893）——克拉拉同父异母的妹妹，十六岁时被送入精神病院。

克莱芒斯·维克（Clemens Wieck，1830 ~ 1833）——克拉拉同父异母的弟弟。

克莱芒蒂娜·维克（Clémentine Wieck，1805 ~ 1893）——娘家姓费希纳，弗雷德里希·维克的第二任妻子，与克拉拉的关系不和睦。

弗雷德里希·维克（Friedrich Wieck，1785 ~ 1873）——令克拉拉又敬又爱的父亲，他想方设法阻止女儿从克拉拉·维克变成克拉拉·舒曼，以至于和女儿对簿公堂，最终败诉。

古斯塔夫·维克（Gustave Wieck，1823 ~ 1884）——克拉拉的两个同胞弟弟之一，定居维也纳，乐器制造商。

玛丽娅·维克（Marie Wieck，1832 ~ 1916）——克拉拉同父异母的妹妹，钢琴家，在德累斯顿教声乐。

维克多·维克（Viktor Wieck，1824 ~ 1827）——弗雷德里希·维克和玛丽安娜·特罗姆利茨的最后一个孩子，不到三岁便夭折了。

奥古斯特·威尔登翰（August Wildenhahn，1805 ~ 1868）——作

家、神学家，在舍讷菲尔德当牧师，并为克拉拉和舒曼主持婚礼。

理查德·威尔金森博士（Richard Wilkinson）——克拉拉的一个学生。

韦尔特（Wirth）——钢琴制造商，先后在奥格斯堡和圣彼得堡经商。

约瑟夫·伍尔弗（Joseph Wölff，1773～1812）——奥地利作曲家、钢琴家，著有两部法语歌剧，其作品以乖张怪异而著称。

蒂托斯·瓦尔斯托维斯基（Titus Woyciechowski，1808？～?）——主攻农学，但依然从事音乐创作，肖邦年轻时的密友和知己。

玛丽·乌尔姆（Mary Wurm，1860～1938）——英国钢琴家，克拉拉的学生，玛蒂尔德·维尔纳的姐姐。

威廉，冯·赛德维茨伯爵（Wilhelm, von Zedtwitz,？～1839）——1838年娶了舒曼曾经的"未婚妻"埃纳斯蒂娜·冯·弗里肯。

卡尔·弗雷德里希·策尔特（Carl Friedrich Zelter，1758～1832）——德国作曲家、教育家，1809年在柏林成立著名的浪漫曲合唱协会，著有多首合唱曲和浪漫曲，与歌德有大量的通信。

奥古斯特·奇默曼（August Zimmermann，1810～?）——小提琴手、教育家。

皮埃赫·奇默曼（Pierre Zimmermann，1785～1853）——巴黎音乐学院的钢琴教授，音乐晚会的组织者。

参考书目

克拉拉和罗伯特

玛格利特·阿雷和让·阿雷（Alley Marguerite, Jean Alley），《爱情书信——罗伯特·舒曼和克拉拉》，巴黎，Buchet - Chastel 出版社，1976

玛格利特·阿雷和让·阿雷（Alley Marguerit, Jean Alley），《激情的友谊——克拉拉·舒曼和勃拉姆斯》，巴黎，Robert Laffont 出版社，1954

菲利普·安德烈（André Philippe），《舒曼，阴影之歌》，巴黎，J - C. Lattès 出版社，1982

维洛尼卡·贝奇（Beci Veronika），《另一个克拉拉·舒曼》，杜塞尔多夫，Droste 出版社，1997

贝阿特里克斯·波查尔特（BORCHARD Beatrix），《克拉拉·舒曼，她的一生》，法兰克福，Ullstein 出版社，1991

贝阿特里克斯·波查尔特（BORCHARD Beatrix），《罗伯特·舒曼和克拉拉·维克》，巴塞尔，Weinheim 出版社，1985

安德烈·布库勒契列夫（BOUCOURECHLIEV André），《舒曼》，巴黎，Seuil 出版社，1956

马塞尔·布利翁（BRION Marcel），《舒曼和他浪漫主义的灵魂》，巴黎，Albin Michel 出版社，1954

约翰 N.·布尔克（BURK John N.），《克拉拉·舒曼，浪漫主义的传记》，纽约，Random 出版社，1940

约翰·施塞尔（CHISSELL Joan），《克拉拉·舒曼，专一的灵魂》，

纽约，Taplinger 出版公司，1983

布里吉特·弗朗索瓦 – 萨培（FRANÇOIS – SAPPEY Brigitte），《克拉拉·舒曼》，日内瓦，Papillon 出版社，2001

布里吉特·弗朗索瓦 – 萨培（FRANÇOIS – SAPPEY Brigitte），《罗伯特·舒曼》，巴黎，Fayard 出版社，2000

卡尔拉·霍克尔（HÖCKER Karla），《克拉拉·维克、舒曼的妻子》，柏林，Erika Klopp 出版社，1981

R. 霍夫曼（HOFMANN R.），《克拉拉·舒曼与特奥多·契尔希纳的通信》，图钦，Hans Scheider 出版社。

叶维斯·胡舍尔（Hucher Yves），《罗伯特·舒曼和克拉拉，私密日记》，巴黎，Buchet – Chastel 出版社，1967

简尼娜·克拉森（KLASSEN Janina），《克拉拉·维克 – 舒曼——钢琴家和作曲家》，卡塞尔，1990

威廉·克雷菲尔特（KLEEFELD Wilhelm），《克拉拉·舒曼——比勒费尔德和莱比锡》，Velhagen und Klasing 出版社，1910

阿道夫·考胡特（KOHUT Adolph），《弗雷德里希·维克——他的一生和作为艺术家的一生》，德累斯顿和莱比锡，E. Pierson 出版社，1888

希克弗里多·克罗斯（KROSS Siegfried），《罗伯特和克拉拉夫妇的信件和笔记》，波恩，（Bouvier）Herbert Grundmann 出版社，1978

迪特尔·昆恩（KüHN Dieter），《克拉拉·舒曼，钢琴和人生》，法兰克福，S. Fischer 出版有限公司，1996

J. D. 兰德斯（LANDIS J. D.）《渴望》，奥兰多，Harcourt 出版社，2000

卡特林娜·雷普荣（LéPRONT Catherine），《克拉拉·舒曼——四手联弹的人生》，巴黎，Robert Laffont 出版社，1988

贝多尔特·利兹曼（LITZMANN Berthold），《克拉拉·舒曼，艺术家的人生》，3 卷，莱比锡，Breitkopf und Härtel 出版社，1910～1912

贝多尔特·利兹曼（LITZMANN Berthold），《克拉拉·舒曼，日记和书信中的艺术人生》，2 卷，前书的编译，纽约，Vienna house 出版

社，1972

贝多尔特·利兹曼（LITZMANN Berthold），《克拉拉·舒曼和约翰内斯·勃拉姆斯的书信》，2 卷，莱比锡，Breitkopf und Härtel 出版社，1927

弗洛伦斯·梅（MAY Florence），《克拉拉·舒曼的少女时代》，伦敦，Edward Arnold 出版社，1912

杰德·诺豪斯（NAUHAUS Gerd），《罗伯特·舒曼和克拉拉的婚姻日记，从新婚之日直至俄国之行》，英语译本，由皮特·欧斯特沃尔德撰写前言，波士顿，东北大学出版社（Northeastern University Press），1993

汉斯－约瑟夫·奥泰尔（ORTHEIL HANNS – Josef），《罗伯特·舒曼和克拉拉的情书》，科尼西斯坦，Athenäum 出版有限公司，1982

罗伯特·皮特鲁（PITROU Robert），《克拉拉·舒曼》，巴黎，Albin Michel 出版社，1961

韦尔内·科威特（QUEDNAU Werner），《克拉拉·舒曼》，柏林，（Altberliner 出版社）Lucie Groszner 出版社，1955

B. 南西·莱希（REICH Nancy B.），《克拉拉·舒曼，一个艺术家和一个女人》，Cornell University Press 出版社，2001

米歇尔·施耐德（SCHNEIDER Michel），《日暮》，巴黎，Seuil 出版社，1989

哈罗德·舍恩堡（SCHONBERG Harold），《从莫扎特至今的伟大钢琴家》，纽约，Simon and Schuster 出版社，1963

欧仁妮·舒曼（SCHUMANN Eugénie），《我父亲罗伯特·舒曼的人生画卷》，莱比锡，1931

欧仁妮·舒曼（SCHUMANN Eugénie），《罗伯特·舒曼》，前书的翻译，巴黎，Gallimard 出版社，1937

欧仁妮·舒曼（SCHUMANN Eugénie），《回忆录》，斯图加特，Engelhorn 出版社，1925

欧仁妮·舒曼（SCHUMANN Eugénie），《克拉拉的孩子们》，科隆，Dittrich 出版社，1995

罗伯特·舒曼（SCHUMANN Robert），《日记》，4卷，第1卷主编乔治·埃斯曼，其他3卷主编杰德·诺豪斯，巴塞尔，施特罗姆费尔特/施蒂昂·罗特尔，1971～1987

莫尼卡·施得克曼（STEEGMANN Monica），《克拉拉·舒曼》，Rowohlt Taschenbuch 出版社，2001

库尔特·施蒂芬森（STEPHENSON Kurt），《克拉拉·舒曼》，波恩，Bad Godesberg Inter Nationes 出版社，1969

卡尔·施多克（STORCK Karl），《舒曼和他的信件》，帕德伯恩，Bonifacius – Druckerei 出版社

卡尔·施多克（STORCK Karl），《罗伯特·舒曼的书信》，译者汉娜·布里安特，纽约，E. P. Dutton 出版公司，1907

雷米·斯特立科尔（STRICKER Rémy），《罗伯特·舒曼，音乐家和疯狂》，巴黎，Gallimard 出版社，1984

威廉·约瑟夫·冯·瓦希勒夫斯基（WASIELEWSKI Wilhelm Joseph von），《罗伯特·舒曼》，莱比锡，1880

埃娃·维斯维勒（WEISSWEILER Eva），《克拉拉·舒曼》，汉堡，Hoffmann und Campe 出版社，1990

埃娃·维斯维勒（WEISSWEILER Eva），《信件往来和批评全集》，巴塞尔，施特罗姆费尔特/施蒂昂·罗特尔，1984～1987

埃娃·维斯维勒（WEISSWEILER Eva），《克拉拉和罗伯特·舒曼的书信全集》，前书的英语译本，译者海德加德·弗里希和罗纳尔德·L. 克劳弗德，纽约，Peter Lang 出版社，1994～1996

玛丽娅·维克（WIECK Marie），《回忆弗雷德里希·维克、罗伯特和克拉拉·舒曼》，1895

玛丽娅·维克（WIECK Marie），《维克和舒曼的朋友圈》，德累斯顿，赞恩和杨施，1914

莫尼克·沃尔文德 – 桑奇思（WOHLWEND – SANCHIS Monique），《克拉拉·舒曼 – 克拉拉·维克，谜的另一面》，巴黎，La Pensée Universelle 出版社，1987

《舒曼夫妇和同时代的人肖像》，杜塞尔多夫海因里希·海涅学院

博物馆图册，茨维考罗伯特·舒曼故居图册，杜塞尔多夫，Droste 出版社，1994

《罗伯特和克拉拉·舒曼影集里的信和故事》，莱比锡，Veb 德国音乐出版社，1981

《1853～1896 年的信件》，克拉拉·舒曼和约翰内斯·勃拉姆斯，1983，巴塞尔，施特罗姆费尔特/施蒂昂·罗特尔，1982

克拉拉的世界

玛丽娅－露易丝·奥蒂贝迪（AUDIBERTI Marie－Louise），《勃拉姆斯》，巴黎，Plon 出版社，1991

马塞尔·波菲尔（BEAUFILS Marcel），《德国浪漫主义歌曲》，巴黎，Gallimard 出版社，1956

埃克特·柏辽兹（BERLIOZ Hector），《音乐评论》，第 3 部，巴黎，Buchet－Chastel 出版社，2001

大卫·凯恩斯（CAIRNS David），《埃克多·柏辽兹》，巴黎，Fayard 出版社，2002

皮埃尔·西特荣（CITRON Pierre）和塞希尔·雷诺（Reynaud Cécile），《柏辽兹字典》，巴黎，Fayard 出版社，2003

阿尔弗雷德·艾恩斯坦（EINSTEIN Alfred），《浪漫主义音乐》，巴黎，Gallimard 出版社，1959

鲁道夫·艾尔韦斯（ELVERS Rudolf），《菲利克斯·门德尔松——书信人生》，纽约，Fromm 国际出版社，1986

布里吉特·弗朗索瓦－萨培（FRANÇOIS－SAPPEY Brigitte），《菲利克斯·门德尔松》，巴黎，Fayard 出版社，2003

汉斯·加尔（GAL Hans），《勃拉姆斯的书信》，法兰克福，Fischer Taschenbuch 出版社，1979

卡尔·杰林格（GEIRINGER Karl），《勃拉姆斯生平及作品》，巴黎，Buchet－Chastel 出版社，1982

马丁·格瑞高尔－德林（GREGOR－DELLIN Martin），《理查德·瓦格纳》，巴黎，Fayard 出版社，1981

塞尔克·古特（GUT Serge）和杰奎琳·贝拉斯（BELLAS Jacqueline），《弗兰兹·李斯特和玛丽·当古的书信》，巴黎，Fayard 出版社，2001

施蒂芬·海尔勒（HELLER Stephen），《一位浪漫主义音乐家在巴黎的书信》，巴黎，Flammarion 出版社，1981

皮埃尔－安托万·约雷（HURÉ Pierre – Antoine）和克罗德·科内普尔（KNEPPER Claude），《弗兰兹·李斯特的书信》，巴黎，J – C. Lattès 出版社，1987

雷米·雅各布（JACOBS Rémi），《门德尔松》，巴黎，Seuil 出版社，1977

J. 罗福尔（LAUFER J.），《勃拉姆斯》，巴黎，Scorpion 出版社，1963

弗朗索瓦·勒索尔（LESURE François），《1830～1831 年巴黎音乐》，巴黎，国家图书馆，1983

理查德·理德施爱特（LITTERSCHEID Richard），《作品和书信中的约翰内斯·勃拉姆斯》，柏林，Bernard Hahnefeld 出版社，1943

布里吉特·马森（MASSIN Brigitte），《乔约姆一家》，巴黎，Fayard 出版社，1999

爱德华·内尔（NEILL Edward），《尼可罗·帕格尼尼》，巴黎，Fayard 出版社，1991

夏乐·罗森（ROSEN Charles），《浪漫主义的一代》，巴黎，Gallimard 出版社，2002

克罗德·罗斯坦德（ROSTAND Claude），《勃拉姆斯》，巴黎，Plon 出版社，1954（第一版），Fayard 出版社，1978

肖伯纳（SHAW Bernard），《音乐小记，1876～1950》，巴黎，Robert Laffont 出版社，1994

雷米·斯特立科尔（STRICKER Rémy），《弗兰兹·李斯特，一个音乐人士的书信》，巴黎，Le Castor astral 出版社，1991

爱德华·希都·布罗尼斯拉斯（SYDOW Bronislas Edouard），《弗雷德里克·肖邦的书信》，3 卷，巴黎，Richard Masse 出版社，1981

安德烈·图柏夫（TUBEUF André），《德国浪漫曲》，巴黎，François Bourin 出版社，1993

科西玛·瓦格纳（WAGNER Cosima），《日记》，4 卷，Gallimard 出版社，1977~1979

理查德·瓦格纳（WAGNER Richard），《我的一生》，巴黎，Buchet - Chastel 出版社，1978

阿兰·沃克尔（WALKER Alan），《弗兰兹·李斯特》，2 卷，巴黎，Fayard 出版社，1990~1998

约翰·瓦拉克（WARRACK John），《卡尔·玛丽亚·冯·韦伯》，巴黎，Fayard 出版社，1987

弗雷德里希·维克（WIECK Friedrich），《1830~1838 年书信》，科恩，Arno Volk 出版社，1968

弗雷德里希·维克（WIECK Friedrich），《钢琴和声乐：教学和争论》，F. Whistling 出版社，1853

塔多斯·A. 茨埃林斯基（ZIELINSKI Tadeusz A.），《弗雷德里克·肖邦》，巴黎，Fayard 出版社，1995

《浪漫主义时代的法国音乐》合集，巴黎，Flammarion 出版社，1991

几本字典

特奥多·贝克尔（Baker Theodore）和尼古拉·斯洛尼姆斯基（SLONIMSKY Nicolas），《音乐人物字典》，巴黎，Robert Laffont 出版社，1995

若约尔 - 玛丽娅·弗盖（FAUQUET Joël - Marie），《19 世纪法国音乐字典》，巴黎，Fayard 出版社，2003

F. J. 菲迪斯（FÉTIS F. J.），《音乐家传记大全》，巴黎，Bibliothèque des Introuvables 出版社，2001

马克·洪内格尔（HONEGGER Marc），《音乐科学》，巴黎，Bordas 出版社，1976

雨果·列曼（RIEMANN Hugo），《音乐词典》，巴黎，Payot 出版社，1931

《新版音乐和音乐家大字典》，伦敦，Macmillan 出版有限公司，1980

（京权）图字：01-2010-0422
图书在版编目(CIP)数据

克拉拉·舒曼情史／（法）萨缪埃尔著；顾晓燕译，
—北京：作家出版社，2011.12
（世界人文参考丛书）
ISBN 978-7-5063-6297-9

Ⅰ.①克… Ⅱ.①萨…②顾… Ⅲ.①舒曼，C.(1819~1896)
—传记 Ⅳ.①K835.165.76

中国版本图书馆CIP数据核字 (2012) 第027716号

CLARA S. , LES SECRETS D'UNE PASSION
Claude Samuel
© Editions Flammarion

策划：猎文文化发展有限公司
Centre d'édition du livre étranger, Éditions Mer&Ciel

克拉拉·舒曼情史

作者：（法）克洛德·萨缪埃尔
译者：顾晓燕
责任编辑：王炘 翟婧婧 周茹
装帧设计：视觉共振设计工作室
出版发行：作家出版社
社址：北京农展馆南里10号　　　邮编：100125
电话传真：86-10-65930756（出版发行部）
　　　　　86-10-65004079（总编室）
　　　　　86-10-65015116（邮购部）
E-mail: zuojia@zuojia.net.cn
http://www.haozuojia.com（作家在线）
印刷：紫恒印装有限公司
成品尺寸：140×205
字数：270千
印张：11.875
版次：2011年12月第1版
印次：2011年12月第1次印刷
ISBN 978-7-5063-6297-9
定价：32.00元